LA GUERRA DE LOS JUECES
Tribunal Supremo vs. Tribunal Constitucional

Rafael de Mendizábal Allende

LA GUERRA DE LOS JUECES
Tribunal Supremo vs. Tribunal Constitucional

Prólogo de Jesús González Pérez

Dykinson, S.L.

Editorial DYKINSON, S.L.
Meléndez Valdés, 61 - 28015 Madrid
Teléfono (+34) 91544 28 46 - (+34) 91544 28 69
e-mail: info@dykinson.com
http://www.dykinson.es http://www.dykinson.com
Consejo editorial véase www.dykinson.com/quienessomos

ISBN: 978-84-9982-834-3

Depósito Legal: M-5533-2012

A la gentil muchacha que,
sentada en el tronco inclinado de un cocotero,
en la playa de Aleñá, me tendió su mano y sonrió.

A la mujer que ha compartido mi vida durante estos años
en las horas difíciles, a veces muy duras,
y en los muchos días de bonanza,
procurándome la felicidad.

A Paloma, mi otro yo, con amor.

ÍNDICE

Capítulo segundo
EL ARTÍCULO 161 DE LA CONSTITUCIÓN

Capítulo tercero
EL SISTEMA JUDICIAL EN LA CONSTITUCION Y EN LA DOCTRINA DEL TRIBUNAL CONSTITUCIONAL

Capítulo cuarto
POTESTAD DE JUZGAR Y JURISDICCION

Capítulo quinto
PASADO, PRESENTE Y FUTURO DE LO CONTENCIOSO-ADMINISTRATIVO

Capítulo sexto
LA GUERRA DE LOS JUECES

Post Scriptum.
La Sentencia 31/2010, de 28 de junio,
del Tribunal Constitucional
sobre el Estatuto de Cataluña

PRÓLOGO

En 1959 tuvieron lugar las primeras oposiciones para seleccionar a los llamados "Magistrados especialistas de lo contencioso-administrativo", que creó la Ley de esta Jurisdicción de 1956. Dado el nivel de preparación realmente excepcional de los opositores (como los de las siguientes en que siguió rigiendo el programa durísimo publicado en el BOE de 8 de septiembre de 1958), nos resultó muy difícil la selección a los que integrábamos el Tribunal. Lo presidía don José Castán, quien al final nos obsequió con una cajita de caramelos (como los que ahora nos siguen dando en las sesiones de la Academia de Jurisprudencia), que, según se decía, el Presidente del Tribunal Supremo solía costear con cargo a una partida presupuestaria destinada al pago de las costas a que podía ser condenado el Estado, que todos los años quedaba intacta por lo insólita que era entonces una condena semejante. Uno de los primeros números de aquellas oposiciones, creo que el 4, fue Rafael de Mendizábal, aunque luego sería el segundo de ellos en llegar al Tribunal Supremo.

Le había conocido mucho antes, porque cursó los estudios de bachillerato en el mismo colegio que yo (el Colegio San Ignacio). Pero de aquella época sólo me quedaba el recuerdo de uno de los chicos de los cursos posteriores, alumno brillante que, a pesar de la edad –todavía era un niño– estaba enamorado de una compañera que hacía versos, Teresa. Tuve ocasión de empezar nuestra amistad después de la oposición, cuando ya era magistrado de lo contencioso-administrativo, pues antes, durante los años previos de servicios judiciales (que eran requisito para poder opositar), los había prestado en órdenes jurisdiccionales en que sólo excepcionalmente he ejercido. Entonces pude apreciar que era un juez, con todo lo que ello significa. Porque ser juez supone una vocación y una consagración como muy pocas profesiones, según Rafael nos explicó en *Códice con un juez sedente*, delicioso discurso de ingreso en la Academia de Jurisprudencia, el 31 de mayo de 1999. Y ha sido juez, no solo en el orden jurisdiccional contencioso administrativo, en que ha tenido que juzgar día a día a la omnipotente Administración pública, sino ya fuera de todo orden jurisdiccional, durante los años en que fue Magistrado del Tribunal Constitucional. Así lo puso de manifiesto en los votos particulares que su conciencia y su sólida formación jurídica le obligaron a formular, en especial el ejemplar puesto a la Sentencia 105/2000, heredera de aquella otra nefasta, la 45/1986, de 17 de abril, que constituyó el primer gravísimo atentado al modelo de justicia que, a pesar del equívoco texto de su artículo 122.3, parece que trató de implantar en España la Constitución de 1978, como Mendizábal nos recordó años después en la Academia de Jurisprudencia y ahora recupera en el capítulo tercero de este libro. A aquel voto particular le dediqué la atención que merecía en mi intervención de aquel curso en la Academia de Ciencias Morales y Políticas sobre *Los atentados al modelo de justicia de la Constitución*, que con ese título apareció en los "Anales" de la Corporación y en la "Revista Española de Derecho Administrativo".

Como buen juez, con las virtudes que debe reunir y que Rafael nos dejó resumidas en su Códice, tuvo siempre las puertas abiertas a los abogados litigantes. Y sabía oír y escuchar con bondad, discreción, prudencia y –aunque esta virtud no la recuerde en su Códice– con paciencia, pues infinita paciencia es la que hay que tener para poder aguantar a algunos de nuestros colegas, como nos recordó hace años Calamandrei en aquel *Elogio a los jueces hecho por un Abogado*, escrito después de muchos años de ejercicio profesional. Puedo afirmar que siempre que acudí a él –y como es mi costumbre solo cuando lo he considerado estrictamente indispensable hacer fuera de los cauces procesales–, me escuchó y atendió procurando evitar lo que pudiera llevar a cometer una injusticia. Lo que no quiere decir que siempre me diera la razón. Aunque yo creyera que la tenía. Pero nunca llegamos en nuestras conversaciones a lo que según me contó un día D. Nicolás Pérez Serrano le había ocurrido con D. Manuel de la Plaza del que había sido compañero de Colegio en Granada. Al salir un martes de la sesión de la Academia de Ciencias Morales y Políticas y criticar D. Nicolás una sentencia de la Sala 1ª, le contestó Plaza: "no te quejarás de cómo te tratamos en la Sala, pues pocos son los recursos que pierdes". Y D. Nicolás le replicó: "porque los he perdido antes en el despacho". Al comentármelo D. Nicolás, añadía: "y de esos que yo pierdo por considerarlos inviables, algunos los acaba ganando cualquier otro Abogado".

x x x

La vocación por el Derecho administrativo –solo así se explica someterse a aquellas oposiciones, preparadas mientras se prestaban servicios en otros órdenes–, no solo se manifestó en su aplicación a través de excelentes ponencias, sino en multitud de trabajos. Ya algunas de sus sentencias y votos particulares eran verdaderas lecciones; pero su preocupación científica se proyectó en trabajos de muy alto nivel, aunque asequibles a todos y de gratísima lectura por su fácil y brillante pluma. Pues Rafael de Mendizábal ha sido, es y sigue siendo cumplidos los 80 años "señor de la palabra", título de su último apartado del Códice. Como en él nos recuerda, "el jurista que no se haga entender por quienes le escuchen o lo lean es porque no se entiende a sí mismo o porque utiliza las palabras para su otra función, reverso de la expresiva, la de ocultar a veces su pensamiento y otras su ignorancia. La pedantería, mal de profesores en la que nunca incurren los maestros, gente siempre sencilla y nada pagada de sí misma, no es vicio abogacil sino universal".

Esta otra proyección de la personalidad jurídica de Rafael dio lugar a la relaciones en otro ámbito, el de la "Revista de Administración pública", nuestra querida revista, que tanto había significado en la preparación de sus oposiciones –hubiera sido muy difícil preparar muchos temas de su programa sin su ayuda–. Como recordó García de Enterría en el nº 150 donde se conmemoraba su 50 aniversario, en sus comienzos los fundadores asumimos la tarea de llenar con nuestros trabajos las diversas secciones de que constaba. De aquí, nuestra avidez porque las colaboraciones alcanzaran el nivel que nosotros mismos nos exigíamos, colaboraciones que todavía eran escasas después de más de diez años. Cuando a mediados de 1963 estábamos preparando el número 41 –que sería el último de ese año–, tuvimos la alegría de recibir un trabajo que superaba con mucho el "listón" exigido, el primero que enviaba uno de los Magistrados de lo contencioso-administrativo, a los que la Revista había ayudado a formar: "*Naturaleza jurídica y encuadramiento orgánico de las Comisiones Pro-*

vinciales de Servicios Técnicos". Su autor, Rafael de Mendizábal. Al año siguiente envió (nº 43), *Significado actual del principio "solve et repete"*, destacando la innovación que suponía el artículo 57 de la Ley de la Jurisdicción contencioso-administrativa de 1956, que marcaba "una tendencia irreversible que desembocará fatalmente en la desaparición del requisito", al que declaró una guerra sin cuartel en ese completo estudio monográfico donde anticipaba su "inconstitucionalidad" sin Constitución, así como en el anteproyecto de la LRJCR de 1973, obra suya, y en algún "esplendido fallo", la STS de 12 de febrero de 1972 según lo calificó algún comentarista. Vaticinio que se cumplió después gracias, precisamente, a una luminosa ponencia suya que fue debidamente comentada.

Desde entonces su colaboración fue continuada, sintiendo una atracción especial por otro tema, el Tribunal de Cuentas, sobre el que ha publicado cientos de páginas y la tercera de sus colaboraciones fue *Función y esencia del Tribunal de Cuentas* (nº 46), al que seguirían más adelante otras dos sobre la misma Institución, uno de ellos *El Tribunal de Cuentas y el nacimiento de la Administración Contemporánea* daría título a un libro y el siguiente, *El Tribunal Supremo de la Hacienda Pública* es el eje de otro de inminente aparición. Sus conclusiones sobre esta Jurisdicción especial y privativa o contencioso contable fueron recogidas en la segunda edición de mi "Derecho Procesal Administrativo".

Y el administrativista Rafael Mendizábal, como tantos otros de los que nos movemos en este sector del Ordenamiento jurídico, se sintió atraído por el Derecho constitucional, cuyas normas y principios llegaron a calificarse "tête de chapitre" del Derecho administrativo, una vez consolidada su autonomía como disciplina académica. Fue a raíz de la entrada en vigor de la Constitución de 1978 cuando el tratamiento por los administrativistas de las cuestiones que planteaba la nueva normativa constitucional adquirió tal extensión, que provocó la reacción de los constitucionalistas ante lo que consideraban una invasión de su territorio. Invasión, por cierto, que tanto contribuyó a hacer del Derecho político, ciencia jurídica.

Rafael Mendizábal ocupó un lugar destacado en este proceso. Y si brillante fue su actuación en el orden jurisdiccional contencioso-administrativo, brillantísimo fue en la llamada "Jurisdicción" constitucional, por las enormes dificultades que encontró en su labor. Como son las que encuentra un juez, un verdadero juez, en una institución que sólo tiene de Tribunal el nombre. Por lo que su aportación a lo que podría ser Justicia constitucional, como la de otros *jueces* que pasaron por el *Tribunal* ha quedado reflejada básicamente en luminosos votos particulares. Esta experiencia de "Magistrado del Tribunal Constitucional" la ha permitido exponer con el máximo realismo una guerra que nunca debió existir y que queda muy expresivamente reflejada en este libro.

Así como un buen abogado –no esos sedicentes juristas de prestigio o de reconocida competencia– puede ser un buen juez, un juez puede ser un buen abogado. Un ejemplo de lo segundo es Rafael de Mendizábal. Como tantos otros, al imponerle la jubilación dejar de realizar la labor de jurista en la profesión que él había elegido por vocación, en el mejor momento de su vida, el jurista Mendizábal no se contentó con desplegar una de la funciones que, según nos enseñó don Federico de Castro, un jurista tiene que cumplir en la sociedad, la investigación y el estudio, sino que sin abandonar ésta –a la que se había dedicado siempre– quiso seguir dedicándose a otra de las funciones, la de aplicar el Derecho. Y como ya no podía hacerlo como juez, la realiza como abogado. Y, como no podía ser de otra manera, con las virtudes que también se exigen, habiendo obtenido éxitos muy notables en un ámbito por el que siempre ha mostrado especial predilección: la defensa de los derechos fundamentales y, concretamente, el derecho al honor y a la intimidad, al que dedicó una comunicación en la Academia de Jurisprudencia, que todos seguimos con gran interés. Estoy seguro de que ese hombre de Derecho –como yo prefiero llamar a los juristas– que es Rafael de Mendizábal, durante muchos años seguirá prestando incuestionables servicios a la Justicia.

x x x

En más de una ocasión me he referido al escaso papel que la jurisprudencia española ha jugado en la estructuración del Estado de Derecho, a diferencia del decisivo que tuvo en otros Ordenamientos. Nuestros jueces, sumamente respetuosos con quienes en cada momento han detentado el Poder, no se caracterizan ni por su originalidad ni por su audacia. Una de las excepciones –y excepción destacadísima– ha sido Rafael de Mendizábal. Por ello, de sus muchas actividades como hombre de Derecho –libros, estudios monográficos, cursos, conferencias y sentencias– quiero referirme especialmente a su labor jurisprudencial. A él debemos conquistas definitivas en esta lucha continua por intentar la sumisión al Derecho de políticos y funcionarios.

En el ámbito de la potestad sancionadora de las Administraciones públicas sus sentencias aportaron una nueva perspectiva. Ya en 1962 y en la Sala de lo contencioso-administrativo de Burgos una ponencia suya equiparó tal potestad al "ius puniendi" del Estado, equiparación recogida luego por la Sala Tercera del Tribunal Supremo en la sentencia de 9 de febrero de 1962 donde anticipó lúcidamente, con los escasos materiales legislativos de la época, planteamientos y soluciones ahora consolidados, siendo el punto de arranque de una serie muy numerosa de decisiones, redactadas también por él, donde la Sala obtuvo en cada caso las consecuencias de tal premisa en orden a las diversas manifestaciones sustantivas o formales, desde la tipificación a la irretroactividad, desde el principio de legalidad a la prescripción, desde la audiencia del inculpado a la proscripción de la "reformatio in peius". Esta doctrina jurisprudencial se construyó además en torno al art. 2° de la Ley de Prensa vigente a la sazón, restringiendo drásticamente su ámbito. Por esta su defensa temprana de la libertad de expresión le ha sido concedido este año por la Asociación de la Prensa de Madrid el premio "Miguel Moya". Yo mismo califiqué en su momento la STS de 9 de marzo de 1972 sobre prescripción como "sentencia realmente trascendental... hito decisivo en la evolución de la doctrina jurisprudencial, una de esas sentencias que ha hecho historia en el Derecho Administrativo" (Rev. Crítica de D. Inmobiliario, n° 491, págs 934-944). Esta refrescante jurisprudencia encontró eco cuatro años después en el Tribunal Europeo de Derechos Humanos (caso Engel) y su tesis central fue recogida en el art. 25 de la Constitución. No quedaría completa esta alusión si no dejara constancia de que a partir de 1986 tal doctrina hubo de ser aplicada otra vez con especial contundencia por la Sala Tercera del Tribunal Supremo, que a la sazón presidía Rafael, para corregir los excesos del Ministerio de Hacienda con un enfoque "objetivo" de la infracción tributaria.

En otros sectores también se dejó sentir su huella. La STS de 14 de abril de 1989 dio a los Reglamentos de la Comunidad Europea su verdadero valor de leyes propias con eficacia para satisfacer el principio de legalidad tributaria, aplicando el Derecho "derivado" por primera vez, que yo sepa, en nuestra jurisprudencia. Sin embargo, quizá sea en el ámbito de la propiedad industrial donde su mano se haya hecho notar más espectacularmente. Durante los años 1973-1974 llevó el peso de esta materia en la Sala, dejando un acervo de más de cien sentencias y con ellas puso rigor conceptual y sistema donde hasta entonces había imperado una cierta mediocre anarquía intuitiva. Construyó el binomio "semejanza/innovación" como eje del sistema en todas sus modalidades y para las marcas, nombres comerciales y rótulos de establecimiento utilizó una doble perspectiva, filológica y estructural, a la que dio dimensión jurídica. Sus "considerandos" fueron "plagiados" o "fusilados" por sus compañeros en docenas de sentencias de las Salas de los Tribunales Superiores. Introdujo también la estadística como medio de prueba, rompió los "mitos" de las medidas cautelares e impuso la plena judicialización de la ejecución de sentencias en lo contencioso-administrativo, como expone en el capítulo sexto de este libro, donde también queda constancia de su esfuerzo en delimitar las posiciones respectivas de los Tribunales Supremo y Constitucional. En éste configuró "lo social", ingrediente del Estado de Derecho, a partir de la STC 123/1992, convirtiendo en jurisprudencia las conclusiones a que había llegado en un trabajo elaborado en la Escuela Judicial cuarenta años antes, sin olvidar la STC 102/1995 verdadera carta magna del medio ambiente. En fin, sus ponencias encontraron un eco muy favorable en los comentaristas y yo mismo, en alguna ocasión, califiqué como "jalón decisivo" alguna de ellas.

x x x

No quiero dejar de referirme a otra de las facetas de este trabajador incansable hombre de Derecho que es Mendizábal: responder a las llamadas que con tanta insistencia nos hacen nuestros hermanos de América y que, a pesar de lo gratísimo y utilísimo que siempre resulta el contacto con ellos, no todos respondemos con la diligencia que se merecen. Lo ha hecho siempre y lo seguirá haciendo, a pesar de los años, cualquiera que sea la Nación que le pida su presencia, Méjico, Guatemala, Perú, Paraguay, Venezuela, Chile, Cuba, Brasil, Ecuador, Bolivia, Honduras, Argentina, Colombia, Panamá. Me consta que ha habido años que ha viajado hasta seis veces a aquellas queridas tierras.

Y no ha sido solo nuestra América, la hispana, la que le ha llamado. Ha sido también la otra, la del norte, la que ha querido tenerle, oírle, conocer a través de su diáfana y bella palabra su saber acumulado a lo largo de sus actividades en el mundo del Derecho. Ha enseñado mucho y ha aportado mucho en esos contactos con la otra concepción del Derecho tan distinta de la nuestra. Y, también mucho ha aprendido, como se refleja en este libro.

Muy diversos han sido los motivos de estos contactos, el porqué de las convocatorias y las instituciones de que han partido. El mundo judicial, el universitario, el profesional de la Abogacía. Sería imperdonable no recordar las que con tanta frecuencia celebra la UIBA, que fundó el inolvidable Decano Antonio Pedrol, su creador y ha continuado Luis Martí Mingarro su digno sucesor. Y en todas las ocasiones, la razón decisiva de la llamada a Rafael Mendizábal ha sido su prestigio personal. De aquí el fervor con que ha sido siempre acogido y los honores que se le han dispensado. Para mí, el de más valor sin duda, ha sido la investidura de "Doctor honoris causa" por la Universidad Autónoma Benito Juárez de Oaxaca.

x x x

Y, para terminar unas palabras sobre el libro.

El titulo cumple su misión provocadora, para atraer la atención del eventual comprador, pero por otra parte condensa su "leitmotiv". Las tensiones entre el Tribunal Supremo y el Constitucional cada vez más frecuentes, en una marcha uniformemente acelerada y sin solución a la vista, son simplemente el síntoma de una grave dolencia del sistema judicial que se ha hecho crónica. En definitiva, el autor nos dice que la estructura bipolar de la justicia en España, con una jurisdicción ordinaria ejercida por el Poder Judicial y otra constitucional y con dos tribunales supremos para cada una de ellas, mal engarzados en el esquema imperfecto del art. 123 de la Constitución, vale decir, la construcción kelseniana, está agotada. Cumplió la misión histórica de introducir en Europa, casi de contrabando, viene a decir Mendizábal, la revisión judicial de las leyes que había "inventado" la Corte Suprema de los Estados Unidos como una manifestación más de la función jurisdiccional y unida a las demás. Ahora, la dicotomía crea, en su opinión, un problema insoluble, un nudo gordiano, que sólo se desata con un tajo, regresando a los orígenes. Los vivíparos tienen tendencia a buscar el útero materno que, si se recuerda, fue lo que ocurrió con la jurisdicción contencioso-administrativa como se expone en el capítulo V bajo un título expresivo, "un trasplante con rechazo". Hay que devolver la jurisdicción constitucional al común tronco judicial, haciendo así realidad el principio de unidad jurisdiccional (art. 117 CE) trasgredido inmediatamente por el reconocimiento de la jurisdicción militar y un poco más allá por el de la jurisdicción contable (art. 136 CE), aun cuando luego se reconduzcan por vía de recurso al Tribunal Supremo (Salas 3ª y 5ª), pero rota absolutamente en el art. 161 CE con el recurso de amparo y la cuestión de inconstitucionalidad. En conclusión, como el Tribunal Supremo no puede ser suprimido, ha de serlo el Constitucional, creando en aquel una Sala "ad hoc". No es una improvisación. En una enmienda que Rafael de Mendizábal formuló al proyecto de Ley de Asociaciones en 1976, donde se pretendía instaurar un raro "Tribunal de Garantías" propuso que la competencia prevista para éste se encomendara a una Sala del Supremo, solución que años atrás había apadrinado desde la cátedra don Adolfo Posada. Sin prisas, añade el autor, porque hay problemas mayores y éste, mal que bien, puede esperar.

Esta ambiciosa obra, construida con un gran rigor jurídico, cuyo respaldo bibliográfico es importante, adquiere a su final por la misma presión de la realidad un cierto carácter periodístico. Escrito a pie de noticia, no solo se contagia de la prensa y de su estilo dinámico, sino que cita docenas de artículos publicados en ella por periodistas o por colaboradores habituales o esporádicos, muchos de ellos eminentes juristas. Nada de extraño tiene el hecho, una vez sabido que el autor recibió un Premio Nacional de Periodismo, el "África", por una serie de siete artículos aparecidos primero en "La Voz de Castilla" de Burgos y comprados luego por la cadena "Pyresa" de ámbito nacional, aunque solo llegarían a publicarse los cuatro primeros pues la censura al más alto nivel –el Consejo de Ministros– prohibió la continuación. La serie, que se titulaba "Guinea ahora mismo", relataba el traumático proceso de descolonización vivido personalmente por Rafael como Asesor del Presidente de aquella República a raíz de proclamarse su independencia.

JESÚS GONZÁLEZ PÉREZ
De las Reales Academias
de Ciencias Morales y Políticas
y de Jurisprudencia y Legislación.

PÓRTICO

Aprovecho el alto al fuego veraniego impuesto por las vacaciones judiciales para dar fin por ahora a este libro, tan vivo que se resiste a ser colocado en las estanterías. Ésta es la tercera vez que lo doy por terminado. Lo estaba aparentemente cuando lo entregué al editor, sin percatarme de que en esos mismos días el Tribunal Supremo había pronunciado tres Sentencias que, una vez conocidas, hubieron de ser analizadas a "última hora" y cuando las campanadas de ésta amenazaban con sonar, en "el último minuto", el Tribunal Constitucional nos dio la sorpresa –bueno, sorpresa exactamente no es su nombre– con sus decisiones en tres casos neurálgicos, el Estatuto de Cataluña, muchos de cuyos preceptos chocan con una consolidada jurisprudencia del Supremo y del Tribunal Superior de dicha Comunidad, el "caso Troitiño" y el "caso Bildu". El autor se frota las manos satisfecho, a pesar del trabajo añadido, porque estos encontronazos no hacen sino ratificar la tesis central del libro, que el sistema bipolar de justicia con dos jurisdicciones y dos tribunales supremos mal engarzados, el esquema kelseniano, está agotado por haber cumplido su misión histórica y ahora es obviamente disfuncional. Pues bien, en este paréntesis, mientras los supervivientes entierran a los caídos y lamen sus propias heridas, maltratados despiadadamente en prensa, radio y televisión con descalificaciones desproporcionadas, entrego casi clandestinamente al editor las páginas que actualizan el manuscrito original.

Este libro nunca hubiera sido escrito sin mi experiencia de nueve años en el Tribunal Constitucional, para el que me sentía llamado mucho antes de que existiera cuando el año 1955 escuché fascinado la conferencia que en la Torre de los Lujanes impartió don Nicolás Pérez Serrano en la Real Academia de Ciencias Morales y Políticas con ocasión del "centenario de un gran juez, Juan (sic) Marshall". En consecuencia, es el producto de vivencias y reflexiones, de preocupaciones y hallazgos, de alguna decepción y también de mi fe en el Derecho. Ha crecido orgánicamente de dentro afuera, por capas concéntricas como cualquier árbol, buscando la luz. Pues bien, el primer capítulo se hizo gradualmente, explorando temas o cuestiones y en busca de explicaciones, para comprender el primer encontronazo con el Tribunal Supremo que se produjo en enero de 1994 y que titulaba ya entonces como "la rebelión de los jueces". De mis frecuentes viajes por entonces a Estados Unidos traje una copiosa bibliografía acerca de su Corte Suprema y, entre ellos, uno excepcional, *Nine Scorpions in a bottle* de Max Lerner. Poco a poco fui fijando ideas, tomando notas, adelantando hipótesis en conferencias, discursos, ponencias o intervenciones en "mesas redondas" hasta consolidarse en una comunicación al Pleno de Numerarios de la Real Academia de Jurisprudencia y Legislación("Anales" nº 31, 2001) y ya entonces caí en la cuenta de que el problema era insoluble mientras existieran dos justicias separadas en manos distintas, la constitucional y la ordinaria.

El capítulo que le sigue, más reciente, fue escrito en el verano de 2009 para formar parte del volumen que la Fundación Wolters Kluwer editó en colaboración con el Tribunal Constitucional, dirigido por Miguel Rodríguez-Piñero, expresidente y Mª Emilia Casas Baamonde, presidenta a la sazón, que me encargó un comentario de un solo artículo de la Constitución sobre la jurisdicción constitucional, dejándome elegir cuál. Me pareció que el 161 condensaba el meollo de la institución. El tercero de los capítulos había sido escrito a lo largo de mi estancia en el Tribunal por ser el conjunto de tres votos particulares míos que guardan entre sí una evidente coherencia. Sus temas, la posición constitucional del Poder Judicial y su vertiente penal –el principio acusatorio– así como la función de la Abogacía y su configuración como pieza integrante de aquel Poder a través del derecho de defensa para conseguir un juicio con todas las garantías.

Esas tres opiniones discrepantes, entre las más de setenta que firmé, sirvieron también para una comunicación a la Real Academia de Jurisprudencia y Legislación y se publicaron en sus "Anales" (nº 30, 2000).

El conjunto de órdenes judiciales y jurisdicciones especiales que se exponen en el capítulo cuarto lo pergeñé como lección a impartir en un curso para magistrados y jueces patrocinado por el Consejo General del Poder Judicial y dirigido por el Profesor Faustino Gutiérrez-Alviz Conrado, vocal a la sazón de aquel. El capítulo siguiente, no hay quinto malo, está dedicado a la jurisdicción contencioso-administrativa en la cual me formé y donde transcurrió la mayor parte de mi vida judicial, con un expresivo título: "un trasplante con rechazo". Su desarrollo, con los avatares sufridos desde el nacimiento en 1844 por imitación del sistema francés hasta su judicialización efímera en 1869, semiclandestina en 1888, parcial en 1903 y plena en 1956 me parece paradigmática y muy útil la hora de profetizar el futuro de la justicia constitucional. Así llego al último capítulo que enlaza con los dos primeros y da nombre al libro pero que no podría ser enteramente comprendido sin los intermedios. En una versión más reducida lo escribí en 2005 a instancia de quien fue gran amigo y excelente jurista, don Pedro Aragoneses Alonso, para la "Revista de Derecho Procesal" que él había fundado muchos años atrás. El texto aparecido en ella ha sido completado aquí y ahora con el análisis de la situación constitucional del Tribunal Supremo según la doctrina del Constitucional, como consecuencia del espectacular choque frontal que inició la serie interminable de escaramuzas.

Explicada la génesis de esta obra, deseo dejar constancia de mi gratitud a quienes fueron acicate y espuela o palafreneros para la confección de este libro y por ello vienen a los puntos de mi pluma metafórica los nombres de cuantos en la penumbra hicieron posible que estas páginas pasaran de las musas a la imprenta, parafraseando a Lope *servata distantia*. En lugar preferente, Rosa Castro Moya, que se nos fue prematuramente, siempre sonriente y dispuesta y luego Carlos García González, mago de la informática, colaboradores míos en el Tribunal Constitucional. Años después Begoña Hernández González, dinámica y optimista, vino en mi ayuda con el empuje de su juventud. Siempre, Paloma Izquierdo Álvarez-Buylla, mi perpetua.

No quedaría completo este elenco si omitiera a Rafael Tigeras, director de Dykinson, cuya cordial incitación hizo viable la edición, en cuya tarea la ayuda de Diana Martín Chicharro ha sido importante por demás.

Como recuerda Jesús González Pérez en el prólogo, nos conocimos ha largos años en el Colegio San Ignacio, no el de Loyola sino el Obispo de Antioquía, nada más terminada la guerra. Para nuestra generación sólo hay una, la civil. Fundado antes de ella como reacción ante el sectario art. 26 de la Constitución republicana con sede en la Costanilla de los Ángeles, quedó reducido a escombros por una bomba de aviación y hubo de trasladarse provisionalmente, lo que en España significa para siempre, a las calles de Trujillo (los mayores) y de la Bola (los pequeños). Era un atípico centro de enseñanza para la época, donde por inercia estudiábamos juntos chicos y chicas a pesar de estar prohibida oficialmente la "coeducación". Milagros de la *tolerantia* y la *dispensa*, hijas de la sutileza jurídica del Derecho canónico, a lo que ayudaba el apellido Lahiguera del fundador y director, don Jesús, que falleció poco después. Le sucedió un sobrino y tocayo cuyo hermano, José María, era Obispo Auxiliar de Madrid y alcanzó más tarde dignidad de Arzobispo de Valencia. Allí con profesores de gran calidad todos seglares, salvo don Diego, como "la señorita" Rafaela, de Literatura y Arte, y don Gabriel de Ciencias, o don Ricardo de idiomas, cursó Jesús González Pérez los dos últimos años del bachillerato desapareciendo como un meteoro, tras aprobar el "examen de Estado" para matricularse en Derecho. Por mi parte hice en paralelo el 3° y el 4°. Nos separan apenas tres años, que ahora no se notan pero que entonces, en el de la adolescencia de la juventud, adquirían proporciones abisales.

No se cruzarían de nuevo nuestras vidas hasta que siendo catedrático él y yo juez, formó parte del tribunal juzgador de las primeras oposiciones de "especialistas" en lo contencioso-administrativo a las cuales me presenté, para cuya preparación había estudiado su magnífico "Derecho Procesal Administrativo" que marcó un hito científico y pedagógico dignificando la otrora árida disciplina y haciéndola digerible. En el primer ejercicio, escrito, para el que se había publicado en el Boletín Oficial del Estado una relación de treinta temas monográficos, salió a la suerte uno, el más enigmático y desconcertante,

"La relación jurídico-tributaria en orden al tiempo" (sic), provocando una desbandada entre los opositores muy beneficiosa para quienes permanecimos en el aula. Muchos años después, ya colegas en la Real Academia de Jurisprudencia, Jesús me confesaría haber sido él quien lo propuso, sin tener una idea muy clara de cuál fuera su contenido, a guisa de "globo sonda".

No es difícil imaginar lo que significó para mi, en ese reencuentro a distancia veinte años después, la actitud receptiva de Jesús, con un nombre prestigioso en el mundo jurídico, hacia mis sentencias y mis colaboraciones doctrinales en la Revista de Administración pública. Habituado a la soledad por haber sido alumno con "dispensa de escolaridad" en la Facultad de Derecho para compatibilizar el trabajo con el estudio y haber ingresado luego en la carrera judicial que se iniciaba a sazón en los pueblos de la España profunda, el aplauso de aquellos a quienes admiraba cobraba un valor añadido. Actuaba como un espaldarazo y un estimulante. Jesús posee el don del elogio, signo de nobleza espiritual que se potencia por la sinceridad y la sencillez con que habla y escribe. Al pan, pan y al vino, vino, se dice en Castilla. Por ello, ahora, a la altura serena de una vida cumplida, nadie mejor que él para abrir camino a este libro mío sobre una materia en la cual es maestro. Gracias por esta nueva prueba de amistad.

Desde hace medio siglo vengo admirando en Jesús González Pérez una capacidad de trabajo que parece inagotable y se ha traducido en una proliferación de obras muy útiles sobre muy diversos temas, más allá de lo procesal así como su rigor intelectual, el lenguaje directo y claro a cuya diafanidad coadyuva una sistematización perfecta, en la línea de los grandes maestros como Castán y Guasp, así como su talante liberal, tanto más notable en los años difíciles de la mitad justa del siglo, cuando apareció la "Revista de Administración Pública" en una España todavía no recuperada de su propia guerra y de las consecuencias de la mundial. En su copiosa producción bibliográfica inició una metodología nueva. A diferencia de otros autores, González Pérez hacía un uso constante de la jurisprudencia con indicación de los ponentes de las sentencias seleccionadas, creando así una sinergia muy fecunda entre el mundo de la judicatura y el de la cátedra.

Sean estas líneas un reconocimiento de mi deuda con Jesús por el incentivo que me proporcionaron sus palabras de aliento en el ejercicio de la función de juzgar, poco propicia al aplauso público.

R. de M. A

Preámbulo
UN PRÍNCIPE LEAL Y UN PUEBLO LIBRE

Esta frase afortunada que a finales de 1874 escribió desde Sandhurst quien pocos días después entraría en Madrid como Alfonso XII, condensa también la intersección histórica que haría posible un siglo después la Constitución de 1978. Efectivamente, el 22 de noviembre de 1975 el ya Rey don Juan Carlos I asumió el clamor de las gentes y la voz de la Historia en su jura ante las Cortes cuando en su mensaje prometió cumplir la "voluntad manifiesta" de su pueblo. Era un acto que inauguraba una nueva etapa, abierto a la esperanza y al futuro y fueron unas palabras concisas y graves, a la española, pero claras y dirigidas a todos los que las vieren y entendieren, según nuestra vieja formula de promulgación de las leyes. España, así guiada, puso rumbo a la libertad y desde las más opuestas perspectivas ideológicas, en un equilibrio de fuerzas que revelaba una gran madurez colectiva, buscó el camino de la concordia y la estabilidad por medio de una transición dialogada, a las veces con ribetes dramáticos, otras bordeando la tragedia. Hubo protagonistas, muchos, y antagonistas, algunos, pero el personaje principal en la escena, que se representaba a sí mismo, fuimos nosotros, el pueblo.

En una labor de orfebrería, con un gran sentido de la responsabilidad colectiva, nació primero la Ley para la reforma política como regalo de los Reyes Magos en 1977, que abrió las puertas a un período constituyente y, luego, en las Navidades del año siguiente, llegó la Constitución que desde entonces rige felizmente nuestro destino como Nación. Se consumaba de tal guisa el paso de un régimen autocrático a un sistema democrático con limpieza y sin represalias o reproches mutuos, como otrora, con la vista y el corazón puestos en el mañana, pero sobre todo con inteligencia y aun más, con la sabiduría de un pueblo viejo, cuyo cuerpo muestra demasiadas cicatrices, por fortuna restañadas. No tiene esta nuestra Constitución de hoy el aliento revolucionario y la palabra castiza que hicieron de "la Pepa", en 1812, la más bella de nuestras Constituciones, modelo para tantas otras en Europa y América, ni el apasionamiento romántico que la "Gloriosa" nos dejó en 1869, pero con sus imperfecciones técnicas (para los puristas del Derecho, entre los que no me encuentro) o con su desaliño indumentario a veces, es obra del consenso y, por tal, ha funcionado durante estas dos décadas, quizá también porque en ella no se buscó el oropel de la mala retórica, siempre peligrosa, sino la adaptación al tiempo y al espacio, para hacerla viable y útil, que en eso consiste la prudencia política. Las Constituciones no han de hacerse para morir por ellas sino para vivir juntos, convivir, y felizmente bajo ellas, en paz y en gracia de Dios.

Una Constitución que es, en suma, un papel escrito, refleja la fé que los hombres ponemos en las palabras. Se trata sencillamente de un documento que no crea de la nada, "*ex nihilo*", por incidir sobre el proceso histórico en marcha, dinámico, de un país como España cuya biografía se pierde en la noche de los tiempos, cuyas instituciones tienen la solera de un milenio y cuyo Derecho cuenta en su haber con las Siete Partidas y las Leyes de Indias. Sin embargo, la Constitución no se queda sólo en un texto mas del Boletín Oficial –de la Gaceta–, sino que tiene el valor añadido de un símbolo donde se polarizan la pluralidad de valores y creencias y de un espejo donde el pueblo puede ver reflejada su propia imagen. Por ello, la Constitución de 1978, nuestra Constitución, ofrece algunos rasgos característicos de nuestra idiosincrasia actual. Es, por una parte, la ley fundamental que más ha calado en nuestra personalidad colectiva hasta ser interiorizada, cambiándonos por dentro y por fuera. En esa infiltración por capilaridad no poco han tenido que ver los juristas que predicaron la aplicación directa de la Constitución y su consideración como norma jurídica, no como declaración de buenas intenciones o de nobles propósitos. No es un aria de una ópera más, sino una canción para vivir y andar. Por otra parte y quizá por eso mismo, ha diseñado un ámbito de derechos y libertades como nunca lo hubo en estos pagos, para cuya implantación el Tribunal Constitucional tuvo un papel decisivo y, a la vez, permite un alto nivel de autogobierno de la rica variedad de los pueblos que componen España, en el marco de un Estado de las Autonomías, nivel nunca alcanzado antes aquí ni ahora en esa Europa que estamos construyendo día a día. El principio del equilibrio, subyacente a lo largo y a lo ancho del texto constitucional, toma cuerpo en el conjunto de las instituciones, vertical y horizontalmente, con una distribución territorial del poder y, en su dimensión temporal, con una proyección al futuro cuyo soporte más sólido hinca su raíz en nuestro pasado, la alianza de un pueblo libre y un príncipe leal.

Una última observación y callo. Las Constituciones, esta y las demás que en el ancho mundo, y ajeno, han conseguido sobrevivir, no son sólo un conjunto de palabras sino un armazón jurídico, trama y urdimbre, que va adquiriendo forma y consistencia por la agregación o el bordado de usos y convenciones, de tensiones y pactos, de ensayos y de meditaciones, de conflictos y debates, de leyes que las desarrollan y jurisprudencia que las interpretan para adaptarlas día a día a la realidad dinámica de la sociedad a la cual cada una sirve y, en definitiva, de vivencias que propician una mutación o novación insensible pero implacable. Por ello, conviene a la ocasión ahondar en el conocimiento y en el uso de la Constitución para extraerle, entre todos, su contenido potencial entero, con impaciencia pero a la vez sosiego. Es ella un manantial fluyente de soluciones para nuestros problemas por su nitidez y también por su ambigüedad buscada a veces de propósito para facilitar su aceptación en aquella hora y su flexible adaptación a los tiempos venideros. El juego mutuo de las fuerzas políticas en el Parlamento o las relaciones a veces tormentosas de las Comunidades y el Estado han ido configurando el equilibrio institucional y el mapa de la distribución de competencias, dentro de un funcionamiento fisiológico. Cuando en cualquier momento ha surgido la patología del conflicto, el remedio estaba a la mano y el Tribunal Constitucional ha servido de árbitro prudente y mesurado, siempre en clave jurídica. Si ello ha sido así, y así me parece a mi que ha sido en sus primeros treinta años de vigencia, sigamos caminando por esta senda constitucional para dejar a nuestros hijos y a nuestros nietos una España renovada y aun renacida bajo la bóveda de una Constitución, esta, con vocación de árbol centenario.

Capítulo primero

LA JUSTICIA CONSTITUCIONAL CUMPLE DOSCIENTOS AÑOS

I
AYER

1. La revisión judicial de las leyes y de los actos del Gobierno

En un vertiginoso regreso por el túnel del tiempo, como un reportaje televisivo, me encuentro ahora en la inauguración de un mandato presidencial de los recién nacidos Estados Unidos de América. Washington, 1801. Cuando el Presidente electo Thomas Jefferson[1] levanta la mano derecha para jurar el cargo frente a la figura togada de su archienemigo, el larguirucho "Chief Justice" John Marshall, nombrado para presidir el Tribunal Supremo poco tiempo ha por el saliente, John Adams, no puede imaginar la revolución que se le avecina, a golpe de sentencias, hasta construir con ellas lo sólidos cimientos de una nación, haciendo verdad el lema *pluribus in unum.* Para ello hará de un cachivache institucional, con doce años de vida vegetativa y sin sede propia, que su primer presidente John Jay, había abandonado por inocuo, el más poderoso Tribunal del mundo[2]. Le bastará un caso mínimo, porque sólo quienes no son jueces ignoran que *imaginatio facit casum,* aun cuando primero había cuidado de concertar las voces plurales de los jueces, sustituyendo el uso inglés de que cada cual expresara individualmente su opinión, cuya suma según cada signo daba el fallo, por la opinión del colegio o de su mayoría, expresada por una sola voz –generalmente la suya–, pero con posibilidad de exteriorizar las opiniones discrepantes. Templado el orfeón de tal guisa, no tardará en tener ante sí la partitura de un motivo nada espectacular.

El caso *Marbury v. Madison* ha sido expuesto y analizado mil y una veces. Una más, con brevedad, no hará daño[3]. Entre noviembre de 1800, cuando los republicanos obtuvieron el triunfo en las elecciones presidenciales y marzo de 1801, cuando comenzó su andadura la nueva Administración, los federalistas pretendieron dejar un poder judicial adicto, a modo de testamento. No sólo fue elevado Marshall a la presidencia del Tribunal Supremo, sino que el Presidente de los Estados Unidos que salía, Adams, nombró cuarenta y dos Jueces de Paz, "nombramientos de media noche" ratificados por el Senado y cuyas credenciales habían sido expedidas, firmadas y selladas, pero no entregadas a los interesados, quedando en el despacho del Secretario de Estado cesante, John Marshall, que las olvidó en los últimos momentos de su mandato y cuyo sucesor, James Madison, las destruyó. Uno de los nombrados para el Distrito de Columbia, William Marbury, le demandó ante el Tribunal Supremo pidiendo que se le reconociera su derecho al cargo, librándole al efecto el correspondiente mandamiento en el ejercicio de su "jurisdicción original" (en única instancia, según nuestra terminología).

El nombramiento de Marbury era válido e incluso sin la entrega de la credencial el nombrado tenía un derecho adquirido (*vested*) a él. Es misión de "un gobierno de leyes y no de hombres" protegerlo y habiendo un derecho, también había un remedio, la orden judicial para su efectividad. Una vez establecido que el nombramiento, como acto administrativo reglado, estaba dentro del ámbito de la jurisdicción del Tribunal (premisa ya de suyo importante), a diferencia de los actos discrecionales de naturaleza política, exentos, quedaba por saber si el Supremo podía dirigir una orden al Ejecutivo, un *Writ de Mandamus* como le autorizaba la Sección 13 de la Ley Judicial de 1789. Con el argumento de que el Tribunal Supremo era constitucionalmente juez de apelación, no de instancia, se negó tal posibilidad. Por tanto ese precepto legal que pretendió conferirle competencia de tal guisa, era inconstitucional. Con esa renuncia a ejercer las potestades que le otorgaba aquella ley, por considerarla contraria a la Constitución, asumía sin embargo el poder de sentarse sobre ésta, haciendo valer la "supremacía judicial" e inaugurando así lo que medio siglo después daría en llamarse el "gobierno de los Jueces"(4).

Nació pues, en 1803, la justicia constitucional que consiste en la revisión judicial de las leyes y de los actos del Gobierno(5), como una manifestación más de la función jurisdiccional, al hilo siempre del caso concreto, vivito y coleando, sin abstracción alguna, en manos de todos los jueces, aunque la última palabra fuera dicha por el Supremo. No hay esquizofrenia funcional, ni dos jurisdicciones, la constitucional y la ordinaria, ni dos dimensiones normativas simétricas, ni dos justicias, la constitucional y la material. No hay posibilidad, pues, de tensiones o conflictos. La "ley suprema" y las demás están unidas indisolublemente en un conjunto que se explica recíprocamente. Esta hazaña (ya "fazañas" en la Castilla medieval se llamaba a las sentencias de sus jueces) fue posible por un cúmulo de factores convergentes, entre los que cuentan la concepción del *common law* con un alcance trascendente y el contexto en el cual se elabora la Constitución, donde se suscitó esa posibilidad, aunque no faltaran voces discrepantes, como luego se dirá. Ahora bien, la sucinta Constitución no acoge esta solución (pero tampoco la rechaza, se dirá luego) en su Artículo III, dedicado a la rama judicial, con seis escuetos párrafos, solución que no nace, pues, *ex nihilo* pero sí inventa o encuentra el Tribunal Supremo. Conviene subrayar estas circunstancias. Por los años en que Napoleón se coronará a sí mismo, el Tribunal Supremo de los Estados Unidos, por sí y ante sí, se arroga la función de enjuiciar a los otros dos Poderes apoderándose de la Constitución.

En las trece Colonias estaba latente, desde su origen un siglo atrás(6), la convicción de que existen unas normas superiores al Derecho ordinario, vinculada al *common law,* ley de la tierra. "Los comienzos de las Constituciones rígidas se encuentran en el siglo XVII", observa Bryce. "Los primeros pobladores de las colonias británicas en América del Norte habían vivido bajo gobiernos creados en cartas reales inalterables por las legislaturas coloniales". Así llegó a hacerse familiar la idea de un instrumento superior a la legislatura y a las leyes"(7) Es el *covenant,* pacto en el cual los colonos establecen las condiciones de su propio gobierno. Uno de los primeros, y desde luego el más conocido, es el que suscribieran los *Pilgrimfathers* a bordo del *Mayflower* el 11 de noviembre de 1620, origen de la fundación de New Plymouth(8). Por otra parte las "cartas" de libertades, privilegios y organización otorgadas por el Rey, si la Colonia era de la Corona o por el Señor (si eran señoriales), como las que Carlos II dio a Connecticut en 1639(9), donde se utiliza ya el calificativo "fundamental" para la ordenanza, se limitaban muchas veces a conformar el pacto originario "cartas pueblas" o "fueros" en nuestra terminología, con rango superior al de las disposiciones aprobadas por las asambleas de los vecinos(10). Tan es así que hoy mismo los magistrados del Tribunal Supremo han sido llamados los custodios, conservadores o mantenedores del *covenant*(11).

Desde una perspectiva teórica, aun cuando hincada en esa misma raíz, ya en 1761 había dicho James Otis[12] que todo acto contrario a la Constitución es nulo y Hamilton, en 1788, desde el concepto de "Constitución limitada", explicó que las limitaciones constitucionales "no pueden ser preservadas en la práctica sino por medio de los Tribunales de Justicia cuya función ha de consistir en declarar nulos todos los actos contrarios al tenor manifiesto de la Constitución, sin lo cual todo derecho quedaría en nada. Alguna perplejidad puede producir la función de los Tribunales para un tal pronunciamiento –anulación de los actos legislativos– por contradecir la Constitución, que parece implicar la superioridad del judicial sobre el poder legislativo. No es así. Ningún acto legislativo contrario a la Constitución puede ser válido porque significaría que la representación del pueblo es superior al mismo pueblo. Los Tribunales se han diseñado como un cuerpo intermedio entre el pueblo y la legislatura para mantener a ésta dentro de los límites que le están asignados. La interpretación de las leyes es el propio y peculiar ámbito de los Tribunales. Una Constitución es en realidad y debe ser contemplada por los jueces como una ley fundamental"[13].

En definitiva, las ideas y la realidad social que les había dado vida estaban en el ambiente como el polen en el aire, listas para fecundar las instituciones y encarnarse en ellas cuando se diere la coyuntura propicia, con un hombre que estuviere allí, en el lugar y en el tiempo adecuados, como Marshall[14]. Sin embargo, aunque confluyeran la Historia y la razón, el subconsciente colectivo y el super-yo, tengo para mi que la causa profunda fue el carácter de los hombres, el talante de los jueces que, como los demás funcionarios coloniales, estaban más cerca de la tierra que del Príncipe de un Reino lejano del cual habían huido sus antepasados buscando la libertad. Los jueces no se sentían delegados regios sino servidores de sus conciudadanos, con una carga latente de rebeldía hecha en seguida realidad en la Revolución y en la lucha por la independencia. No parece por tanto sorprendente que, acostumbrados a poner en solfa la soberanía opresora, desconfiaran también de la que ellos mismos habían instaurado para que nunca degenerara en despotismo, como refleja inequivocamente el sistema para la elección del Presidente. Es paradójico, sin embargo, que ese freno actuara, a la vez, como fuerza de cohesión para constituir un poder federal efectivo, ante el peligro de disgregación que significaba la práctica, hasta entonces existente, de que los Estados pudieran declarar unilateralmente, por sí y ante sí, la inconstitucionalidad de las leyes de la Unión. Esta fue la prerrogativa que el Supremo se arrogó, expropiándola a quienes a la sazón la detentaban. Por ello, no le falta razón a Louis B. Boudin cuando dice que "la revisión judicial tal y como la conocemos es primariamente una creación de la posguerra civil y que *Marbury v. Madison* estableció tan sólo el poder del Tribunal para determinar su propia jurisdicción"[(15)]. Aunque así fuera no sería poco.

2. Lo que nunca se ha dicho del caso Marbury v. Madison

La sentencia en el caso *Marbury v. Madison* fue publicada por su mismo autor el 24 de febrero de 1803 en una desangelada sala de apenas ochenta metros cuadrados cedida por el Congreso en la planta baja del Capitolio, donde funcionó el Tribunal Supremo siete años, entre 1801 y 1808. Bien es verdad que hasta ese mismo instante no parecía merecer mejor albergue. Aunque tenía ya una década de vida sólo había resuelto 115 casos. Su primer y su tercer presidente estuvieron ausentes, uno en Inglaterra y otro en Francia, más de un año cada uno sin que padeciera la función ni lo notaran gran cosa los ciudadanos. El segundo, John Rutledge, procedente de Carolina del Sur, había visto rechazado su nombramiento por el Senado. Estaba muy lejos, pues, del prestigio y autoridad que llegaría a alcanzar cuando 34 años más tarde John Marshall murió[(16)].

El primer aspecto de esta sentencia, aspecto extrínseco, que nunca ha sido objeto de atención por los estudiosos, es el impacto que tuviera en la sociedad norteamericana allí y entonces. No cabe la menor duda de que en los círculos del poder, en el universo político de Washington, sede reciente de las instituciones federales, se tuvo conciencia del significado político inmediato pero no de su trascendencia. Luego hablaré de la reacción que produjo, otro aspecto también desconocido. Sin embargo, la sentencia no encontró apenas resonancia en la prensa, ni por tanto llegó al ciudadano, a la gente. Un testimonio significativo en forma de silencio nos lo ofrece un español, vasco por más señas, ilustrado, curioso y con dotes proféticas. Se trata de don Valentín de Foronda que en aquella época llega a Estados Unidos mediada su vida o casi viejo para entonces, pues tenía 52 años. El 3 de enero de 1802 después de mes y medio de navegación está ya en Boston, como Cónsul General, estableciéndose en Filadelfia, donde permaneció ocho años, los treinta meses últimos como Encargado de Negocios. Desde este palco proscenio, en el corazón del nuevo país, a pocos años de su fundación y con sus protagonistas en acción, este alavés perspicaz observa lo que sucede a su alrededor con curiosidad y lo refleja por escrito objetivamente, sin ocultar su admiración la mayor parte de las veces. Conoce bien y describe el sistema judicial norteamericano que valora muy positivamente, cuyos "Jueces ordinarios, (que) son, por decirlo así, los depositarios y los intérpretes del Derecho". "Por la institución de los Jurados el poder iudiciario no sólo está fuera de las manos del que tiene el poder executivo sino también fuera de las manos del mismo Juez". No escasea elogios al *habeas corpus* ni al régimen penitenciario. "Las Cárceles de Philadelphia y sobre todo la de Nueva York y sus reglamentos son dignas de imitarse". "Habiendo analizado qué quiere decir Nobleza, he descubierto qué significa. El Abogado (aunque) "entran también en la primera nobleza los médicos". En un boceto de la Constitución "principal", como llama a la federal, el curioso impertinente destaca los principios de igualdad y de libertad, sobre todo las de religión y de prensa que "según se experimenta aquí, no es libertad sino una licencia desmesurada, un frenesí", pronosticando "una Revolución", "una erupción que cubra de cenizas y sangre este extendido país", profecía que se cumpliría medio siglo después, cuando se produjo la secesión de los Estados del sur aliados en una Confederación, poniendo el dedo en la llaga del peligro cesarista que acecha en el presidencialismo y que el singular procedimiento de elección en dos fases, sin la presencia personal de los compromisarios, ha logrado evitar. Digo todo esto para poner de relieve dos características, lo mucho que sabe Foronda de la trama y urdimbre jurídicas y algo significativo por ello mismo, la nula atención que dispensa al Tribunal Supremo, mencionado de pasada y cuya importancia parece desconocer o menospreciar. El silencio es aquí por tanto significativo[(17)].

Pues bien, aun así y recluída en el círculo iniciático de Washington D.C., pocos saben que la tesis de la revisión judicial de las Leyes estuvo a punto de perecer a manos de su mismo creador. Por una parte, desde un plano ideológico, Thomas Jefferson enemigo acérrimo del "Chief Justice" lo era también porque su concepción del papel de los jueces y del sistema federal estaba en las antípodas de las ideas nacionalizadoras de Alexander Hamilton, John Marshall y Joseph Story. El Presidente de los Estados Unidos y James Madison habían producido las Resoluciones de Kentucky y de Virginia en 1798-1799, que apoyaban la teoría "compacta" de la Constitución y rechazaban que el Tribunal Supremo tuviera competencia exclusiva para determinar si las leyes del Congreso eran constitucionales. Jefferson alegaba que reconocer al Tribunal, criatura de la Constitución, la potestad de revisar las leyes no prevista en su texto haría de "su arbitrio y no de la Constitución la medida de sus poderes", aduciendo que esa misma facultad podían ejercerla también los estados, como partes del "bloque constitucional", y sin olvidar que cada rama del gobierno federal, ejecutiva y legislativa, tenía un derecho coordenado a resolver cuestiones de constitucionalidad". "Es una doctrina muy peligrosa considerar a los jueces como los árbitros últimos de todas las cuestiones constitucionales. Es aquella que nos coloca bajo el despotismo de una oligarquía"(18). Sin embargo, Jefferson no se excedió en la reacción a la sentencia del caso Marbury v. Madison y más bien la ignoró porque él había conseguido su objetivo, que el Tribunal no le ordenara entregar las credenciales y por otra parte, la reivindicación de la competencia judicial para interpretar la Constitución no se formuló explícitamente como exclusiva o definitiva(19).

Por su parte, el ambiente estaba al rojo vivo en el Congreso, que había hecho lo posible por deshacer el entuerto del Presidente Adams con los "jueces de medianoche" para apoderarse de la justicia federal y se disponía a utilizar el *impeachment* contra Marshall y sus colegas "federalistas" por esas razones estrictamente políticas(20). La contraofensiva no se hizo esperar(21) y, así pues, el 4 de febrero de 1805 en el ala norte del Capitolio, única construida por entonces, el portero mayor del Senado de los Estados Unidos dio las voces de rigor –"Oyez, Oyez, Oyez"– para anunciar la audiencia pública, abriendo de tal guisa el juicio de responsabilidad contra Samuel Chase, magistrado del Tribunal Supremo acusado por la Cámara de Representantes, un proceso que pudo haber cambiado radicalmente la jurisprudencia y quizá hasta la Historia de ese país. Al fondo de la gran sala estaba el sitial de quien presidiría las sesiones por imperio de la Constitución, Aaron Burr, Vicepresidente de los Estados Unidos, y a ambos lados, en dos filas de escaños con pupitres cubiertos de terciopelo, tomaron asiento los treinta y cuatro senadores que, constituidos en Corte, juzgarían al procesado, dos por cada uno de los trece estados fundadores y dos por los recién creados de Vermont, Tennessee, Kentucky y Ohio. Los miembros de la Cámara de Representantes, Cuerpo colegislador que acusaba a Chase, se sentaban en tres gradas de bancos desde el muro al centro de la Sala, cubiertos con paño verde. A su derecha, un pequeño enclave había sido construido para uso de los miembros del Gabinete del Presidente Jackson. Al otro lado del pasillo, desde el solio presidencial a la puerta de la calle había una mesa y sillas cubiertas con paño azul. Una estaba ocupada por los parlamentarios que iban a llevar la acusación por la Cámara de Representantes y la otra por los abogados del acusado. A la espalda quedaba la galería destinada habitualmente al público, aun cuando para este evento había sido construida otra provisional cubierta de paño verde que se llenó con damas de la buena sociedad.

Este proceso tenía muy preocupado al presidente del Tribunal Supremo, John Marshall, animal político a quien asustaba el impacto que pudiera producir en la institución la condena de uno de sus magistrados. Buena muestra es la carta que dirigió a Chase en enero de 1804, mientras la Cámara de Representantes estaba votando el pliego de cargos, carta en donde el autor ponente de la Sentencia *Marbury v. Madison* aparece dispuesto a abandonar la doctrina de la revisión judicial de las leyes, permitiendo al Congreso revocar las decisiones judiciales que le importunasen, a cambio de abandonar la acusación constitucional como arma contra los autores de tales decisiones. El astuto hombre de Estado que era Marshall daba un paso atrás, permitiendo que la institución se doblase como el acero para evitar que se quebrase en pedazos. Por fortuna el Senado absolvió a Samuel Chase en un ejercicio admirable y ejemplar de prudencia política. La absolución trazó la frontera para el uso apropiado de la potestad congresual de acusar y despojar de su investidura a un juez. El mismo Presidente Jefferson, enemigo de la revisión judicial de las leyes pero que no había apoyado el *impeachment* contra Chase, lo reconoció así inmediatamente declarando que la acusación constitucional era un "espantapájaros" que núnca más sería utilizado. Este caso tuvo un profundo y beneficioso efecto sobre la judicatura norteamericana, consolidando la independencia judicial no sólo por eliminar cualquier supervisión del Congreso respecto de las decisiones de los jueces sino también por cerrar el paso a la tentación de perseguirlos por ellas(22).

3. El nacimiento de la justicia constitucional

En Europa, el viejo continente, las cosas eran muy distintas en este y en otros órdenes. Los jueces habían nacido en todos los países como delegados del Rey, supremo tribunal, “corte”, con posibilidad teórica de avocar cualquier pleito en manos de otro juez o de juzgar personal y expeditivamente en única instancia durante la Edad Media y hasta los albores del Renacimiento, como todavía lo hizo Isabel I de Castilla. En la terminología de Weber eran comisarios reales y emanación de la realeza con reflejo en su propio nombre (merinos, adelantados, corregidores, Cortes, Chancillerías y Audiencias), en su nombramiento y retribución y en sus funciones. Esto es así en toda Europa y para muestra basta un botón. En Francia sin ir más lejos el Rey es juez por ser rey. Carlos V, en su lecho de muerte, dijo que en la Corona reside el “misterio de la justicia”. Todos los súbditos del reino están sometidos a la justicia real o regia. El rey configura a su albedrío las competencias y sus titulares, cambia los asuntos de un tribunal a otro o los juzga por si mismo o por delegados que nombra al efecto. Cualquiera puede tener la función de juzgar (*munus iudicandi*) pero solo él tiene el poder(23).

Por lo que hace a España, la Administración, empezando por la Hacienda se somete desde muy temprano –el siglo XIII– a los jueces, que actuaban con independencia y firmeza frente a los oficiales del Rey(24), y éste utilizaba a las Audiencias en Ultramar para limitar y controlar a los Virreyes, Capitanes generales y Gobernadores. Ahora bien, Corregidores y Oidores en los Tribunales de los Consejos jamás pondrán en entredicho el Poder Soberano como tal, cuya legitimidad y extensión son indiscutibles. Nada más expresivo para condensar lo dicho que el castellano sentencioso de nuestro teatro del Siglo de Oro. En “Como padre y como Juez”, de Montalbán, uno de los personajes dice:

> “*El juez, Octavio, ha de ser*
> *juez, sin tener dependencia*
> *más que de Dios y de sí*
> *y del Rey...*”(25)

El más alto magistrado del Reino después del Rey por ser Presidente del Consejo de Castilla, don Diego de Covarrubias, escribe también a finales del siglo XVI que el Rey poseía la jurisdicción máxima o "Mayoría", como juez supremo, intransmisible e inalienable, aunque concediera a los nobles o prelados su ejercicio, en instancia. Ninguna jurisdicción civil queda en el pueblo que no tiene poder alguno de constituir jueces ordinarios ni de crear magistrados, si bien la mayor parte de las villas del reino tengan por privilegio del príncipe o por costumbre o prescripción el derecho de elegir quienes vulgarmente son llamados jueces o alcaldes ordinarios, para el primer conocimiento de las causas. Los corregidores y sus vicarios que ejercen jurisdicción ordinaria civil y criminal, también en primera instancia, la tienen por comisión real. En definitiva, la concesión de jurisdicción aunque sea en propiedad y por razón del territorio, se entiende en cuanto a la primera instancia exclusivamente. La competencia en apelación es prerrogativa regia y los súbditos pueden apelar al Rey y a su curia libremente, pasando por alto a los señores o jueces de "primera apelación", a las Chancillerías o Cancillerías o a las Audiencias, Tribunales Superiores de Castilla(26).

El Reino Unido funcionaba en esta misma sintonía. Los jueces sólo son delegados del Rey, dice Bancroft y nada menos que Sir Francis Bacon compara a "los doce jueces del reino con los doce leones del Trono de Salomón. Deben ser leones, pero bajo el trono, conscientes de que no pueden fiscalizar o contradecir ningún aspecto de la soberanía" porque, en definitiva, *Rex est lex loquens*. Sin embargo allí habrá al menos una tentativa para poner la Ley de la Tierra, el *Common Law* por encima del Rey y enjuiciar a su luz las decisiones regias. La polémica entre el León y el Trono(27), en metáfora afortunada, es conocida de todos y se desarrolló en dos escaramuzas separadas a lo largo de una década. Sir Edward Coke, Lord Coke para sus contemporáneos, Fiscal General con la Reina Isabel I, fue nombrado *Chief Justice* por el Rey Jacobo el año 1607. La tesis que mantuvo enhiesta a partir de ese día, sin desmayo ni miedo, puede enunciarse en pocas palabras: "El *Common law*" ha restringido la prerrogativa real. El Rey no puede avocar ninguna causa pendiente en sus Tribunales y juzgarla por sí mismo. Inglaterra está gobernada por el *common law* y "el Rey está bajo Dios y la Ley". No era esta precisamente la idea que Jacobo tenía de su función ni la que fomentaban sus cortesanos. "El Rey está sobre todo, sobre el Estado y sobre la Ley, es la Ley que habla y lo jueces sus delegados". En esta primera ocasión el rebelde recibió tan sólo una patada hacia arriba y fue promovido –*ut removeatur*– a la presidencia del Tribunal del Rey, máximo rango judicial y máximo honor, pero con menores emolumentos. Era un aviso para mareantes.

La segunda batalla y decisiva tuvo lugar casi un lustro más tarde y en ella Coke utilizó como arma principal la fórmula del juramento judicial en cuya virtud se habían comprometido los jueces ante Dios a no cumplir orden alguna contraria a Derecho. Sin embargo desde el Trono se les replicó que "los Reyes son Jueces en sentido propio y el juzgar les pertenece por la gracia de Dios. Esta prerrogativa de la Corona no está sometida a la lengua o la pluma de los letrados, algunos de los cuales han ido demasiado lejos en este camino. ...¡Jueces! manteneos dentro de vuestros propios estrados, sin invadir otros terrenos". "Los jueces invocan las leyes pero reservándose ellos la interpretación" sin tolerar que nadie más las interprete, observó el Rey con perspicacia, con lo que pueden hacer fácilmente de ellas de su capa un sayo"(28).

Anticipaba lo que mucho más tarde se diría al otro lado del Atlántico: "la Constitución es lo que los jueces dicen que es", frase pronunciada en 1907 por Charles Evans Hughes, a la sazón Gobernador de Nueva York y más adelante magistrado del Tribunal Supremo de los Estados Unidos(29) y por ello se corre el riesgo de quedar "bajo el despotismo de una oligarquía" según lapidaria expresión de Jefferson. Tal diálogo fue haciéndose cada vez más tenso, en espiral como un bolero de Ravel político, hasta terminar también brusca y dramáticamente. Lord Coke fue destituido sin que volviera a ponerse en entredicho la competencia de la Cancillería para librar mandamientos a los tribunales. No fueron los jueces ingleses por sí y ante sí quienes al final ganaron esta guerra sino muy lentamente el Parlamento que desplazó al Rey para ocupar una posición(30) de supremacía constitucional por lo demás tan intangible para la judicatura como lo había sido la de aquel. Un siglo después será la Cámara de los Comunes quien actúe para limitar la prerrogativa del Rey, prohibiéndole deferir al Consejo privado el enjuiciamiento de causa alguna y declarando ilegal su pretendido derecho a suspender la vigencia de leyes sin el consentimiento de aquel. Algo después, en 1701, proclamaría la inamovilidad judicial (*Settlement Act*) y aun más tarde se arrogará la potestad de crear y suprimir los tribunales así como establecer el régimen estatutario de los jueces, inclusas las medidas disciplinarias (suspensión o destitución), reduciendo la prerrogativa regia a expedir sus nombramientos pero siempre a propuesta del Gobierno y al derecho de gracia, aun cuando la justicia siguiera administrándose formulariamente en nombre del Rey.

El Juez europeo es dócil y se siente "funcionario", como luego demostrará en los años treinta del siglo XX y por sí mismo no alberga tentación alguna de imperialismo jurisdiccional. Por otra parte, y a pesar de ello, suscita una patente y constante desconfianza en los nuevos regímenes liberales, que heredan el recelo de los revolucionarios franceses respecto de los Parlamentos. La influencia de Francia, antijudicialista, amante de la disgregación jurisdiccional y de los Tribunales colegiados, que hasta hoy mismo ha eludido la palabra "poder" y utiliza el eufemismo "autoridad" judicial, extenderá esa desconfianza por todo el Continente.

Sin embargo, será un francés, Alexis de Tocqueville(31), quien descubra "La democracia en América" y, entre sus piezas, el original invento del juicio de constitucionalidad, casi en la mitad del siglo XIX y otro, André Blondel quien por el año 1926 propugnará su trasplante(32). Ahora bien, un austriaco, Hans Kelsen, más de un siglo después, fue quien –como Colón, que encontró un nuevo mundo sin llegar a enterarse del todo, buscando Cipango y Catay– construyó una teoría, descubriendo por su cuenta la pólvora, con la cual convenció a sus contemporáneos para que se creara la justicia constitucional en manos de un Tribunal *ad hoc* con una composición que no suscitara el recelo del Poder, para un juicio abstracto de norma contra norma, desligado de cualquier supuesto concreto de aplicación(33).

La revisión judicial de las leyes y de los actos del Gobierno que surgen simultáneamente en el caso *Marbury v. Madison* prenderán a este lado del Atlántico, aunque con distinto calendario y muy distinto ritmo. En la Francia revolucionaria, también a finales del XVIII, las Leyes de 22 diciembre de 1789 y de 16-24 de agosto de 1790 prohiben o vedan el llevar a la Administración ante los Jueces. Las reclamaciones contra sus actos habrán de residenciarse ante ella misma, por medio de órganos *ad hoc*, que diez años después lo será el Consejo de Estado –el año VIII– con "jurisdicción retenida" en manos del Jefe del Estado, hasta que en 1872 se le confíe la decisión a aquél, "delegándole" la jurisdicción. Nace así lo contencioso-administrativo, en un caldo de cultivo autoritario que paradójicamente se convertirá en una potente garantía del ciudadano. Su formación a lo largo del siglo por un proceso evolutivo que lleva desde la función consultiva a otra jurisdiccional sin su soporte propio, el Juez y se extiende por el continente como el Código civil de Napoleón, en las mochilas de sus soldados, ha ejercido una atracción magnética en los países del entorno que ha durado hasta hoy, influyendo en la configuración de gran parte de los procesos a cargo del Tribunal de Justicia de las Comunidades Europeas.

En España, cuya tradición era el sometimiento de la Administración y, especialmente, de la Hacienda a las Chancillerías o Audiencias y a los Tribunales de Oidores en los varios Consejos del sistema polisimodial o sinodiárquico, la trayectoria será muy distinta. Las Leyes de 2 de abril y 16 de septiembre de 1845, en la "década moderada", establecen lo contencioso-administrativo con carácter retenido, según el modelo francés, en manos del Rey con el Gobierno, que dicta la Sentencia, asistido del Consejo Real, más adelante de Estado, que la prepara(34). La "Gloriosa" revolución de 1869 trasplanta el tinglado entero al Tribunal Supremo y a las Audiencias, planta que asume la primera Ley –provisional– del Poder Judicial de 15 de septiembre de 1870. La Restauración volverá en 1875 al sistema anterior que, sin embargo, está ya tocado de ala. En efecto, la Ley de 13 de septiembre de 1888, propugnada por Santamaría de Paredes, configura una auténtica jurisdicción "delegada" en un Tribunal Contencioso-administrativo y los Provinciales que en 1894 se encuadrará en el Consejo de Estado y en 1904 pasarán al Tribunal Supremo (Sala Tercera) y a las Audiencias Territoriales. En estas se crearán el año 1956 las Sala de lo Contencioso-administrativo, consumando así la plena judicialización(35).

La revisión judicial de las leyes llevará un ritmo distinto y es un fenómeno más tardío. Aun cuando, como antes dije, Blondel predicara sin éxito alguno el trasplante del sistema norteamericano a su país, será un austríaco quien ofrezca la solución que se demostrará viable, Hans Kelsen, desde la cima de su construcción piramidal(36) del Derecho como una estructura lógica, sin carne ni sangre, parte de una premisa irreal consistente en la convicción de que en la formulación de la Ley no juegan intereses o valores, e incluso prejuicios, de quienes la hacen y la imponen, concepción deshumanizada muy semejante a la que pretendió convertir al Juez en la voz automática, aséptica y asexuada de la Ley. Imagina así un juicio de constitucionalidad, aun cuando nunca le de tal nombre, que consiste en comprobar si la Ley ordinaria, como tal norma abstracta, está acorde o en contradicción lógica con la norma abstracta de la Ley Suprema, depurando el ordenamiento jurídico de imperfecciones perturbadoras. Se trata, pues, de una escueta contradicción lógica, desligada de cualquier caso concreto, lo que separa esta operación de la potestad de juzgar, y lejos también del enunciado sustantivo de aquéllas, lo que la separa de la función legislativa. Para esto se configura un Tribunal único, con una jurisdicción concentrada y una composición para la oportunidad, sin jueces profesionales, con el propósito de no despertar la desconfianza del Poder, que consigue. Sin la gracia torera de la faena judicial de Marshall, con la andadura sólida y desgarbada de un elefante jurídico, Kelsen consigue lo posible a su manera y su invento entra por la puerta grande de la Constitución de Austria en 1920.

En el período de "entreguerras" que comprende apenas veinte años, pero vividos con una gran intensidad, el artilugio se extiende con cierta parsimonia. La tercera década de nuestro siglo constituye una etapa de transición, una infancia despreocupada tras el doloroso alumbramiento de 1914. Son los "felices años veinte", en los que conviven *Babbitt* y muchos negros de alma blanca a la luz de las flamígeras cruces del *Ku-Klux-Klan*. Rubias muchachas con la falda por la rodilla y medias de seda, melena corta y largos collares centelleantes, andan con gracia junto a hombres de cara marcada y sombrero flexible de ala ancha, híbridos de *condottiero* y *cow-boy*. La balbuciente radio de galena deja oír el sincopado ritmo del *charleston*, y la percusión del *jazz-band* se mezcla con el escape de los último *Ford T*. Sin embargo, bajo esta superficie brillante y confiada hay latente una generalizada mentalidad agresiva, inspirada por una auténtica filosofía de la violencia(37). Una generación alegre y confiada pagará trágicamente su despreocupada frivolidad con la gran depresión económica, los campos de concentración y las trincheras(38).

A Kelsen le sucederá como a tantos que buscando algo encuentran otra cosa distinta, y a veces ni se dan cuenta. Por más que eludiera la palabra enjuiciamiento o juicio y que intentara diseñar una operación de lógica jurídica, desencarnada, la realidad se impuso y el personaje, como Pygmalión, adquirió vida propia, rebelándose contra su creador. La operación se quitó la careta y dejó al desnudo que se trataba de juzgar y la justicia se hace con hombres y mujeres, no con sombras platónicas. La persona, concepto jurídico axial, nace del proceso adonde se trasplanta desde el teatro, máscara de resonancia para hacerse oír de la gente. El Tribunal Constitucional recién nacido, legislador negativo con metáfora manida, lo que hace realmente es juzgar y legisla tan sólo en la misma medida en que se dice, también metafóricamente, que administran los jueces de lo contencioso-administrativo. Esta sustancia judicial marcará fatalmente su evolución, paralela en cierto modo a la de esa jurisdicción. Ahora bien, en un esquema tal, con una justicia ordinaria que enjuicie el caso concreto a la luz de la Ley, cuya constitucionalidad comprueba la justicia de este nombre, en un plano de abstracción, no son fácilmente imaginables encontronazos y ni siquiera fricciones. En teoría son jurisdicciones paralelas que jamás se encontrarán en este mundo, aun cuando puedan hacerlo en el infinito del cielo de los conceptos.

4. La justicia constitucional se hace justicia

Sin embargo, en este diseño tan nítido se producirá por la inercia de la propia naturaleza del invento, una alteración cromosómica. El fin de la Segunda Guerra Mundial en 1945, con el triunfo de los aliados por el empuje decisivo de los Estados Unidos de América, provoca una ola mimética del *way of life* norteamericano, como los cigarrillos rubios, las medias de nylon, las hamburguesas o la coca-cola, y de sus instituciones, como la legislación anti-trust y el sistema judicial. Surge de nuevo, cual Guadiana, la justicia constitucional a la europea y proliferan los Tribunales de tal tipo y denominación, italiano (1948), alemán (1949), turco (1961) y yugoslavo (1963).

Una segunda oleada traerá los de España (1978) y Portugal[(39)], países hermanos, salidos ambos de sendos regímenes autoritarios paralelos casi a la vez. Una tercera extenderá la institución a otros países europeos (Bélgica, Polonia, Hungría) y de la América hispana[(40)], el último de ellos Bolivia a finales de 1997[(41)]. El continente hispánico ha optado por el modelo europeo en un fenómeno de mimetismo. No se dan allí tampoco las circunstancias que permitan la pujanza de lo judicial en ninguna de sus manifestaciones. El *hábitat* no es propicio y sobreviven con dificultades inimaginables en aquel ultramar, con actitudes a veces heroicas. Nada más expresivo que algunas palabras del Dr. Ernesto López Freire, a la sazón Presidente del Tribunal de Garantías Constitucionales de la República del Ecuador, en cuya opinión "el Tribunal disminuido y debilitado sobrevive en precarias condiciones; persiste, entre otras razones, por el esfuerzo personal de sus miembros, cuya convicción democrática hay que enaltecer ..."(42). En Guatemala fue ejemplo de valor y firmeza la Corte de Constitucionalidad años atrás(43). En la República del Perú la Ley o Enmienda que prorrogaba el mandato del Presidente Ingeniero Alberto Fujimori quebró la unidad del Tribunal y dio ocasión a la que podríamos llamar la "crisis de las dos sentencias"(44).

Tratamiento aparte merece el Consejo Constitucional francés de la V República, que no es Tribunal, no está compuesto necesariamente por juristas, tampoco actúa en forma procesal y emite un dictamen preventivo sobre la constitucionalidad de las Leyes de la Asamblea Nacional(45). Es algo semejante, en este ámbito, al Consejo de Estado en lo contencioso-administrativo y quizá aspire a seguir sus pasos. La revisión de las leyes y de los actos administrativos se retiene en manos del Poder Ejecutivo, a la sombra de Napoleón, so capa del "régimen administrativo" en un país jacobino y, por ello, decididamente antijudicialista. "El Tribunal Supremo de Francia es el pueblo" –dijo De Gaulle, vale decir "nadie".

La justicia constitucional tal y como aparece configurada primero en Austria y después de la guerra en la República Federal de Alemania, cuyo ámbito de competencia en principio se constreñía, en lo que aquí importa, al recurso de inconstitucionalidad, sufre dos injertos. Uno, y muy temprano, en 1929, con ocasión de la reforma de la Constitución austríaca, el control concreto de normas por reenvío de los jueces ordinarios (cuestión de inconstitucionalidad) que guarda un claro parentesco con su misión originaria y razón de ser, aun cuando signifique ya una desviación del diseño kelseniano(46). Otro, lo que es un verdadero cuerpo extraño, introducido por vía legislativa, el "recurso constitucional" (*verfassungsbeschwerde*) que se constitucionalizará años después con ocasión de una reforma de la Ley fundamental(47). La función de tal recurso no era otra sino el control de la judicatura alemana, formada por jueces profesionales muchos de los cuales habían ejercido su oficio durante el III Reich y se habían doblegado a sus dictados, como puso de relieve ya desde el principio el caso Van der Lubbe, incendiario del Reichstag, condenado a muerte y ejecutado en virtud de una ley penal *ex post facto.* Es fruto, pues, de la desconfianza, muy merecida y recuerda, con algo de imaginación, a los "comisarios políticos" bolcheviques de la guerra civil rusa, colocados junto a oficiales del antiguo ejército zarista para vigilar su dudosa lealtad, original invento de Leon Trotsky que desaparecería con la II Guerra Mundial. Este recurso se da para cualquiera que se sienta lesionado por los poderes públicos en sus derechos fundamentales y, por tanto, su objeto son, en la gran mayoría de los casos, sentencias judiciales, convirtiendo al Tribunal Constitucional en Supremo, con funciones paracasacionales.

La cuestión de inconstitucionalidad, que introduce el caso concreto como factor desencadenante del juicio de constitucionalidad de la Ley, significa una trascendental variación cromosómica del sistema europeo de justicia constitucional, acercándolo al modelo original, el norteamericano. En esencia transforma en difuso el control concentrado y en concreto el enjuiciamiento abstracto, inyectando en vena los intereses subyacentes y con ello el carácter jurisdiccional –léase judicial para mayor claridad de mi pensamiento–. Los jueces, y solo ellos, pueden suscitarlas. Ahora bien, un paso más allá, el recurso de amparo, que permite la impugnación indirecta de una Ley por inconstitucional con ocasión de los actos de los poderes públicos que la apliquen, cuyo respaldo fuere aquélla, extiende así la legitimación activa a todos (ciudadanos o no), si bien dentro del perímetro de los derechos fundamentales especialmente protegidos. Lo meramente lógico o formal, deshumanizado, empieza así a materializarse, cobrando corporeidad, y en definitiva a humanizarse porque "la vida del Derecho no es lógica, sino experiencia", dicho en una de las muchas "joyas de cinco palabras" que cinceló un Holmes, ya octogenario, cuando necesitaba el brazo de su letrado para ir al Tribunal(48). Todos los seres vivos, los vivíparos tienden a regresar al útero materno. Lo que se pensó como una charada se quita la mascara y muestra que es un "juicio" y así la justicia constitucional se hace justicia a secas.

5. La justicia constitucional en España

Aunque pudieran rastrearse vestigios venerables en nuestra Historia, es un puro anacronismo convertirlos en antecedentes o ancestros de algo tan diferente y tan separado en el tiempo como el enjuiciamiento de la legitimidad de la ley, cuya *grafé paranomai* podía denunciarse ante la *heliea* en la Grecia de Pericles. Nada hay en los textos ni en la jurisprudencia que permita poner en en tela de juicio la palabra del Rey, únicamente enjuiciable a la luz de la palabra de Dios, como hicieron con decisión y profundidad los teólogos y juristas de la Escuela de Salamanca en el siglo XVI sobre los títulos de la presencia de España en las Indias y los derechos de los indígenas, donde yo veo la raíz de los derechos del hombre, pero sin la existencia de un instrumento institucional y de otro procesal para su exigibilidad.

Sin embargo hay dos derechos fundamentales en nuestra actual terminología que llevan gestándose siglos. Uno de ellos el que bajo el signo de la efectividad de la tutela judicial se apoya en la aspiración a un proceso con todas las garantías. Así pues, en la España visigótica, el pacto entre Rey y súbditos está latente desde el IV Concilio de Toledo (año 633, cánon 75), donde también cabe adivinar el derecho a fallos legales y el principio de igualdad con el derecho de defensa y de contradecir directamente al demandante que se consagra en las Cortes de León de 1188. El *Liber Iudicum*, libro de los jueces o Fuero Juzgo, traza en su libro II un diseño nítido, que toma como punto de arranque la separación de las funciones legislativa y judicial. "El facedor de las leis debe fablar poco e bien" (Ley VI) y "non debe facer derecho por desputación" (Ley II). Simétricamente, cuando no haya ley aplicable al caso, el juez se abstendrá de juzgar y emplazará a las partes ante el Rey, para que resuelva el pleito (L. XI). La potestad de juzgar corresponde a los jueces, siendo delito su usurpación, jueces que pueden ser ordinarios o especiales (L. XII, XV, XVI, XXV). Se protege la independencia (XXVI) y la imparcialidad, regulando la recusación (XXII), exigiéndoles responsabilidad por denegación de justicia (XVIII), prevaricación (XIX) y dilación indebida del proceso (XX). Las sentencias han de ser motivadas, "deben dar razón de lo que juzgó" (XXIX), regulándose la intervención de abogado (vocero) y procurador (personero) en el Título III para preservar la igualdad de las partes (L. I): y "que por miedo del poderío non desfallezca la verdat"[(49)].

En la tierra vascongada, quiso encontrarse también el antecedente del *habeas corpus* inglés en la institución del *etxejaun*, cabeza de familia y magistrado[(50)]. Un parentesco más cercano con la actual vía de amparo guardan los procesos forales, firma de derecho y fuero de manifestación, en el reino de Aragón y su Justicia Mayor, figura que fue el antecedente invocado por la Constitución mexicana de 1857, a la cual seguiría en este aspecto la de 1917, obra del Congreso de Querétaro, para el recurso homónimo que subsiste en la actualidad no obstante las últimas reformas constitucionales. Por su parte, las Cortes de Castilla nacieron hace casi un milenio para hacer efectivo el consentimiento de los súbditos como fundamento de la potestad tributaria de la Corona, configurando así el principio de legalidad en este ámbito, según ha reconocido en más de una ocasión nuestro Tribunal Supremo(51).

Puestos ya en el siglo XIX, y muy avanzado, es claro que en España, cuando se promulga la Ley Orgánica del Poder Judicial el mismo día de la apertura de los Tribunales en el año 1870, se conoce ya la revisión judicial de las Leyes nacida en los Estados Unidos. No sé cómo ni cuándo ni a través de quién llegó la noticia. Su exposición no tiene cabida en los libros de la época sobre el Derecho Político. No se busque en Colmeiro ni en los demás(52). No parece inverosímil, sin embargo, que Montero Rios estuviera al tanto y que –incluso–, y esta profecía histórica es más arriesgada, que le gustara, pero de ahí a buscar y encontrarla en la Ley Orgánica en una hermeneútica rebuscada, hay un salto en el vacio, cuando ni siquiera estaba en la mente de los juristas de la época la impugnación directa de los reglamentos por ilegalidad. Conviene retrollevarse a la época y recordar que a la sazón no se daban entonces la admiración y el mimetismo de lo norteamericano que hoy son habituales. Aquel país se veía como lejano y extravagante, inferior intelectualmente y del que nada se podía aprender(53). Lo meritorio es que Tocqueville superara estos prejuicios y su complejo de superioridad europeo. Lo normal era el desconocimiento por desinterés y ni siquiera menosprecio.

En cambio, entre quienes redactaron el proyecto de Constitución de la República en 1873 alguno de sus redactores, quizá Pí y Margall o Montero Ríos conocía ya, y a fondo, el invento norteaméricano, pues en ese texto frustrado se pretendió establecer un Tribunal Supremo Federal, con tres magistrados por cada Estado de la Federación, a quien correspondería suspender los efectos de cualquier ley contraria a la Constitución dada por el Poder legislativo, mientras que el Senado tendría a su cargo, entre otras, la misión de examinar si las leyes del Congreso desconocían los derechos de la personalidad humana o de los poderes de los organismos políticos, o de las facultades de la Federación o del Código

Fundamental (arts. 70, 73 y 77), y si creyera que se vulneraba alguno de estos aspectos podía también suspender la promulgación de la Ley durante tres años, transcurridos los cuales habría de ser promulgada en el acto. Sin embargo, el Poder Judicial retenía la competencia de declarar, en su aplicación, si la Ley era o no constitucional(54).

Medio siglo después, en 1923, se quiebra el sistema constitucional canovista por un golpe de Estado del teniente general Miguel Primo de Rivera(55) y se instaura la que el pueblo llamó "Dictadura". En esa década ya no es Marshall el modelo, sino Kelsen, autor del sistema "austriaco" por haber nacido en Viena el primer Tribunal Constitucional, cuya influencia se hará notar en este régimen, sin llegar a fructificar y luego en la República. Así, en el anteproyecto de Constitución presentado a la Asamblea Nacional en 1929, durante el llamado Directorio Civil(56) se configuraba un Consejo del Reino, a quien se le encomendaría decidir, como órgano de justicia constitucional, con la condición de Tribunal de tal naturaleza, con jurisdicción delegada del Rey, los recursos de inconstitucionalidad de las leyes, que podrán interponerse en casos individuales y concretos de infracción constitucional o por inconstitucionalidad o ilegalidad de los reglamentos o disposiciones de carácter general publicadas por el Poder Ejecutivo, cuya eficacia –si se declarase así– se limitaba al caso concreto, vedándose a los jueces ordinarios pronunciarse sobre estas cuestiones. Al mismo tiempo se configuraba un recurso de "amparo ciudadano" cuyo conocimiento se reservaba en un anteproyecto a unos Tribunales homónimos y en el proyecto a los ordinarios (arts. 45, 47, 93, 103...). El "jueves negro" de Wall Street, con la Gran Depresión y el eclipse de la monarquía el 14 de abril de 1931, dejará el proyecto nonato.

6. El Tribunal de Garantías Constitucionales

6.1. Cuando la justicia constitucional llegó a España

La justicia constitucional, consistente en "la revisión judicial de las leyes", nació en Estados Unidos de la mano de su Tribunal Supremo en el caso *Marbury v. Madison* (1803) y mas de un siglo después se produjo su adaptación a la circunstancia europea por obra de Hans Kelsen que consiguió crear el primer Tribunal Constitucional en su patria, Austria, el año 1920, aunque coexistiendo con el Tribunal Supremo(57). Entre ambos modelos, la República Federal en 1873 había preferido el judicialista(58), único existente a la sazón pero la Constitución de 1931 se decantó por el "austriaco", aún cuando mezclado con otros: el Tribunal de Conflictos francés y el Tribunal de Estado alemán(59), contra la opinión de Adolfo Posada, el gran maestro y maestre del Derecho Político en esa época, que propuso el establecimiento de una Sala Constitucional en el Tribunal Supremo(60). En definitiva el art. 121 de la Constitución republicana preveía el establecimiento de un Tribunal de Garantías Constitucionales "con jurisdicción en todo el territorio de la República" y competencia para conocer de:

a) *El recurso de inconstitucionalidad de las leyes.*

b) *El recurso de amparo de garantías individuales, cuando hubiere sido ineficaz la reclamación ante otras autoridades.*

c) *Los conflictos de competencia legislativa y cuantos otros surjan ente el Estado y las regiones autónomas y los de éstas entre sí.*

d) *El examen y aprobación de los poderes de los compromisarios que juntamente con las Cortes eligen al Presidente de la República".*

Para ponerlo en pie era necesaria una Ley Orgánica según el artículo 124, calificativo que traía causa de la nomenclatura tradicional durante el siglo XIX para aquellas normas que, por su contenido, afectaban a las más importantes instituciones del Estado (el Poder Judicial, el Ejército, el Tribunal de Cuentas o el Consejo de Estado, por ejemplo). No tenían un objeto específico ni exigían un "quórum" reforzado para su aprobación como tampoco gozaban de un rango o peso específico mayores que los de las ordinarias(61). Tal titulo era meramente honorífico, sin transcendencia jurídica, aun cuando algunos autores las denominaran también "constitucionales".

Una vez aprobado el proyecto de Ley Orgánica en el Congreso, el Presidente del Gobierno, Manuel Azaña, la llevó a la firma o sanción del Presidente de la Republica, Alcalá Zamora, a quien cedo la palabra para que explique lo sucedido en aquella entrevista(62). "La Ley Orgánica del Tribunal de Garantías Constitucionales había sido votada con desatinos tales que la hacían de imposible aplicación y además del todo inconstitucional. Por la habitual inhibición de Azaña había quedado la representación del gobierno dejada a las distracciones de Albornoz y éste, al acoplar varias enmiendas, hizo por un lado impracticable la renovación del tribunal y por otro mezcló y confundió bajo el aspecto de la acción para ser parte cuestiones tan diferentes como la responsabilidad del jefe del Estado, la de los ministros, la de las autoridades regionales, el recurso contra las leyes ordinarias, las dudas acerca de estas y el amparo ciudadano. En virtud de tamaño embrollo resultó que estando reservadas constitucionalmente, cual es la tradición y uso en todos los países, la acusación por el Congreso contra el presidente de la Republica y los ministros, pasaba esa peculiar e intransmisible prerrogativa a la Generalidad de Cataluña, al parlamento catalán y a todos los fiscales de España: Mostré a Azaña, que no había advertido esos dislates, y reconoció, de acuerdo conmigo, que ni se podían consentir ni se debía dar un escándalo, regocijado para las oposiciones, devolviendo con mensaje de veto e inconstitucional la ley de garantía de la Constitución, máxime cuando el autor de los despropósitos era el ministro de Justicia. Aceptó, pues, Azaña, mi solución, que fue promulgar la ley, pero en el mismo día presentar un proyecto que la remediara, el cual, votado con urgencia, se publicaría antes de que aquella pudiese entrar en vigor; así se hizo", pero no exactamente así. Una Orden de 3 de julio, publicada en "La Gaceta de Madrid" del 10, publicó una "fe de erratas", coincidiendo con el dictamen de la Comisión de Justicia del Congreso que contenía un proyecto de ley donde se modificaban los arts. 12, 13, 15, 19 y 22 de la Ley Orgánica. Como el duende de la linotipia no descansaba aquellos días, otra ley posterior de 1° de septiembre redactaba de nuevo los arts. 5° y 27 de su predecesora del 24, en vez de 14, de junio, en cuyas primeras líneas se invocaba el art. 122, no el 121 de la Constitución[(63)].

Pues bien, según su Ley Orgánica configurada de manera tan complicada, el Tribunal se compondría de dos Vocales natos, uno el presidente del Tribunal de Cuentas y otro el del Alto Cuerpo Consultivo mencionado en el art. 93 de la Constitución, vale decir el Consejo de Estado, introducido en el texto tras un tenaz forcejeo, contado con su ingenio peculiar por Wenceslao Fernández Flórez[(64)], en el que salió vencedor don Niceto, Letrado de tal institución. Ninguno de ellos tenía garantizada la inamovilidad puesto que su cese en los cargos respectivos acarreaba la separación de los afectados en el Tribunal. Los demás Vocales serían electivos: dos Diputados, designados por el Congreso por el término de la legislatura; uno por cada región autónoma una vez aprobado su estatuto, léase por la Generalidad de Cataluña, pues el País Vasco no lo obtuvo hasta que en plena guerra civil le fue concedido sin Guipúzcoa ni Álava en la última sesión de unas Cortes más que diezmadas, con un quinto de sus diputados, en la última sesión celebrada el 1° de octubre de 1936; 13 por las regiones no autónomas[(65)], elegidos por los Ayuntamientos, es decir, los Concejales; 2 por todos los Colegios de Abogados y por todas las Facultades de Derecho en las Universidades del Estado. En total 20, con escasa estabilidad, salvo para el Presidente al que se le garantizaba un mandato de 10 años. El de los Diputados, cuatro y los demás se renovaban bianualmente. Esta singular composición anunciaba ya su suerte o más bien su mala fortuna, su "fatum".

Las condiciones para ser presidente o vocal del Tribunal de Garantías Constitucionales eran mínimas y entre ellas no se contaba la de ser jurista, exigible sólo e implícitamente a los Abogados y Profesores de Derecho. Habían de estar en posesión de la ciudadanía española y de sus derechos civiles y políticos y tener más de 30 años, 40 el presidente. (art. 2.1 y 6 LO). Mención aparte merece la exclusión en bloque de los componentes de la Carrera Judicial, jueces y magistrados profesionales, la institución menos politizada en aquella época atormentada, más que convulsa, epiléptica. Como vamos a comprobar, las razones o más bien los motivos, de una tal decisión irracional e irrazonable, visceral, obra de los prejuicios, podían haber convenido a cualquier otro tipo de vocales y eran sólo pretextos para enmascarar sin éxito y con poca gracia la desconfianza política[(66)], todo un honor dado lo que luego vino[(67)].

La eliminación del Presidente y de dos Magistrados del Tribunal Supremo se debió a una intervención en el debate del Ministro de Justicia, Fernando de los Ríos[(68)]: «y ahora una sugestión sobre la composición de este Tribunal de Garantías Constitucionales. Yo me permito llamar la atención del Parlamento sobre la conveniencia de que en ese Tribunal, que va a conocer de la posible responsabilidad del Presidente y de los Magistrados del Supremo, no estén siempre el Presidente y Magistrados del Supremo. Es evidente que el viejo aforismo romano: "*Custodem ipsum ¿quis custodet?*": Al mismo que custodia, ¿quién lo custodia? Pero si en el proceso procesal jurídico (sic) llegamos a un último término inapelable, este último término dentro de la arquitectura procesal penal, va a ser el Tribunal Supremo de Garantías; y yo propongo a la Comisión y al Parlamento que en vez de ser el Presidente del Supremo el que presida, sea un Presidente designado por el Parlamento. El resto de la representación quedaría igual, pero en lugar de los dos Magistrados del Tribunal Supremo, y para que haya una competencia fundamental en estos Jueces, propongo cuatro profesores de las Facultades de Derecho, designados por el mismo procedimiento, entre todos los de España, o sea, nombrados electívamente, lo mismo que los dos representantes de los Colegios de Abogados», Frente a esta argumentación el señor Ossorio y Gallardo sugería una reconsideración del tema, «... hacer una categoría especial de los Magistrados del Tribunal Supremo, para decir que el Parlamento desconfía de ellos, especialmente sólo porque en un caso pueden encontrarse en posición de incompatibilidad, me parece, repito, una determinación demasiado severa, que quizá tuviéramos que rectificar después"

Con motivo de esta cuestión se planteó un pintoresco debate sobre la idoneidad de los Jueces para entender en cuestiones de Derecho público y, en especial, sobre la realidad del funcionamiento de la jurisdicción contencioso-administrativa de la época. En turno de réplica Fernando de los Ríos manifestaba: «en lo contencioso-administrativo, señor Ossorio, desgraciadamente, nuestros jueces no tienen formación de Derecho público, y aquí todos los problemas que se plantean son exclusivamente de Derecho público. De suerte que, incluso desde el punto de vista de la formación del Juez y del Magistrado, el magistrado va fundamentalmente, en su actividad hacia problemas de Derecho penal y de Derecho civil pero en todo el decurso de su carrera entiende en Derecho público, y aquí es de Derecho público constitucional de lo que ha de entender y creo que es indispensable recoger, de entre la totalidad de los organismos del Estado, representantes que estén capacitados para esta función y que, además, no se vayan a encontrar con que se enjuician a sí mismos». No merece la pena rebatir tan mediocre argumentación que pretendía racionalizar un prejuicio. Para comprender el dislate baste recordar que para la presidencia como para otros muchos vocales la mayoría, no se necesitaba la condición de jurista, ni tampoco se exigía a los profesores universitarios y abogados una especialización en Derecho público. Por otra parte, al mismo Tribunal el art. 121 de la Constitución le atribuía una parcela de la jurisdicción penal para exigir "*la responsabilidad criminal del Jefe del Estado, del Presidente del Consejo y de los Ministros*", así como del *presidente (sic) y los magistrados del Tribunal Supremo y del Fiscal de la República*" *(aps. e) y f)*, a cuya lista añadió la Ley Orgánica por su cuenta el *presidente y miembros del propio Tribunal de Garantías y el presidente y los consejeros o miembros del Gobierno de las regiones autónomas* (art. 21), ampliación de un fuero configurado "*ex Constitutione*" más que heterodoxa pero incluso en las repúblicas vale aquello de "allá van leyes do quieren reyes"

En la coyuntura de elegir presidente del Tribunal de Garantías se propuso que el cargo recayera en un republicano integérrimo, de prestigio, apartado de las luchas políticas, a fin de que fuese reconocido por todos como juez sereno e imparcial en el desempeño de la función jurisdiccional que le correspondía. Así bosquejaban el retrato en abstracto varios diputados de diversas minorías en los discursos que en el Congreso precedieron a la votación efectuada el 13 de julio (1933). El Gobierno se abstuvo de mostrar en público su preferencia por algunos de los candidatos, pero se había llegado al acuerdo de que lo fuera Álvaro de Albornoz. El partido socialista le había ofrecido el puesto a Luis Araquistain que renunció "por no ser jurista". Desde que se había abierto la carrera, Albornoz decidió ocuparlo, alegando cansancio en el desempeño del Ministerio de Justicia. "Designar a Albornoz para la presidencia del Tribunal –escribía Azaña en su "Diario"– tiene muchos inconvenientes; no porque sea ministro de Justicia, sino por sus condiciones personales. Es lo más probable que lo haga mal, como le ha sucedido de ministro. Su posición presentándose candidato es poco lucida, pero sueña con el cargo y no hay manera de hacer que desista". El mismo día de la elección, Ossorio y Gallardo le dijo "con mucho calor" a Azaña que "la elección de Albornoz era un caso de psiquiatría". El 13 de julio de 1933 se efectuó la votación, en la que Albornoz obtuvo 204 votos, José Ortega y Gasset 80 y los restantes se fueron a varios otros candidatos. En la misma sesión, el Congreso eligió también sus dos Vocales del Tribunal, Laureano Sánchez Gallego y Gerardo Abad Conde(69). "Las Cortes, sin duda por las pruebas de reflexión, acierto y dominio de la materia que acababa de dar Albornoz, resolvieron elegirle presidente. Sin duda creyeron haber hallado el hombre que el cargo reclamaba. Azaña juzgó tal designación desatinada pero no se atrevió a contrariar al grupo mas levantisco de la mayoría, que reclamaba aquella magnifica prebenda del todo laica".

El presidente del Gobierno, Manuel Azaña, dio posesión a los elegidos y a los vocales natos, los presidentes del Tribunal de Cuentas y del Consejo de Estado. Quedaban por cubrir los otros quince vocales pero la elección no había despertado gran interés porque los Ayuntamientos estaban en su mayor parte intervenidos por los Gobernadores y funcionaban con Comisiones gestoras. El 3 de septiembre se celebraron las elecciones y su resultado fue un revulsivo de la vida política. El Gobierno había sido derrotado por goleada. De los 15 electos, 5 eran gubernamentales y 10 de la oposición (4 radicales, 3 agrarios, 2 vasconavarros y uno, Juan March, preso en la cárcel de Alcalá, a quien los mallorquines le otorgaban su representación). Por votos, los primeros reunieron 17.859 y las oposiciones, 33.029. Éstos no eran los "burgos podridos" sino Ayuntamientos nombrados por el Gobierno quienes se revolvían contra él. Azaña se reservó el juicio que le merecía el descalabro y el ministro de la Gobernación achacó la culpa a falta de organización y de táctica, mientras Franchy Roca, también ministro, se escudó en que las elecciones no habían tenido carácter político. Era evidente que si el Gobierno no había querido darle ese carácter, se lo habían dado los electores, pasándole factura por sus desaciertos. "Si se sigue así –pronosticó Martínez Barrios– vamos hacia la catástrofe irremediable".

El Tribunal se constituyó el 20 de octubre en el Salón de Plenos del Tribunal Supremo, sito en la planta noble del Palacio de Justicia en la plaza de la Villa de París. El nuevo y bien remunerado presidente(70) con los vocales natos se erigieron *motu proprio* en revisores de las actas de los restantes vocales, a modo de la "comisión" parlamentaria y con los mismos métodos. Así, anularon las elecciones de don Manuel Pedregal por Asturias y la del señor Cortés por Murcia, declarando incapacitados para el cargo a March, elegido por Baleares, a José Calvo Sotelo y Joaquín del Moral, por los Colegios de Abogados. También pretendieron anular la de Víctor Pradera, que había triunfado por más de mil votos de diferencia en Navarra, pero la valiente y decidida reacción del interesado consiguió evitarlo. Se negó a abandonar su asiento, rebelándose contra el presidente y contra la Guardia civil cuando éste ordenó su detención, aunque los vocales amigos suyos consiguieron llevarle ante el Juez de guardia, que se inhibió en el asunto. En la sesión siguiente fue proclamado vocal y "juró por Dios y por la patria administrar recta justicia", apartándose de la fórmula legal de la promesa[71]. Esta actuación, la primera del flamante Tribunal, decía poco de la ponderación del presidente y sus domésticos. La profecía de Azaña se había cumplido.

La exclusión de la carrera judicial en bloque se «revelaría como sumamente negativa» al igual que la condición lega y no letrada de muchos de los componentes, incluso la presidencia[72]. La traslación del enjuiciamiento de los aforados desde el Tribunal Supremo, compuesto por jueces profesionales, a uno de extracción política y sin formación, dice mucho de las intenciones de los autores y poco de su sentido del Estado. Con errores de bulto en su configuración, imperdonables en un país europeo con mil años de Historia a su espalda, no era difícil ser profeta y predecir –como lo hizo Ruiz del Castillo– que «el horizonte de la institución no ofrece muchas posibilidades a construcciones briosas de la Jurisprudencia». «Un Tribunal como este solo puede funcionar en conexión con instituciones bien establecidas y en un ambiente de estricta legalidad. No es posible que esta pieza marche bien si los demás no realizan su función y si el Derecho no satura el conjunto institucional. La vida política inaugurada con la fórmula de 1931 tenía que asfixiar(la)»[73].

6.2. Un tribunal a la deriva

Los augurios se cumplieron. El Tribunal que había empezado a funcionar a finales de 1934 y quedó arrinconado dos años después por la violencia dictó pocas sentencias, algunas en casos difíciles, por ejemplo sobre la suspensión del Estatuto de Cataluña (S. 5 de marzo de 1936) o la que, en el ejercicio de la jurisdicción penal, condenó a Lluis Companys, su presidente y varios Consejeros por el delito de rebelión militar (S. 6 de junio de 1935). Las Sentencias en recursos de amparo fueron algo más de cincuenta, dos o tres en curso la guerra, el 25 de septiembre y la última el 3 de julio de 1937[74], a partir de cuya fecha enmudeció. *Inter armas silent leges.* Pero la más sonada, que dio lugar a una grave e inesperada crisis constitucional, se produjo a poco de haber echado a andar.

Es el caso que el Parlamento catalán aprobó el 11 de abril de 1934 una ley de contrato de cultivos. La "Lliga Catalana" protestó inmediatamente considerándola "un atropello a la economía de Cataluña que atentaba a "los mas elementales principios del derecho contractual y destruye algunas modalidades mas características y fecundas del Derecho catalán", a cuya protesta se unió el Instituto Catalán de San Isidro. El 24 de abril varios diputados, entre ellos Cambó y Ventosa, formularon en el Congreso una proposición incidental pidiendo al Gobierno el planteamiento ante el Tribunal de Garantías Constitucionales" de la cuestión de competencia y de inconstitucionalidad de la ley de cultivos, que significaba un abuso de las facultades y derechos conferidos a la Generalidad". Aquí no estará de más un alto en el camino para explicar que el Gobierno de la Nación estaba en manos del partido radical o lerrouxista, vale decir la derecha republicana y contaba también con el respaldo parlamentario de la "Confederación española de derechas autónomas", con 105 diputados, que sin embargo no tenía ministro alguno en él. En cambio el "*Govern*" de Cataluña había quedado exclusivamente en manos de la Esquerra Republicana. El presidente en Madrid era Ricardo Samper y en Barcelona, Lluis Companys. Así las piezas en el tablero, el Consejo de Ministros acordó el 4 de mayo la presentación del recurso, previo informe favorable del Consejo de Estado. El mero anuncio de haberse presentado la demanda correspondiente desató una reacción desorbitada allí. Desde el principio la Esquerra consideró intolerable la decisión gubernamental y la rechazó con malas palabras y peores modos. "¡Cataluña, en pie"! clamaba *L'Opinió*" el 6 de mayo. "Este pueblo –decía Companys el 12 de mayo– tiene fuerza suficiente no solo para conseguir lo que ha conseguido, sino para no dejarse arrebatar ni una brizna de sus libertades".

Un talante agresivo y belicoso con tintes dramáticos fuera de tono, dominaba en discursos con aires de soflamas y en las columnas de los diarios, enrareciendo el ambiente. El consejero Dencás pedía en Granollers el 2 de mayo a los jóvenes del Estat Catalá: " Os recomiendo la máxima disciplina y decisión con vistas a nuestro principal objetivo, que ha de ser la liberación de Cataluña. Que cada uno esté en su puesto y que todo el que sienta el impulso del nacionalismo venga a alistarse en nuestras filas". Era la misma retórica belicista que luego utilizaría José Antonio Primo de Rivera para arengar a sus falangistas, también jóvenes, la dialéctica de los puños y las pistolas.

Con un ritmo cinematográfico, el Tribunal de Garantías Constitucional bajo la presidencia de don Álvaro de Albornoz se reunió en el Salón de Plenos del Supremo el 1° de junio en audiencia pública para ver la cuestión de competencia. El abogado de la Generalidad don Amadeo Hurtado alegó que el recurso se había interpuesto fuera de plazo, a cuya pretensión se opuso el Fiscal de la República don Lorenzo Gallardo, siendo finalmente admitido por 18 votos contra cinco. La Sentencia lleva fecha de 8 de junio y como característica nada frecuente fue obra de una ponencia formada por tres Vocales de renombre: don Francisco Beceña, don Víctor Pradera y don Carlos Ruiz del Castillo. La fundamentación jurídica, extensa pero no prolija y articulada con un gran rigor lógico, era además clara en su estilo y directa, como obra de excelentes juristas. En el fallo se declaraba que el Parlamento de la Región Autónoma catalana carecía de competencia para dictar la Ley sobre Contratos de Cultivo de 11 de abril de 1934, siendo en consecuencia nula y todos los actos de ejecución de la misma". La sentencia incorporaba tres votos particulares, el primero suscrito por Antonio Mª Sbert, Salvador Minguijón, Manuel Alba, Francisco Basterrechea y G.G. Taltabull. El segundo lo encabezaba el presidente, acompañándole Fernando Gasset, Basilio Álvarez, Luis Mafliole y los cinco del anterior, tres de los cuales (salvo Minguijón y Maffiole Taltabull) firmaban el tercero con Basilio Álvarez.

La reacción periodística fue fulminante y desabrida. "El Parlamento catalán que es soberano –escribía *L'Opinió* al día siguiente– contestará a España como contestan los pueblos que estiman su dignidad. ¡No somos más que catalanes!". Por su parte, *L' Humanitat* proclamaba que "no acataremos la decisión". A su vez, los prohombres políticos no se quedaban atrás y azuzaban la rebeldía. El presidente de la Generalidad, Companys, calificó el fallo del Tribunal como un "acto de agresión" dentro de una "táctica metódica contra Cataluña", identificándola consigo mismo, "que obliga a todos a agruparse alrededor de nuestro Parlamento y a defender su prestigio, si es preciso, con la sangre de nuestras venas. Tal vez os diga: Hermanos ¡seguidme! y toda Cataluña se levantará! El consejero de Cultura, Ventura Gassol, fue mas lejos en su ardor guerrero: "Tendréis que acudir de nuevo a Barcelona esgrimiendo las hoces", por supuesto los segadores que todavía los había entonces, no él. Rovira Virgili, en *L'Humanitat* recordaba que "Cataluña disfruta de posiciones políticas que la hacen inexpugnable. Es mucho mas fuerte que en el año 1640, cuando la guerra *dels segadors,* y que en 1714, cuando la sublevación contra Felipe V".

La respuesta institucional fue coherente con este ambiente de rebeldía azuzado desde el poder. El 12 de junio se reunió el Parlamento catalán. Una muchedumbre llenó el Parque de la Ciudadela enardecida por la fogosa y arrebatada oratoria de varios Consejos de la Generalidad. Abierta la sesión, el consejero de Justicia Juan Lluhí Vallescá, de Esquerra Republicana, leyó un proyecto de Ley sobre contratos de cultivos idéntico al declarado nulo por el Tribunal de Garantías cuatro días antes, con una disposición adicional que concedía a la nueva Ley eficacia retroactiva para su vigencia desde el día de la promulgación de la anterior. Al terminar la lectura, 51 diputados puestos en pie aprobaron por aclamación el texto. El único diputado de la "Lliga" que asistía a la sesión, Abadal, "patriarca de la catalanidad" en frase de Cambó, intentó hablar sin mucho éxito entre el griterío y el abucheo de los demás. Lluys Companys declaró que "el Gobierno catalán no tolerará que se modifique ni un solo concepto, ni una sola coma. La política de conciliación nos está dando malos resultados". Fuera, una multitud con banderas y pancartas, cantaban "*Els Segadors*". El mismo día, en la Carrera de San Jerónimo, el diputado Santaló leía al Congreso un escrito en nombre de la "Esquerra" y la "Unió Socialista" en el que protestaban por las "agresiones perpetradas contra la autonomía de Cataluña" y en consecuencia manifestaba su decisión de ausentarse "de estos escaños".

En ese momento empezaron a caer las caretas. Lo que se había vestido de catalanismo, aunque fuera identificando un partido, la "Esquerra", con Cataluña, resultó ser, tras un *strip tease,* una pugna a nivel nacional entre dos bloques ideológicos. Los conservadores de Barcelona estaban con los de Madrid y los revolucionarios de Madrid estaban con los de Barcelona. El representante del partido nacionalista vasco, José Antonio Aguirre, que luego seria "lendakari" y apuñalaría por la espalda a la Republica con el pacto de Santoña se solidarizó no con Cataluña, como dijo, sino con quienes en ella mandaban, anunciando la retirada de sus diputados. La minoría socialista, cuya voz llevó Indalecio Prieto, se situó en las mismas coordenadas. La interposición del recurso, "acto voluntario", era extraordinariamente grave" y "el fallo del Tribunal una sentencia política ...." Las manifestaciones que ha hecho la Esquerra catalana las suscribimos, nos solidarizamos con ella en sus quejas, son también las nuestras. Pende solamente de un hilo, quizá muy tenue, el que además de solidarizarnos con sus quejas, nos solidaricemos con su actitud". En efecto, no habían transcurrido cuatro meses cuando el 6 de octubre lo hicieron. Como no podía ser menos, "Izquierda Republicana", el partido de Azaña, se unió "cordialmente y sin reservas" a esta corriente de simpatía ideológica.

Pero aún quedaba más por ver y por oír. Los diputados de la Esquerra y los nacionalistas vascos salieron juntos hacia Barcelona, donde fueron recibidos como héroes. Companys aclaró: "cuando digo que por defender las libertades de Cataluña estoy dispuesto a jugarme la vida, no hago uso de un latiguillo, sino que expreso una realidad". En tal clima de guerra civil en ciernes, el consejero de Gobernación, José Dencás, comenzó a "organizar el ejercito catalán y un plan de defensa de la frontera, a fin de impedir el paso de las tropas españolas que pudiesen ser enviadas contra Cataluña, y, dentro de Barcelona, estudiamos la preparación de la resistencia armada y todos aquellos asuntos de índole revolucionaria susceptibles de darnos la victoria". En definitiva, se hizo un reclutamiento de 8.000 voluntarios, una mitad para la raya fronteriza y otra, para la capital, se envió a Bélgica a un diputado para comprar armas, cañones, ametralladoras y fusiles, y se disolvió el Somatén, de cuyo armamento se hizo cargo el consejero. La guerra civil se consideraba como el desenlace inevitable de una política que deliberadamente conducía a la ruptura. "Patriotas –escribía *Nosaltres Sols* el 25 de junio– preparaos para la hora inevitable de la guerra contra España. Se impone la lucha sangrienta" "y dos días después, *La Nació Catalana* llamaba "¡A las armas por la República Catalana".

En la capital de la Republica reinaba, permítaseme el juego de palabras, un ambiente muy tenso políticamente pero sin connotaciones belicistas. Por el contrario, el presidente del Gobierno, Samper, buscaba una solución de concordancia con el Gobierno catalán. En una reunión con los jefes de las minorías parlamentarias donde estuvieron presentes Cambó, Azaña, Calvo Sotelo, Gil Robles, Martínez de Velasco y Maura, entre otros, se debatió ampliamente el conflicto desde todas las perspectivas y liquidado así el tema en el Congreso, continuó su marcha entre bastidores. El Consejo de Ministros celebrado el 26 de junio tomó el acuerdo de "considerar nula la ley de cultivos votada por el Parlamento catalán el 12 de junio, por estar comprendida por razón de identidad en el fallo anulatorio de la sentencia pronunciada por el Tribunal de Garantías Constitucionales". Este y los demás acuerdos, recogidos en un proyecto de ley, fueron leídos por Samper al día siguiente en el Congreso. En él se autorizaba al Gobierno para legislar por decreto de conformidad con el art. 61 de la Constitución, en la parte que se refiere a la adopción de las disposiciones conducentes a la efectividad de la delimitación y regulación de competencias entre el Estado y la región autónoma, a fin de que el Parlamento catalán y el Gobierno de la Generalidad puedan elaborar, promulgar y publicar una nueva ley de Contrato de Cultivos con sujeción estricta a los preceptos de la Constitución y del Estatuto.

La fórmula causó sorpresa a todos y estupor a unos cuantos, entre ellos Azaña que la calificó de "verdadero golpe de Estado" y hablaba de "retirarse con Casares y constituir en Cataluña un Gobierno provisional". La "Ceda" y los agrarios exteriorizaron también su discrepancia por considerar el proyecto una claudicación del Estado ante la Generalidad. En fin, Samper se quedó prácticamente solo y entonces cambió de táctica, sustituyendo los plenos poderes por un voto de confianza "para que el Gobierno resuelva el conflicto planteado en Cataluña, ajustándose estrictamente a los preceptos de la Constitución". El 4 de julio se debatió en una sesión tensa y tumultuosa, en la que algunos –como Prieto– llegaron a esgrimir pistolas para impedir que hablara Gil Robles, hasta el punto de que Martínez Barrio, presidente del Congreso, dejó el salón y sólo consintió en reintegrarse a su poltrona cuando los ánimos se apaciguaron. Por fin, la proposición se aprobó con el apoyo cedista por 192 votos contra 62. Aún así, el horizonte no se abría. "La jurisdicción del Estado español acaba en el Ebro" se jactaba al día siguiente *L'Opinió* y el Consejo de la Generalidad aprobaría algo después treinta artículos del reglamento para la aplicación de la ley dos veces anulada. Los *rabassaires* se incautaron sin más de las cosechas. No obstante, hubo un pequeño movimiento de repliegue cuando *La Publicitat*, diario de Companys, admitió que "si la ley de cultivos contiene algún error que se pueda enmendar dignamente, se debe estudiar sin pasión el problema jurídico hasta encontrar la solución de Derecho que proceda". El consejero de Justicia, Lluhí, y Amadeo Hurtado, como mensajeros de la Generalidad, se entrevistaron con el Presidente del Gobierno y el de la República, alcanzándose un acuerdo que se plasmó en un oficio de Samper a Companys, el 15 de julio, en el que se le confiaba, como representante del Estado en la región autónoma "la misión de invitar a la Generalidad para que se abstenga de aplicar la ley de Cultivos mientras no se acomode fielmente a las disposiciones de la Constitución y del Estatuto". La respuesta no se hizo esperar en la forma convenida el 18 de julio. "El Gobierno ha visto con satisfacción el tono de cordialidad del oficio, así como que este haya sido tramitado por mediación del honorable presidente de la Generalidad, como representante del Estado en Cataluña, y ha tomado el acuerdo de extremar la atención y solicitud al confeccionar el reglamento que ha de regir la ley de cultivos y ha de permitir aplicarla y garantizar que se adopte fielmente a las leyes básicas de Cataluña". El reglamento, redactado de acuerdo con un texto anticonstitucional, arrastraba por tanto, los vicios esenciales de la ley sin respetar la Sentencia como pedía el ex Fiscal de la República José Oriol Anguera de Sojo.

A su vez, Josep Pla desde Madrid como corresponsal de *La Veu de Catalunya* comentaba con alguna ironía: "El señor Esteve ha llevado al señor Samper el nuevo reglamento de la Ley de Contratos de Cultivo. El señor Companys ha declarado en Barcelona, que el reglamento no modifica casi nada la ley del Parlamento Catalán. El señor Esteve ha tenido interés en hacer constar aquí, por el contrario, que el reglamento coloca la ley en el terreno de la Constitución y del Estatuto. Evidentemente, hay una contradicción entre estas dos opiniones. Y, como lo probable es que el señor Companys haya hablado con este punto de una manera más seria que el señor Esteve, uno se pregunta si el Gobierno podrá considerar este Reglamento, tras ser examinado, como la tan deseada fórmula del conflicto originado por la sentencia del Tribunal de Garantías. El señor Samper es un hombre lo bastante matizado como para que, en su pensamiento, pueda hacer intercambiables los juicios de los señores Companys y Martí Esteve". "Palabras, palabras, palabras". Cierre en falso de una profunda herida, reabierta el 6 de octubre y, como resultado, un tribunal desarbolado, a la deriva(75).

7. Interludio

Desaparecida la Segunda República como consecuencia de sus muchos y gravísimos desaciertos que provocaron la guerra civil de los mil días, una vez que fracasó el pronunciamiento militar el 18 de julio de 1936, un Decreto, el 265/1937, de 4 de mayo, firmado por Francisco Franco, Jefe del Estado en la "zona nacional" declaró extinguido el Tribunal de Garantías Constitucionales y derogada su doctrina. Muchos años más tarde, el régimen autocrático nacido del conflicto armado, con unas coordenadas políticas tan diferentes y tan alejadas de las actuales, promulgó su séptima Ley Fundamental, Orgánica del Estado, en 1967, donde incluyó un recurso de "contrafuero", equivalente a la inconstitucionalidad, con una terminología arcaizante acorde con otras piezas del régimen (Procuradores en Cortes, Fueros del Trabajo o de los Españoles), cuya decisión correspondía al Jefe del Estado (a la sazón con la "prerrogativa" de dictar leyes por sí, intransmisible al Sucesor), previa propuesta del Consejo del Reino (arts. 59-62) y para cuya regulación se publicó la Ley 8/1968, de 5 de abril. Hubo también, que yo recuerde, la tentación de reproducir el amparo con el nombre de "recurso de desafuero", aunque quizá el éxito de lo contencioso-administrativo disuadiera a los valedores de la idea, no fuera que la gente lo utilizara y los jueces se lo creyeran[(76)].

Pues bien, la supervivencia de la infraestructura del Régimen una vez desaparecido su Caudillo, había creado una situación parecida a la de la Alemania derrotada en la Guerra Mundial, aunque no idéntica, por haberse producido en ésta una "ruptura" y pretenderse aquí una "reforma", desde la legalidad a la legalidad por la vía de la legalidad. Sin embargo la semejanza era inquietante y fue acentuada por los acontecimientos. Es cierto que la judicatura española, en las dos últimas etapas del régimen anterior y sobre todo en la última, el "tardofranquismo", había sido puesta al margen de cualquier competencia problemática. La jurisdicción militar para lo que se llamó bandidaje y terrorismo, con una tremenda *vis expansiva* en función del lugar, las personas y el delito, el Tribunal de Orden Público para los delitos políticos y un sinfín de jurisdicciones especiales, preexistentes o creadas *ad hoc*, dejaron a los jueces profesionales, salvo quienes voluntariamente se incorporaban a los artilugios parajudiciales, fuera del juego de la política. No menos cierto también que muchos jueces impusimos desde el estrado judicial, en nuestras sentencias los principios y valores democráticos, y en esa lucha tuvieron un papel protagonista, eficaz y decisivo, los magistrados especialistas de lo contencioso-administrativo, grupo surgido en 1960, muchos de los cuales ocuparon puestos clave en los años de la transición y en los primeros de la andadura constitucional. Sin embargo, la cúpula judicial estaba compuesta por hombres adictos al régimen periclitado y, lo que es peor, sin la menor sensibilidad histórica. La prueba de fuego fue la legalización del partido comunista, en cuyo forcejeo el pleno del Tribunal Supremo negó el "*placet*", por primera vez en su vida institucional, a quien había sido nombrado para presidir su Sala Cuarta, que era la encargada del caso, por el conocido talante monárquico y liberal de dicho magistrado[77]. La Sala declinó la competencia que al efecto le otorgaba un Real Decreto-Ley, ejerciendo por primera y desafortunada vez un control sobre la validez de los Decretos Leyes hasta entonces rechazado, aun cuando la ambigüedad de la respuesta permitiera la hábil maniobra de hacer el reconocimiento gubernativamente, por el Ministro del Interior en una sedicente y no poco sarcástica "ejecución de sentencia", empleando para ello una fórmula sibilina y equívoca, susceptible de hacer creer al profano que la legalización provenía del Tribunal Supremo"[78], fórmula de la cual me confieso autor único.

En aquel momento crucial, la judicatura española, arrastrada por quienes caminaban hacia atrás por la inercia de un pasado irreversible, perdió el tren de la Historia y, con él, muchas más cosas, ganándose en cambio el recelo de sus conciudadanos que ha durado hasta hace poco y sólo disiparía el relevo generacional. Entre lo perdido en el tumulto estuvo la posibilidad de que la justicia constitucional se pusiera en manos de una Sala de tal nombre en el Tribunal Supremo, solución a la española preconizada en su momento por don Adolfo Posada[79] y por mí mismo, en una enmienda formulada al proyecto de Ley de Asociaciones en 1976[80]. La triste y peligrosa experiencia sufrida hizo renacer el "recurso de amparo", denominación que nos viene de ultramar. Por otra parte, el precedente del mismo Tribunal de Garantías Constitucionales y el modelo alemán propiciarán de consuno que se introduzca también entre nosotros la cuestión de inconstitucionalidad entre las competencias del Tribunal, si la plantea cualquier juez, por sí o a instancia de parte, cuando considere que una norma con rango de Ley aplicable al caso y de cuya validez dependa el fallo, pudiera ser contraria a la Constitución.

II
HOY

1. El reto y la respuesta

Vaya por delante el reconocimiento expreso, para dar a cada uno lo suyo, de que el Tribunal Constitucional de España ha dado en conjunto la respuesta adecuada al reto histórico que fue su razón de ser, en la terminología que popularizó Toynbee[(81)]. En verdad que la suerte del sistema democrático estaba ligada indisolublemente a su "fatum"[(82)], como lo estuvo en sus balbuceos y lo sigue estando, a la Corona y, por fortuna para el pueblo español aquel y esta han cumplido con creces su misión. Aunque veinte años no sean nada para la edad del hombre y del mundo (y para el tango), permiten no obstante una cierta perspectiva, cuando por otra parte en ese período, con la intensa aceleración histórica de nuestro tiempo, se ha consolidado la alternancia de los partidos en el Gobierno y se han conseguido, con unos y otros, equilibrios parlamentarios muy positivos, aunque a partir de 2004 haya crujido las cuadernas de la Constitución por la embestida de un Presidente del Gobierno, José Luis Rodríguez Zapatero, sin sentido del Estado, cuyo propio partido, el socialista, se ha visto obligado a librarse de él. En una mirada crítica, para no olvidar nunca que la democracia está hecha de razón y de pasión, pero no de adhesiones ciegas y fanáticas a nada ni a nadie, conviene antes de seguir que dejemos en su sitio al Tribunal Supremo de los Estados Unidos, aun cuando su experiencia y ejemplo sean siempre útiles porque en ellos cuajó el invento, pero sin llevar la imitación o las comparaciones más allá de su propio significado[(83)]. Tiempo y espacio son distintos. Allí nació la revisión judicial de las Leyes y de los actos del Gobierno como un instrumento del federalismo para contrarrestar las tendencias centrífugas de quienes entonces se agrupaban. El Tribunal no lo utilizó contra el Congreso en el medio siglo siguiente hasta el caso "Dred Scott" en 1857, que destruyó el "compromiso de Missouri", porque convenía impulsar la expansión de un poder nacional, centrípeto, favorable al mercado único y, en cambio, se utilizó en muchas ocasiones contra los poderes estatales[(84)].

En España la situación, sin llegar a invertirse, es muy distinta. Viejo país en un viejo continente, había conseguido hacía 1500 la unidad bajo el cetro de los Reyes Católicos, unidas pero no confundidas las Coronas de Castilla y de Aragón, con la conquista de Granada, por el acero y la anexión de Navarra por la coyunda, unidad que evolucionaría hacia la unificación con Felipe II, la uniformidad con Felipe V y los Decretos de Nueva Planta a principios del siglo XVIII, hasta imponerse en el siguiente la centralización al modo napoleónico por obra del liberalismo y desembocar en la ficción de la España "una".

Sin embargo, por debajo de ese proceso que navegaba desplegadas las velas al viento de la Historia, son constantes los fenómenos que dan testimonio de otras fuerzas e impulsos subyacentes. Las Comunidades en Castilla, las Germanías en Valencia, la Guerra de Cataluña bajo el Conde-Duque, la misma Guerra de Sucesión, las guerras carlistas a lo largo del siglo XIX y la Civil en el XX ponen de manifiesto no ya la rica variedad de los pueblos de España, sino su deseo de que su voz se oyera. Así llegamos a este siglo que se nos va, en cuya convulso acaecer está latente la tensión o el binomio unidad-diversidad. Para decirlo sin precisión pero con expresividad, así como el federalismo en América llevaba consigo la idea de unión, en cambio el desguace de un Estado unitario con cerca de tres siglos de existencia, lleva consigo gérmenes de desunión y vientos de separatismo.

El desafío para el Tribunal Constitucional español consiste, pues, en dar solución a ese problema, saliendo de la homogeneidad para conseguir que las partes expliquen el todo y la estructura sea así un modo de conocimiento con significado trascendente. En muchos puntos sus líneas directrices pueden coincidir con las trazadas por el norteamericano, aunque desde perspectivas opuestas. Por ejemplo, ambos Tribunales han sido inexorables a la hora de diseñar un mercado único, como infraestructura de la unidad real o material, pero aquel lo crea "ex nihilo" mientras el otro brega por conservar el preexistente, obra de casi cinco siglos.

2. La rebelión de los Jueces

El sistema judicial de tal guisa configurado como una diarquía o consulado es por sí mismo conflictivo. La jurisprudencia del Tribunal Constitucional en su primera etapa fue muy positiva y nadie sino él hubiera podido hacerlo allí y entonces, pero para ello invadió en muchas ocasiones el campo natural del Poder Judicial, cuyos componentes callaron por un complejo de culpabilidad bien ganado. La invasión se hizo con prejuicios antijudicialistas fácilmente identificables a través del *test* o de la piedra de toque de la motivación como vestidura de todas las sentencias judiciales (art. 120.3 C.E.) y de la consistencia de su razonamiento jurídico, que en la cuestión de inconstitucionalidad se arropa como "juicio de relevancia". No es de recibo, en buena lógica, comprobar que se ha argumentado la respuesta judicial a través de un discurso plasmado por escrito con mayor o menor extensión y luego negar que existe "motivación" porque no es "razonable", es decir porque no compartimos su hilo conductor ni sus conclusiones. En suma, porque no nos gusta. Otro portillo fue y sigue siendo la ponderación de los derechos fundamentales en conflicto, que se maneja como instrumento de fiscalización de la potestad de juzgar en su mismo meollo, de modo y manera que el fiscalizador se convierte en lo que niega empecinadamente, una tercera instancia, una supercasación que incluso entra en la determinación de los hechos mediante la valoración de la prueba y, por supuesto, en el plano de la legalidad, no obstante los constantes aspavientos en contrario.

Desde esta misma perspectiva conviene traer a colación un problema creado artificialmente por el propio Tribunal Constitucional en complicidad con el Poder Judicial por haber asumido también el juicio de constitucionalidad de las leyes anteriores a 1978 como consecuencia de la llamada "inconstitucionalidad sobrevenida" por efecto de la cláusula de la Constitución donde se derogan cuantas disposiciones se le opongan (art. 161.1 y 3). Visto desde la distancia, no cabe la menor duda de que allí y entonces se permitió y, aun más, se impuso a los Jueces y Tribunales la función de expurgar el ordenamiento jurídico y limpiarlo de las normas inconstitucionales por sí y sin ayuda ajena, aun cuando la Ley Orgánica del Tribunal, que se integra en el sedicente y mefítico "bloque de la constitucionalidad", pase de regular tal situación y no aclare, quizá por su misma evidencia, que las "cuestiones" sólo se dan contra normas [art. 21.1.a)] posteriores a la Constitución. Sin embargo, esta distinción tan nítida ahora no lo estuvo tanto en su momento si se atiende a lo que sucedió. En efecto, los jueces ordinarios plantearon y el Constitucional de consuno aceptó, la homogeneización de este mecanismo judicial de impugnación de las leyes cualquiera que fuere su fecha, permitiendo el planteamiento de "cuestiones de inconstitucionalidad" contra las leyes preexistentes. Por algo sería, me digo yo. Timidez en unos, energía expansiva en el otro, como características de una situación histórica muy singular. El hecho es que en 1981 hubo una dejación de funciones por aquéllos y una asunción excesiva o indebida de ellas por éste, con un inevitable desplazamiento de poder. El Tribunal se metió en huacal ajeno porque fue llamado desde fuera, no por su iniciativa, todo hay que decirlo y para ello hubo de encarar desde el primer momento un problema interpretativo que, por lo demás, no era desconocido en otros países de nuestro entorno donde había obtenido distintas respuestas(85). La razón histórica explica, una vez más, esta actitud ambivalente. Había variados factores que hacían inevitable el desplazamiento jurisdiccional, algunos de los cuales he expuesto y analizado en otro lugar, cuyo meollo no fue sino la desconfianza institucional, muy marcada además por prejuicios de muchos de quienes compusieron el primer Tribunal Constitucional(86). En el día de hoy, el transcurso del tiempo ha hecho desaparecer casi todas esos motivos pero el Tribunal no ha cambiado su actitud abierta(87), aun cuando el efecto perturbador haya disminuido hasta hacerse desdeñable por ser residual hoy en día el remanente del acervo inicial a los veinticinco años de periclitado el régimen político autocrático(88).

Pues bien, esa tendencia "activista" por razones históricas duraría con intensidad decreciente hasta 1992, mientras estuvo "la vieja guardia" de sus magistrados. A partir de aquel año y en los dieciocho que han transcurrido se inició la autolimitación (*self restraint*), antes de que el Supremo se quejara, hasta su culminación en la Sentencia 37/1995 y el Auto 87/1995(89), si bien no hayan faltado desfallecimientos posteriores. Sin embargo, a partir de un cierto momento, una vez consumado el relevo generacional por jueces sin complejos, con una limpia trayectoria democrática, cualquiera que sea su inclinación ideológica, que alcanzan y adelantan en materia de garantías al propio Tribunal Constitucional, esos jueces alzan la voz y se produce un punto de inflexión. Ese momento puede situarse a principios de 1994, y su protagonista fué la Sala Primera del Tribunal Supremo.

La tensión dialéctica entre el Tribunal Constitucional y el Supremo ha producido que la actuación de éste en una serie de cuestiones se ajuste a las pautas de aquel, no sin reticencias, no sin traumas. Sin embargo en este enfrentamiento, en este peloteo con la red de la Constitución en medio, el público que contempla el espectáculo se ha decantado a favor del Tribunal Supremo. La opinión pública y la opinión publicada la han aplaudido y en más de un caso, periodistas relevantes han apuntado la prescindibilidad del Constitucional. Por otra parte, la reacción de mundo jurídico ha sido paralela. Al margen de las reflexiones individuales por motivaciones muy heterogéneas –ideológicas o personales– lo realmente tangible es que las desviaciones de la doctrina constitucional enmendando la plana a la jurisprudencia han provocado reformas legislativas para corregirlas y volver al buen camino. Así ha ocurrido con la delimitación de la jurisdicción universal, el régimen de la prisión preventiva o provisional y el cómputo de la prescripción extintiva de la pena. El diagnóstico, desde mi punto de vista, sigue siendo el mismo. Las disfunciones tienen su origen en el propio sistema, en la diarquía, que sólo se resolverá suprimiendo uno de ellos, el recién llegado, para que la jurisdicción constitucional se integre con las demás.

3. Tipología del Estado de Derecho

No hay una sola manera de configurar el Estado de Derecho en un sistema democrático. En una necesaria simplificación con fines didácticos pueden esculcarse en nuestro contexto geográfico e histórico dos modelos muy individualizados. En Francia dentro del régimen de separación de poderes se da un predominio del Ejecutivo sobre los demás, como pone de manifiesto la supeditación del legislativo por mor del sistema parlamentario ya que, como en España la Asamblea Nacional es emanación del Gobierno y no al revés(90). El Poder judicial no existe –"autoritè judiciaire"–, no hay Tribunal Supremo ni Constitucional sino varias instituciones no siempre judiciales: Tribunal de Casación, Consejo de Estado y Consejo Constitucional. El Tribunal Supremo en Francia es el pueblo, dijo De Gaulle. Los principios organizativos son la disgregación jurisdiccional y la colegiación de los órganos judiciales. En el proceso penal la vara alta está en posesión del Fiscal, el Magistrado del *Parquet* que lleva con correa y con bozal al Magistrado *du Siège* o estrado, hasta el punto que el intento de dotar a aquel de cierta autonomía respecto del Ministro de Justicia ha sido calificado por la *gauche divine* como *coup d'Etat* y ha fracasado(91). A su vez el tipo "judicialista" ha alcanzado su cota más alta en Estados Unidos donde la jurisdicción, en sus dos niveles, federal y estatal, es única y universal y cuyo Tribunal Supremo se ha convertido en "el más poderoso del mundo". Desde 1803, como se vio más arriba, implantó la revisión judicial de las Leyes y de los actos del Gobierno, erigiéndose en juzgador de los otros dos Poderes.

La Constitución española ha optado por un Estado judicial de Derecho acorde con nuestra idiosincrasia y nuestra tradición. El principio organizativo es la unidad de jurisdicción y todos los Poderes entran en su ámbito. El Ejecutivo desde 1956 ha venido teniendo como juez común o natural a la jurisdicción contencioso-administrativa aun cuando esté sometido a todas (art. 106 CE), cláusula que se ha extendido por la Ley Orgánica del Poder Judicial(92) a las demás instituciones cuando realicen o ejerzan funciones materialmente administrativas como también a la Junta Electoral Central, cuyos actos están sometidos a tal jurisdicción por la doble vía del contencioso electoral o del recurso ordinario que la da nombre (STC 149/2000 sobre el art. 21 Ley Electoral). Por su parte, el Poder Legislativo lo está ahora en terrenos otrora vedados al Judicial, por ejemplo la validez de las actas de diputados y senadores (art. 70.2 C.E.) o los actos de las Mesas. En el resto de sus funciones entra en juego el Tribunal Constitucional, a través del conflicto de atribuciones, de la cuestión de inconstitucionalidad y del amparo en temas tan privativos como el suplicatorio o autorización para procesar a los parlamentarios por razón de delito cometido durante su mandato (STC 206/1992, de 27 de noviembre) en un recurso de amparo; o la facultad para declarar la urgencia en la tramitación parlamentaria de un proyecto de Ley que la STC 234/2000 en un conflicto entre el Senado y el Gobierno, resolvió en favor de éste.

4. Los peligros al acecho

Son muchos y muy variados los peligros, unos internos y otros externos, que acechan al Tribunal Constitucional, un recién llegado con treinta años de edad en un proceso histórico de las instituciones y del sistema judicial que ha cumplido un milenio. Por de pronto, el modelo que ofrece la Constitución ha sido deformado y transformado por la práctica con una notoria mutación constitucional. Ha prevalecido el uso parlamentario de nombrar desde fuera al Presidente y al Vicepresidente por pacto o *bargain* de los dos partidos mayoritarios en las Cortes Generales, popular y socialista o socialista y popular según su situación, "tanto monta", como ha ocurrido también en el caso del Consejo General del Poder Judicial. Se ha olvidado por otra parte el tajante precepto constitucional sobre la duración del mandato de cada uno de los magistrados

–nueve años– para instalar el hábito de la renovación trienal por grupos de cuatro, recompuesto artificialmente cubriendo las bajas, con el sistema de "cuotas", y no por goteo, como sería lo correcto (y menos traumático), embates que empañan la imagen de su independencia y su imparcialidad dándole a la vez un talante que no se compadece con el auténticamente judicial. Estos factores externos han propiciado un presidencialismo exacerbado que convertiría a los magistrados en escribidores si no fuera porque muchos renuncian incluso a tal tarea en favor de los letrados, *longa manu* de la presidencia. El Tribunal se niega a considerarse una pieza más, todo lo importante que se quiera, del sistema judicial y se resiste numantinamente a ello por más que lo sea fatalmente. Por tal motivo no ha perdido su abolengo político y se ha separado notable y notoriamente del modelo judicial. Este distanciamiento ha sido buscado de propósito y, a mi parecer, con resultados negativos. Ni sus sentencias lo parecen y tienen vocación de disertaciones académicas sin ceñirse estrictamente al caso ni sus actuaciones procesales, desde el registro general con un singular "bucle" propicio al cambaleche, hasta el señalamiento o citación para sentencia ofrezcan la comunicabilidad propia del proceder judicial(93). Así las anécdotas se hacen categoría(94) pero no se olvide que los modos y los modales son importantes y que, contra lo dicho por el vulgo, el hábito hace al monje. El Tribunal, que lleva casi un tercio de siglo en busca de su identidad, parece desear esconderse y huye de la luz y de los taquígrafos, careciendo de la transparencia que tanto predica para los demás(94).

No voy a entrar al capote de encelarme ahora con las deficiencias funcionales pero fenoménicas de la justicia constitucional. Hay dos aspectos en la crisis, uno cuantitativo y otro cualitativo. Del primero habló Fernando Garrido Falla(95) y del otro traté yo en la sede del Instituto de Investigaciones Jurídicas de la Universidad Nacional Autónoma de México el 26 de mayo de 2000, tesis que repetí luego en el Paraninfo de la Universidad Andina con sede en Quito el 3 de agosto de ese año y en Sucre el 12 de octubre siguiente(96). Es de todos sabido que entra el papel a raudales –tanto como en el Tribunal Supremo de los Estados Unidos– y están en la calle el agobio y el retraso creciente que inciden en la calidad del producto, porque el bosque no deja ver los árboles uno a uno. No voy a hablar de los posibles o imposibles remedios, que dependen casi todos del propio Tribunal como he dicho y escrito en estos años, no del legislador. Hay que invertir el método de selección de los asuntos y los criterios para ella, configurando la "trascendencia constitucional" en función de sus coordenadas no sólo temporal y espacial sino sociológica, para marginar lo nimio, y llegar así al sistema del *certiorari*[97] pero sin convertirlo en un requisito formal. No nos valen atractivos planteamientos académicos, teóricos en suma, sin reflejo en la sociedad de hoy para lucimiento de dómines.

Por otra parte, el Tribunal Constitucional ha tenido que convivir desde su mismo nacimiento con unos rivales que le restan protagonismo e incluso degradan a todos los de su clase haciéndoles pasar a un segundo plano con tendencia a desvanecerse como el gato de Cheshire. La creación de un espacio judicial europeo ha de ir inevitablemente en su demérito. Desde esta perspectiva es presumible la jibarización de estos Tribunales e incluso su desaparición, a diferencia de los Supremos cuya posición reforzaría ese mismo proceso evolutivo por desarrollarse su actividad jurisdiccional en el plano de la legalidad cuya última palabra nadie puede quitarles. Estos peligrosos antagonistas son los dos Tribunales Europeos con los cuales no han faltado tampoco encontronazos. Uno, el Tribunal de Justicia de la Comunidad Europea con sede en Luxemburgo que posee y ejerce una función análoga de salvaguarda de los Tratados fundacionales, instrumentos de origen internacional pero con un carácter paraconstitucional evidente, y cuya jurisprudencia tiene primacía y eficacia directa con carácter vinculante para ciudadanos y jueces dentro del territorio de la Unión, relativizando así la supremacía de las respectivas Constituciones, cuya subordinación a las normas supranacionales va acentuándose insensiblemente no obstante las resistencias que un somero análisis de la doctrina jurisprudencial refleja[98].

Las dos únicas "enmiendas" a la Constitución, introducida una en 1992 para permitir el derecho de sufragio activo y pasivo a extranjeros y adoptada la segunda a caballo de los meses de agosto y septiembre de 2011. han tenido como protagonista y en definitiva "beneficiaria" a la Unión Europea cuyo nombre se invoca por primera vez en el nuevo art. 135 CE para someter a su disciplina los límites de la estabilidad presupuestaria y del endeudamiento público, un paso más allá y muy concreto de las "cesiones parciales de soberanía", según la STS, Sala 3ª, de 28 de abril de 1927, previstas en abstracto en el art. 93 de la Constitución.

A través de ésta se ha hecho evidente la distonía entre la política de España hacia Europa y la actitud hostil de su Tribunal Constitucional respecto del Derecho comunitario que ha convertido en bloque, incluidos los Tratados, en infraconstitucional, colocándolo así en el plano de la legalidad con una lectura "internacionalista" del art. 23 de la Constitución, no obstante las protestas retóricas, dando los gritos en un sitio mientras pone los huevos en otro. El segundo antagonista es el Tribunal Europeo de Derechos Humanos encuadrado en el Consejo de Europa con sede en Estrasburgo, cuya jurisprudencia ha de orientar la nuestra para la configuración de tales derechos por imperativo de la propia Constitución (art. 10.2). Los desencuentros con éste han tenido lugar en el terreno de la eficacia de aquellas de sus Sentencias donde desautorizaba las del Constitucional, que a su vez no ha dudado en invadir en alguna ocasión su ámbito (STC 21/2000, de 30 de marzo)[(99)].

III
MAÑANA

La dicotomía existente clama por la unidad de la jurisdicción, rota por la misma Constitución que la proclama. No cabe duda de que hay más de un precepto de ella inconstitucional. No es una paradoja. Lo dicho más atrás no pretende ser una crítica a la actuación de las personas (entre las cuales me cuento yo mismo) sino al sistema. No puede subsistir el monstruo de dos cabezas que otrora pudo ser la solución posible a una coyuntura histórica. Todos los "consulados" o triunviratos terminan con el triunfo de uno, el que tiene más personalidad. Es evidente que el Tribunal Supremo no puede desaparecer, ergo habrá de ser el Constitucional quien muera como el ave fénix para renacer en su seno. Podrán utilizarse paliativos mientras dure esta situación reduciendo el ámbito de los recursos de amparo[(100)], pero el único remedio será, algún día, una drástica operación quirúrgica, suprimiendo el Tribunal Constitucional y agradeciéndole los muchos y excelentes servicios prestados[(101)]. Por eso, en el túnel del tiempo, como empecé, pero ahora hacia adelante yo veo a largo plazo una vuelta al invento original partido salomónicamente en dos por Kelsen para hacerlo viable en Europa. Con las cautelas propias de todo vaticinio –ningún oficio más arriesgado que el de profeta, salvo el de historiador– me parece que la tensión entre la fuerza centrífuga de la idea de justicia constitucional y la centrípeta de la idiosincrasia del pueblo español, judicialista, producirá en este aspecto una solución "indígena", en una evolución paralela a la que se produjo en la jurisdicción contencioso-administrativa que del modelo francés puro en 1844 pasó a la judicialización plena pero efímera en seguida (1869-75), a la judicialización enmascarada (1888-1894) y a la judicialización descarada (1904) y plena (1956)[(102)]. En tal sentido quizá este nuevo siglo lo vea, cuando las circunstancias aconsejen y permitan "enmendar" no rehacer la Constitución. A su reforma total, entre paréntesis, se le ve enseguida la oreja.

Yo vislumbro en ese horizonte lejano un Duomo, la cúpula de un nuevo Gran Tribunal cuya arquitectura contendría por fusión los que hoy llevan los nombres de Tribunal Supremo y de Tribunal Constitucional con una nueva redacción del art. 123 de la Constitución y la reabsorción en él de los concordantes. Ese Gran Tribunal tendría otra composición y su función, decir la última palabra en su doble dimensión, constitucional y legal, para hacer justicia, habría de ser instrumentada con una nueva partitura. Es necesaria la imaginación, esa imaginación al Poder que pedían a gritos los revolucionarios de salón en 1968, y que nadie suele reconocer cuando la ve. Un Tribunal Supremo, como el nuestro, con sesenta o setenta magistrados, está más cerca de una convención que de un pretorio y como tal se convierte en un monstruo. Ya sé que hubo un tribunal de los quinientos pero así le fue. A partir de cierto número de miembros, los tribunales como cualesquiera otros grupos humanos se disocian en subgrupos y cambian de sustancia. Un Tribunal no debe tener más de quince jueces, composición impar para evitar el voto de calidad, el doble voto presidencial para caso de discordia, que funcionarían en pleno y en tres Salas de cinco, una para el Derecho público, otra para el privado y otra para el penal. El ámbito de su competencia iría encaminado a conseguir su misión o función directiva en el plano de la constitucionalidad y en el plano de la legalidad, a cuyo efecto se le reservaría la casación para unificar la doctrina. Conocerá en única instancia del recurso de inconstitucionalidad de las leyes y de los conflictos entre instituciones constitucionales y en última de las cuestiones de inconstitucionalidad, que se articularían a la inversa de como lo están ahora, permitiendo a los Jueces y Tribunales dictar Sentencia con fundamento en la inconstitucionalidad de un precepto con recurso automático ante el Gran Tribunal cuando se declara la inconstitucionalidad. Las tres Salas tendrán a su cargo los recursos de amparo y los de casación para unificación de doctrina. El puesto de magistrado quedaría desvinculado de la carrera profesional de origen, sin duración prefijada pero con un tope por edad para el retiro o jubilación y para la elección se jugaría con listas o nóminas de juristas preparados anualmente por los Cuerpos Colegisladores con audiencia del Consejo General del Poder Judicial, de los Colegios de Abogados y Procuradores, de las Facultades de Derecho y de las Real Academia de Jurisprudencia y Legislación, así como de las territoriales.

Las demás modalidades de la casación y cualesquiera otras atribuciones incluso todas las que hoy ejerce en única instancia se desconcentrarían en la Audiencia Nacional y los Tribunales Superiores de Justicia. La Audiencia Nacional conocería de los conflictos entre órdenes jurisdiccionales o con la Administración, el *exequatur* para cumplimiento de Sentencias y de laudos extranjeros y de todos los demás juicios en única instancia, incluidos los aforados, permitiendo así la doble instancia. Los Tribunales Superiores de Justicia, a través de las Salas "ad hoc", de los recursos de casación. Las Audiencias Provinciales, o no, tendrían Salas de lo Civil, de lo Penal y de lo Contencioso-administrativo, con una configuración parecida a las que ahora tienen las homónimas existentes. Finalmente, el Fiscal se haría cargo de la instrucción penal, como vengo predicando desde la primavera de 1992.

No es una utopía. No es imposible. Ni siquiera es difícil. Por otra parte, no corre prisa. Hay problemas más acuciantes a los que acudir. El sistema, aunque chirría, va funcionando. El día llegará, no obstante, como caen las estaciones a lo largo del año. Basta con sentarse a la puerta de casa y esperar con paciencia, ese ingrediente de los buenos guisos.

Capítulo segundo

EL ARTÍCULO 161 DE LA CONSTITUCIÓN

I.
POSICIÓN CONSTITUCIONAL DEL GUARDIÁN DE LA CONSTITUCIÓN

1. Características

La configuración del ámbito de atribuciones del Tribunal Constitucional, núcleo del artículo 161 CE, está diseñada deslavazadamente, con escaso rigor, a través de preceptos dispersos y algunos fuera del texto constitucional, mezclando contenidos sustantivos y procesales como la legitimación o las medidas cautelares. Por lo demás, el precepto es también incompleto desde su propia perspectiva por dejar extramuros algunas de sus competencias. Tal desaliño indumentario es propio y característico de nuestra Constitución, la mejor de cuantas padeció el pueblo español y la única que hemos disfrutado con el período más largo de vigencia de todas ellas, salvo la de 1876, duración que ha permitido al pueblo español alcanzar cotas de libertad, autogobierno y prosperidad ni siquiera soñadas, habiendo sido interiorizada por los ciudadanos y conformado la vida social como nunca lo hiciera otra. Lo dicho pone de manifiesto que las imperfecciones forman parte de la vida y la enfermedad de la salud, como las distracciones de Cervantes embellecen El Quijote y que, a veces, la madurez histórica de un pueblo no necesita de una brillante veste jurídica.

Sin embargo aquí está el meollo del Título V de la Constitución porque en la primera de sus atribuciones estriba la razón de ser del Tribunal Constitucional, su esencia, la que él y sólo él puede desempeñar porque para ello ha sido creado. A la vez, el análisis y, sobre todo, el disección de este precepto nos ofrecen una radiografía completa y esclarecedora de su posición en el tinglado de la estructura política de España así como las características que lo individualizan. En primer lugar, queda claro que es «único en su clase», aun cuando no se diga así explícitamente, desde el momento en que ejerce en solitario su jurisdicción sobre todo el territorio español. En consecuencia, no puede haber duplicados en cada Comunidad Autónoma, como sucede con el Tribunal de Cuentas, el Defensor del Pueblo o el Consejo de Estado. Por otra parte, siendo su actividad plenamente jurisdiccional, no forma parte del Poder Judicial, según ocurre con el *Bundesverffassungsgericht* alemán[(1)], pero sí es una pieza del sistema como reconoce, si bien con renuencia, el art. 4º de su Ley Orgánica, nuevamente redactado por la 6/2007, cuando hace constar que «agota la vía jurisdiccional» como presupuesto procesal para acudir a otras instancias supranacionales, Tribunal Europeo de Derechos Humanos o Tribunal de Justicia de las Comunidades Europeas. Sin embargo de su monopolio jurisdiccional, coexiste con el Tribunal Supremo de Justicia, maltratado y tratado mal por quienes han desarrollado en tal aspecto a lo largo de estos treinta años la Constitución, a quien se inviste de la supremacía judicial con una función directiva de la jurisprudencia que se condensa en la elaboración de la «doctrina legal» dotada de valor normativo complementario del ordenamiento jurídico (SSTC 72/1993, 206/1993, 120, 314 y 318/1994, 2, 15, 37 y 105/1995 y 1/1997), sin perjuicio de la función de garantía de derechos fundamentales y libertades cuya última palabra se reserva al Tribunal Constitucional (art. 123 CE). En tal articulación de ésa su jurisdicción exclusiva con la potestad de juzgar se han producido frecuentes fricciones, por haber sobrepasado aquel su ámbito propio más de una vez. El homólogo germánico había sido criticado ya por la tendencia «a transgredir sus límites», según Helmut Simon[(2)]. Aquí se desataría a partir de la STC 7/1994, la «guerra de los jueces» cuya cota más alta ha sido el encontronazo que significó la STS de 23 de enero de 2004 cuando la Sala Primera condenó a once magistrados del Constitucional por negligencia en el ejercicio de su función jurisdiccional. El Tribunal Constitucional ha pretendido ejercer de hecho sobre el Supremo una relación de jerarquía y no de competencia, que le llevó fatalmente a extravasar su función de intérprete último de la Constitución para inmiscuirse en el ámbito propio del orden judicial. Por ello los desencuentros entre aquel y este son ya, por su número y frecuencia, un problema endémico.

Con el excelente propósito de terciar en esta disputa se promulgaría la Ley Orgánica 6/2007, que bienvenida sea pero cuyo éxito se me antoja problemático, porque lo conflictivo es el sistema, no ésta o la otra institución sino su coexistencia. La diarquía sobre territorio común, aunque con perspectivas distintas, fomenta las intromisiones, unas veces claras, como el caso de la excarcelación de la Mesa de HB (STC 132/1993), otras dudosas y algunas imaginadas, que han servido de factor desencadenante a las rebeldías.

Del mismo artículo 123 CE se deduce el carácter también «supremo» como defensor y guardián de la Constitución, que le otorga la Ley Orgánica. En cambio, no parece muy acertada la expresión lapidaria en cuya virtud el Tribunal Constitucional queda sometido a la Constitución y a su propia Ley orgánica, verdad a medias pues no sólo sus servidores o su gestión interna han de acomodarse al ordenamiento jurídico, estando sometidas sus decisiones al escrutinio de los demás órdenes judiciales, sino que también en el ejercicio de sus atribuciones privativas han de tenerlo muy en cuenta. No se olviden al respecto los derechos fundamentales de configuración legal, concepto creado precisamente por la doctrina constitucional. La Constitución ilumina desde lo alto, con sus principios, el ámbito jurídico entero pero sólo puede ser comprendida en su plenitud si se asciende hasta ella por la escala de la legalidad ordinaria y se la sitúa en una estructura que le dé sentido.

El Tribunal Constitucional consecuentemente goza de autonomía y de autarquía en el sentido propio de ambas palabras, pudiendo dictar Reglamentos sobre su propio funcionamiento y organización, así como sobre el régimen de su personal y servicios, que habrán de ser aprobados por el Pleno y se publicarán en el Boletín Oficial del Estado, autorizados por su Presidente (art. 2°, 2 LOTC). También elabora su presupuesto para ser incluído como una Sección independiente en los Generales del Estado (art. 10.3 LOTC). Por otra parte, en el Reglamento de Organización y Personal aprobado el 5 de julio de 1990 se encomiendan las funciones de gobierno y administración al Pleno «gubernativo», al Presidente, a la Junta de Gobierno y al Secretario General, creándose una Gerencia, con un Interventor adscrito, un Archivo y un Registro General, un Servicio de Estudios, Biblioteca y Administración así como otro de Doctrina Constitucional e Informática más una Comisión de Informática Jurídica y una Junta de Compras. La Ley

Orgánica 6/2007 ha ratificado que "contra las resoluciones del Secretario General podrá interponerse recurso de alzada ante el Presidente, cuya decisión agotará «la vía administrativa» y será «susceptible de ulterior recurso contencioso-administrativo» (art. 99,3 LOTC).

Aun cuando de pasada, he hecho más arriba alusión al tema de los letrados ayudantes, que existen en todos los Tribunales análogos. Un magistrado del Tribunal Supremo de los Estados Unidos que quizá fuera rico por su casa y sin demasiadas ganas de trabajar, contrató a un joven y brillante licenciado de Harvard como *clerk lawyer* para que le ayudase, pagándole de su bolsillo. Hasta 1922 no fueron consignados créditos al efecto en los presupuestos para la Corte, en la que actualmente cada magistrado dispone de cuatro. Es evidente, por una parte, que sin los letrados el Tribunal no podría afrontar la inmensa carga de trabajo que le cae encima año tras año y se colapsaría. Dicho en menos palabras, no podría funcionar. En principio, la Ley Orgánica optó por la creación de un Cuerpo en el cual habría de ingresarse por oposición libre, a la usanza tradicional de la Administración. No tardaría sin embargo en ser sustituído tal sistema, aparentemente más objetivo pero también institucionalmente más peligroso, por la corruptela *more académico* de la cooptación, delicada expresión que cubre el nepotismo y el caciquismo habituales en los claustros. La mezcla de letrados eventuales y de carrera ha producido por otra parte que cada mandato presidencial deje como legado la consolidación como propietarios de uno o dos letrados hasta entonces en situación de precariedad mediante una oposición convocada por sorpresa, deprisa y corriendo, con escasa publicidad, un programa *ad hoc* y un plazo para la preparación tan ajustado que denuncia el guiso a lo Juan Palomo, cuyos ganadores se conocen de antemano. La Ley Orgánica 6/2007 ha limitado la plantilla de los permanentes seleccionados a 16, no se sabe bien por qué. Este doble sistema, por cierto, fue el factor desencadenante de la ominosa y teratológica (consúltese el DRAE) STS de 23 de enero de 2004.

La cuestión es más importante de lo que pueda parecer a primera vista, *prima facie* para los latinicultos, y en ella se juega la independencia de los magistrados. En un planteamiento correcto hay que distinguir entre los servicios comunes del Tribunal, para los cuales los letrados necesarios habrían de ser seleccionados y nombrados por el pleno, previo concurso público y los colaboradores directos de cada uno de quienes ejercen la función jurisdiccional, tres o cuatro, componiendo un Gabinete, cuyos nombres serían propuestos por el magistrado. Un tímido paso adelante lo dio, digámoslo en su elogio, el presidente Miguel Rodríguez Piñero hacia 1995, permitiendo que así se adscribiera uno por cada componente del Tribunal. En todo caso hay que suprimir para esta función excepcionalmente el sistema de oposición y la adscripción permanente e indefinida. Un Cuerpo de letrados tenderá a apoderarse de la función, como tantas veces ha sucedido y convertiría a los titulares en "interinos". Existe el peligro cierto de que los servidores se conviertan en amos. Recuérdese una lúcida película, *The servant.* Por otra parte, unos letrados sin otra jefatura que la del presidente, como ha venido ocurriendo desde 1980, se convierten en su *longa manu* con riesgo evidente para la independencia del así ayudado. En el estudio de los asuntos y la preparación de las sentencias propias y las observaciones a las ajenas no deben interferir personas impuestas desde fuera del círculo íntimo del magistrado, responsable directo de todo ello, impidiéndose de tal guisa el mando a distancia. Con ello se ganaría además en eficacia y agilidad, con beneficio inmediato de la calidad, tan baja en éstos y otros momentos. Así se funciona no sólo en Estados Unidos y no sólo en el Supremo, sino en el Tribunal de Justicia de las Comunidades Europeas y en el Tribunal Europeo de Derechos Humanos. ¿Por qué no aquí? En cambio, se ha intentado imitar en las escasas vistas públicas el uso del mazo, ajeno a la tradición forense española y al diálogo con los abogados

II.
EL ENJUICIAMIENTO DE LA CONSTITUCIONALIDAD DE LAS LEYES Y DISPOSICIONES NORMATIVAS CON FUERZA DE LEY Y SUS MODALIDADES

1. La impugnación directa

A) El recurso de inconstitucionalidad

En esta atribución estriba la razón de ser del Tribunal Constitucional, no por estar la primera sino por ser la principal, la que sólo esta institución puede llevar a cabo y para la cual existe. Todas las demás que se le encomiendan a continuación serían prescindibles sin riesgo alguno o podrían encargarse a otras instituciones. Aquí y ahora se configura tan sólo la impugnación directa y, por tanto, abstracta de las leyes y de las disposiciones de carácter general con rango legal, cuyos modalidades en nuestra Constitución son por una parte, la legislación delegada mediante leyes de bases para confeccionar textos articulados o mediante ley ordinaria para elaborar textos refundidos, Decretos Legislativos (arts 82,1 y 85 CE) y el Decreto-ley por propia iniciativa (art. 86,1), obras todas del Gobierno de la Nación. La jurisdicción constitucional no «legisla» ni es una tercera Cámara. Sus sentencias se limitan a declarar la nulidad de los preceptos afectados por contradecir la ley fundamental, sin sustituirlos ni modificarlos, o a establecer su lectura correcta a la luz de la Constitución en el caso de las «sentencias interpretativas»[(3)].

En definitiva, la revisión judicial de las leyes desde su origen en el Capitolio de Washington hasta su trasplante en Viena, tiene como norte la supremacía de la Constitución, vale decir, la idea de que ésta es una ley pero en posición singular, primera o última, alfa y omega, como se quiera, que abre y cierra el ordenamiento jurídico, concepto éste muy reciente, perfilado por Santi Romano[(4)] e introducido entre nosotros por la Ley reguladora de lo contencioso-administrativo en 1956. Sin embargo, la Ley Orgánica del Tribunal Constitucional, que le encarga garantizar «la primacía de la Constitución» (art 27,1 LOTC) establece a seguido que «para apreciar la conformidad o disconformidad con la Constitución de una ley, disposición o acto con fuerza de ley del Estado de las Comunidades Autónomas, el Tribunal considerará, además de los preceptos constitucionales, las leyes que, dentro del marco constitucional, se hubieran dictado para delimitar las competencias del Estado y las diferentes Comunidades Autónomas o para regular o armonizar el ejercicio de las competencias de éstas» (art. 28,1). Este grupo normativo ha sido bautizado como «bloque de la constitucionalidad», pero en realidad abre una brecha en esa sedicente primacía que se convierte así en teórica, contemplativa, abierta no ya a las «mutaciones constitucionales» sino a las reformas solapadas de la Constitución por vía estatutaria. De ahí el afán jurisprudencial por hallar en cada caso el «canon de constitucionalidad» que no puede ser más que uno, la propia Constitución, solitaria en la cima sin adherencias parasitarias que buscan su vaciamiento. La «supremacía» o «primacía» absoluta, no condicionada, de la Constitución es, en toda su pureza, un concepto axial para la existencia de la justicia constitucional y para su entendimiento. Sin ella no se hubiera podido pronunciar la sentencia *Marbury v. Madison* ni Kelsen habría diseñado su modelo europeo y, en definitiva, carecería de justificación el Tribunal que hoy ejerce aquí y ahora la justicia constitucional.

B) Gobierno vs. Comunidades Autónomas

El art. 153, a) de la Constitución se había anticipado a encomendar al Tribunal Constitucional el control de las disposiciones normativas con fuerza de ley emanadas de las Comunidades Autónomas. El precepto entero, con ser redundante, no resulta inoportuno en un contexto político donde «cabezas oscuras oscurecen textos claros», en frase de Federico de Castro(5). Ahora bien, la impugnación por quien fuere, aunque lo fuera el Estado, no es sino una manifestación específica del recurso genérico de inconstitucionalidad y en ningún caso puede calificarse como uno de los varios «procedimientos» de tal tipo. Por tanto, el contenido del segundo párrafo del art. 161, en principio, disimula mal su verdadero propósito, que no es otorgar legitimación activa al Estado para utilizar el recurso directo de inconstitucionalidad contra «las disposiciones y resoluciones adoptadas por los órganos de las Comunidades Autónomas», sino introducir a continuación una medida cautelar. Aquí aparece una nueva distorsión producto de una contradicción interna en la propia Constitución. Efectivamente, si se tratara de una ley o norma con tal rango, el Gobierno habría de impugnarla ante el Tribunal Constitucional, pero si la disposición tuviere un nivel inferior, reglamentario por tanto, o fuere un acto administrativo («resolución»), el propio art. 153, c) CE remitía ya expresamente a la jurisdicción contencioso-administrativa su enjuiciamiento por ilegalidad. Ahora bien, desde una perspectiva táctica la elección parece clara ya que la vía constitucional, en sus dos modalidades de recurso o conflicto, implica por el mero hecho de interponerlo la suspensión automática de la disposición recurrida, efecto que no produce por sí mismo el recurso contencioso-administrativo, ya que la previsión de este precepto ha sido extendida al supuesto de conflicto por el art. 62 LOTC.

C) *La metamorfosis de conflictos en impugnación directa*

Los conflictos de competencia pueden transformarse en un control directo de la constitucionalidad de normas dictadas por las Comunidades Autónomas como refleja el art. 67 LOTC: «Si la competencia controvertida hubiera sido atribuída por una ley o norma con rango de ley, el conflicto de competencias se tramitará desde su inicio o, en su caso, desde que en defensa de la competencia ejercida se invocara la existencia de la norma legal habilitante, en la forma prevista para el recurso de inconstitucionalidad». «Se dan cita en esta Sentencia (advierte la STC 102/1995) 6 recursos de inconstitucionalidad y 8 conflictos de competencia». El supuesto guarda semejanza con la impugnación indirecta en el recurso de amparo, pero dándole una solución procesal distinta (STC 39/1982).

D) *La declaración sobre la constitucionalidad de los Tratados internacionales*

Por otra parte, la Constitución dispone de un mecanismo de defensa preventiva respecto de los Tratados, como también lo tuvo respecto de las leyes. El Tribunal Constitucional puede ser requerido para pronunciarse sobre la conformidad con la Constitución de un Tratado internacional que se pretenda integrar en el Ordenamiento español, requerimiento que habrá de sustanciarse a través del específico cauce procesal previsto en el art. 95.2 de la Constitución y regulado en el art. 78 de la Ley Orgánica del Tribunal. La respuesta del Tribunal no es una «opinión», aun cuando en el lenguaje jurídico anglosajón pudiera llamarse así. En el sentido español de la palabra los jueces, en el ejercicio de su función jurisdiccional, no «opinan» ni, como escribe a veces la prensa, «dictaminan». Los jueces deciden y lo hacen a través de resoluciones con diferentes nombres según su contenido, sentencias, autos y providencias. Pues bien la «declaración», dice el Tribunal Constitucional, es una decisión por ser un acto de imperio, teniendo la fuerza jurídica suficiente para imponerse y no solamente para ilustrar o aconsejar. Si el Tribunal decide que hay contradicción, el Tratado no puede ser suscrito. En definitiva, es una «sentencia anticipada».

Con tal procedimiento se confía al Tribunal un doble cometido, pues al general o común, consistente en la defensa jurisdiccional de la

Constitución, se suma el de garantizar la seguridad y estabilidad de los compromisos internacionales que España pueda contraer. En otras palabras, la función jurisdiccional propia del Tribunal se ve adicionada, en virtud de su ejercicio preventivo, por una dimensión cautelar al servicio de la salvaguardia de la responsabilidad internacional del Estado. Se trata, en definitiva, de asegurar la supremacía de la Constitución sin perjuicio alguno para esos compromisos, procurando evitar que la posible contradicción entre una y otros haya de resolverse una vez integradas en el Ordenamiento las normas pactadas. El art. 95.2 CE hace posible así que las dudas de constitucionalidad suscitadas por un Tratado se resuelvan con carácter previo a su ratificación, de manera que, si se confirmaran aquellas, ésta quedará impedida en tanto no se revise el texto constitucional o se renegocie lo pactado en términos que lo hagan compatible con la Constitución. Con esta defensa jurisdiccional anticipada la Constitución ve asegurada su supremacía frente a las normas internacionales desde el momento mismo de la integración de éstas en el Derecho nacional, obviando «la perturbación que, para la política exterior y las relaciones internacionales del Estado, implicaría la eventual declaración de inconstitucionalidad de una norma pactada» (DTC 1/1992, de 1 de julio) si el juicio de contraste se verificase «a posteriori». La contradicción se resuelve, por tanto, evitándola en su origen y no sólo cuando, ya producida, no queda otro expediente que el de la activación de dos sistemas de garantía, el internacional y el interno [*ex* art. 27.2c) LOTC], que pueden abocar a consecuencias mutuamente perturbadoras.

Por ello, en razón de la naturaleza estrictamente jurisdiccional de este procedimiento preventivo, en su primera Declaración, la 1/1992, se advertía:

> *«lo que de nosotros puede solicitarse es una declaración, no un dictamen; una decisión, no una mera opinión fundada en Derecho, [pues] este Tribunal no deja de serlo para trasformarse ocasionalmente, por obra del requerimiento, en cuerpo consultivo. Lo que el requerimiento incorpora es, al igual que acontece en las cuestiones de inconstitucionalidad, la exposición de una duda razonable, pero lo que de nosotros se solicita no es un razonamiento que la resuelva, sino una decisión vinculante» (DTC 1/1992, FJ 1).*

Hasta ahora no ha habido más que dos oportunidades para ejercer tal función, una en 1992 y otra en 2003. En la primera se apreció la contradicción del Tratado de Maastricht con la Constitución, por lo que previamente a su ratificación hubo de modificarse el art. 13.2 CE con el fin de permitir que los ciudadanos de la Unión Europea pudieran ser elegidos para cargos municipales. En la segunda, la duda de constitucionalidad se refería a tres preceptos del Tratado firmado en Roma el 29 de octubre de 2004, por quedar en tela de juicio la «primacía» predicada de la proyectada Constitución europea que parecía entrar en contradicción con la de su homóloga española(6).

E) El recurso previo de constitucionalidad

La Ley Orgánica del Tribunal Constitucional le encomendaba un recurso de inconstitucionalidad con carácter previo a la efectiva entrada en vigor de Leyes Orgánicas y Estatutos de Autonomía (art. 79 LOTC), cuya interposición suspendía automáticamente la tramitación de tales proyectos. Era una excelente iniciativa en teoría pero la experiencia demostró sus riesgos. El tiempo, una de las dimensiones de toda actividad(7), deformó lo que podía haber sido un medio preventivo de evitar la vigencia de leyes con preceptos anticonstitucionales. Sin embargo, la circunstancia de que no se hubiera previsto un plazo breve y perentorio para que el Tribunal Constitucional se pronunciara al respecto, caducando el recurso en caso de silencio por virtud de la presunción de legitimidad constitucional de las normas emanadas de unas Cortes Generales elegidas democráticamente, hizo quebrar tan donosa invención. El factor desencadenante fue la Ley Orgánica de Armonización del Proceso Autonómico, efecto del fallido «golpe de Estado» del 23 de febrero de 1981, contra cuyo texto definitivo se formularon una serie de «recursos previos» de inconstitucionalidad por las Comunidades Autónomas del País Vasco y Cataluña (Gobierno y Parlamento) y por un grupo de 50 Diputados, a los cuales dio respuesta la Sentencia 76/1983, de 5 de agosto, quedando suspendida durante casi dos años tal norma que, por otra parte, salió muy averiada, incluso en el título y en el rango, Ley 12/1983, de 14 de octubre, ni orgánica ni armonizadora. Esta experiencia provocó que el primer Gobierno socialista como consecuencia de las elecciones generales de 1982 lo suprimiera de raíz por la Ley Orgánica 4/1985, de 7 de junio. Su preámbulo explica que «la experiencia acumulada por más de tres años de justicia constitucional ha venido a mostrar que este recurso previo se ha configurado como un factor distorsionador de la pureza del sistema de la relación de los poderes constitucionales del Estado, con consecuencias inesperadas y metaconstitucionales en la última fase del procedimiento de formación de la ley». Con tal rebuscada fraseología se enmascaraba la verdadera razón de la medida, una muestra más de lo que he bautizado como «hipocresía jurídica» en cuya virtud en un sitio se ponen los huevos y en otro se dan los gritos anunciándolo, como en el poema de Martín Fierro. En realidad, dice Punset, «la razón de su abolición se hallaba en las posibilidades de *filibustering* que el recurso otorgaba a la oposición parlamentaria, la cual se hallaba en condiciones, mediante el ejercicio del mismo, de bloquear aspectos básicos de la realización del programa legislativo del Gobierno»(8).

F) El «placet» a los nombramientos

El Tribunal Constitucional podrá verificar los nombramientos de sus Magistrados para juzgar si los mismos reúnen los requisitos requeridos por la Constitución y por su Ley Orgánica (art. 2°,1,g) LOTC). Es un control para garantía de la independencia judicial que otorgaba al Tribunal Supremo de Justicia (y a los demás) el art. 96 de la Constitución de 1869 y que, derogada ésta, sobrevivió durante 115 años bajo toda clase de Regímenes políticos en la Ley Orgánica del Poder Judicial de 1870, siendo suprimida en la de 1985 como consecuencia de un sonado encontronazo con el Gobierno en 1977 para evitar la legalización del Partido Comunista(9).

2. La impugnación indirecta

A) La cuestión de inconstitucionalidad

La cuestión de inconstitucionalidad, que introduce el caso concreto como factor desencadenante del juicio de constitucionalidad de la Ley, significa una trascendental variación cromosómica del sistema europeo de justicia constitucional, acercándolo a su origen norteamericano. En esencia transforma en difuso el control concentrado y en concreto el enjuiciamiento abstracto, inyectando en vena los intereses subyacentes y con ello el carácter «judicial». Siendo un supuesto de impugnación de la constitucionalidad, si bien indirecta, como duda o pregunta de jueces perplejos o dubitativos que sólo ellos pueden suscitar, se autoriza por la propia Constitución en el art. 163, aun cuando su lugar propio hubiera estado en el 161, ofreciendo algunos aspectos problemáticos. El primero, su ámbito objetivo y, en definitiva, qué Leyes caigan dentro y cuáles no según fueren anteriores o posteriores a la Constitución. Un segundo, si el juzgador, que puede formularla de oficio, debe hacerlo necesariamente cuando le fuere propuesta a instancia de parte. En definitiva, la «cuestión» no es una «acción» –en sentido procesal– reservada a los jueces para impugnar con carácter abstracto la validez de las leyes, sino un instrumento puesto a su disposición para comprobar la doble vertiente de su sometimiento al imperio de la Ley, que comprende no sólo ésta en su acepción ordinaria, sino también la Constitución, Ley fundamental. En definitiva, se trata de un control concreto de constitucionalidad, ligado al caso y, por ello, su planteamiento exige dos requisitos, uno formal, la audiencia de los litigantes, y otro sustantivo, la relevancia de la norma en entredicho para la decisión final del pleito, que actúan ambos como presupuestos de la admisibilidad. Por ello, la verificación del vínculo entre las dimensiones constitucional y legal del caso concreto, corresponde al Tribunal Constitucional en el umbral del proceso.

B) La inconstitucionalidad sobrevenida

La Constitución Española de 1978 dejó sin efecto directa y nominativamente las siete Leyes Fundamentales del Régimen precedente y la octava de la Transición, así como las que configuraban el régimen foral de las tres provincias vascas y de Navarra como consecuencia del fin de la primera y de la última guerra carlista en 1839 y 1876. A continuación, y siguiendo una fórmula tradicional en nuestra técnica legislativa derogó «cuantas disposiciones» se opusieran a ella (disp. der. 3ª). Dicho así con carácter tan general significaba que los Jueces y Tribunales ordinarios podían «apreciar por sí mismos la derogación» de las leyes preconstitucionales y esto fue lo que reconoció precisamente el Tribunal Constitucional en dos de sus sentencias inaugurales, las

SSTC 4/1981, de 2 de febrero y 14/1981, de 29 de abril, pero con una salvedad: «si la conclusión les parece problemática» habrán de plantearla como «cuestión de constitucionalidad» al Tribunal Constitucional. La convergencia de tales criterios produjo así inevitablemente en los primeros tiempos, y todavía perduró durante un extenso período aunque con menor frecuencia, el fenómeno de la llamada «inconstitucionalidad sobrevenida» que he analizado con mayor detalle en el capítulo anterior.

C) *El autoplanteamiento de la cuestión de constitucionalidad*

La versión originaria del art. 55.2 de la Ley Orgánica del Tribunal Constitucional preveía que en el supuesto de estimarse un «recurso de amparo porque la ley aplicada lesionare derechos fundamentales o libertades públicas», la Sala sentenciadora había de elevar la cuestión al Pleno, que podría declarar la inconstitucionalidad de dicha Ley en nueva Sentencia con los efectos «ordinarios» previstos en el art. 38 para las que ponían fin a los recursos de inconstitucionalidad. Como dice la Reina en el País de las Maravillas, «la sentencia primero, el veredicto después»[(10)]. Contra una tal solución reaccioné yo en un Voto Particular a la STC 18/1994 con ocasión de haberse planteado al Pleno una cuestión de inconstitucionalidad respecto de dos artículos 14 y 15 de la Ley de Enjuiciamiento Civil. La Sentencia había anulado el acto impugnado, para lo cual le sirvió de premisa en el razonamiento la inconstitucionalidad de la ley que lo respaldaba, cuya declaración, sin embargo, no podía llevar al fallo. En definitiva, era una declaración de inconstitucionalidad sin nulidad del precepto, que seguía vivo y aplicable, pues, por los demás Jueces. En tal situación, la Sala hubo de conceder primero el amparo con tal fundamento, elevando el asunto después al Pleno para que estudiara el tema de la inconstitucionalidad, por estarle vedado hacerlo con carácter previo, como a los Jueces ordinarios. Mi postura en la deliberación, reflejada luego, en el voto discrepante, proponía que se invirtiera el procedimiento, suspendiendo el curso de las actuaciones hasta que el Pleno se pronunciase, y en cualquier caso sin necesidad de modificación legislativa alguna[(11)]. Ahora lo ha dicho así la Ley Orgánica 6 /2007.

Cuando se produce esta situación, la primera sentencia otorgando el amparo da la señal de alerta con tiempo suficiente de antelación, avisando de que la declaración de inconstitucionalidad de ciertos preceptos legales está a la vista, anuncio inútil que ha caído siempre en saco roto, pero que hubiera podido servir para que los Ministerios afectados y el Gobierno preparasen oportunamente y sin agobios la pieza de recambio. No ha sido nunca así, prefiriendo mirar a otro lado con indiferencia. En consecuencia, la catástrofe jurídica se produjo una y otra vez. En una ocasión fue la Ley de Enjuiciamiento Criminal, donde se venía permitiendo que un mismo Juez instruyera el procedimiento de investigación y dictara luego la Sentencia. En otra ocasión, ya aludida más atrás, se trató de la Ley reguladora del Impuesto sobre la Renta, desbaratada en un aspecto esencial que dejó el sistema tributario sin su columna vertebral. No son los únicos ejemplos que podrían aducirse.

3. Efectos

El último párrafo del apartado a) intenta sin mucho éxito poner puertas al campo, como alguna vez lo ha ensayado también el propio Tribunal. En definitiva, la nulidad de un precepto legal sobre el cual se haya construído una determinada doctrina jurisprudencial priva de eficacia a ésta en cuanto tiene de fuente complementaria del ordenamiento jurídico, pero deja intocadas porque son intangibles las soluciones concretas en procesos fenecidos, cuyas sentencias subsisten con el valor de cosa juzgada, produciendo todos sus efectos. No hay posibilidad de revisión por respeto al principio de seguridad jurídica también proclamado en la Constitución (art. 9). Para el futuro, la respuesta es clara y está en la Ley Orgánica del Poder Judicial, donde se impone a todos los Jueces y Tribunales en todo tipo de procesos que apliquen las normas jurídicas «conforme a la interpretación de los preceptos y principios constitucionales que resulte de las resoluciones dictadas por el Tribunal Constitucional» (art. 5,1 LOPJ). Sin embargo, no siempre los Jueces y Tribunales se han atenido a ello. En muchas ocasiones han soslayado la doctrina constitucional o se han enfrentado con ella. Una muestra bastará.

La Sentencia 209/1988 dictada por el Pleno puso fin a un recurso de amparo que se había otorgado por infracción del principio de igualdad (discriminación) y, de conformidad con el art. 55.2 LOTC decidió autoplantearse la cuestión de inconstitucionalidad respecto de los preceptos que habían servido de cobertura a la liquidación tributaria. En principio, no tenía más alcance que el de la anulación de los actos administrativos y de la sentencia, doble objeto de un amparo «mixto». Unos meses después, se dictó la STC 45/1989 poniendo patas arriba el sistema tributario al anular preceptos medulares de la Ley reguladora del impuesto sobre la renta de las personas físicas. Consciente el Tribunal del estropicio, quiso paliarlo en el último de sus parágrafos, el XI, que dice así:

> *En lo que toca a los efectos, hemos de comenzar por recordar que, de acuerdo con lo dispuesto en la Ley Orgánica de este Tribunal (art. 39.1), las disposiciones consideradas inconstitucionales han de ser declaradas nulas, declaración que tiene efectos generales a partir de su publicación en el Boletín Oficial del Estado (art. 38.1 LOTC) y que en cuanto comporta la inmediata y definitiva expulsión del ordenamiento de los preceptos afectados (STC 19/1987, Fdto 6º) impide la aplicación de los mismos desde el momento antes indicado, pues la Ley Orgánica no faculta a este Tribunal, a diferencia de lo que en algún otro sistema ocurre, para aplazar o diferir el momento de efectividad de la nulidad. Ni esa vinculación entre inconstitucionalidad y nulidad es, sin embargo, siempre necesaria, ni los efectos de la nulidad en lo que toca al pasado vienen definidos por la Ley, que deja a este Tribunal la tarea de precisar su alcance en cada caso, dado que la categoría de la nulidad no tiene el mismo contenido en los distintos sectores del ordenamiento.*

Después de este exordio la Sentencia afronta el tema de su propia eficacia con mejor voluntad que fortuna. La primera de tales precisiones arranca de la constatación de que los preceptos de la Ley 44/1978 declarados inconstitucionales formaban parte de un sistema legal cuya plena acomodación a la Constitución no puede alcanzarse mediante la sóla anulación de aquellas reglas, pues la sanción de nulidad, como medida estrictamente negativa, es manifiestamente incapaz para reordenar el régimen del Impuesto sobre la Renta de las Personas Físicas en términos compatibles con la Constitución. La infracción del principio constitucional de igualdad no podría ser reparada, en este caso, mediante la pura y simple extensión a los contribuyentes integrados en unidades familiares del régimen legal establecido para la tributación de quienes no lo están, pues, como es obvio, tal hipotética equiparación no sólo desconocería la legitimidad constitucional, repetidamente afirmada en esta sentencia, que en principio tiene la sujeción conjunta al impuesto, sino que también habría de provocar, en el actual marco normativo, resultados irracionales e incompatibles, a su vez, con la igualdad, en la medida en que otras piezas del sistema legal (destacadamente, el sistema de deducciones) no han sido afectadas por el fallo de inconstitucionalidad y permanecen, por consiguiente, en vigor, una vez depurada la Ley de las disposiciones viciadas.

Le cumple, pues, al legislador, a partir de esta sentencia, llevar a cabo las modificaciones o adaptaciones pertinentes en el régimen legal del impuesto, sirviéndose para ello de su propia libertad de configuración normativa que no puede ser ni desconocida ni sustituída por el Tribunal Constitucional, al que en un proceso como el que ahora concluye, sólo le corresponde apreciar la conformidad o disconformidad con la Constitución de los preceptos enjuiciados (art. 27.1 de su Ley Orgánica), cuya ilegitimidad constitucional, sea cual sea la fórmula utilizada (nulidad o simple inconstitucionalidad) hace jurídicamente imposible su aplicación al ejercicio de 1988, puesto que el impuesto a él correspondiente, aunque ya devengado, no puede ser liquidado y exigido de acuerdo con preceptos contrarios a la Constitución.

La segunda de las mencionadas precisiones advierte que entre las situaciones consolidadas no susceptibles de ser revisadas como consecuencia de la nulidad que ahora se declara figuran no sólo aquellas decididas mediante sentencia con fuerza de cosa juzgada (art. 40.1 LOTC), sino también por exigencia del principio de seguridad jurídica (art. 9.3 CE), las establecidas mediante las actuaciones administrativas firmes; la conclusión contraria, en efecto, entrañaría «como con razón observa el representante del Gobierno» un inaceptable trato de disfavor para quien recurrió, sin éxito, ante los Tribunales en contraste con el trato recibido por quien no instó en tiempo la revisión del acto de aplicación de las disposiciones hoy declaradas inconstitucionales. Por último, y para concluir, conviene precisar que tampoco en lo que se refiere a los pagos hechos en virtud de autoliquidación o liquidaciones provisionales o definitivas practicadas por la Administración puede fundamentar la nulidad que ahora se acuerda pretensión alguna de restitución. También en este supuesto, en efecto, esa nulidad provoca una laguna parcial en un sistema trabado que, como tal, no es sustituído por otro sistema alguno.

Todas estas cautelas resultaron inútiles a la hora de la verdad. Habían transcurrido un mes y algunos días cuando la Audiencia Provincial de Madrid (Sección 3ª), en el ejercicio de la jurisdicción penal, absolvió a la acusada –Lola Flores– de tres delitos (fiscal, contable y fraude), porque la STC 45/1989 había «provocado un vacío normativo que impide... determinar la cuota defraudada», no existiendo pues «normativa aplicable para realizar la correspondiente liquidación», correspondientes a los períodos impositivos de 1979, 1980 y 1981. El Tribunal Supremo pondría las cosas en su sitio un año después[(12)].

III.
EL RECURSO DE AMPARO

1. Ámbito

A. *Objeto*

a) Los derechos fundamentales protegidos

El nombre de este instrumento de defensa del ciudadano le viene de Méjico, en cuya Constitución de 1857 fue introducido, pasando luego a la de Querétaro en 1917[(13)]. Sus autores invocaban al Justicia Mayor de Aragón como antecedente inmediato. Se trata de un verdadero cuerpo extraño al sistema europeo, dentro de la concepción kelseniana, pero no en el modelo norteamericano donde la justicia constitucional nació en un concreto proceso en el cual el demandante pedía el reconocimiento de un derecho «adquirido» pero que le había sido vulnerado por la Administración Federal. El recurso de amparo, que permite la impugnación indirecta de una Ley por inconstitucional con ocasión de los actos singulares de los poderes públicos cuyo respaldo fuere aquélla, extiende así la legitimación activa a todos (ciudadanos o no), si bien dentro del perímetro de los derechos fundamentales especialmente protegidos.

El recurso de amparo constitucional tiene como ámbito propio el conjunto de los derechos fundamentales especialmente protegidos, derechos subjetivos, mediante el mayor rango exigible para las leyes que los regulen y una más completa tutela jurisdiccional, con un proceso *ad hoc* en la vía judicial ordinaria y el propio ante el Tribunal Constitucional. Por ello, los demás derechos y libertades que no sean los comprendidos en la Sección 10ª, Capítulo II del Título I (más la igualdad y la objeción de conciencia), quedan extramuros de este recurso [arts 53.2 y 161.1.b)]. En suma, principios o valores como la seguridad jurídica, la legalidad o la dignidad humana, derechos como el de propiedad y al trabajo, e instituciones como la potestad reglamentaria, el control judicial de las Administraciones Públicas, la función de juzgar y la obligatoriedad de las decisiones judiciales, por ejemplo (arts. 9, 10, 33,. 35, 97, 106, 117 y 118 CE) carecen de virtualidad propia para servir con carácter autónomo como apoyo de pretensión alguna en amparo, aun cuando por ser denominador común de tantas categorías jurídicas, contribuyendo a perfilarlas e incluso a entenderlas, puedan resultar útiles para esclarecer algunos de los aspectos de las cuestiones controvertidas en los litigios cuyo objeto sea uno de los derechos protegidos(14).

El objeto de la pretensión de amparo está configurado por las «disposiciones, actos jurídicos o simple vía de hecho de los poderes públicos del Estado, las Comunidades Autónomas y demás entes públicos de carácter territorial, corporativo o institucional, así como de sus funcionarios o agentes» «frente a las violaciones de los derechos y libertades» protegidos (art. 41.2 LOTC). Quedan extramuros *a contrario sensu* las actuaciones de los particulares, sean personas físicas o jurídicas, aun cuando puedan ser enjuiciados indirecta o sesgadamente cuando han sido objeto de un proceso cuya sentencia se impugne en esta vía (STC 18/1984).

b) Las instituciones legislativas

En consecuencia cabe plantear el amparo contra «las decisiones o actos sin valor de ley, emanados de las Cortes Generales o de cualquiera de sus órganos, o de las Asambleas legislativas de las Comunidades Autónomas, o de sus órganos» (art. 42 LOTC). En el conjunto de las demandas admitidas a trámite significan un porcentaje mínimo y si la comparación se hace con las ingresadas, no pasan de ser gotas en un océano, aun cuando ofrezcan un subido interés y, en más de un caso, gran relevancia constitucional. Los derechos fundamentales invocados han sido muchos, pero todos giraban en torno a unos pocos, los derechos de participación (derecho a formular interpelaciones parlamentarias, STC 225/1992) o permanencia en el cargo (renuncia al escaño de diputado regional STC 81/1994) del art. 23 CE; o a la efectividad de la tutela judicial (art. 24 CE); el derecho a la legalidad de la potestad sancionadora (art. 25.1 CE) y el de petición (art. 29.1), muy bien delimitado respecto de las reclamaciones, recursos o pretensiones por la STC 242/1993, sin que haya faltado algún caso en materia de suplicatorios o autorización para procesar a los parlamentarios por razón de delito cometido durante su mandato (STC 206/1992). Conviene recordar que la jurisdicción contencioso-administrativa, según su ley reguladora, 29/1998, de 13 de julio, conocerá «también de las pretensiones que se deduzcan en relación con los actos y disposiciones en materia de personal, administración y gestión patrimonial sujetos al Derecho público adoptados por los órganos competentes del Congreso de los Diputados, del Senado, del Tribunal Constitucional, del Tribunal de Cuentas (vinculado a las Cortes Generales) y del Defensor del Pueblo, así como de las Asambleas Legislativas de las Comunidades Autónomas y de las instituciones autonómicas análogas, el Consejo General del Poder Judicial y la actividad administrativa de los órganos de gobierno de los Juzgados y Tribunales y de la Administración electoral» [art. 1º, 3, a), b) y c) LRJCA], que por este cauce judicial pueden desembocar en la vía del amparo.

c) El Poder ejecutivo central y periférico

Además de la actividad de las instituciones legislativas son enjuiciables también «las disposiciones, actos jurídicos o simples vías de hecho del Gobierno o de sus autoridades o funcionarios, o de los órganos ejecutivos colegiados de las Comunidades Autónomas o de sus autoridades o funcionarios o agentes... una vez que se haya agotado la vía judicial procedente, de acuerdo con el art. 53.2 de la Constitución». Esta exigencia ha originado que tales recursos de amparo se califiquen jurisprudencialmente como «mixtos» o híbridos cuando el acto administrativo impugnado y la sentencia judicial son acordes y, en definitiva, se enjuicia simultáneamente a dos poderes públicos.

d) La Administración electoral

La Ley Orgánica 5/1985, de 19 de junio, del Régimen Electoral General que sustituyó al Real Decreto-Ley de 1977 y a las leyes de 1978 y 1983, manteniendo sus paredes maestras, respeta la construcción bifásica del procedimiento electoral –formulación de candidaturas y aprobación del resultado de las votaciones– así como la vía de impugnación, el proceso «contencioso-electoral», aspecto particular del contencioso-administrativo. En tal sentido, será impugnable la Sentencia dictada en un recurso contencioso-electoral contra los acuerdos de proclamación de candidaturas de las Juntas Electorales ante el Juez de lo Contencioso-administrativo, contra cuya resolución, inapelable, sólo cabe el recurso de amparo ante el Tribunal Constitucional, a cuyo efecto se entiende así cumplido el presupuesto procesal de agotamiento de la vía judicial. El recurso podrá interponerse en el plazo de dos días y en los tres siguientes dará su respuesta la Sala a la que por turno corresponda (art. 49). A su vez, contra la Sentencia sobre la validez de la elección y proclamación de electos dictada, según los casos, por las Salas de lo Contencioso-administrativo del Tribunal Supremo o del Superior de Justicia respectivo, no procederá recurso contencioso alguno, ordinario o extraordinario, salvo el de aclaración y sin perjuicio del recurso de amparo ante el Tribunal Constitucional, que deberá «solicitarse en el plazo de tres días y será resuelto» en los quince siguientes (art. 114,2). Sobre el art. 21 de la Ley Electoral la STC 149/2000. Para su tramitación el Pleno estableció las reglas adecuadas en el Acuerdo de 20 de enero de 2000.

e) El Poder Judicial

En tercer lugar, puede ser objeto de amparo cualquier «acto u omisión de un Juez o Tribunal en el ejercicio de la potestad de juzgar» (art. 44,1 LOTC). Como consecuencia de que la Constitución configure un Estado judicial de Derecho, con un ámbito universal, funcional y territorialmente, de este Poder, se comprenderá sin más explicaciones que absorba estadísticamente el 99% de los recursos registrados y de los que se resuelven. Por este motivo, dada la limitación de espacio, polarizaremos la atención en las características procesales y sustantivas de este tipo de asuntos, cuyo núcleo más numeroso lo da la jurisdicción penal, seguida de lo contencioso-administrativa y la social, con un goteo poco significativo de la jurisdicción militar y apenas unas muestras de la contable, sin olvidar que también han llegado algunas sobre temas concretos del propio Tribunal Constitucional, como el método de selección de sus letrados que, a su vez, provocó la STS (Sala Primera) de 23 de enero 2004 declarando la responsabilidad civil de once de sus Magistrados quienes, a su vez, la han impugnado en un insólito amparo que sólo podrá ser decidido cuando todos los demandantes hayan cesado en sus cargos.

B) Función subsidiaria

El Poder Judicial, suministra el escenario adecuado en el cual ha de interesarse la salvaguardia de las libertades y derechos fundamentales y solamente una vez agotadas las oportunidades que ofrezca el sistema de acciones y recursos podrá plantearse el sedicente agravio en sede constitucional, nunca directamente. Aun cuando el rigor de esta regla general admita alguna excepción que no es del caso, lo dicho refleja la función subsidiaria que tiene encomendado el amparo constitucional, conectado a su vez con el principio medular de la independencia judicial, desde la incoación hasta la terminación de cada procedimiento, en cuyo desarrollo nadie aparece autorizado para interferir. Ese carácter subsidiario, dejando actuar en primera línea a los Jueces y Tribunales que uno a uno ejercen y en conjunto conforman el Poder Judicial, por ser los guardianes naturales y primeros de los derechos fundamentales y las libertades ciudadanas, se refleja en dos requisitos exigibles a la pretensión para su viabilidad procesal.

a) La invocación previa del derecho fundamental

Uno de esos presupuestos de admisibilidad consiste en la alegación de haberse puesto en peligro o lesionado cualesquiera de los derechos fundamentales, el que se aduzca en esta sede. Tal exigencia arrastra la de invocar formalmente en el proceso judicial previo, el derecho fundamental cuya vulneración actúe como soporte de la protección que se pida al Tribunal Constitucional. El sitio adecuado y la ocasión oportuna para la protesta o denuncia de los vicios o defectos es en principio, el momento mismo de la producción, o en otro caso por medio de la interposición del recurso correspondiente, Este requisito procesal cumple una doble función, anverso y reverso de una misma raíz, la naturaleza subsidiaria del amparo, y por ello, la conveniencia de que el juzgador, en su ámbito propio, puede remediar por sí mismo la violación del derecho o libertad fundamental, a cuyo efecto ha de brindársele la oportunidad de tal subsanación. Tal explicación funcional actúa como factor de comprensión para una interpretación teleológica, más allá de la letra, de esta regla preventiva.

b) El agotamiento de la vía judicial

El otro presupuesto procesal consiste en el agotamiento de la vía judicial mediante la utilización de todos los recursos, cuyo incumplimiento provoca simétrica y automáticamente la aparición de una causa de inadmisibilidad [art. 50.1.a LOTC). Sin embargo, todos los recursos no son los imaginables sino tan sólo aquellos que puedan ser conocidos y ejercitados por los litigantes, sin necesidad de superar unas dificultades interpretativas mayores de lo exigible razonablemente. Ahora bien, para dar por satisfecha esta carga procesal basta la mera tentativa, al margen de su viabilidad y, por tanto, se dará por intentado aun cuando luego no fuere admitido el recurso por carecer de contenido o fuere desestimado, pero nunca por el incumplimiento manifiesto e insubsanable de los requisitos de lugar, tiempo y forma. Aquí no es el resultado lo importante sino que se haga uso de los medios de impugnación utilizables en vía judicial, sean ordinarios o extraordinarios, pero que permitan, eventualmente, en su sede natural, una reparación adecuada de las lesiones de los derechos fundamentales en juego. La «cuestión de inconstitucionalidad» no constituye, obviamente, «recurso» alguno ni tampoco la «cuestión prejudicial» ante el Tribunal de Justicia de las Comunidades Europeas.

C. La especial trascendencia constitucional como fundamento del recurso de amparo

La versión originaria de la Ley Orgánica del Tribunal Constitucional 2/1979, de 3 de octubre, ha sufrido, y esta expresión tan habitual tiene aquí un exacto significado, ha sufrido, digo, a lo largo de tantos años de vigencia, varias modificaciones en su articulado. Las más recientes, contenidas en la Ley Orgánica 6/2007, de 24 de mayo, obedecieron a una pluralidad de motivos, entre ellos como más importante blindar a este Tribunal contra el Supremo en la permanente "guerra de los jueces" abierta con ocasión de la STC 7/1994, de 17 de enero y otro, afrontar la avalancha de los recursos de amparo. Con tal finalidad, la reforma de este proceso constitucional ha intentado objetivar los criterios para la admisión, que es algo más que un "trámite", estrechando el portillo, ya de por sí angosto, diseñado en el art. 50.1 c), concebido desde la perspectiva de las "causas de inadmisión", una de las cuales fue la "manifiesta carencia de contenido constitucional" de las pretensiones de amparo. Así pues, la nueva redacción de su art. 50, 1, b) impone como requisito de la admisibilidad de una demanda de amparo la "carga" de "justificar" que "el contenido del recurso" exije una decisión sobre el fondo por parte del Tribunal Constitucional en razón de su especial *trascendencia constitucional,* que se apreciará atendiendo a su importancia para la interpretación de la Constitución, para su aplicación, para su general eficacia, y para la determinación del contenido y alcance de los derechos fundamentales".

En el trance de colocar un filtro en el acceso al enjuiciamiento constitucional yo siempre he mostrado mi preferencia por la técnica del *Writ de certiorari* introducido legislativamente por la *Judges Bill* del Congreso en 1925 para sustituir el sistema de *appeal.* En su virtud, salvo los casos de jurisdicción original "enumerados en el Art. III de la Constitución, uno o dos al año, y algún otro tipo extraordinario de asuntos, la mayor parte de los recursos son recibidos por la Corte Suprema de Estados Unidos a través de la demanda de *certiorari,* abreviatura de *certiorari volumus* y abreviado aún más en *cert.* Las "Reglas" del propio tribunal explican que "una revisión sobre la demanda de *certiorari* no plantea una cuestión jurídica sino dejada al arbitrio judicial y será admitida solamente cuando haya especiales e importantes razones para ello". Los criterios enumerados luego en ellas, ya que nadie controla la discrecionalidad de la Corte, son simplemente indicativos y orientan a los abogados sobre las razones que podrán ser tenidas en cuenta (regla 10ª). En realidad esta norma es una tautología. Los casos son suficientemente importantes para ser revisados por los jueces cuando los jueces piensan que son importantes o como el magistrado Frank Murphy dijo, las demandas de *certiorari* son "materia de gracia" (Wade v. Mayo, 1948). El único criterio aprovechable de los enumerados en la regla 10ª es que los tribunales federales de apelación se contradigan(15).

La Ley Orgánica 6/2007, ofrece como "característica más distintiva" (ATC 188/2008, de 21 de julio) de la nueva regulación del recurso de amparo, el requisito sustantivo o de fondo –así lo califica insistentemente la STC 155/2009– consistente en la carga de justificar la *especial trascendencia constitucional* para permitir la admisión, no siendo suficiente a tal efecto la mera lesión de un derecho fundamental o libertad pública de quien se sienta agraviado y sin que ello signifique –se dice, sin mucha convicción– que este recurso haya perdido su carácter tuitivo de tales derechos y libertades. Esa *especial trascendencia* se configura en definitiva como un concepto jurídico indeterminado, cuya configuración en cada caso concreto se encomienda al prudente arbitrio del juzgador, arbitrio que no es discrecionalidad. Para ello la ley ofrece unos criterios orientadores, por lo demás tan lábiles como el propio enunciado. De una parte, "su importancia para la interpretación de la Constitución, para su aplicación o para su general eficacia y –por otra– para la determinación del contenido y alcance de los derechos fundamentales". La STC 155/2009, de 25 de junio, elogiable sin reservas, señala ante todo que el carácter notablemente abierto e indeterminado, tanto de la noción de especial trascendencia constitucional, como de los criterios legalmente establecidos para su apreciación, confieren a este Tribunal un amplio margen *decisorio* para estimar cuándo el contenido de un recurso de amparo justifica una decisión sobre el fondo" en razón de aquella trascendencia. "Como es obvio, la decisión liminar de admisión a trámite del recurso "por apreciar la concurrencia del citado requisito" no limita las facultades del Tribunal sobre la decisión final en relación con el fondo del asunto". A continuación, con una doble finalidad, orientadora y didáctica,

> *"estima conveniente, dado el tiempo transcurrido desde la reforma del recurso de amparo, avanzar en la interpretación del requisito del art. 50. 1 1) LOTC. En este sentido considera que cabe apreciar que el contenido del recurso de amparo justi-*

fica una decisión sobre el fondo en razón de su especial trascendencia constitucional en los casos que a continuación se refieren, sin que la relación que se efectúa pueda ser entendida como un elenco definitivamente cerrado de casos en los que un recurso de amparo tiene especial trascendencia constitucional, pues a tal entendimiento se opone, lógicamente, el carácter dinámico del ejercicio de nuestra jurisdicción, en cuyo desempeño no puede descartarse a partir de la casuística que se presente la necesidad de perfilar o depurar conceptos, redefinir supuestos contemplados, añadir otros nuevos o excluir alguno inicialmente incluido"

"Tales casos serán los siguientes: a) el de un recurso que plantee un problema o una faceta de un derecho fundamental susceptible de amparo sobre el que no haya doctrina del Tribunal Constitucional, supuesto ya enunciado en la STC 70/2009, de 23 de marzo; b) o que dé ocasión al Tribunal Constitucional para aclarar o cambiar su doctrina, como consecuencia de un proceso de reflexión interna, como acontece en el caso que ahora nos ocupa, o por el surgimiento de nuevas realidades sociales o de cambios normativos relevantes para la configuración del contenido del derecho fundamental, o de un cambio en la doctrina de los órganos de garantía encargados de la interpretación de los tratados y acuerdos internacionales a los que se refiere el art. 10.2 CE; c) o cuando la vulneración del derecho fundamental que se denuncia provenga de la ley o de otra disposición de carácter general; d) o si la vulneración del derecho fundamental traiga causa de una reiterada interpretación jurisprudencial de la ley que el Tribunal Constitucional considere lesiva del derecho fundamental y crea necesario proclamar otra interpretación conforme a la Constitución; e) o bien cuando la doctrina del Tribunal Constitucional sobre el derecho fundamental que se alega en el recurso esté siendo incumplida de modo general y reiterado por la jurisdicción ordinaria, o existan resoluciones judiciales contradictorias sobre el derecho fundamental, ya sea interpretando de manera distinta la doctrina constitucional, ya sea aplicándola en unos casos y desconociéndola en otros; f) o en el caso de que un órgano

judicial incurra en una negativa manifiesta del deber de acatamiento de la doctrina del Tribunal Constitucional (art. 5 de la Ley Orgánica del Poder Judicial: LOPJ); g) o, en fin, cuando el asunto suscitado, sin estar incluido en ninguno de los supuestos anteriores, trascienda del caso concreto porque plantee una cuestión jurídica de relevante y general repercusión social o económica o tenga unas consecuencias políticas generales, consecuencias que podrían concurrir, sobre todo, aunque no exclusivamente, en determinados amparos electorales o parlamentarios"

No deja de ser curioso que para aleccionarnos tan cumplidamente se haya elegido un instrumento en principio inapropiado, la Sentencia, punto final del itinerario, sin que estuviera en tela de juicio su admisibilidad y cuyo objeto le era muy ajeno: el principio acusatorio en el proceso penal. No se vea crítica sino elogio en estas reflexiones porque revela una doble preocupación del ponente, Vicente Conde Martín de Hijas, por deslindar este requisito y, en mi opinión, sacarlo del ámbito de lo formal, siempre proclive al formalismo.

La razón de ser de este precepto no responde a ninguna exigencia teórica para perfilar mejor la vía de amparo constitucional. Al contrario, lo que hace es desfigurar este recurso que nació como eminentemente subjetivo para transformarlo por más que lo nieguen los Autos del Tribunal Constitucional 188/2008, de 21 de julio, 289 y 290/2008, de 22 de septiembre, tratando de conciliar el agua y el aceite. La finalidad real de esta modificación no tiene otra diana que sobrevivir a la avalancha de asuntos que en el fenecido año 2009 ha superado la cifra de los nueve mil. Cuando yo llegué al Tribunal en 1992 no alcanzó los cuatro mil. Cuando me fui en 2001 rondaba los siete mil. Pues bien, lo que intenta esta nueva regulación no es sino facilitar el rechazo *a límine* de todo esa avalancha de papel sin el esfuerzo añadido de leer las demandas. En una situación normal, sin agobios, la trascendencia constitucional se deduce del conjunto de los fundamentos jurídicos que respaldan el *petitum* del escrito. Son pues, motivos extrínsecos, motivos que no razones, ajenos a una configuración genuina de la protección de los derechos fundamentales.

De lo dicho resulta como algo obvio y casi redundante que la "carga" de justificar esa "especial trascendencia constitucional" se integra en lo que la jerga jurídica suele llamar "fondo" del asunto como algo opuesto a la "forma". Calificado así en la STC 155/2009 como requisito sustantivo nada habría que objetar salvo que es una estenosis, un estrechamiento de la vía de protección de los derechos fundamentales, poniendo de manifiesto que para ello el cauce no sólo normal sino estadísticamente único sería a partir de ahora el Poder Judicial, cosa que ya sabíamos por dicha y repetida pero que día a día va cobrando mayor visibilidad. Quizá el remedio más eficaz fuera dejar tal tarea al Tribunal Supremo, cuyas decisiones y sólo ellas podrían llegar al Constitucional. En definitiva, tal exigencia no puede ser calificada, como "carga", categoría procesal en el ámbito de lo rituario, sino como un factor del enjuiciamiento, una mayor intensidad cualitativa del tema o de los temas puestos en tela de juicio constitucional. Justificar equivale a razonar en el entramado de las alegaciones dentro de la trama y urdimbre de hechos y consecuencias jurídicas. El mero discurso acerca de la vulneración de un derecho fundamental reflejará por sí mismo la importancia de un asunto, sin que sea necesario que se ofrezca en un lugar determinado o de una forma específica para la comodidad y solaz de quien lo lea.

Sin embargo, ésta parece ser la tendencia dominante que deja al descubierto Miguel Ángel Montañés Pardo(16) en unos útiles comentarios al respecto, ya desde el título, donde se considera "presupuesto" a esta nueva exigencia. A modo de "reflexión final" el autor, veterano Letrado del Tribunal, explica que "el requisito de la especial trascendencia constitucional, como presupuesto de la admisión del recurso de amparo, obliga a cambiar el contenido de la demanda de amparo" que en principio tendrá la estructura tradicional de este tipo de escritos (art. 49 LOTC). "Pero a partir de la reforma de 2007 también debe incorporar un razonamiento expreso sobre la especial trascendencia constitucional del recurso, pues, de lo contrario será rechazado *a límine* por tratarse de un requisito de fondo insubsanable". En este consejo bienintencionado que habrán de tener muy en cuenta los abogados, chirría la argumentación con cierta estridencia. Para detectar la inexistencia de un sedicente "requisito" (palabra más adecuada a lo formal) si es de fondo o sustantivo habrá que leer y estudiar las alegaciones, vale decir enjuiciar el asunto en la decisión final, venciendo la tentación de quitárselo de encima mediante veinte líneas de una providencia en el trámite de admisión. Hay que reconocer que en una situación de agobio como la actual patinamos en el terreno de la "cuadratura del círculo".

En suma, la "carga" de justificar en la demanda esa especial trascendencia constitucional no puede llegar a convertirse en un requisito formal ni por tanto en un presupuesto procesal. La forma, tan importante en el ámbito del Derecho, tiene siempre una función de garantía y la trasformación en formalismo sería su prostitución y su perversión. Un Tribunal encargado de la salvaguardia en última instancia de los derechos fundamentales no debe, sin degradarse a sí mismo, metamorfosear un factor para el enjuiciamiento en un obstáculo para hacerlo, subvirtiendo su función constitucional. Así nunca hubiera podido producirse la decisión del caso Miranda por la Corte Suprema de los Estados Unidos que recibió la queja escrita con lápiz en un papel cualquiera por un recluso en una prisión. Un proceso con todas las garantías es lo deseado por la Constitución (art. 25). En consecuencia, un juez formalista será para ella un mal juez y un Tribunal Constitucional formalista, una aberración(17).

D. *La ponderación de los derechos fundamentales en juego*

Cuando en el proceso de amparo se enfrentan dos o más derechos fundamentales, se hace necesario un análisis comparativo para determinar cual haya de ser el vencedor en esa lid, porque ninguno de ellos tiene preferencia «a priori» respecto de otros. Todos los derechos limitan con los demás derechos y los derechos de los demás. Esa pesquisa, llamada en la jurisprudencia norteamericana *balancing test*, se llama aquí «ponderación» que es lo mismo, pues su etimología nos lleva de la mano a la acción de pesar y un paso más allá a la balanza de la justicia. Se da habitualmente en los amparos donde pugnan la libertad de expresión y el derecho a la información contra los derechos al honor, la intimidad y la propia imagen y se trata en suma de una operación de lógica jurídica que, en principio, forma parte del conjunto de las facultades inherentes a la potestad de juzgar, privativa de los Jueces y Tribunales del Poder Judicial por mandato de la propia Constitución. Ahora bien, esto que resulta inconcuso por haberlo dicho así, una y otra vez, el Tribunal, veda en efecto que éste actúe como una tercera instancia o como una supercasación, pero no coarta el ejercicio de su propia perspectiva jurisdiccional.

En tal línea discursiva, cuando entran en conflicto o colisión dos derechos fundamentales, resulta evidente que la decisión judicial ha de tener como premisa mayor una cierta concepción de aquellos derechos y de su recíproca relación o interconexión y, por tanto, si tal concepción no fuere la constitucionalmente aceptable, en un momento dado, esa decisión «como acto del poder público, habrá de reputarse lesiva del uno o del otro derecho fundamental, sea por haber considerado ilícito su ejercicio, sea por no haberle otorgado la protección que, de acuerdo con la Constitución y con la Ley, debería otorgarle». De aquí que la vía de amparo no ya permita sino imponga, en esta sede, el revisar la ponderación de los derechos colindantes hecha por el juzgador para averiguar si su Sentencia sacrifica debida o indebidamente uno de ellos en aras del otro, a la luz exclusiva de la Constitución, limitando el enjuiciamiento constitucional a la finalidad de preservar o restablecer el derecho fundamental en peligro o ya lesionado.

E. Efectos de la interposición del recurso de amparo

Aunque la Ley Orgánica del Tribunal no lo diga así, explícitamente, no parece discutible que la interposición del recurso de amparo, por su propia naturaleza intrínseca, no obsta a la vigencia, efectividad o ejecutoriedad de las disposiciones generales, actos de la Administración o de cualquier otra institución del Estado y sentencias que sean su objeto. Es una consecuencia de la presunción de legitimidad que alcanza a todas las actuaciones de los poderes públicos (legislativo, ejecutivo y judicial) presente y operante, aunque implícita, en la Constitución y a las veces explícita en el resto del ordenamiento jurídico. Ahora bien, como contrapeso de tal presunción nuestro sistema de justicia constitucional configura la posibilidad de que el Tribunal suspenda, de oficio o a instancia de parte, la ejecución del acto de los poderes públicos por razón del cual se reclame el amparo, cuando hubiera de ocasionar un perjuicio que le haría perder su finalidad. Podrá, no obstante, denegar la suspensión cuando de ésta puede seguirse perturbación grave de los intereses generales o de los derechos fundamentales o libertades públicas de un tercero (art. 56.1 LOTC).

Desde una perspectiva procesal aparece como una medida cautelar, que cumple una función de equilibrio entre el poder y la libertad, conectándose directa e inmediatamente a la garantía de la efectividad de la tutela judicial que consagra el art. 24 de nuestra Constitución. En efecto, el soporte de tal medida consiste en el riesgo o la certeza de que la ejecución ocasionará un perjuicio que volatilizaría la utilidad del amparo, convirtiendo así una eventual sentencia favorable en una mera declaración de buenos propósitos, desprovista de eficacia práctica. La suspensión preventiva del acto o disposición objeto del proceso de amparo exige una delicada ponderación de los intereses generales o los derechos fundamentales de terceros, cuya perturbación grave o lesión actúa como límite de la medida cautelar, y el interés particular del demandante en amparo. No obstante, el análisis de la situación habrá de hacerse sin prejuzgar la cuestión principal, aun cuando sin perderla de vista, con una mirada al soslayo.

En esta ponderación de intereses, sin olvidar que en un Estado de Derecho las Sentencias claman por ser cumplidas, como exigencia implícita a la eficacia de la tutela judicial –arts. 24.1 y 118 CE–, no resulta menos claro también que la libertad, como valor, inspira la entera concepción constitucional desde su pórtico, donde se invoca como el primero y principal de los pilares del sistema (art. 1 CE). Este principio se despliega en un abanico de manifestaciones fenoménicas, libertades concretas configuradas como derechos fundamentales, con una más intensa protección, entre las cuales se encuentra la libertad personal (art. 17.1 CE), soporte de las demás. Si a ello se añade que la privación de esa libertad es irreversible y no puede ser restaurada en su integridad y sustancia, sin que una eventual indemnización de daños y perjuicios pueda tener otra función que la compensatoria, muy lejos de la *restitutio in integrum*, queda patente la necesidad de suspender la ejecutoriedad de las Sentencias que impongan penas privativas de esa libertad, extensible al arresto por impago de multas y a las penas restrictivas de derechos, ya que, en caso contrario, el eventual otorgamiento de amparo habría perdido su finalidad práctica, pues el actor tendría cumplida para entonces la pena.

Por ello, en la ponderación de ambos valores constitucionales a la hora de adoptar, o no, la medida cautelar de suspender el cumplimiento de la condena impuesta, el Tribunal vino decantándose, con carácter general y sin excepción alguna por el segundo y en definitiva, acogía siempre como principio rector el *favor libertatis*, suspendiendo automáticamente el cumplimiento de la pena de prisión (ATC 328/1995). Sin embargo, con el caso «Nécora», se dió un golpe de timón, un *overruling*, aunque así no se dijera o, si se quiere, se adaptó aquella doctrina a las circunstancias concretas del supuesto, aunque ello no tuviera que ser siempre «necesariamente» así, porque ambos valores –ejecutoriedad de las Sentencias y libertad personal– pueden ver incrementado o disminuido su peso por la concurrencia de circunstancias específicas que hagan derrotar el fiel de la balanza hacia el lado donde se sitúa el respectivo interés, general el primero y particular el otro. Puede ocurrir de tal guisa que el interés estructural y genérico, constitucional en suma, de dar cumplimiento a las resoluciones judiciales firmes, se vea potenciado por el específico que provocan de consuno la gravedad de los hechos penados y la alarma social provocada por su perpetración y que el legítimo interés del demandante de amparo en preservar su libertad personal hasta que se resuelva su pretensión, se debilite por la extensión de la pena privativa de libertad impuesta en relación con la duración que lleva normalmente, estadísticamente, la tramitación de un proceso de esa clase. El interés general reclama en tal caso con especial intensidad el cumplimiento de la pena, para satisfacer la función de prevención general, disuasoria y ejemplificadora, que le es inherente junto a la retributiva, sin que ello haga perder al amparo su finalidad de manera absoluta, sino parcial y limitadamente en la hipótesis de que tuviera éxito (ATC 197/1995).

Otro es el supuesto de «los daños o perjuicios exclusivamente patrimoniales que puedan producir la ejecución de una Sentencia o un acto administrativo», «siempre reparables en la misma especie, el dinero, mediante su indemnización, consiguiéndose así la *restitutio in integrum*. Es el caso, por ejemplo, de «la condena al pago de las costas procesales», prestación de dar, obligación pecuniaria en suma, cuantificada y recuperable en principio, incluido el perjuicio sufrido por el lucro cesante, aun cuando esta afirmación admita matizaciones en función de circunstancias objetivas (cuantía) y subjetivas (situación económica del condenado), sin mencionar la depreciación monetaria. Por esta su naturaleza ha merecido trato distinto, permitiéndose la ejecución con o sin afianzamiento. Lo mismo ocurre con la pena de multa, impuesta por razón de delito». Cuando no se produzca aquella exclusividad (demolición de edificaciones y cese de actividades comerciales o industriales) la solución habrá de ser otra (AATC 190/1995 y 230/1995)[18].

IV.
LOS CONFLICTOS POSITIVOS DE COMPETENCIA

Pueden dar lugar al planteamiento de estos conflictos «las disposiciones, resoluciones y actos emanados de los órganos del Estado o de los órganos de las Comunidades Autónomas o la omisión de tales disposiciones, resoluciones o actos» [(art. 61,1, a) LOTC). El enunciado pone de manifiesto que en más de un caso son reconducibles a una impugnación por motivos de inconstitucionalidad de normas de rango reglamentario o de actos administrativos singulares, contra los que en principio la vía jurisdiccional adecuada para combatirlos sería la contencioso-administrativa y así ocurrió con los primeros planteados (SSTC 38, 39, 44 y 48/1982). Se han creado, pues, dos cauces paralelos, el constitucional y el judicial ordinario y, por ello, no estarán de más algunas reflexiones para delimitar conceptualmente con la mayor precisión posible ambos ámbitos.

La impugnación de una disposición general con rango inferior a la Ley por su sedicente desajuste con ésta, no es sino una modalidad, la primera y principal del control de la potestad reglamentaria que la Constitución encomienda a los Tribunales ordinarios genéricamente (art. 106 CE) y que en tal modalidad corresponde con carácter exclusivo a la jurisdicción contencioso-administrativa, como cuida de advertir más adelante para las Comunidades Autónomas [(art. 153, a) CE].Pues bien, en más de un caso la casuística jurisprudencial nos muestra, so capa de un aparente conflicto positivo de competencia sin reivindicar realmente ninguna concreta ni negarse la ajena, que en realidad se pone en entredicho la adecuación de ciertos preceptos reglamentarios a otros de una Ley de la cual traen causa, a las veces con la remota advocación de un titulo competencial común donde se divide implícitamente la materia. Tal suele ser en estos casos la única connotación constitucional. El resto se mueve por completo en el plano de la legalidad, propio del Poder Judicial, sin que el juego de normas básicas y de disposiciones para su desarrollo, que deslinda los campos respectivos de las competencias estatales y territoriales, posea virtudes taumatúrgicas y le permita transformar la naturaleza de las instituciones jurídicas. En definitiva, el objeto procesal peculiar del conflicto se desvirtúa por no existir tal como contienda real y consistir en un contencioso-administrativo.

Es evidente que este tipo de procesos y el constitucional establecido para dirimir los conflictos de competencias tienen aspectos comunes, pero también, por definición, otros que los individualizan. Desde una óptica subjetiva, la legitimación activa se solapa, sin coincidir, ya que en sede constitucional tiene un *numerus clausus* y en la vía judicial está abierta a cualesquiera personas que aleguen *prima facie* un interés legítimo, en función del beneficio o perjuicio que pudiera derivarse eventualmente del mantenimiento o anulación del acto administrativo o de la disposición general con categoría inferior a la Ley en entredicho. Tal es, a su vez, la materia privativa de lo contencioso-administrativo y puede ser también ocasión de conflictos con otros actos y normas de los demás poderes públicos, sin perjuicio por otra parte de que ciertas actuaciones excluidas de aquél, como son las de trámite, puedan dar lugar a éste. No obstante, el objeto procesal contiene un elemento más, el causal, que se refleja en la pretensión, lo que se pide y la razón por la cual se pide, *causa petendi*. Aquí está la característica diferencial de ambos procesos.

Efectivamente, el reproche que en el seno del proceso constitucional pueda imputarse al acto singular o disposición general ha de tener por soporte, en todo caso, la competencia como tema no ya principal sino único, desde la perspectiva de la Constitución (arts. 62 y 63 LOTC). El proceso contencioso-administrativo es, por su parte, el cauce ordinario para controlar judicialmente la potestad reglamentaria y la legalidad de la actuación administrativa y aun cuando figure como causa de nulidad la manifiesta incompetencia de quien dictó el acto o la disposición impugnados, tal punto de referencia ha de encuadrarse en el contexto general dentro del cual se mueve este orden judicial, cuyo canon es el principio de legalidad, siendo tal dimensión su techo.

Pues bien, dicho esto no se me oculta que la *vindicatio potestatis*, aunque característica de los conflictos de competencia, no es su único y exclusivo elemento definidor si se lee con atención la doctrina constitucional al respecto. En ella se dice, y a ello hemos de atenemos en principio, que también es posible «sin recabar para sí la competencia ejercida por otro, entender que una determinada disposición o un acto no respeta el orden competencial establecido en el bloque de la constitucionalidad, siempre y cuando, además, esa disposición o acto afecten a su propio ámbito de autonomía». En tal sentido el único motivo que puede dar lugar a un conflicto de esta clase es el sedicente vicio de incompetencia en el cual pueda haber incurrido la disposición o el acto impugnados, «siempre que aquél se funde directamente en la vulneración de las normas de distribución de competencias contenidas en la Constitución, en los Estatutos de Autonomía o las Leyes Orgánicas correspondientes» (AATC 886/1988 y 280/1990). Dicho de otro modo, la naturaleza intrínseca del conflicto y el fundamento de la intervención del Tribunal Constitucional está en que las normas reguladoras de la competencia deben ser normas constitucionales o pertenecientes al sedicente «bloque de la constitucionalidad». Lo esencial y característico de todo conflicto del cual pueda y deba conocer el Tribunal Constitucional estriba, por tanto, en el debate sobre el reparto constitucional de las competencias, concretando el mismo en la «... definición de los limites externos del poder» y no en la «.. verificación del ejercicio concreto de tales poderes dentro de esos límites que no se discuten y en relación con un supuesto de hecho cuya delimitación es el objeto controvertido» (STC 88/1989). Tal doctrina es la seguida en los conflictos negativos (SSTC 156/1990 y 37/1992; AATC 142/1989, 322/1989 y 357/1990), pero ha sido contradicha en los positivos (SSTC 67/1992, 74/1992 y 243/1993).

Por lo dicho, el conflicto de competencia no constituye el remedio procesal utilizable cuando, sin plantearse una verdadera controversia competencial o, más aún, reconociendo explícitamente que quién ha ejercido la competencia, es sin duda su titular, se alega, no obstante, que el ejercicio de la misma infringe por otros motivos el ordenamiento jurídico (ATC 886/1988). Cuando no se pongan en tela de juicio las normas constitucionales o estatutarias donde se configuren las competencias del Estado y de las Comunidades Autónomas, ni se les niegue la potestad reglamentaria en este ámbito, el problema se residencia en comprobar si entre una Ley estatal que en el ejercicio de su competencia declara básicos ciertos preceptos y una disposición general de rango inferior (proceda de quien procediere, factor irrelevante aquí) se da la contradicción que se le achaca como fundamento de la impugnación. Es en definitiva un juicio de legalidad lo que se pide, propio de lo contencioso-administrativo. Se trata de encuadrar la actividad autonómica de ejecución y desarrollo mediante la potestad reglamentaria en el ámbito competencial de lo básico, ya previamente delimitado. Determinar el sentido y alcance de la norma básica (como dato y no como incógnita), interpretarla, en suma, no necesita para nada de las normas delimitadoras de la competencia misma (STC 88/1989). En definitiva, pues, que los preceptos reglamentarios rebasen o respeten las bases ya configuradas como tales no pone en cuestión el orden constitucional de competencias, sino el principio de jerarquía normativa como una de las manifestaciones del principio de legalidad (VP a la STC 172/1996).

A. Los conflictos entre órganos constitucionales de Estado

Por analogía, la Ley Orgánica del Tribunal Constitucional le encomendó el conocimiento de los conflictos que se suscitaren sobre las competencias o atribuciones asignadas directamente por la Constitución, los Estatutos de Autonomía o las Leyes Orgánicas o las ordinarias que opongan «c) Al Gobierno con el Congreso de los Diputados, el Senado o el Consejo General del Poder Judicial, o a cualquiera de estos órganos constitucionales entre sí». [art. 59, 1, c)], regulándose el procedimiento en el capítulo III del Título I (arts. 73 al 75 LOTC). En 1965 el primer Consejo General del Poder Judicial, con mayoría conservadora y presidido por Federico Carlos Sáinz de Robles, formalizó un conflicto de este tipo con ocasión de la Ley Orgánica 6/1965, de 1 de julio, del cual desistió el segundo que le sustituyó poco después dominado por los socialistas bajo la presidencia de Antonio Hernández Gil. En otro, trabado entre el Senado y el Gobierno sobre la facultad para declarar la urgencia en la tramitación parlamentaria de los proyectos de ley, la STC 90/1985 lo resolvió a favor del ejecutivo

B. Conflictos con el Tribunal de Cuentas

Una tercera atribución le había sido conferida por la Ley Orgánica del Tribunal de Cuentas 2/1982, de 12 de mayo, en cuya virtud los conflictos que se suscitaren sobre las competencias o atribuciones de esta institución fiscalizadora serían resueltos por el Tribunal Constitucional. Los requerimientos de inhibición hechos al Tribunal de Cuentas no producirán la suspensión del respectivo procedimiento (art. 8º). En los 25 años transcurridos no se ha trabado ninguno con tal carácter, aunque hayan sido discutidas sus competencias respecto de las instituciones territoriales paralelas bajo la forma de recursos de inconstitucionalidad promovidos unas veces por el Estado contra leyes de las Comunidades Autónomas y otras por éstas contra las estatales. Las SSTC 190/2000 y 98/2001 delimitaron con precisión los ámbitos de la fiscalización externa del Tribunal de Cuentas y la interna de la Intervención General del Estado, órgano de la Administración general y la 214/1989 lo hizo respecto de otras modalidades del control financiero sobre las Comunidades Autónomas. Desde otra perspectiva, la doctrina constitucional ha dejado clara la posición del Tribunal de Cuentas, «supremo pero no único cuando fiscaliza» y único pero no supremo jurisdiccionalmente por ser impugnables sus Sentencias ante el Tribunal Supremo. A las Sindicaturas de Cuentas de Cataluña, Valencia, Baleares y Castilla-La Mancha o a la Audiencia de Cuentas de Canarias, a la Cámara de Cuentas de Navarra y Andalucía, al Tribunal Vasco de Cuentas Públicas o al Consejo de Cuentas de Galicia, en consecuencia, no se les pueden atribuir funciones jurisdiccionales, solución extensible a las demás instituciones semejantes existentes en los restantes territorios (SSTC 187/1988, 18/1991, 32/1984 y 204/1994 y ATC 312/1996)[(19)].

C. *Los conflictos en defensa de la autonomía local*

La Ley Orgánica 7/1999, de 21 de abril, que añadió el apartado d) bis al artículo 2º de la Ley Orgánica del Tribunal Constitucional, le encomendó el conocimiento de los conflictos en defensa de la autonomía local que formularen «los municipios y provincias frente al Estado o a una Comunidad Autónoma» (art. 59,2 LOTC). Podrán dar lugar a su planteamiento «las normas del Estado con rango de ley o las disposiciones con rango de ley de las Comunidades Autónomas» (art. 75 bis). El capítulo IV del Título I contiene las normas sobre legitimación activa y procedimiento[(20)].

Capítulo tercero

EL SISTEMA JUDICIAL EN LA CONSTITUCION Y EN LA DOCTRINA DEL TRIBUNAL CONSTITUCIONAL

I
LA POSICIÓN CONSTITUCIONAL DEL PODER JUDICIAL
(Un caso de diplopia constitucional)

1. El Poder Judicial como estructura

Pues bien, para empezar por el principio como es costumbre sana, la balanza de la justicia, con el fiel puesto en la espada y los dos platos para el peso, nos da una imagen exacta de su estructura y de su función esencial. En efecto, el Juez es Poder Judicial, pero no todo el Poder Judicial y sirve de eje al conjunto. Con él son también elementos del artilugio sus colaboradores, la oficina judicial, escribanía, relatoría o secretaría, no sólo como unidad de apoyo burocrático sino como factor de garantía del proceso por incorporar la fe pública. La STC 76/1997 habla de "la fe pública del Secretario Judicial, una de cuyas funciones y la principal razón de su existencia es precisamente esa". Ahora bien, el elenco de los *dramatis personae* incluye también otros dos personajes, protagonista y antagonista, sin cuya presencia no se concibe el juicio como *litis* o lucha. Por una parte, el Ministerio Público, que la Constitución coloca en el corazón del mismo Título VI y, por la otra, la Abogacía como ejercicio privado de la función pública de patrocinio, así como la Procura que sirve a la postulación. En la Abogacía incluyo tanto su ejercicio libre como la que defiende al Estado, a las Comunidades Autónomas o a ciertos Ayuntamientos (Letrados Consistoriales), así como sus distintas modalidades en otros países (*attorney, barrister, sollicitor*). La tutela judicial, para su existencia, necesita que se produzca sin indefensión, su tacha más grave hasta el punto de volatizarla, hasta no ser tutela judicial. Pues bien, ello hace que el meollo de esta se encuentre en el derecho a la defensa y, por tanto, a la defensa letrada desde el principio, nada mas formulada la acusación aun sin palabras, con el hecho manifiesto de la detención, sin olvidar los derechos de la víctima. Así, la Abogacía adquiere rango constitucional en el mismo núcleo del sistema judicial. He dicho muchas veces que no puede imaginarse siquiera una judicatura independiente sin una abogacía libre[1].

En definitiva, los personajes de este espectáculo en que consiste el juicio en un estrado son los hombres y mujeres togados que enumera el art. 187 de la vigente Ley Orgánica del Poder Judicial, donde se exige a los Jueces, Magistrados, Fiscales, Secretarios, Abogados y Procuradores el uso de la toga en audiencia pública, reuniones del Tribunal y actos solemnes judiciales. Un rápido análisis pone de manifiesto, que, aun cuando se configure como un deber, visto desde la perspectiva del funcionamiento de la justicia como organización, o estructura-función, es también un derecho de ciertos profesionales, el derecho a vestir la toga, con exclusión de los demás. Por otra parte, el uso de esa prenda se produce no sólo en los estrados, ocasión máxima de la liturgia judicial, sino en otros escenarios y para otras representaciones, tanto internas -reuniones para deliberar a puerta cerrada- como en actos judiciales solemnes, aunque no procesales sino gubernativos -posesiones, apertura de Tribunales- y fuera de éstos también, recepciones rituales del Rey y otros fácilmente imaginables. La toga, en definitiva, no es un disfraz para un acto, el juicio en audiencia pública, sino la vestidura tradicional de los juristas, jurisconsultos o jurisperitos no sólo en España sino en toda Europa, en América e incluso en otros países africanos o asiáticos, a imagen y semejanza de sus antiguos colonizadores europeos.

El elenco de quienes pueden y deben vestir la toga abarca a todos los actores en el gran teatro de la justicia que, hoy por hoy, son necesariamente Letrados, aunque en épocas pasadas no se les exigiera tal condición. Lo fueron siempre, por definición, Jueces o Magistrados y Abogados. Han de serlo ahora todos los Secretarios de la Administración de Justicia y los Procuradores, que cuando carecieron otrora de tal calificación habían de utilizar traje negro sin más (arts. 207, 209, 219 y 880 L.O.P.J. de 1870). La legitimación profesional, proporcionada por la Universidad a través de la Facultad de Derecho y sólo por ella, es tan antigua y tan tajante e inconcusa que en los viejos Consejos del sistema polisinodial español se distinguía entre los Consejeros o Ministros "de capa y espada", nobles sin cualificación universitaria y "togados", que eran los juristas. Todo ello pone de manifiesto que en la versión originaria del art. 187 de la Ley Orgánica no hubo omisión alguna por olvido o ligereza, sino la exteriorización de un criterio, pacíficamente aceptado por todos desde hace diez siglos al menos en nuestro contexto cultural, que utiliza la toga como signo de identidad de los Letrados y como ropaje ceremonial con una misión simbólica. Por tanto, en el precepto analizado están todos los que actúan con tal carácter en los actos judiciales o en otros públicos. No sería necesario pero tampoco es inoportuno decir que el derecho a vestir toga, privilegio de los juristas, o traje negro, si se trata de funcionarios judiciales o colaboradores profesionales carentes de aquella condición, o cualquier otro en el caso de quienes acudan como testigos o peritos o asistan como espectadores, no afecta en ningún aspecto a la dignidad de la función, de la profesión o de la persona, actuando tan sólo como signo distintivo, eso sí para un mayor esplendor de la justicia en el sobrio y austero estilo que le es propio(2).

2. El modelo constitucional del sistema judicial y la mutación constitucional

El modelo virtual del sistema judicial, tal y como aparece diseñado en la Constitución, fue respetado en la primera Ley Orgánica del Consejo General del Poder Judicial 1/1980, de 10 de enero, anticipada para hacer posible que se completara la composición del Tribunal Constitucional, cuya natural evolución hubiera conducido a puertos muy distintos de los que hemos arribado a estas alturas. El primer embate, y muy fuerte, a ese modelo lo infligió en 1985 la Ley Orgánica del Poder Judicial, obra del primer Gobierno socialista ratificada con aspavientos retóricos por un Tribunal Constitucional en la misma sintonía. La STC 108/1986 apuntaló el giro copernicano dado en la forma de componer el Consejo General del Poder Judicial, expropiando doce plazas reservadas a la elección por los propios jueces y magistrados para dárselas a las Cortes Generales, a quienes se les había reservado constitucionalmente las otras ocho, lo que ha permitido el uso parlamentario de que los nombres de su presidente y su vicepresidente sean pactados desde fuera y votados luego formulariamente por el Consejo. No paró ahí la cosa y, desde los Jueces de Paz hasta el Tribunal Supremo, que se minimizó o los Tribunales Superiores, que se hipertrofiaron, el diseño ha sido deformado. La posición respectiva de éstos y aquél se ha subvertido ya que el Supremo ha sido gradualmente degradado a Tribunal Superior del Estado *stricto sensu* mientras que los territoriales muestran una clara vocación de convertirse en los Supremos de las Comunidades Autónomas, con una inversión radical del art. 123 CE.

Luego vendría la donosa invención jurisprudencial de una singular categoría, la "administración de la Administración de Justicia", para hacer entrar a un personaje que no estaba en el reparto, el Poder Ejecutivo, único poder real –como se palpa– con una imparable tendencia expansiva y en una línea paralela advino la aparición de las "cláusulas subrogatorias" (STC 56/1994), tiñendo las aguas de un radiante color jacobino. Digo ya, sin ambages, que por debajo del tenor de la Constitución se está produciendo un desplazamiento de placas tectónicas que ha alterado el subsuelo del sistema judicial tal y como lo diseñó aquella en 1978, más allá de una interpretación evolutiva. En definitiva se ha operado una "mutación constitucional", entendiendo por tal un cambio del contenido de las normas que, conservando la misma redacción, adquieren un significado diferente, como definió este fenómeno el Tribunal Constitucional de la República Federal de Alemania. Sin utilizar el mecanismo que para su reforma establece la Constitución, se ha ido transformando y deformando ésta. La mutación constitucional queda a la vista en más de un aspecto y no sólo en éste, pero en éste nos jugamos el Estado de Derecho. Ningún ejemplo mejor ni más cercano para mostrar cuánta razón llevaba Charles Evans Hughes. En paráfrasis de una famosa observación suya es cierto que "vivimos bajo una Constitución", pero no lo es menos que "la Constitución es lo que el Tribunal Constitucional dice que es"(3). De ahí al "despotismo de una oligarquía", que profetizaba Tomas Jefferson, hay un paso pero también un abismo(4).

No es esto que escribo ahora una ocurrencia nacida ocasionalmente sino una profunda y antigua convicción. El 10 de marzo de 1985, casi cuatro meses antes de ser aprobada la Ley Orgánica del Poder Judicial 6/1985 de 1 de julio, un Maestro del Derecho Político, el profesor Jiménez de Parga advirtió de tal cambio constitucional sin reforma del texto, concluyendo que «a partir de ahora hablar de "Poder Judicial" puede ser una broma, que algunos considerarán de mal gusto»(5). Por mi parte unos meses más tarde, promulgada ya esa Ley

Orgánica, dije públicamente que después de ella "hablar del Poder Judicial en España como poder autónomo es una entelequia y sería negar una realidad que vemos todos los días". En la misma ocasión y en el mismo lugar, una Universidad cualquiera cuyo nombre no hace al caso, completé esa conclusión con otras dos reflexiones, una que "ahora mismo la responsabilidad del servicio público de la justicia recae otra vez en el Gobierno" y otra que "el Consejo General del Poder Judicial ha quedado reducido a una jefatura de personal de la Administración de Justicia y ha dejado de ser un órgano de su gobierno". Traigo aquí estas palabras, que tuvieron eco el 9 de noviembre de 1985 en la totalidad de los *mass media* españoles, no a título de vanidad, que a nadie falta, sino a título de coherencia, que pocos cultivan. No merece la pena rememorar las consecuencias que acarrearon al autor tales declaraciones pero sí vienen a cuento estas reflexiones preliminares para poner en suerte el tema que nos preocupa(6).

3. Justicia, moneda, fonsadera ...

No es ocioso, al efecto que me interesa, traer a colación en el preámbulo de mi discurso, por una parte, que la Justicia es competencia exclusiva del Estado como tal, según el art. 149.1.5. de la Constitución, siguiendo en esto una tradición casi milenaria, pues era la primera de las prerrogativas de la Corona en Las Partidas y en nuestro Derecho Histórico. Se califica como exclusiva, insisto, y lo es en un sentido propio, a diferencia de otras que no obstante tal consideración de principio se recogen en algunos de los Estatutos de Autonomía, también adjetivadas así –exclusivas– con posibilidad de desarrollo legislativo y ejecución por las correspondientes Comunidades. Se ha dicho ya que la operación jurídica de sumar competencias exclusivas estatales y autonómicas, da por resultado competencias compartidas (STC 135/1992) (6). No es éste el caso de la Justicia. El Estado, en su acepción estricta, no comparte con ningún otro tal atribución. Sobre ella solo pueden legislar las Cortes Generales, su gobierno corresponde al Consejo General del Poder Judicial, cuyos componentes son elegidos por aquéllas, e impartirla es tarea exclusiva de los Jueces y Tribunales(7). Al Ejecutivo le queda exclusiva y residualmente una misión logística, suministrar los medios personales y materiales mientras no se solucione la aporía de la autarquía presupuestaria[(8)].

Las Comunidades Autónomas, cualesquiera que fueren sus características y su nivel de competencias, carecen de ella, en el sentido propio y riguroso de la expresión, como categoría jurídica, respecto de la materia. La polémica y tardía STC 31/2010 de 28 de junio, sobre el Estatuto de Cataluña ha dejado claro, dentro de la confusión que es su característica sobresaliente, que el "gobierno del Poder Judicial" no puede ser delegado en Consejos Territoriales[(9)]. Algunos Estatutos permiten a ciertas Comunidades la posibilidad de intervenir en contados procedimientos administrativos para la consecución de objetivos mediales, instrumentales. Así, en la elaboración de las demarcaciones judiciales, participarán por vía de propuesta no vinculante, determinarán por Ley propia la capitalidad de los partidos judiciales y podrán gestionar todo tipo de recursos (arts. 35.2, 36.6 y 37.3 L.O.P.J.). Así también los concursos y oposiciones para la cobertura de vacantes del personal judicial serán convocados a instancia de la Generalidad (art. 22 del primer Estatuto de Cataluña, que el 315 L.O.P.J. hace extensivo a todas las Comunidades). Se trata de una colaboración instrumental en aspectos accesorios, sin incidencia en el complejo estructura-función cuya regulación se reserva a las Cortes Generales por medio de Ley como ya se dijo y luego habrá ocasión de analizar. Aquí entran en juego, por mano de la STC 56/1990, algunos polizones conceptuales, las "cláusulas subrogatorias" previstas en la mayoría de los Estatutos de Autonomía, cuya cita pormenorizada no hace al caso y más confunde que aclara, en cuya virtud las respectivas Comunidades asumen lo que el legislador deje al Ejecutivo estatal para la "administración de la Administración de Justicia". Sin embargo no es ese el tema principal de estas reflexiones, con ser importante. No se les niega competencia en esta materia a las Comunidades Autónomas por su carácter territorial sino porque sus Gobiernos son homólogos del Poder Ejecutivo en su consideración global. A su vez, ello pone en un primer plano la primacía de la Constitución, toda la Constitución y sólo la Constitución, sin adherencias ni "bloques", técnica esta que diluye aquella para socavarla, en otra operación mutante y transgénica, como he advertido tantas veces y nunca me cansaré de repetir.

4. El gobierno del Poder Judicial

La Constitución, que instaura con plenitud el Estado de Derecho, adopta el esquema de la división o separación de los poderes, aunque interrelacionados y contiene un diseño del Judicial, único al que califica como tal, con unos servidores, los jueces y magistrados, cuya independencia conlleva desde otra perspectiva que estén "sometidos únicamente al imperio de la ley" (art. 117 C.E.). Aquélla no sólo se refleja en la libertad de criterio del juzgador a la hora de ejercer su función sin miedo a las consecuencias, sino también en la autonomía y en la autarquía de la organización judicial en su conjunto como garantía institucional, autarquía que implica la administración propia con todas las potestades inherentes, incluyendo la iniciativa para elaborar los presupuestos y su gestión. El Poder Judicial queda así compuesto no sólo por los Jueces y Tribunales que, uno a uno y en su conjunto, cumplen la función jurisdiccional y ejercen la potestad de juzgar y hacer ejecutar lo Juzgado, sino también por el Consejo General, órgano de su gobierno, a quien competen una serie de funciones con enumeración abierta y en ningún caso limitativa. Son todas respecto de todos aquellos que forman parte de aquel Poder, que no se reduce al "cuerpo único" de los "jueces y magistrados de carrera" sino que abarca mucho más. Gobernar, por otra parte, es algo distinto cualitativamente que administrar.

En efecto, la oficina judicial, escribanía, relatoría o secretaría forma parte inescindible del Juzgado o del Tribunal y sus funcionarios también, sin que se puedan sacar conclusiones distintas y consecuencias distorsionadas de su calificación como "personal al servicio del Poder Judicial". Esta expresión (como la equivalente en la Ley Orgánica del Tribunal Constitucional) sólo sirve para separar al personal "juzgador" de sus colaboradores y nada más. A la cabeza de ese grupo de servidores se encuentra el Secretario Judicial no ya jefe directo del conjunto de funcionarios, sino depositario de la fé pública (STC 76/1997), pieza maestra de la estructura jurisdiccional dentro y fuera de la sede judicial y órgano autónomo de ella, no "mero soporte burocrático" (STC 56/1990), sin olvidar –en el otro extremo de la línea jerárquica– al agente Judicial, antiguo alguacil, agente de la autoridad con funciones ejecutivas propias y único subordinado en quien los jueces pueden delegar alguna de sus atribuciones por más que sean secundarias como pone de manifiesto la Ley de Enjuiciamiento Criminal, ni a los oficiales, que sustituyen al Secretario y se encargan de los actos de comunicación, en cuyas diligencias participan con mucho más peso específico que el sólo tecleo los auxiliares, ni por supuesto a los Médicos Forenses, con una misión de asistencia en la instrucción y enjuiciamiento de las causas penales o de otros pleitos. Utilizo adrede la vieja nomenclatura en los oficios, más expresiva que la actual. No tengo edad para tanta pedantería. Ninguno de estos funcionarios son meros burócratas, escribientes o amanuenses, sino los ojos y los oídos, las manos y los pies de quienes juzgan, sin cuya ayuda permanente no podrían funcionar los Tribunales. Solo la ignorancia o los prejuicios ideológicos y, en definitiva, la pasión política o partidaria pueden negar esto.

5. La reserva constitucional de Ley Orgánica

La otra cara del imperio de la Ley consiste en que la regulación de la potestad de juzgar y de sus servidores esté reservada a aquélla en lo trascendente a la Orgánica y en lo demás a las leyes ordinarias. En efecto, la Constitución española les reserva la configuración de la función jurisdiccional, desde su titular –el juez– hasta el último de los elementos estructurales y funcionales. En otros días más difíciles –no todo tiempo pasado fue mejor– mantuve y defendí en las Cortes la tesis de que el sistema judicial estaba amparado no sólo por una reserva de Ley sino por la exigencia de que esta fuera única y orgánica. En definitiva, la unidad sustantiva exigía instrumentalmente la unidad formal, con la codificación de la materia, un sólo código para evitar la tentación y el riesgo permanentes de improvisar coyunturalmente creando Jueces o Tribunales "ad hoc" en leyes extravagantes(10). La tesis ha obtenido carta de naturaleza expedida por el Tribunal Constitucional como coronamiento de una lenta evolución jurisprudencial, al hilo del caso concreto. Con palabras suyas, la Constitución no sólo ha querido configurar el Poder Judicial en atención a los principios de unidad, exclusividad e independencia sino que también ha previsto diversas garantías para asegurar la realización de aquéllos, entre ellas, "la reserva de Ley Orgánica para determinar la constitución, funcionamiento y gobierno de los Juzgados y Tribunales, así como el estatuto jurídico de los Jueces y Magistrados (arts. 122.1, 152 y Disposición Adicional 4ª C.E.)" (STC 108/1986), con la peculiariedad de que este precepto "remite no a cualquier Ley Orgánica, sino muy precisamente a la Ley Orgánica del Poder Judicial", que ha de ser entendida, por tanto, "como un texto normativo unitario" (STC 60/1986). Por tanto, es claro que sólo a ella corresponde determinar el "diseño básico" y la configuración definitiva" de los Tribunales de Justicia (STC 38/1992).

Ahora bien, la incógnita se reconduce entonces a saber qué signifique en este punto la palabra "constitución" cuando se predica de los órganos judiciales. En un primer momento, ha de comprender, "como mínimo", la institución de los diferentes órdenes jurisdiccionales y la definición genérica de su ámbito de conocimiento litigioso" (STC 224/1993), cuya panoplia está diseñada con nitidez en la Constitución. Un paso adelante se da cuando son incluidas la "planta" y la "demarcación" judiciales, conceptos o aspectos interconectados. En efecto, aquélla significa "el establecimiento en abstracto de los tipos o clases de órganos a los que se va a encomendar el ejercicio de la potestad" de juzgar(STC 56/1990), cuya distribución en el espacio, desde una perspectiva geográfica, conlleva la demarcación, para la cual se ofrecen en la propia Constitución los criterios básicos en función de la estructura territorial del Estado (SSTC 38/1982; 20 y 62/1990; y 254/1994). Entre los elementos que sirven para diseñar la silueta de quién ha de juzgar ha de situarse, por supuesto, la composición del órgano judicial, en un sentido abstracto y la designación de sus componentes (STC 65/1994). Por otra parte, en ese ámbito normativo están comprendidos también el funcionamiento y gobierno de los órganos judiciales unipersonales y colegiados, así como el estatuto jurídico de los Jueces y Magistrados (art. 122.1) y su régimen de incompatibilidades (art. 127.2) (STC 108/1986). Por su parte, el derecho fundamental a la tutela judicial efectiva con las demás garantías instrumentales que contiene el art. 24, como parte que son del sistema judicial, exige que su desarrollo en lo medular se haga también por Ley Orgánica (art. 81) y en un círculo concéntrico más amplio, la legalidad ordinaria, se inscriben los demás aspectos funcionales, como la competencia y el procedimiento (art. 117.3)[(11)].

6. La potestad reglamentaria del Gobierno de la Nación en el ámbito judicial

La Constitución, pues, reserva a una Ley orgánica y codificada, unitaria, la regulación de la estructura y el funcionamiento del Poder Judicial, excluyendo por tanto la Ley ordinaria y con mayor razón el Reglamento. En otro aspecto, crea una institución *ad hoc* para su gobierno, el Consejo General del Poder Judicial, único en su especie, sin posibilidad de que delegue competencias en otros territoriales(11) en cuyas funciones colaboran en otro nivel las Salas de Gobierno de los demás Tribunales y los Decanatos y las Juntas de Jueces, a quienes podría corresponder eventualmente la letra pequeña de la regulación. La Constitución quiere la autonomía y autarquía del Poder Judicial, vale decir que se regule y se gestione a sí mismo. En esta maquinaria no tiene cabida alguna el Poder Ejecutivo, poder por antonomasia de quien todas las Constituciones del mundo desconfían en sus relaciones con el Judicial, procurando blindar a éste frente a aquél. El Gobierno o su Ministerio de Justicia no aparecen mencionados para nada en el Título VIII salvo para el nombramiento del Fiscal General del Estado e implícitamente como titular de la iniciativa legislativa. El mismo Parlamento, aun siendo emanación y residencia de la soberanía popular, está maniatado por la Ley Orgánica.

El tema que nos ocupa plantea con toda crudeza la posición constitucional del Poder Judicial en nuestro Estado de Derecho y sus relaciones con los demás poderes. En efecto, aquí se pone en entredicho, por una parte, la potestad reglamentaria del Gobierno de la Nación y de las Comunidades Autónomas en el ámbito de lo judicial, cuya nota característica es la independencia más completa y más intensa, independencia que se predica no sólo *ad extra,* sino *ad intra.* Entre los instrumentos normales que la Constitución entrega al Gobierno como cabeza a su vez de la Administración General del Estado, para el cumplimiento de sus fines, se encuentra una panoplia de potestades(12), unas con investidura explícita como la sancionadora y la reglamentaria, y otras implícitamente como en el caso de las potestades ejecutoria y ejecutiva, inducidas por el Tribunal Constitucional de la "eficacia" que exige o predica el art. 103. Ahora bien, ninguna de ellas puede ser extravagante de la Ley. En el caso de la potestad reglamentaria, cuya habilitación genérica contiene el art. 97, parece evidente que no es indefinida ni puede ser patente de corso y habrá de moverse dentro del ámbito de la competencia propia del Poder Ejecutivo y fuera del perímetro de la reserva de Ley, sin que en ningún momento sea una categoría institucional autónoma, montada al aire. Materialmente sólo significa la posibilidad de dictar disposiciones con rango inferior a la Ley. No hay en la Constitución española, como en alguna otra[(13)], un ámbito propio y exento de esta potestad. Por ello no es lícito constitucionalmente identificar los términos "potestad reglamentaria" y "Gobierno", identificación que sería un juego de prestidigitación. La potestad reglamentaria puede tener cualquier otro titular, por ejemplo el Banco de España (STC 135/1992)[(14)], institución autónoma y la Comisión Nacional del Mercado de Valores (STC 133/1997)[(15)] o los Cuerpos colegisladores, Congreso y Senado, que se dotan de su propia reglamentación interna y el Tribunal Constitucional, pieza principal en el esquema constitucional pero no más que el Poder Judicial, como presupuesto de su independencia.

Pues bien, en el terreno de lo judicial el Poder Ejecutivo, insisto, no tiene más funciones que la iniciativa legislativa para los proyectos de Ley Orgánica y de las demás que regulen la función jurisdiccional y el nombramiento de Fiscal General del Estado. En una materia sometida al principio de reserva de Ley no cabe su regulación por disposiciones de rango inferior pero si en hipótesis cupiera, el titular de la potestad reglamentaria nunca podría ser constitucionalmente un poder político ajeno al judicial o distinto, y menos el Ejecutivo, su vecino, de cuyo cariño trata de acorazarle la Constitución. Correspondería por la propia naturaleza de las cosas al Consejo General del Poder Judicial (art. 110 LOPJ) cuya *vis atractiva* institucional crea un auténtico campo magnético en esta materia, sin que esa potestad reglamentaria inherente, que está dentro del propio ámbito regulado, desenfoque por tanto la imagen constitucional de autonomía y autarquía, independencia en suma.

El ejercicio de la potestad reglamentaria del Ejecutivo en huacal ajeno rompe la separación de Poderes y supone una *inmissio*, una intromisión de aquél en el Judicial sin justificación alguna. En realidad los arts. 181.1, 272.4 y 455 LOPJ, en su nueva redacción, que fueron el blanco directo de la impugnación a la cual puso fin la STC 105/2000, confieren una potestad reglamentaria al Ministerio de Justicia y, por subrogación, a los equivalentes de las Administraciones territoriales para la determinación de horarios y jornadas de trabajo en las oficinas judiciales y del personal al servicio de la Administración de Justicia, pero no son sino manifestaciones fenoménicas en aspectos concretos de esa potestad reglamentaria genérica para el desarrollo de la Ley Orgánica del Poder Judicial que se otorga al Gobierno de la Nación y, en su caso, a las Comunidades Autónomas, en la primera de las Disposiciones Adicionales, como presupuesto lógico y matriz. Esta norma es, en nuestra opinión, notoriamente inconstitucional por lo que se ha dicho y lo que se dirá, como también el art. 455 donde se otorga arbitrariamente al mismo Ministerio estatal (y a sus homólogos periféricos) competencias sobre el personal al servicio de la Administración de Justicia.

Tal Disposición Adicional lleva clavada la inconstitucionalidad en su propio enunciado. En efecto el texto señala que el objeto de la potestad reglamentaria del Gobierno o de las Administraciones Autonómicas pueden ser las "condiciones accesorias para el ejercicio de los derechos y deberes" de los Jueces y Magistrados. Puesta esa frase a doble columna con el art. 117 de la Constitución revela que al Consejo General del Poder Judicial corresponde al estatuto jurídico de los Jueces y Magistrados. No hay aquí, en este texto cuya primacía es absoluta, un estatuto jurídico de alta y de baja tensión, no se distingue por grados de importancia y menos para meter de polizón al Poder Ejecutivo en el gallinero. No hay parvedad de materia. Si la hubiera, llevaría a otra conclusión muy distinta, ya anunciada: encomendar la regulación reglamentaria de estos aspectos menores al Consejo en la línea que marca, con talante enunciativo, el art. 110 LOPJ. No se ve la razón en cuya virtud haya de romperse la continencia de la causa en esta materia aun cuando no haya que adivinar el propósito: salta a la vista.

7. Fines y medios

Bastaría con estas consideraciones para concluir que contradice de frente la Constitución esa investidura genérica al Gobierno de la Nación y a los autónomos para desarrollar en general o en aspectos concretos la Ley Orgánica del Poder Judicial que introdujo la Ley Orgánica 16/1994. Sin embargo no es ocioso dejar testimonio aquí de la interdependencia de los fines y de los medios y de como éstos condicionan aquéllos. El poder real está en la bolsa y en la espada o los cañones, según avisó Alexander Hamilton con ocasión de glosar precisamente la debilidad de la "rama judicial"(16), o en dar y quitar que dijo con escueta precisión don Francisco de Quevedo, tan excelso poeta como insigne hombre de Estado, con una gran experiencia en los negocios políticos de alto bordo. La actuación de un juez o de un Tribunal puede ser debilitada o paralizada por falta de medios materiales o personales y la tentación de no suministrarlos o hacerlo a destiempo puede resultar insoportable en coyunturas críticas sin que falte algún ejemplo relativamente reciente de lamentaciones judiciales al respecto. No hay que dejar vanos, espacios muertos o flancos al descubierto, por pequeños que parezcan, a cuyo amparo o por cuya tronera o portillo se permita agredir o deteriorar la independencia de los jueces.

Por ello no parecen ociosas algunas reflexiones sobre el contenido de una eventual regulación que quizá pudiera ser deferida en algún aspecto a la potestad reglamentaria, pero no del Gobierno de la Nación ni de las Comunidades Autónomas sino del responsable constitucional de la administración del Poder Judicial, su Consejo General o incluso las Salas de Gobierno o los Decanatos, órganos gubernativos que rigen el funcionamiento interno de las instituciones judiciales. Al primer plano conviene traer, ante todo, que éstas y sus servidores se encuentran incardinadas constitucionalmente extramuros de la Administración general del Estado o de las demás y de la función pública, aunque mantengan elementos materialmente coincidentes con ésta última y sus regulaciones hayan de ser coherentes. No son homogéneas sino heterogéneas desde siempre las características institucionales de la Administración Pública y de la Administración de Justicia, incluso en lo que tengan de burocráticas. El turno de "guardias" de los Juzgados o la celebración de los juicios en audiencia pública, a título de ejemplo, tienen sus propias exigencias. Viene a cuento esto para subrayar que el horario y la jornada de trabajo pueden serlo de la oficina (secretaría), como tal órgano de apoyo, o del propio trabajador o funcionario, y ambos aspectos que se solapan entre sí, lo hacen además con el calendario y ritmo de las actuaciones procesales cara al público cuya fijación, suspensión y continuación, mañana, tarde o noche, es prerrogativa de los Jueces y Tribunales en cada juicio concreto y del Consejo General del Poder Judicial para su eventual regulación *a priori* con carácter general. Conviene reparar en que bajo una apariencia engañosamente nimia se incide así en el elemento temporal del ejercicio efectivo de la función jurisdiccional. Por otra parte, las necesidades o circunstancias a regular –que condicionan la actividad judicial–, con los problemas que pueden perturbarla, son conocidos mejor por el Consejo, las Salas de Gobierno, los Decanatos y, en fin, los Jueces y Tribunales que, además, tienen los instrumentos necesarios para afrontarlos. La armonización o coordinación de esos aspectos temporales y otros de distinta índole ha de hacerse desde la cumbre y desde dentro, en la institución constitucionalmente diseñada para ello, no colateralmente y desde fuera, un Departamento ministerial del Poder Ejecutivo.

8. Coda final

En una coda final, conviene insistir una vez más en que los preceptos analizados contradicen frontalmente el modelo del Poder Judicial diseñado en la Constitución y su bendición por la Sentencia 105/2000, de 13 de abril, coadyuva una vez más y por idénticos motivos que en ocasiones anteriores, a la mutación constitucional denunciada. Parecía llegada la hora histórica de abandonar la senda que marcaron las desafortunadas SSTC 108/1986 y 56/1990 con otras de menor calado, y dar un golpe de timón para enderezar el rumbo. Se ha desaprovechado la ocasión, intentando la anestesia con la argucia de la "Sentencia interpretativa", mecanismo que pretende para hacer compatibles la supremacía de la Ley suprema y el principio de conservación de las normas, siempre y cuando estas merezcan ser conservadas, que no es el caso. No hay paliativo viable para los desafueros.

La regulación del Poder Judicial, repito hasta el tedio, está reservada en todas las manifestaciones de su ser y de su actividad, al principio estricto de legalidad, incluso formalmente reforzado porque hay un reducto donde la ley ha de tener, además, el nivel máximo. La paradoja de que sobre las materias propias de la Ley Orgánica del Poder Judicial se vede a las Cortes Generales incidir con la Ley ordinaria y, en cambio, puedan ser tratadas por el Gobierno de la Nación mediante disposiciones de rango inferior, sobre todo si además esa potestad reglamentaria se expropia a quién la Constitución encarga el gobierno del Poder Judicial, su Consejo General, para entregarla al Poder Ejecutivo, es una anomalía dialéctica incomprensible para la razón humana. Es un misterio en su sentido teológico que la Sentencia 105/2000 pretende animosamente desvelar sin demasiada convicción, dicho sea de paso ni por tanto con suficiente fuerza persuasiva. En definitiva, y como dije ya hace veinticinco años en otras circunstancias más difíciles y desfavorables a este propósito, viene aquí como anillo al dedo el viejo refrán castellano en cuya virtud "entre Santa y Santo, pared de cal y canto". Entre el Consejo General del Poder Judicial a la vera del Tribunal Supremo, en los aledaños ambos de Santa Bárbara, el templo edificado por Fernando VI en homenaje a la Reina, y el Ministerio de Justicia con sede plural en la calle ancha de San Bernardo, la Constitución trazó una frontera insalvable. Respetémosla para no romper el equilibrio de los poderes propio de un Estado de Derecho y con ello el delicado mecanismo de frenos y contrapesos en que consiste la democracia(17).

II
LA ABOGACIA COMO PIEZA ESENCIAL DEL PODER JUDICIAL

1. La defensa en juicio y la asistencia de letrado

Siendo tal el sistema en su doble perspectiva de estructura-función pero ahora en otra dimensión complementaria, no está de más recordar que el derecho fundamental a un juicio justo, un proceso público sin dilaciones indebidas o el proceso debido, *due process* en la terminología de la Constitución norteamericana, conlleva, por una parte y con carácter instrumental, el derecho a la defensa en juicio de quien necesite la tutela judicial, sin que su negación sea el equivalente simétrico de la indefensión, achacable también a otras agresiones de los demás derechos al servicio de aquella tutela. Por otra parte, esta primaria exigencia, una de las más sagradas en esta nuestra sociedad laica, baluarte de libertad con resonancias evangélicas, se hace realidad con el derecho convergente a la asistencia de letrado, cuyo nacimiento se remonta al siglo de Pericles, en la Grecia clásica. Ahora bien, la circunstancia de que en más de un proceso la intervención de Abogado sea potestativa con arreglo a las leyes procesales no elimina el derecho a esa "asistencia letrada". El carácter no necesario del patrocinio forense en ciertos procedimientos no obliga a las partes a actuar personalmente, sino que les faculta para elegir entre la autodefensa o la defensa técnica, subsistiendo, en consecuencia, el derecho a disponer de asesor o consejero profesional incólume en tales casos, cuyo ejercicio queda a la disponibilidad de las partes.

2. El decálogo del derecho a la defensa en juicio

Este derecho a la defensa ofrece una cierta complejidad cuyo distintos aspectos paso a exponer. En el ámbito penal, el principio acusatorio como garantía cardinal se refleja ante todo, como se vió más arriba, en el derecho a ser informado debidamente de la acusación para permitir precisamente la defensa en juicio, carga informativa de quien acusa como secuela de la presunción de inocencia, cuyo contenido ha de comprender no sólo el conocimiento de los hechos imputados sino también de su calificación jurídica –delito– así como de sus consecuencias reales y su incidencia en la libertad o el patrimonio del acusado, la pena, para cuya imposición y no para el mero reproche moral o social está organizado el proceso penal, así llamado, como el Derecho sustantivo, por ese castigo, sin que se agote en una mera declaración de antijuridicidad sino que sólo se perfecciona por la retribución en la cual consiste su elemento simétrico, la sanción, consecuencia necesaria de aquella y núcleo esencial de la pretensión punitiva como objeto del proceso.

Siendo el titular de este derecho de defensa el acusado o litigante, que puede ejercerlo "por sí mismo" como reconocen el Convenio Europeo de Derechos Humanos [art. 6.3 c)] y el Pacto de Derechos Civiles y Políticos de Nueva York [art. 14.3.d)], la más primaria de sus manifestaciones es la asistencia al juicio oral(18). Ese su derecho a presenciarlo y, en su caso, a actuar en el marco de las leyes de enjuiciamiento, por esa misma y sola condición, no puede convertirse a mi entender, en un deber de estar allí, salvo que –y esto es otra perspectiva– fuere necesaria su presencia como objeto de la prueba, no como sujeto del proceso, por ejemplo para reconocimiento por la víctima y/o los testigos. Si se le negara el derecho a quedarse fuera o irse del juicio (sin ponerse fuera de la acción de la justicia, que es otro tema), le bastaría con alterar el orden de la audiencia para conseguirlo mediante la expulsión.

El derecho a la defensa en juicio conlleva normalmente aun cuando no necesariamente, como se dirá luego, el derecho "a la asistencia de letrado" que se consagra desde la detención[(19)] (arts. 17.3 y 24.2 CE), vale decir a disponer del consejo y representación de jurisperitos, Abogado y Procurador (ATC 158/1996)[(20)]. No se olvide al respecto que esa asistencia jurídica le puede ser tan necesaria a quien ejerce la abogacía como al lego en Derecho, para la buena defensa de un asunto propio sin que su discernimiento sea cegado por la pasión[(21)]. "El Abogado que se defiende a sí mismo, tiene un tonto por cliente" dice un proverbio inglés[(22)].

Para dotar de contenido real a tal derecho subjetivo, nacido directamente de la Constitución, evitando así que se reduzca a una retórica declaración de buenos propósitos, la Administración General del Estado asume una actividad prestacional y se hace cargo de los honorarios devengados por la representación y la asistencia en juicio de quienes sean merecedores de esa ayuda por reunir las condiciones legalmente previstas[(23)]. El ingrediente social del Estado de Derecho «que significa una acción tuitiva del más débil o desvalido cuando surge un conflicto en el cual la prepotencia del contrario le haría siempre ser el perdedor, para conseguir así la igualdad real y efectiva de individuos y grupos, a la cual encamina el art. 9 de la Constitución[(24)], explica la raíz profunda del derecho a la justicia gratuita de quienes no tengan los medios económicos suficientes para afrontar los gastos que genere un litigio (art. 119 C.E.) como dije ya en mi voto particular a la STC 16/1994[(25)].

A su vez, ha de garantizarse la libre elección de los defensores profesionales por quien debe defenderse (*defendant*) que pasa así a la condición de defendido por estar basada la relación de ambos en un doble sentimiento de confianza y empatía, libertad de elección que no puede serle negada al litigante menesteroso, pobre en el lenguaje legal de otrora, a quien no cabe imponerle la asistencia de quienes le asigne la Administración, directamente o a través de los Colegios, por la circunstancia de ser quien pague los emolumentos a estos profesionales, ya que los caudales manejados por aquella o estos no son propios sino obtenidos de los presupuestos generales, caudales públicos por tanto. La vieja Ley de Enjuiciamiento Civil de 1881 en su art. 42 –con una configuración abstracta– reconoció al litigante pobre la libertad de elegir a su Abogado y a su Procurador en igualdad de condiciones con quienes los pagan de su bolsillo(26), incluso cuando no fuera preceptiva su presencia en un proceso concreto(27).

La facultad de nombrar y el derecho a que, en caso de no poderlo sufragar, se le designen de oficio los profesionales, no impide tampoco el cambio de defensor o representante cuando falle la confianza. Ahora bien, tal facultad va más allá y se extiende incluso a la posibilidad de desechar la asistencia de letrado, derecho en principio, como todos, renunciable si se recuerda, según se dijo más arriba, que el acusado o litigante tiene un derecho primario a defenderse por sí mismo.

Si esto es así, y así es, con mayor razón puede participar en la defensa, correspondiéndole como titular del derecho las decisiones procesales más importantes: hablar o callar, "no declarar contra sí mismo" o "declararse culpable", desistir o transigir, recurrir o consentir, con o sin e incluso contra el consejo de su defensor, mientras que no son válidas o eficaces las decisiones de este sin la ratificación del interesado.

Una vez nombrados o designados defensor y representante, este derecho fundamental de naturaleza prestacional no puede agotarse en la mera designación sin relación alguna entre cliente y abogado que permita la instrumentación de una defensa en juicio a la manera habitual, cuando hay honorarios por medio. En consecuencia, quien hace la designación ha de ponerla también en conocimiento del beneficiario para que disfrute del patrocinio con entera normalidad(28). La falta de notificación de los nombramientos del Abogado y del Procurador de oficio que impide la comunicación y el contacto con ellos, menoscaba el derecho a la asistencia de letrado(29), salvo que éstos lo hubieran hecho *motu proprio*.

Pues bien, en cualquiera de estas manifestaciones la preceptiva asistencia de letrado, ha de tener un contenido real y operativo, que le dote de eficacia (*right of effective representation*)[30] sin quedarse en los huesos de la mera apariencia[31], como explicaré con mayor detalle más adelante. Un presupuesto "esencial para la eficacia de la defensa" es el "sagrado secreto de las comunicaciones entre defendido y defensor", interfiriendolas o sacando a la luz lo que debe quedar en la penumbra. La ineficacia del patrocinio puede resultar de muchas causas como la falta de ciencia o de experiencia (muchos grandes juristas fueron mediocres Abogados), la apatía o la desidia, así como no haber dispuesto del tiempo, de la información o de los medios adecuados.

Corolario de lo dicho es el derecho del acusado a decir la última palabra. El derecho a la defensa, repito, comprende no sólo la asistencia de letrado libremente elegido o nombrado de oficio, en otro caso, sino también la posibilidad de defenderse personalmente según lo regulen las leyes procesales de cada país configuradoras del Derecho. Es el caso que la nuestra en el proceso penal (art. 739 L.E. Crim.) ofrece al acusado el «derecho a la última palabra» (Sentencia del T.S. de 16 de julio de 1984), por sí mismo, no como una mera formalidad, sino «por razones íntimamente conectadas con el derecho a la defensa que tiene todo acusado al que se brinda la oportunidad final para confesar los hechos, ratificar o rectificar sus propias declaraciones o las de sus coimputados o testigos, o incluso discrepar de su defensa o completarla de alguna manera». La raíz profunda de todo ello no es sino el principio de que nadie pueda ser condenado sin ser oído, audiencia personal que, aun cuando mínima, ha de separarse como garantía de la asistencia letrada, dándole todo el valor que por sí misma le corresponde. La viva voz del acusado es un elemento personalísimo y esencial para su defensa en juicio[32].

3. El derecho fundamental a una defensa en juicio eficaz

3.1. El derecho fundamental

El art. 24 de la Constitución, donde se configura como derecho fundamental la "tutela efectiva de los jueces y tribunales" sin indefensión, es de nuevo cuño, aun cuando tenga su antecedente en la Declaración Universal de los Derechos del Hombre (1948) y en la Convención Europea (1950) que proclaman el libre acceso a la justicia. Este derecho fundamental tiene como contenido un haz de otros de su misma naturaleza que no son sino una síntesis de las "Enmiendas" V a la X de la Constitución de los Estados Unidos. Sin embargo, a mediados del siglo XIII un incógnito Arcipreste de Hita en el "Libro del Buen Amor", y del buen humor, se viste de cronista de tribunales y nos cuenta un juicio al estilo de Esopo al que Walt Disney hubiera podido dar vida con sus dibujos animados. El caso es que la Zorra se ve acusada de robar gallinas por el Lobo, como cuenta la demanda, obra del Galgo, abogado del denunciante. Llevada ante don Simio, el juez, la Zorra le pide nada más empezar "dadme un abogado que hable por mi vida", a lo cual el juez accede concediéndole, veinte días para que lo encuentre, y suspende el juicio. Cuando se reanuda, en el puesto del defensor se sienta nada menos que un mastín de carlanca.

Pues bien, he señalado alguna vez algo que en general ha pasado desapercibido, como también mi observación y es el hecho de que con su apariencia inocua el art. 24 CE ha resultado ser un precepto subversivo de nuestro sistema judicial tal y como se conocía en 1978, sobre todo en la jurisdicción penal para la cual están pensadas la mayor parte de las garantías incluídas en él, por no decir todas. El derecho a un proceso bajo la presidencia de un juez ordinario predeterminado por la ley, con todas las garantías y sin dilaciones indebidas, donde el acusado debidamente informado de la acusación no esté obligado a declarar contra sí mismo ni a confesarse culpable por gozar de la presunción de inocencia y haya de contar con la asistencia de un abogado pudiendo utilizar los medios de prueba pertinentes, es un trasunto del *adversary system* norteamericano y nada tiene que ver con el proceso inquisitivo regulado en nuestra Ley de Enjuiciamiento Criminal de 1882, una magnífica ley por otra parte, aun cuando fracasara en implantar el sistema acusatorio. En el siglo y cuarto transcurrido han ido cambiando lentamente algunas piezas y un día amanecerá en el cual la maquinaria judicial será otra.

Sin embargo, el párrafo segundo del art. 24 CE que establece el derecho de cualquier acusado a disponer de la asistencia de letrado para su defensa, traducción casi literal de la última frase de la Sexta Enmienda, no aclara qué abogado. Parece lógico pensar que esa preceptiva ayuda haya de tener un contenido real y operativo para dotarle de eficacia (*righ of effective counsel*) sin quedarse en los huesos de la mera apariencia. El Tribunal Constitucional tardó en descubrirlo y lo hizo en dos decisiones muy próximas entre sí, las SSTC 105/1999 y la 137/1999, de las que fui el ponente, así como de un Voto particular a otra del año siguiente, la STC 38/2000. Desde entonces, y ha transcurrido una década, no se ha producido ninguna otra en la misma línea jurisprudencial que, justo es advertirlo, traía causa de un manojo de "opiniones" del Tribunal Supremo de Estados Unidos a partir de 1980.

Pues bien, en el caso contemplado en la STC 105/1999, de 14 de junio, se daban tres sucesivas transgresiones del derecho a la defensa. Una, no haber podido nombrar abogado y procurador de su libre elección por haberse extraviado el escrito de personación en la oficina judicial. Otra, que tampoco los profesionales designados luego de oficio se pusieron en contacto con su cliente. La tercera que el abogado de oficio no cumplimentó el trámite de instrucción en el rollo de casación ni asistió a la vista, ante lo cual fue sustituido por otro "que no dispuso de tiempo para preparar su actuación, improvisándola". La Sentencia comienza dejando claro desde la perspectiva del derecho a la efectividad de la tutela judicial, "que entre las varias exigencias que conlleva, el problema actual se polariza aquí en el ejercicio del derecho a la defensa letrada como instrumento coadyuvante para una efectiva tutela judicial en cualquier fase del proceso y a tal fin no estará de más traer a la memoria los trazos esenciales que diseñan el lado negativo de una y otra, a lo largo y a lo ancho de la copiosa casuística convertida en doctrina de este Tribunal. Vaya de suyo en tal trance el reconocimiento de que se ha dado una irregularidad procesal con el resultado de indefensión material, sin que aquella y sus consecuencias sean imputables al actor. En efecto, tal y como las actuaciones reflejan, el Abogado de oficio no cumplimentó el trámite de instrucción a las partes para combatir procesalmente la pretensión impugnatoria propia del recurso de casación contra la Sentencia donde absolvía al demandante (art. 882 L.E. Crim.), que permite así el adecuado equilibrio de la audiencia bilateral para que todos puedan hacer valer cuanto convenga a sus derechos e intereses legítimos. Por lo tanto, la eliminación de tal trámite conlleva el quebrantamiento del principio de contradicción y la descompensación de la igualdad de armas, igualdad procesal, que inspira nuestro sistema penal (STC 99/1992), debilitando así la defensa en juicio, cuya volatilización consumó el mismo Letrado de oficio faltando a la vista, "en cuya coyuntura la Sala lo sustituyó *ipso facto* por uno que patrocinaba a otro encausado en la misma posición procesal". Éste es el acto o decisión con relevancia constitucional aquí y ahora. Cierto es que ningún precepto legal deriva de tal incomparecencia la necesidad de suspender la celebración de la vista, aunque fuera posible en virtud de las circunstancias ya narradas, y en definitiva la Sala optó por la solución ya expuesta. Sin embargo, la encomienda del asunto a otro Abogado que no dispuso de tiempo para preparar su actuación, improvisándola pues, se convierte en un cumplimiento formulario del derecho a la defensa, que le priva de contenido real y de eficacia dialéctica, más rito procesal que sustancia, sin olvidar la eventual existencia de un conflicto de intereses".

> *"Aun cuando en el proceso penal, según hemos dicho con insistencia, el Juez o Tribunal deba nombrar al imputado o al acusado un Abogado de oficio cuando se den ciertas circunstancias no basta para considerar satisfecho el derecho de defensa con la mera designación de los correspondientes profesionales, siendo necesario que los así nombrados proporcionen una asistencia real y operativa a sus patrocinados (ATC 158/1996), como ha puesto de manifiesto el Tribunal Europeo de Derechos Humanos en sus Sentencias de 9 de octubre de 1979 (caso Airrey), 13 de mayo de 1980 (caso Ártico), y 25 de abril de 1983 (caso Pakelli). Esta exigencia, por lo demás elemental y obvia, conecta a su vez con nuestro criterio de que la indefensión, concebida como la negación de la tutela judicial en su conjunto y para cuya prevención se configuran los demás derechos instrumentales contenidos en el párrafo segundo del art. 24 de la Constitución, ha de ser algo real, efectivo y actual, nunca potencial o abstracto, por colocar a su víctima en una situación concreta que le produzca un perjuicio, sin que sea equiparable cualquier expectativa de un peligro o riesgo. Por eso en esta sede se ha hablado siempre de indefensión «material» y no formal, para la cual resulta necesaria pero no suficiente la mera trasgresión de los requisitos configurados como garantía, siendo inexcusable la falta de ésta cuando se produce de hecho como consecuencia de aquella basta, pues, la existencia de un defecto*

procesal si no conlleva la privación o limitación, menoscabo o negación, del derecho a la defensa en un proceso público con todas las garantías, «en relación con algún interés» de quien lo invoca (SSTC 181/1994, 361/1994 y 137/ 1996). Aquella lejana irregularidad formal dio pie a que en el recurso de casación y sin audiencia se dictara una segunda Sentencia condenatoria con una incidencia eventual negativa en su libertad personal y en su consideración social, causándole un perjuicio actual y efectivo, consistente en su condena como autor de unos delitos de cohecho y falsedad a la correspondiente pena. Se convierte así en la indefensión material proscrita constitucionalmente y, por ello, el demandante merece el amparo que pide".

Esta Sentencia me proporcionó la gran satisfacción de leer en el diario resumen de prensa del Tribunal la columna "Punto Jurídico" que mantenía en ABC uno de nuestros más valiosos Abogados, Jorge Trías Sagnier. El lunes 8 noviembre 1999 bajo el título "Defensa efectiva" comentaba: "Una joya de sentencia, la del Constitucional ante un supremo desaguisado. Sentencia de enorme trascendencia, ya que me parece que es la primera vez que el Alto Tribunal se refiere al derecho a la defensa efectiva –no sólo formal sino material– en el sentido angloamericano del *right of effective representation* y al carácter social de la defensa gratuita"(33).

A su vez, la STC 137/1999 insistió en que "siendo esta la situación y desde su perspectiva tópica, conviene recordar que el derecho fundamental a un juicio justo, un proceso público sin dilaciones indebidas o el proceso debido, *due process* en la terminología de la Constitución norteamericana, conlleva, por una parte y con carácter instrumental, el derecho a la defensa en juicio con la asistencia de jurisperitos, Abogado y Procurador, derechos ambos consagrados constitucionalmente en nuestra Ley fundamental, como es bien sabido. El ingrediente social del Estado de Derecho «que significa una acción tuitiva del más débil o desvalido cuando surge un conflicto en el cual la prepotencia del contrario le haría siempre ser el perdedor, para conseguir así la igualdad real y efectiva de individuos y grupos, a la cual encamina el art. 9 de la Constitución (STC 123/1992), explica la raíz profunda del derecho a la justicia gratuita de quienes no tengan los medios económicos suficientes para afrontar los gastos que genere un litigio (art. 119 C.E.). Pues bien, en cualquiera de estas manifestaciones la preceptiva asistencia de Letrado, ha de tener un contenido real y operativo, y por ello, cuando tal asistencia fuera gratuita, este derecho fundamental de naturaleza prestacional no puede agotarse en el mero nombramiento sin relación alguna entre cliente y abogado que permita la instrumentación de una defensa en juicio a la manera habitual, cuando hay honorarios por medio. En consecuencia quien hace la designación ha de ponerla también en conocimiento del beneficiario para que use y disfrute del patrocinio con entera normalidad (STC 162/1993 y los allí mencionados)".

> *"En definitiva, la indefensión, que se concibe constitucionalmente como la negación de la tutela judicial y para cuya prevención se configuran los demás derechos instrumentales contenidos en el párrafo segundo del art. 24 de la Constitución, ha de ser algo real y efectivo, nunca potencial o abstracto, según hemos dicho tantas veces, en este Tribunal. De ahí que siempre hayamos hablado de indefensión "material" y no formal, para lo cual resulta necesaria, pero no suficiente la mera trasgresión de los requisitos configurados como garantía, siendo inexcusable la falta de ésta, cuando se produce de hecho y como consecuencia de aquélla. No basta, pues, la existencia de un defecto procesal si no conlleva la privación o limitación, menoscabo o negación, del derecho a la defensa en un proceso público con todas las garantías, "en relación con algún interés", de quien lo invoca (por todas, STC 181/7994) No se nos oculta que, en este caso, la situación de indefensión en que se situó al litigante podría haberse paliado en la segunda instancia, pues la Audiencia Provincial que conoció de la alzada actuaba con plena jurisdicción y por otra parte, con anterioridad a la renuncia, del defensor, habían sido practicadas bastantes pruebas que la Sala pudo manejar como material suficiente para resolver el fondo del asunto. Sin embargo, nada de ello justifica que el Juez consintiera que no se nombrara Abogado de oficio al demandado, a pesar de que había acordado la pro-*

cedencia de tal nombramiento y levantara la suspensión sin hacer constar los motivos, impidiendo así al litigante no sólo la participación en la práctica de una parte de las pruebas, sino la presentación del escrito de resumen de las mismas y su intervención en la diligencia para mejor proveer también acordada en el procedimiento. En fin, del mismo modo que se veda quejarse de indefensión a quien con su actitud pasiva o negligente haya contribuido a crear tal estado, no puede tenerse tampoco en consideración que unas hipotéticas malas relaciones con los profesionales encargados de su defensa impidan a un ciudadano el disfrute real y efectivo de tal derecho fundamental. En definitiva, el amparo que se pide ha de ser acogido".

Un año después el Tribunal Constitucional se enfrentaría con otra situación semejante, esta vez con resultado muy distinto en la STC 38/2000, a la cual me vi obligado a formular un Voto Particular muy extenso, en el cual se desarrollan algunas consideraciones sobre la toga y se contiene un "decálogo" del derecho a la defensa, transcrito más arriba, para concluir con las reflexiones siguientes: "Es el caso que el Juez encargó la defensa del imputado a un Abogado que andaba por allí, cazándole a lazo en los pasillos. Aunque se citara al interesado y a su defensor para una audiencia preliminar, lo fueron con tan escaso margen de tiempo que no les permitió una preparación concienzuda. Por otra parte, ante la incomparecencia de ambos, defensor y defendido, al juicio oral, debió haberse suspendido, el acto, averiguado la causa y tomado las medidas pertinentes, imponiendo las correcciones disciplinarias si a ellas hubiere habido lugar. No hubo pues "asistencia" o ayuda real y operativa de Abogado, que se convirtió así en simple formalidad rituaria desprovista de contenido o sustancia para cubrir malamente las apariencias. La defensa no pudo desplegar un mínimo de eficacia y este vacío provocó la indefensión material, a pesar de la imagen superficial. Se da la paradoja de que las deficiencias en la táctica defensiva cuya desembocadura ha sido la inadmisión pronunciada en la Sentencia de la cual discrepo, son en mucha parte imputables, precisamente, a que el litigante no dispuso de esa defensa eficaz, sin culpa del Abogado a quien no le dieron tiempo ni facilidades para prepararla.

Algunos días después de hecho público este Voto particular encontré en el ABC del lunes 20 de marzo, la columna de Trías Sagnier con el título "Rodeo Judicial", donde glosaba encomiásticamente esa opinión disidente mía, a cuyas conclusiones mostraba su adhesión. En el desempeño de la función judicial tanto huelga responder a la crítica como agradecer los elogios, pero pasado el tiempo sigue viva mi gratitud que nunca pude expresar personalmente al autor. Esas palabras tan positivas de un lector tan cualificado, fueron un acicate para seguir batallando con ilusión por la conquista del Estado de Derecho y, en definitiva, de la Justicia(34).

3.2. El caso del abogado durmiente(35)

El derecho a la asistencia de un abogado en los juicios penales ha sufrido muy variados tratamientos en el mundo jurídico anglosajón. En Inglaterra, hace siglos, un individuo acusado de traición o de un crimen no tenía derecho a ello pero en cambio si se trataba de un delito menor o de una demanda civil estaba legitimado para pedir la ayuda de un letrado. La norma era "tan ultrajante y obviamente reflejaba tal perversión del sentido de la proporción" que fue constantemente combatida hasta conseguir su desaparición. Entre tanto, los "padres peregrinos" que emigraron al norte de América, antes y después del *Mayflower* no incluyeron esta doctrina en su equipaje, dejándola en tierra. Doce de las trece colonias reconocerían el derecho a la asistencia letrada en los juicios penales, aun cuando limitándolo a los más graves delitos y tal fue la tradición que recogió la carta de derechos incorporada a la Constitución de los Estados Unidos en 1791 como un conjunto de "enmiendas" o más bien de adiciones o apéndice, desde la I a la X. El *bill of rights* se pospuso para mejor oportunidad con el fin de no retrasar la Unión, cuyo pacto constitucional se había firmado en Filadelfia ante el general Washington el año 1787 y se ratificaría dos años después. Nacía así la primera Constitución democrática del mundo, la más estable, ya que lleva desde entonces en vigor sin una quiebra y la más breve, pues ocupa 7.500 palabras tan sólo. Pues bien, en el país del cual es oriundo este derecho fundamental se produjeron los casos más pintorescos, a veces inverosímiles y se dictaron los primeros *leading cases* sobre él, aun cuando no abunden las decisiones judiciales al respecto, tardías por lo demás si se repara en que se dictaron casi dos siglos después de promulgada la Constitución y su "carta de derechos".

El primero se dio en 1980 cuando el Gobierno federal imputó a Harrison Crónic trece cargos de fraude postal por haber planeado un complejo entramado de libranza de cheques sin fondos entre Bancos en Florida y Oklahoma. El primero de sus abogado abandonó la defensa por un conflicto de intereses, ya que representaba también a la otra procesada, Carolyn Cummings o quizá porque Crónic no podía pagar sus minutas. El caso es que en Oklahoma a la sazón los abogados de oficio eran elegidos de una lista por orden alfabético de los ejercientes en cada localidad. Así, el Juez Federal del Distrito Occidental escogió el nombre de Chris Colson, que había sido asesor inmobiliario durante seis años pero jamás había actuado en juicio alguno. Por ello no estaba versado en las reglas del procedimiento y de la prueba, nunca había informado ante un tribunal o jurado y desconocía la conveniencia de preparar el "registro" (*record*) o acta para una eventual apelación. Consciente de sus carencias, el propio abogado hizo saber al Juez que no estaba cualificado para llevar un juicio penal, y más de tal magnitud, pero Eubanks le tranquilizó: –"Estoy seguro de que lo hará bien". El procesado, también alarmado, se lo comunicó al Juez que respondió: –"Si usted va diciendo por ahí que desea elegir su propio abogado, vale. Tiene usted un buen letrado y si desea uno propio, contrátelo usted mismo. Éste fue designado según nuestro sistema. Está cualificado, si no, no lo hubiera nombrado". Dicho lo cual dio a Colston 25 días para preparar el juicio. Por otra parte, las relaciones entre defendido y defensor no eran buenas. Crónic no era un cliente pasivo y pretendía intervenir en el juicio. No obstante, a su final el Juez le dijo al acusado que Colson "había hecho un gran trabajo" y Crónic pareció estar de acuerdo. El jurado le condenó por once delitos de los trece iniciales. El abogado basó su apelación, entre otros argumentos, en que no había dispuesto del tiempo necesario para preparar el juicio, mientras que paradójicamente el convicto, libre bajo fianza, formulaba la suya descubriendo por su cuenta el motivo constitucional en la Sexta Enmienda, la defectuosa asistencia letrada, a cuyo efecto el Tribunal Federal de Décimo Circuito proveyó al apelante de un nuevo abogado de oficio y en 1982 le dio la razón. El Tribunal Supremo revocó su decisión pero ordenó un nuevo juicio ante el mismo juez con otro abogado y más adelante, en 1988, se inclinó por apreciar la defectuosa defensa, aunque también señaló la hostilidad del Juez, con los parámetros de la sentencia sobre *Strikland v. Washington* (1984) que son dos: primero, el acusado debe concretar los actos u omisiones del letrado que extravasen el amplio ámbito de una asistencia jurídica adecuada con criterios profesionales y, segundo, el acusado debe demostrar que los errores del abogado perjudicaron la defensa hasta el punto de impedir un juicio con todas las garantías.

Pues bien, en 1983 James Patrasso había sido llevado a juicio por dos cargos de intento de asesinato. Durante una discusión con sus patrones (un par de narcotraficantes) había sido agredido con una cachiporra, por lo que sacó una pistola y cuando parecía que los dos atacantes estaban a punto de alcanzar sus armas, disparó. Ambos sobrevivieron y fueron más tarde acusados por varios delitos federales. En el juicio le defendió el abogado Patrick Muldowney, que no había llevado ni un solo caso de delito grave en diez años. El defensor no hizo virtualmente nada para preparar el juicio, no practicó investigación alguna ni entrevistó a testigos, no leyó los atestados policiales ni preguntó a su defendido su versión de lo ocurrido. Tampoco tomó en consideración la posibilidad de alegar defensa propia como había hecho desde el principio el acusado, no preparó los contrainterrogatorios de los testigos del Fiscal, ni preparó a su cliente para testificar. Muldowney basó la entera defensa en un solo error formal: aunque el delito se había cometido el 13 de febrero de 1982, todos los documentos judiciales –acusación, pliego de cargos (*bill of particulars*), y la acusación del Gran Jurado– consignaban la fecha equivocadamente, situándola un año después, el 13 de febrero de 1983, en cuya época Patrasso estaba en prisión a la espera de juicio. Durante éste, el abogado omitió el informe preliminar (*opening argument*), sus repreguntas a los testigos de la acusación fueron inocuas y puso a su cliente en el estrado pero sólo le hizo una pregunta. El informe final, casi lacónico en cuatro frases, lo hizo urgido por el juez. A nadie que haya leído lo anterior le sorprenderá que Patrasso fuera encontrado culpable por el jurado. En la audiencia para dictar sentencia su abogado tampoco alegó nada a favor de una pena menos dura, aun cuando el juez le animó a proponer alguna circunstancia atenuante. “No tengo nada que añadir” contestó el defensor. Resultado, Patrasso recibió una condena de 60 años de prisión. En la apelación alegó asistencia letrada no efectiva.

Ahora bien, el supuesto límite es el de los abogados dormilones. No seré yo quien se atreva a negar que muchos juicios son muy aburridos, largos y tediosos, propicios al bostezo o a la somnolencia, ni que algunos magistrados hayan podido echar una cabezadita bien arropados en sus togas. En la película "Anatomía de un asesinato" (1959) cuyo guión se basa en la novela homónima de un Juez profesional, Robert Traver, actúa otro también auténtico en el papel de juez, Joseph N. Welch, que en sus primeras palabras, saludando al auditorio y presentándose a sí mismo, explica que "un juez es como cualquier otro juez. La única diferencia está en sus digestiones o en sus inclinaciones a dormirse durante la vista. Yo puedo digerirlo todo y, aunque parezca echar una cabezada de vez en cuando, me despierta inmediatamente cualquier abogado con una buena argumentación jurídica". Sin embargo, cuando el envite judicial es la vida de alguien o su libertad no queda bien que el defensor caiga en brazos de Morfeo. Por eso Frances Newton acusada de asesinato, tenía buenas razones para protestar angustiada cuando el tribunal que la juzgaba designó como su abogado de oficio a Ron Mock, que nunca había conseguido una absolución en causa con pena capital y había perdido tantos que era conocido como "Mock el del corredor de la muerte". Su más ruidosa hazaña se produjo cuando cayó dormido defendiendo a un preso que fue más tarde ejecutado. En el caso de Frances Newton ocurrió lo mismo. En 2001 Mock fue finalmente exonerado de aceptar la defensa de oficio en estos casos.

Éste no ha sido, por supuesto, el único abogado tachado de quedarse dormido en estrados. En 1984 Joe Cannon se quedó frito diez veces, cada una por diez minutos, durante el juicio oral de Calvin Burdine en Texas, siendo encontrado culpable de asesinar a su amante *gay*, pero en el mes de agosto de 2001 un Tribunal de Apelación Federal decidió anular la sentencia para que se celebrara un nuevo juicio por tal falta de atención de su defensor. En 1987, pocos minutos antes de ser ejecutado, un Tribunal ordenó la suspensión y luego en octubre de 2000 otro opinó que si bien Mr Cannon se había adormecido plácidamente alguna vez, no fue durante las partes importantes del juicio y por tanto la condena de asesinato y la pena de muerte se mantuvieron. El caso Burdine generó una gran publicidad, pero uno de sus aspectos atrajo sorprendentemente escasos comentarios. Durante sus alegaciones finales en el primero de los procesos, el Fiscal dijo que "enviar un homosexual a la cárcel no es precisamente un duro castigo". Esta observación de mal gusto y discriminatoria para el acusado pasó desapercibida para el señor Cannon, que no formuló objeción alguna y la dejó pasar sin comentario. Quizá estaba dormido en ese momento. Un nuevo abogado del convicto, Robert Mc Glasson, se congratuló de la tercera apelación un año después. "Finalmente, el sentido común ha prevalecido" –dijo– "El tribunal en pleno ha ratificado lo que veníamos sosteniendo desde el principio, en otras palabras que un abogado durmiente es tanto como no tenerlo y que un juicio de pena de muerte así llevado viola las nociones básicas de juego limpio y decencia".

En fin, el caso de Dale Tippins demuestra cuán difícil es que tenga éxito una alegación de asistencia letrada no efectiva. Tippins fue sometido a juicio en 1986 por comprar cocaína a un agente de policía encubierto haciendo de "camello". Como era indigente se le nombró abogado de oficio, Luis Tirelli, que durante el juicio cayó dormido no una vez sino todos los días a lo largo de seis semanas. Esto no pasó inadvertido. El Fiscal se dio cuenta como también se apercibieron los jurados y el relator del tribunal e incluso el juez, Honorable William Nelson del Condado de Rockland, Nueva York. Después de resultar convicto y condenado a la pena de prisión de por vida, Tippins apeló la sentencia pidiendo su revocación con base en una defensa letrada no efectiva. Durante la audiencia pública celebrada al efecto, el Fiscal, el secretario relator y un miembro del jurado dieron testimonio de que Tirelli dormitó muchas veces a lo largo del juicio. El juez Nelson declaró lo mismo, pero también que a pesar de ello el acusado tuvo un juicio justo y que, en su opinión, el abogado no fue incompetente. El tribunal de apelación estuvo de acuerdo y confirmó la condena. Hasta nueve años después no se consiguió que un Tribunal Federal reconociera que un abogado dormilón no es un defensor efectivo.

De hecho, en Estados Unidos solamente un Tribunal de Circuíto ha llegado a la conclusión de que un abogado que se duerme en estrados es por esa sola circunstancia, y sólo por ella, la negación de toda asistencia jurídica. En otros muchos casos, sin embargo, es necesario algo más que una deficiente actuación forense para que tal motivo tenga éxito. El tribunal *ad quem* ha de ser convencido de que el abogado fue tan incompetente que condicionó el resultado del juicio. Si cree que la prueba presentada contra el acusado hubiera sido bastante para condenarle a pesar de una estupenda defensa, desestimará el recurso. En definitiva, cuanto ha quedado aquí expuesto muestra la lucidez de una observación al respecto de William Earl Burger, presidente que fue del Tribunal Supremo de Estados Unidos entre 1969 y 1986, precisamente la etapa en la que se inició esta jurisprudencia. "Nos despreocupamos más de las cualidades de aquellos a quienes permitimos actuar como abogados en las salas de audiencia que a la hora de contratar un electricista". Pero éste es un fenómeno extrapolable a otros ámbitos. Un gobernante cualquiera se cuida más de la idoneidad de su médico, y no digamos del cirujano, que de la capacitación de sus ministros, cargo para el cual parece servir cualquiera en función inversa a su capacitación.

III
TUTELA JUDICIAL Y SISTEMA ACUSATORIO[(36)]

1. Encuadramiento constitucional[(37)]

La situación que deseo plantear ahora como tema de meditación consiste en determinar si en la situación que luego explicaré, los acusados en cada caso recibieron la tutela judicial con efectividad y sin indefensión que la Constitución promete a todos como derecho fundamental de cada uno y, por tanto, como derecho subjetivo a disfrutar de esa prestación pública (art. 24 C.E.). En tal marco hay que encuadrar el llamado principio acusatorio, que no tiene por si residencia constitucional alguna, o, más bien, la estructura dialéctica del proceso penal como contrapeso y freno del poder de los jueces, que en ningún caso deben ni pueden ser omnipotentes, en frase tomada de la exposición de motivos de nuestra Ley de Enjuiciamiento Criminal, precisamente porque han de gozar de la máxima independencia –libertad de criterio– en el ejercicio de la potestad de juzgar. El principio acusatorio, como tal, no figura en la Constitución, que en cambio sí contiene todas las piezas de este sistema (*adversary sys-*

tem) que fue adoptado explícitamente en 1882 por aquella Ley de Enjuiciamiento, aun cuando durante el tiempo de su centenaria vigencia haya sufrido eclipses parciales y desfallecimientos transitorios. En efecto, el art. 24, a través del proceso con todas las garantías, convierte al acusado en su protagonista, con el derecho a ser informado de la acusación para poder ejercitar su derecho a la defensa, por sí o con la asistencia de los profesionales de la toga, haciendo entrar así a la abogacía en la estructura del Poder Judicial para cumplir la función pública de patrocinio, y dar la réplica, como antagonista, al Fiscal. A éste corresponde constitucionalmente "promover la acción de la justicia", aunque no tenga el monopolio de la acción penal y pueda llevar como compañeros de viaje a otros acusadores. En definitiva, con palabras otra vez de la exposición de motivos de la Ley, "únicamente al Ministerio Fiscal o al acusador particular, si lo hubiere, corresponde formular el acta de acusación". Entre estos *dramatis personae* sobresale una figura, el Juez o Tribunal, a quien corresponde nada más, y ya es bastante, "juzgar y hacer ejecutar lo juzgado" con una misión de garantía. No hay más. En ese escenario que son los estrados judiciales y con tales personajes, cada uno en su papel, ha de alzarse la cortina para la representación en audiencia pública de la función jurisdiccional.

Ahora bien, aun cuando no deje de ser paradójico que en la Constitución no aparezca tal principio mencionado por su nombre, es evidente que, por obra del art. 24 C.E., donde se proclama la efectividad de la tutela judicial como derecho fundamental, con un haz de otros instrumentales de la misma índole, se indican los elementos estructurales de dicho principio axial trabándolos en un sistema cuyas piezas son, que desde el mismo instante de la promulgación de la Constitución ha de ser despojado de las adherencias residuales del viejo "procedimiento escrito, secreto e inquisitorial" "en el que estaban educados los españoles"(una vez más por boca de Alonso Martínez, en la tantas veces mencionada exposición de motivos). En tal sentido se pronunció tempranamente el Tribunal Constitucional, cuya STC 9/1982 puso de manifiesto que "la lucha por un proceso penal público, acusatorio, contradictorio y con todas las garantías se inició en Europa continental hacia la segunda mitad del siglo XVIII frente al viejo proceso inquisitivo y, con logros parciales, pero acumulativos, se prolonga hasta nuestros días". A lo largo de estos casi veinte años, tanto la jurisprudencia del Tribunal Supremo como la doctrina constitucional son contestes en contemplar, como tales ingredientes, a muchos de los derechos instrumentales de la tutela judicial contenidos en el párrafo 2° del art. 24 CE, resumen de algunas enmiendas a la Constitución norteamericana para incorporar el *Bill of Rights*(38) y, entre ellos, el derecho a ser informado de la acusación y el simétrico de la defensa en juicio, el debate contradictorio abierto y en audiencia pública para conseguir un juicio con todas las garantías, la congruencia de las sentencias y la proscripción de la *reformatio in peius* como consecuencia del carácter rogado de la justicia, con la finalidad última de evitar así la indefensión proscrita constitucionalmente como negación radical de la tutela judicial.

Aun cuando puedan llevar en algún caso a resultados paralelos, el principio acusatorio es algo muy distinto del principio dispositivo, predominante en el proceso civil, que por otra parte no es desconocido tampoco en el penal donde se reserva, en ciertos casos, la acción penal al agraviado o se permite la conformidad del acusado con la pena concreta pedida por el Fiscal para configurar la decisión judicial. En uno y otro caso la raíz común se encuentra en el sistema de justicia rogada inherente a la función jurisdiccional, al cual alude muchas veces el Tribunal Supremo en esta cuestión y, por supuesto, a la congruencia como elemento de la decisión judicial. El objeto de la jurisdicción penal puede ser doble por encauzar una doble pretensión, principal una, la acusación penal y otra eventual, la civil o indemnizatoria. Ambas en nuestro sistema –con otros aspectos irrelevantes aquí– tienen la misma exigencia, la correlación entre lo pedido por quienes son parte y el pronunciamiento de la sentencia, con un carácter de límite máximo si fuere condenatoria, coherencia que no sólo es cuantitativa –como destaca en una primera visión– sino también cualitativa(39).

El juzgador se encuentra limitado, maniatado, por la acción o pretensión, uno de cuyos elementos esenciales es la pena concreta, que en el supuesto de los recursos toma un cariz impugnatorio. En tal coyuntura el Tribunal Constitucional había llegado a la conclusión de que la prohibición de *reformatio in peius* en el proceso penal deriva del art. 902 LECrim., que la recoge precisamente para la casación. El carácter indisponible del *ius puniendi* –como regla no sin excepción– y la vigencia de los principios de oficialidad y legalidad singularizan la jurisdicción penal respecto de las demás, pero no hasta el punto de permitir un desajuste entre el fallo judicial y los términos en que las partes han formulado sus pretensiones para diseñar el objeto procesal y acotar el perímetro de la contienda, concediendo más o menos, o cosa distinta de lo pedido, con el riesgo de incurrir así en vicio de incongruencia[(40)]. No deja de sorprender que si ese incremento sobre lo solicitado se produjera en el mismo proceso penal pero en el ejercicio de la acción civil, se admitiría sin vacilación alguna esa incongruencia lesiva de la tutela judicial. Cuando se esgrime la pretensión penal, inclusa la pena concreta, ha de exigirse, a mi juicio, la misma correlación como consecuencia del sistema acusatorio[(41)].

2. Derecho a ser informado de la acusación y principio de contradicción

Pues bien, ese principio acusatorio como garantía cardinal se refleja ante todo, según se anticipó líneas atrás, en el derecho a ser informado debidamente de la acusación para permitir la defensa en juicio, carga informativa de quien acusa como secuela de la presunción de inocencia, cuyo contenido ha de comprender no sólo el conocimiento de los hechos imputados, sino también de su calificación jurídica –delito–, así como de sus consecuencias reales y su incidencia en la libertad o el patrimonio del acusado, la pena, para cuya imposición y no para el mero reproche moral o social está organizado el proceso penal, así llamado como el Derecho sustantivo, por ese castigo, sin que se agote en una mera declaración de antijuridicidad sino que sólo se perfecciona por la retribución en la cual consiste su elemento simétrico, la sanción, consecuencia necesaria de aquella. No parece bueno olvidar, menospreciándolo, el aspecto existencialmente más importante de la petición, la cuantía de la pena. La calificación jurídica del delito es cuestión importante para los jurisperitos y la jurisprudencia, pero accesoria para el acusado, a quien interesa simplemente por constituir el presupuesto de la determinación de su efecto material, importándole sobremanera y primordialmente cuánto tiempo haya de estar privado de libertad o de otros derechos, en cuya función se configura su actitud en el proceso y su estrategia defensiva. Por ello mismo la pena concreta es el núcleo central, el meollo de la pretensión punitiva como objeto del proceso penal, cuya *ratio petendi* es la calificación jurídica del hecho y de sus circunstancias objetivas y subjetivas. A su vez otro principio procesal, el de contradicción, exige, entre más factores, ese conocimiento completo y oportuno de la acusación para que su destinatario tenga la oportunidad de exculparse y ejercer su derecho a la defensa, por sí mismo o asistido de jurisperitos, abogado y procurador, derecho para cuya satisfacción no basta la mera designación de los correspondientes profesionales, siendo necesario que los así nombrados puedan proporcionar una asistencia real y operativa a sus patrocinados (*right of effective representation*), con un contenido real y la suficiente eficacia dialéctica, sin reducirla a un cumplimiento formulario más rito procesal que sustancia(42).

3. El derecho de defensa

En tal sentido la STC 53/1987 explica que el principio acusatorio admite y presupone el derecho de defensa del imputado y, consecuentemente, la posibilidad de "contestación" o rechazo de la acusación. Permite en el proceso penal la posibilidad de la contradicción, vale decir la confrontación dialéctica entre las partes. Conocer los argumentos del adversario hace viable manifestar ante el Juez los propios, indicando los elementos de hecho y de Derecho que constituyen su base, así como, en definitiva, una actuación plena en el proceso. Así pues, "nadie puede ser condenado si no se ha formulado contra él una acusación de la que haya tenido oportunidad de defenderse de manera contradictoria, estando, por ello, obligado el Juez o Tribunal a pronunciarse dentro de los términos del debate, tal y como han sido formulados por la acusación y la defensa, lo cual, a su vez significa en última instancia que ha de existir siempre correlación entre la acusación y el fallo de la Sentencia"(43), vinculando al juzgador e impidiéndole exceder los términos en que venga formulada la acusación o apreciar hechos o circunstancias que no hayan sido objeto de consideración en la misma ni sobre las cuales por lo tanto, el acusado haya tenido ocasión de defenderse"(44). Sin embargo la correlación de la condena con la acusación no puede llevarse al punto que impida al juzgador el modificar la calificación de los hechos en tela de juicio con los mismos elementos que han sido o hayan podido ser objeto de debate contradictorio.

4. El contenido de la Sentencia penal

En nuestro sistema judicial, tal y como lo vemos hoy, producto del aluvión histórico de distintos materiales y en sucesivas épocas, donde se superponen –como los estilos en las catedrales– residuos del sistema inquisitivo y aportes del principio acusatorio, hay tres preceptos que indican cuál haya de ser el contenido de la Sentencia en las distintas modalidades del proceso penal y en sus distintos grados. Uno, cuya redacción procede de la versión originaria –1882– de la Ley de Enjuiciamiento Criminal, que seguía el modelo francés, inquisitivo, con raíces en el aborigen, también inquisitorial, el art. 742, donde se dice tan sólo que en ella "se resolverán todas las cuestiones que hayan sido objeto del juicio, "incluso las referentes a la responsabilidad civil", condenando o absolviendo a los procesados no sólo por el delito principal y sus conexos, sino también por las faltas incidentales", con el límite que marcaba el art. 885.1.4 –hoy 851.4º– al socaire de la casación por infracción de Ley cuando se penare un delito más grave que el que haya sido objeto de la acusación, si el Tribunal no hubiera procedido previamente como determina el art. 733". Otro es el art. 794, 3º LECrim., donde se configura la eventual Sentencia a dictar por el Juez de lo Penal dentro del procedimiento abreviado en cuya virtud "la sentencia no podrá imponer pena que exceda de la más grave de las acusaciones". El tercero, único que aquí y ahora interesa, aunque los tres forman parte del mismo grupo normativo, es el art. 902, que no permite "imponer pena superior a la señalada en la Sentencia casada o a la que correspondería conforme a las peticiones del recurrente, en el caso de que se solicitase pena mayor"(45).

En el Tribunal Supremo hubo dos corrientes jurisprudenciales al respecto que se solapan. Una de ellas, quizá predominante o mayoritaria, según sus propias palabras, predica que el principio acusatorio no impide a la Audiencia o al Juez imponer una pena superior a la solicitada por la acusación, bien remediando errores de ésta (si ha omitido solicitar penas forzosamente vinculadas al tipo en cuestión o ha pedido penas inferiores a las legalmente procedentes), bien haciendo uso de sus facultades legales de individualización dentro de los márgenes correspondientes a la pena legalmente determinada para el tipo delictivo objeto de acusación y debate en el proceso, pues el juez está sometido a la Ley y debe, por tanto, aplicar las penas que a su juicio procedan legalmente. Su función individualizadora, se dice, no está encorsetada por el límite cuantitativo marcado por las acusaciones, siempre que se mantenga en el marco punitivo señalado por la Ley. En tal sentido la correlación no se produce por el *quantum* de la pena sino por el título de la condena, pudiendo recorrerse aquella en toda su extensión, pero no imponer una pena superior en grado, salvo que utilizare la fórmula del art. 733 (art. 885.1.4 LECrim.). Sin embargo otra tendencia se apoya en una lectura del art. 794.3º LECrim que lleva directamente, por su construcción gramatical, a la conclusión de que allí se veda la condena a una pena cuantitativamente mayor que la mas grave pedida por las acusaciones, no simplemente "distinta", desde el momento en que utiliza el verbo exceder, equivalente a superar o sobrepasar en cabida o tamaño. En definitiva, la hermenéutica se mueve entre dos lecturas antagónicas, según se entienda por "pena" la prevista en abstracto para el correspondiente delito en el Código o la pena individualizada y concreta, cuantificada ya, que soliciten quienes acusan.

Pues bien, entre ambas tesis –"estas dos opuestas interpretaciones"– el Tribunal Supremo vino a optar en un momento dado por la segunda, "más correcta y acomodada" al texto del precepto desde la perspectiva de la función constitucional del proceso penal:

> *"... de modo que ha de entenderse que al dictar la sentencia en el mismo, la función individualizadora de la pena que al Tribunal corresponde encuentra su techo en el «quantum» de tal pena solicitada por la más grave de las acusaciones. Apoyan esta doctrina las técnicas propias de la labor interpretativa: a) la literal o gramatical ya que el concepto de «pena que exceda» es distinto de el de «pena más grave»...; b) la lógica, ya que de un lado ... resultaría contrario a las reglas del método legislativo incluir en un precepto aplicable tan sólo a una modalidad del procedimiento penal, algo que la ley venía diciendo para la generalidad del procedimiento de tal clase (art. 851.3), que es supletoriamente aplicable a*

> *aquel procedimiento especial y la doctrina venía aplicando a todo el proceso penal; y, de otro, parece razonable pensar que si lo que el número 3 del art. 794 pretendía era señalar los límites impuestos a la sentencia por el principio acusatorio, y, dentro de estos límites, al lado de la prohibición contenida en el último inciso de «condenar por delito distinto cuando este conlleve una diversidad del bien jurídico protegido o mutación esencial del hecho enjuiciado», hubiera querido también establecer la prohibición de imponer pena más grave en grado o calidad, así lo hubiera dicho... y c) la sistemática, pues la interpretación que se acepta y se declara correcta es la que resulta más congruente con todo el sistema que inspira el procedimiento abreviado el que, entre otros principios, pretende potenciar el consenso, formulando y ampliando los términos de la conformidad del reo...; d) por último, esa interpretación o entendimiento de la regla 3ª del art. 794... es también la más acorde con los fines de «lograr en el seno del proceso penal... una mayor protección de las garantías del inculpado»"*(46).

No es esta una Sentencia aislada, como pone de manifiesto el análisis de la jurisprudencia de la Sala Segunda del Tribunal Supremo con arreglo a la técnica propia del *case law*, que pone el peso específico en la relación causal directa entre el supuesto de hecho y la decisión judicial, *ratio decidendi*, dejando en la cuneta los *obiter dicta* o consideraciones a mayor abundamiento, si las hubiere, mera guarnición del guiso principal. En otras sentencias posteriores ha ido quedando claro cuándo y cómo se transgrede el principio acusatorio, sin que la realidad jurisprudencial coincida siempre con su exposición abstracta o genérica, aunque sí en más de una ocasión. Una primera STS de 7 de junio de 1993 entendió que la limitación legal contenida en el art. 794, 3° LECrim, en cuya virtud "la sentencia no podrá imponer pena que exceda de la más grave de las acusaciones" tiene un sentido más restrictivo que no limita exclusivamente imponer pena de categoría superior (prisión menor en vez de arresto) sino cualquier *quantum* punitivo que exceda de lo solicitado. Por su parte, las SSTS de 30 de enero y 12 de septiembre de 1995 reconocieron que hubo "quebranto del principio acusatorio y de la congruencia por haberse impuesto una pena accesoria –el comiso– no pedida expresamente por el Fiscal, ni sometida por tanto a debate contradictorio previo, sin que baste al efecto la petición genérica de penas accesorias, como dijo también la STS de 18 de mayo de 1993. Así mismo, en otra de 26 de febrero de 1998, en "un supuesto peculiar", el Tribunal Supremo considera también que infringe el principio acusatorio la condena por la Audiencia a una pena cuantitativamente superior a la pedida por el Fiscal, aunque lo hiciera dentro del marco legal determinado para el delito, condena "difícilmente conciliable con la limitación prevenida en el art. 794. 3° LECrim". A su vez, ese mismo año, otra STS de 30 de diciembre consideró que vulneraba el principio acusatorio una Sentencia que había impuesto al acusado tres penas de igual extensión y naturaleza que la única pedida por la acusación particular.

5. El principio acusatorio en la casación

En definitiva, el juez penal no debe legalmente, ni constitucionalmente puede, imponer una pena mas extensa cuantitativamente, aun cuando estuviere dentro del marco punitivo del Código, que la pedida por el Fiscal o las demás acusaciones si las hubiere, sea cualquiera el procedimiento o el grado jurisdiccional, con o sin el planteamiento de la tesis que permite el art. 733 LECrim, concebido como válvula de seguridad del sistema acusatorio por quien lo instauró hace más de un siglo(47).

Es evidente que el principio acusatorio ha de guiar el proceso penal en todas sus modalidades, incluso el juicio de faltas(48) y en cualquiera de todas sus instancias(49), cuando haya apelación y, por supuesto, en la casación, donde el sedicente agravio constitucional se ha producido en este caso. El planteamiento ha de ser, sin embargo, distinto según las etapas procesales, cada una de las cuales tiene su propia regulación, aun cuando en el contenido de la Sentencia coincidan textualmente los preceptos correspondientes (arts. 742, 794.3 y 902 LECrim) no obstante las encontradas interpretaciones como hemos visto. Ahora bien, entre la posición de los juzgadores respectivos en el juicio oral y en sede casacional se dan diferencias muy importantes dentro del plano de la legalidad que la trascienden para encontrar una dimensión constitucional. La Audiencia Provincial o el Juez de lo Penal que presiden y presencian el desarrollo del juicio, con la más absoluta inmediación, pueden –a la vista del acervo probatorio– sugerir a las partes, sin prejuzgar el fallo, que reconsideren la calificación jurídica de los hechos, y sólo ella, sin extenderse a las circunstancias modificativas de la responsabilidad ni a la participación de cada uno de los procesados, cuando apreciaren un "manifiesto error" en la propuesta por alguna de las partes, abriendo para ello un debate contradictorio (art. 733 LECrim), duda metódica del juzgador que éste sólo podrá utilizar en su Sentencia, por cierto, si fuere asumida por alguna de las partes en el proceso y la propugnare. Esta posibilidad de plantear la llamada "tesis" en la jerga o terminología forense está vedada en la casación, donde no se da inmediación alguna y la Sala Segunda juega con un relato de los hechos ajeno, como dato y no como incógnita, constriñéndose su función a la mera declaración de lo que sea el Derecho, sustantivo o formal, para el caso concreto, sin que –por lo tanto– al dictar la segunda Sentencia ejerza una "plena jurisdicción" como a veces se dice con cierta inexactitud.

Le está vedada, pues, en tal coyuntura la individualización de la pena para cuya operación carece de elementos de juicio. En efecto, la valoración de la prueba en su conjunto es función privativa del juzgador de instancia, de quien preside la secuencia completa, el desarrollo del juicio oral. Sólo se puede saber si un testigo o un perito, o el mismo acusado, mienten o dicen la verdad mirándoles a los ojos, oyendo el tono de su voz y observando sus gestos. Esto es lo que en el lenguaje forense se conoce por inmediación y pone de relieve el carácter presencial de los medios de prueba más importantes y frecuentes (el testimonio, la pericia y la inspección ocular) practicados ante Jueces profesionales con suficiente experiencia bajo el fuego graneado del interrogatorio cruzado y la crítica del testimonio, propios aquel y ésta del principio de contradicción. El Tribunal Supremo carece, como tal institución y precisamente por serlo, de esa experiencia, aunque puedan tenerla muchos de sus componentes, y el conjunto de la prueba es para él una pila de papeles sin vida, transcripciones incompletas de palabras disecadas. Solo se puede tomar la medida de la culpa de quien se condena para adaptar la pena a su persona teniéndole delante y conociendo, hasta donde resulte posible, su biografía procesal. Consciente de ello, como no podía ser menos, el propio Tribunal Supremo ha autolimitado su potestad correctora y ha dicho, en consecuencia, que "no es revisable en casación la determinación de la pena verificada por el Tribunal de instancia en ejercicio de su arbitrio, concedido por el legislador, siempre que se motive de forma suficiente la individualización y que las razones dadas para llegar a la misma no sean arbitrarias"[(50)].

6. La imparcialidad del juez[(51)]

Una última perspectiva, desde la posición constitucional del juzgador, pone de manifiesto que su imparcialidad se ve disminuida por cualquier actuación *ex officio*, al menos en su apariencia y, sobre todo, cuando tercia espontáneamente en el debate y ejercita su potestad para imponer una pena más gravosa que la pedida por la acusación, con la misma calificación jurídica, sin que previamente las partes hayan tenido siquiera la oportunidad real de debatir esa "tercera opinión", rompiendo su hieratismo o su indiferencia institucionales. Desde este punto de partida se hace necesario dar un paso más para reforzar y garantizar al máximo esa cualidad socrática del juez, situado "por encima de las partes acusadoras e imputadas, para decidir justamente la controversia determinada por sus pretensiones en relación con la culpabilidad o la inocencia"[(52)]. Hoy, cuando ya está fuera de cualquier polémica la necesaria separación de las funciones instructora y enjuiciadora, desde las Sentencias del Tribunal Europeo de Derechos Humanos en los conocidos casos *Piersack* y *De Cubber*, conviene avanzar paso a paso en esa senda para ir tallando más facetas en tal característica, esencia de lo judicial. No parece dudosa ni problemática la exigencia de que el juez sea totalmente ajeno al litigio, sin jugarse nada en él, por estar supraordenado a los litigantes, como revela la misma etimología del nombre, magistrado, el que está por encima en el estrado, sin bajar de este a la arena para ser "Juez y parte".

La raíz del principio acusatorio conecta aquí, por tanto, con la imparcialidad como requisito determinante de la misma existencia de un proceso en el cual el Juzgador no puede nunca asumir funciones de parte ni una posición partidista o partidaria. El monopolio de la acción penal por el Fiscal y los demás acusadores pretende excluir la posibilidad de que quien haya de fallar prejuzgue en cierto modo el fallo, formulando de oficio la acusación con el peligro de que se anticipe así "el pensamiento, la opinión, el juicio formulado por el Tribunal, que de este modo desciende a la arena del combate para convertirse en acusación", como escribía el autor de la exposición de motivos tantas veces traída a colación, que remachaba así: "No, los Magistrados deben permanecer durante la discusión pasivos, retraídos, neutrales a semejanza de los Jueces de los antiguos torneos, limitándose a dirigir con ánimo sereno los debates". Un proceso penal, en fin, con sus protagonistas clásicos formando un triángulo donde el vértice superior lo ocupe el Juez, equidistante de los dos ángulos inferiores, al mismo nivel, acusador y acusado, Fiscal y Abogado defensor, sin permitir que quiebre la posición impasible y ecuánime de aquél ni que, desde el distanciamiento inherente a quien haya de juzgar, se mezcle y contamine en la contienda, con un evidente prejuicio como es el que le lleva a dar por sí y ante sí más de lo pedido, suplantando a las acusaciones con detrimento de su independencia(53). Si al Fiscal corresponde constitucionalmente la defensa de la sociedad desde la perspectiva de la ley, el Juez tiene una primaria función de garantía (arts. 53 y 117.4 CE), por lo que es la primera línea de defensa de los derechos fundamentales, como ha dicho el Tribunal Constitucional siempre que ha tenido oportunidad de hacerlo. Si esto es así, y lo es, con carácter genérico, su exigencia resulta aun más intensa en los grados procesales más altos pero también más angostos.

7. Recapitulación

En tal coyuntura la STC 12/1981 parece suficientemente expresiva al respecto y marcó el único rumbo que en esta singladura nos puede llevar a buen puerto. Allí se dijo, en efecto, que "el recurso de casación por infracción de Ley se mueve, respecto a la calificación de los hechos, en límites aún más restringidos. El Tribunal Supremo no puede imponer pena superior a la señalada en la Sentencia casada o, en su caso, a la que solicite el recurrente cuando éste pida una pena superior a aquélla, sin que pueda hacerse uso de una facultad análoga a la que el citado art. 733 de la Ley de Enjuiciamiento Criminal concede a las Audiencias y Jueces de lo Penal (art. 902 LECrim), residuo del sistema inquisitivo. Por su parte, y en el mismo sentido, el propio Tribunal Supremo(54) ha entendido que sólo puede confirmar la Sentencia recurrida o acceder a la petición del recurrente y, por ello, ni siquiera en el caso de llegar a la convicción de que fuere correcta una calificación jurídica distinta pero homogénea, procedería de oficio reformar *in peius* la decisión impugnada, sino mantener los efectos punitivos de la calificación primitiva[55].

Capítulo cuarto

POTESTAD DE JUZGAR Y JURISDICCION

I.
LA FUNCIÓN JURISDICCIONAL Y LA POTESTAD DE JUZGAR

1. La función jurisdiccional

El deslinde y amojonamiento de la función esencial de cada uno de los tres poderes clásicos –legislativo, ejecutivo y judicial–, la que les da su razón de ser y su sentido en el conjunto, es nítido a veces pero algunas no tanto. Unas instituciones por viejas, otras por nuevas, han hecho necesaria la investigación de su naturaleza jurídica para averiguar cuales rasgos sean los característicos de las tareas de administrar o de juzgar que a veces se solapan, ya que la de legislar ofrece mas claros contornos y menos riesgo de promiscuidad. Pues bien, esa delimitación, que otrora suscitó mi curiosidad mas de una vez, tiene un subido interés constitucional. Averiguar en qué consista eso de juzgar nos permitirá verificar qué parte de la actividad de ciertos órganos judiciales, parajudiciales o, en general, administrativos pueda ser calificada como jurisdiccional para saber si están dentro del esquema diseñado al respecto por la Constitución. Allí se autoriza la subsistencia de la jurisdicción castrense dentro de sus estrictos límites o de la que es propia del Tribunal de Cuentas aun cuando éste o los Ejércitos sean ajenos a lo jurisdiccional, pero algunos de sus componentes ejerzan tal función. Por otra parte, en las leyes se habla de "Tribunales" fuera de la planta judicial (los Económico-Administrativos o el extinguido de Defensa de la Competencia) y ello nos obliga a indagar si lo son o lo fueron. En fin, tal investigación entre otros usos no sólo servirá para conocer el ámbito de actuación del juez, sino también para saber quién pueda plantear la cuestión constitucionalidad ante el Tribunal correspondiente o la prejudicial ante el Tribunal de Justicia de las Comunidades Europeas(1).

Pues bien, para empezar hay que eliminar cualquier tentación de nominalismo. El nombre de Juez o de Tribunal puede constituir un indicio orientador y puede también desorientarnos, pero en ningún caso resulta concluyente, porque en nuestro panorama jurídico pasado y actual se utiliza tal denominación para designar no solo a los órganos judiciales o colegiados (únicos a quienes corresponde con propiedad), sino también para otras instituciones de carácter inequívocamente administrativo encuadradas en el esquema orgánico de la Administración pública. Sirvan de ejemplo, en este momento, los "jueces instructores" de expedientes disciplinarios, los Tribunales de oposiciones o los económico-administrativos(2).

Tampoco despeja el camino de la investigación la circunstancia de que las propias normas reguladoras de alguna de tales instituciones hayan venido insistiendo en su carácter jurisdiccional y utilicen con naturalidad la palabra "jurisdicción". Efectivamente, tal término resulta equívoco en nuestro ordenamiento jurídico, donde se maneja con escaso rigor técnico y en muchas ocasiones recibe un sentido genérico, como sinónimo del ámbito de actuación de una potestad, sea judicial o administrativa. Así, por ejemplo, el "término municipal" se definía en tiempos como el límite de la jurisdicción de un Ayuntamiento(3) y el viejo Reglamento para las reclamaciones económico-administrativas, cuyo carácter puramente gubernativo resulta indiscutible, reiteraba con profusión el calificativo "jurisdiccional"(4). Se hace necesario, por lo tanto, saber previamente en qué consista la jurisdicción, desde una perspectiva técnica y fecunda como algo distinto de la realidad "administración", y luego identificar y clasificar las funciones fundamentales de cualquier institución, para concluir con ambos elementos de juicio en la mano cuál sea su verdadera naturaleza jurídica. Por otra parte, nadie y, paradójicamente, menos aún los expertos, parecen conocer con exactitud en qué estribe la esencia de esta función pública. Las distintas tendencias y definiciones discrepan en cuanto pretenden delimitar el núcleo conceptual y únicamente coinciden al señalar sus aspectos fenoménicos(5). Ocurre, en cierto modo, lo que con la electricidad, cuya esencia se desconoce, pero cuyas características extrínsecas y cuyos efectos son perfectamente conocidos y encauzables. Por ello, en este momento considero preferible construir empíricamente una fenomenología de la jurisdicción, para la cual sí existe un acuerdo pacífico de opiniones(6).

Con un criterio amplio, la jurisdicción tiene por finalidad el mantenimiento y la actuación del orden jurídico. Esta perspectiva genérica coincide sustancialmente con el concepto que ofrece la Constitución de "la potestad jurisdiccional ... juzgando y haciendo ejecutar lo juzgado" (art. 117). Ahora bien, cuando se intenta inyectar un contenido específico en este concepto difuso, surge inmediatamente el debate entre los procesalistas(7). Sin embargo, por reducción a un común denominador pueden obtenerse ciertas características que permiten completar algo así como una "foto robot".

En corto, estos criterios delimitadores de la realidad "jurisdicción" son fundamentalmente dos: uno, la configuración del órgano analizado, y otro, su posición respecto del ordenamiento jurídico, el contenido de su actividad. En el primer aspecto son varias las notas que pueden servir para detectar si es jurisdiccional la función ejercida por un órgano cualquiera. Una, su carácter público, lo que excluye el arbitraje y las instituciones análogas. Otra, con la Constitución en la mano, la composición personal de la institución que, para ser calificada como judicial, ha de estar servida por quienes pertenezcan al Cuerpo único donde se integran los Jueces y Magistrados encargados de administrar la justicia como titulares, uno a uno o colegiadamente, del Poder Judicial, característica que a su vez conlleva su encuadramiento en el ámbito de su Consejo General, como órgano de gobierno (arts. 117.1 y 122.1 y 2 CE). Sin embargo, esto que es así resulta insuficiente también y nos fuerza a seguir indagando para comprobar –en su caso– si otros órganos, extramuros de ese esquema, tienen atribuida una tal función.

Dos rasgos más, sobre los que aquí y ahora pasaremos de puntillas, son la independencia y la imparcialidad(8), que se sintetizan en un axioma: no se puede ser Juez y parte simultáneamente. A su vez, la independencia ofrece dos vertientes: una, personal, del titular, que para ser efectiva debe estar completada por una serie de garantías (la inamovilidad, como principal) y otra funcional, en cuanto implica una ausencia de vínculos jerárquicos, salvo los puramente procesales en vía de recurso. Conviene señalar que la independencia, característica inmanente a la función judicial, se predica también formalmente de las demás. Dentro de una estructura constitucional de separación de poderes, cada uno de ellos es independiente respecto de los otros: tanto el Juez de la Administración o de la Legislación, como ellas de aquél y entre sí. Si la imparcialidad es una exigencia ética, la independencia constituye una exigencia política. En virtud de aquélla, la Administración no está capacitada para enjuiciar las relaciones jurídicas en que intervenga, pero en virtud de esta última se pretende impedir que influya directa o indirectamente sobre el criterio del órgano imparcial. Ahora bien, no basta esta característica extrínseca para afirmar la naturaleza jurisdiccional de una institución dada. Si todos los órganos judiciales, por su propia naturaleza, deben ser independientes, ello no significa que todo órgano independiente –por ese mero hecho– se convierta en jurisdiccional. Piénsese en el Banco de España con plena autonomía como autoridad monetaria o en la que algunos predicamos para el Ministerio Fiscal. Por otra parte, en el seno de estas tres organizaciones globales sus órganos integrantes mantienen una mutua independencia funcional, aunque se encuentren situados en distintos niveles. Esto constituye el núcleo del concepto de competencia. Ningún órgano de la Administración puede usurpar o invadir el ámbito objetivo de atribuciones de otro cualquiera, incluso subordinado, ni las normas dictadas por éste pueden ser infringidas por el superior(9). Finalmente, la descentralización implica la articulación de unidades administrativas independientes, estructural y funcionalmente, sean de carácter constitucional o territorial, para cuya delimitación se utilizan los términos, aún más significativos, de autonomía y autarquía. En definitiva, la independencia es un requisito necesario, pero no suficiente para calificar como jurisdiccional a una institución de rasgos ambiguos.

Con la imparcialidad sucede algo semejante. Esta cualidad, por otra parte, ofrece también dos facetas: frente al ciudadano (administrado), el titular de todo órgano administrativo debe carecer de vinculación personal, directa o indirecta, con los asuntos en que haya de intervenir y, en tal sentido, se establecen de consumo la obligatoriedad de abstenerse y la posibilidad de recusación cuando concurran ciertas circunstancias. Sin embargo, esto no significa que la Administración –como persona pública– quede al margen de la relación jurídica sino todo lo contrario, pues en la mayor parte de los casos se presentará como uno de sus sujetos, activo o pasivo.

Tampoco la actividad de subsumir los hechos en la norma jurídica resulta privativa del Juez como en alguna ocasión se ha dicho(10) y, en consecuencia, su ejercicio no significa la metamorfosis automática, por esta sola circunstancia, en actividad jurisdiccional. La subsunción, mecanismo lógico que provoca el encuadramiento de una realidad en la norma jurídica, no es la característica de la función judicial, ni menos aún privativa de ella: la realiza el ciudadano cuando practica la autoliquidación de cualquier impuesto, así como las Administraciones publicas cuando dictan una resolución cualquiera, e incluso, efectivamente, el Juez. Lo que califica la función no es el mecanismo, sino el resultado: no lo que el Derecho significa para quien lo maneja, sino lo que la actividad del operador significa para el Derecho. La Administración lo aplica, el Poder Judicial lo conforma y crea.

En definitiva y por exclusión, lo único que importa en este trance es el contenido de la función. La etimología nos acerca bastante a la esencia de la jurisdicción, consistente en un *ius dicere,* un declarar qué sea Derecho en el caso concreto. No se trata de aplicar la Ley, expresión inexacta, hipócrita y hasta utópica, sino de "actuar" la capacidad potencial del ordenamiento jurídico. Esto supone, inevitablemente, el reconocimiento de que, si bien el Juez aplica en muchas ocasiones las normas jurídicas preexistentes, en otras hace algo más: las extrae por analogía y así participa decisivamente en la creación del Derecho(11). El art. 6º. del Código Civil respaldado por el art. 448 del Penal, le obliga en todo caso a resolver y de tal forma el ordenamiento jurídico se completa a sí mismo mediante la actividad judicial. La legislación formula normas y expresa un propósito que no siempre se convierte en realidad, con carácter apriorístico y una existencia meramente intelectual y problemática, potencial en suma. Por el contrario, el Juez hace realidad aquella norma –la actúa– y crea Derecho *a posteriori,* desde una perspectiva histórica. Paradójicamente, la función judicial es una permanente aplicación retroactiva de reglas surgidas al decidir cada conflicto que inciden sobre una relación jurídica anterior. Frente a la naturaleza esencialmente axiomática de la Ley, que necesita el complemento de una actividad deductiva, el Juez realiza una labor empírica, discontinua, inductiva y, en definitiva, tópica(12).

Ante estas dos formas de elaboración normativa, el Poder Ejecutivo, cuyo cuerpo es la Administración Pública, colabora mediante la iniciativa legislativa y el ejercicio de su potestad reglamentaria para completar así el ordenamiento jurídico, pero en ningún caso –por definición– puede establecer qué sea Derecho en el caso concreto. El acto administrativo nunca equivale a la sentencia si se observa su naturaleza esencialmente enjuiciable por la jurisdicción, lo que también le ocurre al Reglamento. Y esto es así no tanto porque la Administración pública no constituya un poder soberano, según recordó en tiempos difíciles García de Enterría[13], sino –además– porque la función administrativa consiste en satisfacer necesidades concretas y es, por su finalidad, metajurídica, aunque para ella el Derecho sirva como un cauce y un límite.

2. La potestad de juzgar

La potestad jurisdiccional, consistente en juzgar y hacer ejecutar lo juzgado, es competencia exclusiva y excluyente de los Jueces y Tribunales que forman el Poder Judicial. Se ha dicho y repetido hasta la saciedad que la selección de la norma aplicable, incluso en su dimensión temporal (vigencia, retroactividad, ultractividad) y espacial (territorialidad), así como su interpretación, con la subsunción en ella del presupuesto de hecho, operaciones necesarias para configurar la premisa mayor del razonamiento jurídico que se mueven en el plano de la legalidad, son privativas de la función judicial y han de producirse con la independencia de criterio querida por la Constitución. Esta característica veda cualquier interferencia externa y limita la actividad del Tribunal Constitucional a la verificación de que no han sido menoscabados o desconocidos los derechos fundamentales especialmente protegidos, sin que le sean dadas funciones casacionales ni pueda convertirse tal sede en una tercera instancia. En suma, cualesquiera que puedan ser las opiniones contrapuestas sobre la calificación jurídica de los hechos, no le corresponde terciar en tal polémica, dándola por agotada en su marco propio, por cuanto queda dicho más arriba[14].

Esta potestad de juzgar extiende su ámbito no solo a la premisa mayor, en una metáfora silogística ajena por lo demás a la esencia del razonamiento jurídico. También le corresponde la determinación del presupuesto de hecho –premisa menor– cuya subsunción en la norma desencadenará el pronunciamiento final o conclusión. Para fijar lo sucedido con significación jurídica, se arbitran los medios de prueba que regulan, desde una óptica sustantiva, el Código civil y, desde la procesal, la Ley de Enjuciamiento Civil, a la cual reenvían las demás por su carácter matriz que explica y justifica tal función supletoria. Pues bien, se ha dicho tantas veces que excusa toda cita, que corresponde al juzgador decidir sobre la admisibilidad de cada tipo de prueba según su naturaleza y su relación con cuanto se intenta verificar, adecuación e idoneidad cuyo reflejo es la pertinencia(15). Una vez que la respuesta a estas incógnitas previas sea positiva, la práctica ha de guardar las formas que garanticen su pureza con respecto al principio de contradicción, como requisitos no sólo de la validez o licitud de cada prueba practicada una a una, sino también la ponderación de su eficacia, capacidad persuasiva o fuerza convincente del conjunto en conciencia por el Juez, libertad de valoración cuyo norte ha de ser las reglas de la sana crítica que, en definitiva, nos ponen en el terreno del sentido común guiado por la experiencia profesional(16).

En este planteamiento puede utilizarse otra perspectiva, la que ofrece el derecho a la defensa, antídoto de la tacha mas grave que enerva la efectividad de la tutela judicial hasta hacerla desaparecer, la indefensión, y que a su vez actúa como cabecera o capitular de otros derechos que le siguen en el mismo texto constitucional. Uno de ellos, y uno de los mas importantes, "el derecho a utilizar los medios de prueba pertinentes para su defensa". Su configuración tiene asiento propio en las Leyes de Enjuiciamiento y muy especialmente en la Civil, por su función supletoria y se articula en una secuencia de la que son fases sucesivas, aun cuando no siempre necesarias, el recibimiento a prueba, a instancia de la parte o de oficio por el Juez cuando así se permita, la proposición de los distintos medios de prueba y la admisión o rechazo, que implica un juicio sobre la pertinencia, la práctica y, en fin, su valoración. Lo dicho pone de manifiesto, por la misma fuerza del relato, que es siempre posible una respuesta judicial negativa en cualesquiera de esas etapas y, por lo tanto, que existiendo un derecho genérico a la prueba, no se traduce, sin embargo, en un derecho absoluto y automático a ella en todos los procesos y en cualquiera de sus grados, sea cual fuere el medio propuesto y lo que se pretenda probar.

Ahora bien, desde una perspectiva formal el litigante tiene la carga, en su acepción procesal, de explicar razonablemente no sólo la conexión de cada prueba con el objeto procesal sino su importancia para la decisión del pleito, en cuyo doble aspecto reside la pertinencia, por venir a propósito y concernir a lo que está en tela de juicio. Una exigencia simétrica impone al juzgador la obligación de razonar también, en su caso, la inadmisión o la impertinencia, sin cuya motivación tales decisiones podrían incurrir en arbitrariedad y, por tanto, quebrantar el derecho fundamental en cuestión. Aquí se plantea una vez mas la tensión dialéctica entre la independencia del Poder Judicial, titular de la función jurisdiccional y la salvaguarda de las garantías constitucionales que corresponde, al Tribunal Constitucional, tal y como se diseña en el artículo 123 de nuestra Constitución.

Sentado lo dicho, no estará de más determinar con la mayor precisión hasta dónde llega el derecho a la prueba cuando quien lo invoca ostenta la condición de acusador en un proceso penal. En sus líneas generales la jurisprudencia constitucional ha marcado suficientemente la diferencia que, desde la perspectiva de los derechos fundamentales en juego dentro del proceso penal, existe entre las partes en contienda según su posición de acusadoras o de acusadas, y en concreto, se ha negado al Ministerio Fiscal la titularidad del derecho de defensa aludido con ese nombre en el artículo 24.2 CE, por ser el norte y finalidad principal de su función procesal el ejercicio del *ius puniendi* del Estado mediante la acción penal y no la protección de los derechos y libertades del ciudadano, aun cuando nunca puedan serle ajenos.

El tema conductor de la valoración de la prueba por el juzgador nos vuelve de la mano a su encuadramiento en el sistema de recursos y muy especialmente en el de apelación que, como es sabido, permite y exige un nuevo juicio y un juicio completo. Aquí también la posición del Tribunal Constitucional es clara en abstracto y no le permite revisar las razones en cuya virtud un órgano judicial otorga mayor credibilidad a un testimonio que a otro, puesto que la valoración de la prueba queda extramuros de la presunción de inocencia.

II. EL PRINCIPIO DE UNIDAD JURISDICCIONAL

1. La larga marcha a la unidad de fueros

Una de las preocupaciones permanentes de nuestro liberalismo decimonónico y especialmente de su sector progresista fue la unificación jurisdiccional, corolario del principio de igualdad y conectado también con la tendencia centralizadora[17]. Desde una perspectiva institucional se convierte en el fundamento sustantivo de la justicia como poder[18]. El Estatuto de Bayona suprimía ya en 1808 los Tribunales con atribuciones especiales y todas las justicias de abadengo, órdenes y señoríos (art. 98). Con mayor precisión proclamaba la Constitución doceañista, que "en los negocios comunes, civiles y criminales, no habrá mas que un solo fuero para toda clase de personas", si bien se respeten las jurisdicciones eclesiástica y militar (arts. 248, 249 y 250). Esta declaración no vuelve a formularse explícitamente en ningún texto constitucional posterior y solo es recogida de modo implícito al establecerse en 1873, 1845 y 1856 el carácter "exclusivo" de la potestad judicial.

La ley de bases de 11 de abril de 1868, en las postrimerías del período isabelino, autorizaba al Gobierno para elaborar una Ley completa y definitiva de ordenación judicial y competencia de los Tribunales del fuero común, así como para introducir, mientras tanto, las reformas más urgentes. Entre estas se incluyó expresamente la supresión de los fueros de guerra, marina y extranjería en lo respectivo a los negocios civiles (salvo la prevención de los juicios de testamentaría y abintestato) y también la extinción de los Juzgados especiales de Hacienda y Tribunales de Comercio, devolviéndose el conocimiento de todos estos asuntos a la jurisdicción real y ordinaria (art. 2.1.° y 2.°).

Una vez triunfante la *Gloriosa* Revolución de 1868, se radicaliza este principio y se pone inmediatamente en marcha la unificación jurisdiccional, que es instrumentada mediante una serie de Decretos del Gobierno provisional(19). Primero son suprimidos el Consejo Real y los Consejos provinciales (13 octubre); luego, el Juzgado especial de imprenta (23 de octubre); inmediatamente después, el Tribunal especial de Ordenes militares (2 de noviembre) y, por fin, los Juzgados de Hacienda y los Tribunales de Comercio, conservándose las jurisdicciones eclesiásticas y castrense, aun cuando reducidas a sus estrictos límites naturales (6 de diciembre). Así, la unificación tuvo efecto mucho antes de que fuera solemnemente proclamada en la Constitución de 1869. La Ley Orgánica del Poder Judicial de 15 de septiembre de 1870, partiendo de este planteamiento, consolidó tal realidad, aunque las vicisitudes posteriores hicieran naufragar tan noble propósito. La consagración absoluta del principio de unidad de fueros implicaba, por su propia lógica interna, el triunfo de la tendencia judicialista en orden a la configuración de lo contencioso-administrativo. En efecto, como ya quedó indicado, pocos días después de la constitución del Gobierno provisional, un Decreto de 13 de octubre de 1868 había suprimido ya" la jurisdicción contenciosa-administrativa ... que ejercían el Consejo de Estado y los Consejos provinciales" (art. 1°.) y, en consecuencia, declara extinguidos éstos y la sección de lo contencioso de aquel (art. 2°.)

para encomendar el enjuiciamiento de tales asuntos al Tribunal Supremo y a las Audiencias. Tal planteamiento judicialista se mantiene en sus líneas esenciales durante esta etapa política, que revelan plásticamente las dificultades que presentaba la experiencia, consagrándose en la Ley Orgánica del Poder Judicial[(20)].

La unidad de fueros se proclamó también en el artículo 75 de la Constitución de 1876, en el artículo 94 del anteproyecto constitucional de 1929 y en el artículo 95 de la Constitución de 1931, que es muy explicito a este respecto, ya que encuadra en la Justicia todas las jurisdicciones existentes, limita la castrense a los delitos militares y prohíbe el establecimiento de fuero alguno por razón de las personas o de los lugares, salvo en estado de guerra, aboliendo los Tribunales de Honor. Por su parte, la Ley Orgánica del Estado de 1967, dentro de esta ininterrumpida tendencia, reservaba con carácter exclusivo a los órganos judiciales comunes la función jurisdiccional, con la salvedad de las jurisdicciones militar y eclesiástica (arts. 31 y 32), aun cuando en este aspecto, como en tantos otros, fuera letra muerta y mera proclamación teórica, ya que existían un manojo nutrido de jurisdicciones especiales, algunas en manos de la Administración[(21)].

2. El reinado de Juan Carlos I

A) La mutación constitucional

El advenimiento de la Monarquía significó, en este aspecto como en tantos otros, un golpe de timón que modificaba el rumbo hacia un período constituyente. Anticipando soluciones sobre las que existía ya un consenso muy acentuado, al comienzo de la "transición", en el mes de julio de 1976, mediante el acuerdo firmado en la Ciudad del Vaticano y ratificado por las Cortes un mes después, se derogó el artículo XV del vigente Concordato con la Santa Sede, que amparaba el llamado "Privilegio de Fuero" de los eclesiásticos. Al desaparecer este, cualquier clérigo o religioso, cualquiera que fuera su investidura, quedaba sometido a la jurisdicción penal ordinaria sin necesidad de que el juez solicitara y obtuviera autorización de la Santa Sede para proceder, si se trataba de un obispo, o de éste, si la jerarquía del inculpado era inferior a la episcopal.

Mas tarde, pero poco mas, el Real Decreto-ley 3/1977, de 4 de enero, transfería a la jurisdicción ordinaria los delitos de terrorismo, cuya tipificación a su vez se trasvasaba al Código de Justicia Militar, delitos de los cuales venía conociendo hasta ese momento la jurisdicción castrense y que pasaron, no con carácter propio sino añadido, a la competencia peculiar de la Audiencia Nacional, cuya creación permitió también erradicar lo que hasta entonces constituía una jurisdicción administrativa, dependiente del Ministerio de Hacienda, el "Juzgado Gobernativo" de delitos monetarios, insertándolo en el esquema orgánico y procesal común. Por otra parte, fue suprimido el Tribunal de Orden Público, cuyo ámbito de actuación se traspasó en bloque a los jueces comunes, según las reglas de competencia que establece la Ley de Enjuiciamiento Criminal[22].

Por su parte, la Ley 21/1976, de 14 de junio, reguladora del derecho de asociación política, había encomendado a una Sala del Tribunal Supremo de Justicia las cuestiones que se suscitasen a su amparo y en esa misma dirección insistiría el Real Decreto-ley 12/1977, de 8 de febrero, que modificó parcialmente aquella, intervención instrumentada por la vía de lo contencioso-administrativo[23]. A su vez, la Ley 19/1977, de 1 de abril, sobre asociación sindical, completada en el especto procesal mediante el Real Decreto 1048/1977, de 13 de mayo, daba un paso mas y encomendó a los Jueces de Primera Instancia e Instrucción todos los temas relacionados con este sector, criterio que inspiró a su vez la regulación establecida en la Ley 62/1978, de 26 de diciembre, elaborada por la Comisión General de Codificación, de cuyo anteproyecto fui ponente, para la protección y garantía judicial de los derechos de la persona.

También el Real Decreto-Ley 20/1977, 18 de marzo, contenía una doble judicialización muy importante en sus dos vertientes. Ante todo, devolvió al Poder Judicial las funciones que antes se ejercieron por la Junta Central del Censo Electoral o las propias Cámaras legislativas. En el aspecto penal, su artículo 90 declaraba que la jurisdicción ordinaria fuera la única competente para el conocimiento de los delitos electorales, lo cual significaba –entre otras cosas– que cualquiera que fuera la calidad de la persona del inculpado habían de ser los Jueces y Tribunales comunes quienes enjuiciaran tales infracciones. En otro aspecto, el contencioso-electoral, odre nuevo con vino nuevo, se configuró para el enjuiciamiento de las incidencias que se produjeran a lo largo del proceso electoral, encomendándose a las Salas de la Contencioso-Administrativo de las Audiencias Territoriales y del Tribunal Supremo, ante las cuales podían ser impugnados los acuerdos sobre proclamación de candidaturas y los de proclamación de diputados y senadores electos[(24)].

Otras innovaciones se introdujeron paralelamente en esa misma etapa. En julio de 1976 se produjo una importantísima modificación de los tipos contenidos en el Código Penal como límites de los derechos de libre expresión de las ideas, de reunión y de la libertad de trabajo, despenalizando muchos supuestos y suavizando las sanciones de otros. El derecho de huelga, reconocido positivamente, dejó de constituir delito al volatizarse el artículo 222 del Código Penal. Igualmente se derogó en éste su artículo 165 bis B, correlativo del artículo 2. º de la Ley de Prensa e Imprenta, también derogada, con supresión de la potestad gubernativa de suspender publicaciones y limitación de la posibilidad de secuestro a muy pocos casos, taxativamente enumerados. En el mismo sentido, la nueva tipificación del delito, fiscal, atribuyó su enjuiciamiento a la jurisdicción ordinaria, aun cuando con el filtro de reservar la acción penal a la Hacienda Pública, luego desaparecido[(25)].

B) *La Constitución*

En esta andadura hacia la unidad de fueros, más complicada que la secuencia decimonónica, antes expuesta, se produce en 1978 la promulgación de una nueva Constitución de la Monarquía. Aun cuando la configuración en ella de la potestad jurisdiccional como exclusiva de los Jueces y Tribunales siga la pauta y aun el tenor de los textos anteriores, las palabras se preñan de autenticidad y cobran vida propia, con impaciente vocación de vigencia inmediata. Su intensidad llega al máximo de la presión cuando, mas abajo, se dice que “el principio de unidad jurisdiccional es la base de la organización y funcionamiento de los Tribunales” (art. 117.3), aunque a continuación contenga una primera excepción y luego otras dos mas. Aquí viene al pelo la paradoja de que en la propia Constitución existan preceptos inconstitucionales, como he escrito en alguna ocasión. Pues bien, en este planteamiento que consagra la unidad, quedan tres sectores jurisdiccionales extravagantes:

a) El militar, ya que el propio artículo 117.5 autoriza la subsistencia de esta jurisdicción en el ámbito estrictamente castrense y en los supuestos de estado de sitio(26). La Ley Orgánica 4/1987 crearía una Sala "ad hoc" en el Tribunal Supremo, a imagen y semejanza de la existente durante la Segunda República que "suponía la unidad en el vértice" de esta jurisdicción especial respecto de la ordinaria, según explicaba la exposición de motivos, hibridando dos sectores jurisdiccionales.

b) El contable. La Constitución reserva al Tribunal de Cuentas, el ejercicio de su jurisdicción propia (art. 136.2).

c) El constitucional (arts. 159-165)

C) La tercera fase

Después de promulgada la Constitución, en una oleada sucesiva, el Acuerdo entre el Estado español y la Santa Sede sobre asuntos jurídicos, firmado el 3 de enero de 1979, aprobado por las Cortes Generales y ratificado el 4 de diciembre, estableció que los contrayentes, a tenor de las disposiciones del Derecho Canónico pudieran acudir a los Tribunales eclesiásticos para la declaración de nulidad de su matrimonio o pedir la decisión pontificia sobre el rato y no consumado. A solicitud de cualquiera de las partes, tales resoluciones eclesiásticas tendrían eficacia en el orden civil si se declarasen ajustadas al Derecho del Estado en resolución dictada por el Tribunal civil competente (Art. VI.2). El acuerdo derogaba una serie de normas concordatarias y, entre otras, las que delimitaban el ejercicio de la jurisdicción eclesiástica y reconocían la existencia del Tribunal de la Rota de la Nunciatura Apostólica, que se extinguió (Arts. XXIV y XXV del Concordato de 1953). En el novísimo orden contencioso-electoral se mantuvo el sistema instaurado en 1977 respecto de las elecciones generales, que se extendió en sus líneas maestras al ámbito de la locales por Ley 39/1978, de 17 de julio, para la impugnación de los acuerdos de las Juntas Electorales sobre proclamación de candidaturas o candidatos electos, así como de los actos del procedimiento de elección y el de proclamación de electos de Presidentes de Corporaciones locales, encomendando su enjuiciamiento en única instancia a la Sala de lo Contencioso-Administrativo de la Audiencia Territorial dentro de cuya jurisdicción se hubieran producido (Arts. 42 y 44). También la Ley Orgánica 2/1980, de 18 de enero, sobre regulación de las distintas modalidades de referéndum, reconoció la vía contencioso-electoral frente a los acuerdos que, sobre los resultados del escrutinio general, adoptaren las Juntas Electorales provinciales, atribuyendo la competencia para conocer de estos procesos a las Salas de las Audiencias (Art. 19). Finalmente la naturaleza intrínsecamente penal de las infracciones de contrabando había sido ya reconocida por la Sala Tercera del Tribunal Supremo en su histórica sentencia de 22 de junio de 1972(27), en cuya tesis se alinearía poco después la Ley de Bases Orgánica de la Justicia 42/1974, de 28 de noviembre, con el propósito de incorporar esta rama jurisdiccional desgajada al tronco judicial común, aunque no llegara a tener vigencia real, salvo en algún aspecto aislado(28). Tal solución, sin embargo, sería la adoptada finalmente.

III.
ÓRDENES JUDICIALES Y JURISDICCIONES ESPECIALES

Una primera aproximación nos permite distinguir entre órdenes judiciales, a los cuales hace referencia la expresión "todo tipo de procesos" (art. 117.3), que implica el encuadramiento inmediato y directo en el Poder Judicial y las jurisdicciones especiales, extravagantes de este pero a él vinculadas funcionalmente. El abanico de órdenes judiciales está diseñado con nitidez en la Constitución, aunque tres de ellos –el civil, el penal y el social– se den por existentes implícitamente y explícitamente se mencionen el militar y el contable mientras el restante es llamado por su nombre. En efecto, el enjuiciamiento directo e indirecto de las disposiciones generales de las Comunidades Autónomas con rango inferior a la Ley se atribuye exclusivamente por la misma Constitución (art. 153. c) a lo contencioso-administrativo. También es aludida nominativamente la "jurisdicción militar" (art. 117,5 CE) y de una manera clara pero indirecta la "propia jurisdicción" del Tribunal de Cuentas (art. 136,2) como también la del Tribunal Constitución (art. 161,1). No parece dudosa la conclusión, anticipada más atrás, de que nuestra Ley fundamental contiene preceptos anticonstitucionales, ya que por una parte proclama que "el principio del unidad jurisdiccional es la base de la organización y funcionamiento de los Tribunales (art. 117,5) y por otra lo rompe al crear tres sectores fuera de su ámbito. Claro que, como dijo en tiempos un diputado de cuyo nombre no quiero acordarme, los preceptos posteriores de una misma ley derogan a los anteriores. Pero sigamos, al margen de la paradoja y de la ironía.

1. Los órdenes judiciales

1.1. La jurisdicción civil

La Ley Orgánica del Poder Judicial da por sabido su ámbito y no lo define o mas bien describe, como hace con los demás. En líneas generales coincide con el Derecho Privado, excluido el Derecho del trabajo o laboral, social en otras terminologías, que tiene su propio cauce procesal. En cambio, se extiende a otros sectores como el Derecho de Familia, a caballo según algunos de lo público y lo privado, como también el Derecho nobiliario. Desde hace casi tres mil años, el ordenamiento jurídico se divide por mitad en dos sectores y en este aspecto es como una naranja –lo esférico ha sido siempre lo perfecto– compuesta, eso sí, por gajos. La Constitución alude a ellos sin definirlos. Estos gajos, en un corte por mitad, se agrupan en dos sectores desde hace casi tres mil años. En el Derecho Romano se hablaba ya de *duae positiones*, dos perspectivas, que eran y aun son el Derecho Público y el Derecho Privado, el Derecho Político y el Civil dicho de otra forma. Es curioso que ambas denominaciones tengan la misma raíz etimológica, la ciudad, *polis*, en griego, *civitas* en latín, que sin embargo reflejaría el contexto en el cual surgen. En Grecia, donde predomina la dimensión social del hombre, *zoon politikon*, nace aquél, mientras en Roma lo hace el civil, ligado a la propiedad de la tierra y a la familia, soporte y entorno del individuo. La Constitución no los nombra así pero contempla muchas de sus distintas modalidades. En el ámbito del Derecho Público alude al Internacional (art. 149.1 3ª), al Penal y al Procesal (6ª y 7ª). No menciona el constitucional o político ni el administrativo, aunque recoja muchas de sus manifestaciones fenoménicas.

En el campo del Derecho Privado, separa el mercantil (6ª) y el laboral, mas la seguridad social (7ª y 16ª) del Derecho Civil. En éste se configura un núcleo duro, intangible, en el cual no pueden inmiscuirse las Comunidades Autónomas. Ese contenido esencial comprende la determinación de las fuentes (con respecto, en este último caso, –y sólo en él– al Derecho Foral o especial), las reglas para aplicación y eficacia de las normas jurídicas, así como para resolver los conflictos de leyes (Derecho Internacional privado), el régimen de las formas de matrimonio, las bases de las obligaciones contractuales y la ordenación de los registros (civil, de la propiedad, mercantil, etc.) e instrumentos públicos (el notariado). Desde la misma perspectiva de la competencia estatal exclusiva sobre la materia se enumeran, antes y después, otros aspectos; como la nacionalidad (2ª) o el crédito, la banca, los seguros (11ª) y los transportes, aéreo y terrestre (20ª y 21ª) que parecen mas cercanos al territorio del Código de comercio. En la misma línea discursiva pueden situarse las propiedades especiales, a caballo del Derecho civil y del administrativo: intelectual e industrial (9ª), aguas (cuando discurran por mas de una Comunidad Autónoma) (22ª), minas y energía (25ª), así como el patrimonio cultural, artístico y documental (28ª).

Fuera de la jurisdicción civil, por expresa reserva de la Ley Orgánica, corresponderá a la jurisdicción militar la prevención de los juicios de testamentaría y de abintestato de los miembros de las Fuerzas Armadas que, en tiempo de guerra, fallecieren en campaña o navegación, limitándose a la práctica de la asistencia imprescindible para disponer del sepelio del difunto y la formación del inventario y aseguramiento provisorio de sus bienes, dando siempre cuenta a la autoridad judicial civil competente. (art. 9, 2 LOPJ).

También le fue desgajada la atribución para declarar la nulidad de los convenios o pactos con cláusulas restrictivas de la competencia, que correspondía al sedicente Tribunal de Defensa de la Competencia, hoy extinguido (29). Por otra parte, objeto de la jurisdicción del Tribunal de Cuentas es la responsabilidad contable, una subespecie de la responsabilidad patrimonial aun cuando inserta en y derivada de una relación jurídica publica. Y no se olvide, a diferencia del sistema anglosajón y con ventaja del nuestro, que la acción civil derivada del delito o falta puede ser ejercida ante la jurisdicción penal y lo es siempre por el Fiscal si los perjudicados no se personan en el proceso.

Esta jurisdicción está a cargo, genéricamente, de los Jueces de Primera Instancia, que en las grandes poblaciones tienen modalidades especializadas: de Familia, de Menores y Mercantiles. La segunda instancia, mediante el recurso de apelación, corresponde a las Secciones de las Audiencias Provinciales y los recursos de casación y de revisión a la Sala Primera, de lo Civil, del Tribunal Supremo. En otros tiempos, a partir de 1907, para los asuntos cuantitativa o cualitativamente menos importantes, funcionaron los Jueces Municipales (que eran reclutados entre los miembros de la Carrera judicial) y desde 1944 los Jueces Comarcales y los Municipales que formaban escalafón aparte, desaparecidos en 1985 como consecuencia del art. 122 de la Constitución donde se encomienda el ejercicio de la función jurisdiccional a un "Cuerpo único".

Este sector jurisdiccional puede ser calificado como matriz o residuario, según reconoce la Ley Orgánica en cuya virtud "los Tribunales y Juzgados del orden civil conocerán, además de las materias que le son propias, de todas aquellas que no estén atribuidas a otro orden Jurisdiccional" (art. 9.2. LOPJ). Consecuencia directa de este carácter es la función supletoria que cumple la Ley de Enjuiciamiento Civil "en defecto de las leyes que regulan los procesos penales, contencioso-administrativos, laborales y militares" (art. 4 LEC 1/2000, de 7 de enero). Sobraba la enumeración, que además olvida los sectores contable y constitucional, donde también es invocada para tal función. Por otra parte, no es la Ley de Enjuiciamiento Civil la que puede y debe marcar los límites de su aplicación en otros sectores jurisdiccionales, sino las leyes reguladoras de estos, en su caso y con los oportunos matices como ocurre con la Ley Orgánica del Tribunal de Cuentas donde se declara la supletoriedad también de la Leyes de lo contencioso-administrativo y de enjuiciamiento criminal.

1.2. La jurisdicción penal

El proceso penal es bifásico y, por ello, tiene un doble objeto. En la fase de instrucción lo delimita muy bien la Ley de Enjuiciamiento Criminal (una de las joyas de nuestra literatura jurídica) cuando explica que el sumario, y por tanto cualquier procedimiento análogo, está constituido por "las actuaciones encaminadas a preparar el juicio y practicadas para averiguar y hacer constar la perpetración de los delitos con todas las circunstancias que puedan influir a su calificación y la culpabilidad de los delincuentes, asegurando sus personas y las responsabilidades pecuniarias de los mismos "(art. 299 LE Crim.).

La segunda fase, el acto del juicio oral, tiene lugar en el estrado y en audiencia publica, salvo casos excepcionales, ante el Juez de Paz, el de lo Penal (ordinarios o centrales), las Secciones *ad hoc* de las Audiencias Provinciales y la Sala dc lo Penal de la Audiencia Nacional. Para la casación y la revisión actúa la Sala Segunda del Tribunal Supremo. El procedimiento de ejecución de lo juzgado lo llevan los Jueces de Vigilancia Penitenciaria.

En este sistema hay dos piezas que chirrían ostensiblemente. La prensa y los demás medios, caja de resonancia, se hacen eco de esta crisis que a mí me parece, lo adelanto ya, una crisis de identidad. Aquí está la honda raíz de todas las tensiones institucionales que fue expuesta por mí en la primavera de 1992 en una conferencia dada en los viejos Cuarteles del Conde Duque[(30)]. Esas dos piezas son el Fiscal y el Juez de Instrucción, interrelacionadas funcionalmente en un grado muy alto. La Constitución encomienda al primero la misión de promover la acción de la justicia en defensa de la legalidad, de los derechos de los ciudadanos y del interés público tutelado por la Ley, de oficio o a petición de los interesados, así como velar por la independencia de los Tribunales y procurar ante estos la satisfacción del interés social. El Ministerio Fiscal ejerce sus funciones por medio de órganos propios, conforme a los principios de unidad de actuación y dependencia jerárquica y con sujeción, en todo caso, a los de legalidad e imparcialidad. El Fiscal General del Estado será nombrado por el Rey, a propuesta del Gobierno, oído el Consejo General del Poder Judicial, cuyo parecer no es vinculante.

La Constitución, en este su art. 124, parte –como en otras instituciones– de un modelo preexistente que, sin embargo, sufre una metamorfosis inevitable por obra de la misma estructura constitucional y, sobre todo, de su talante. Ese modelo, vivo en 1978 y después, hasta la promulgación del Estatuto Fiscal y de la Ley Orgánica del Poder Judicial 6/1985, de 1 de julio, es el que contenía la Ley Montero Ríos, provisionalmente vigente durante 115 años, donde el ministerio fiscal (con minúsculas) había de velar por la observancia de la Ley (ésta y las demás) y promover la acción de la justicia en cuanto concerniera al interés público, teniendo la representación del Gobierno en sus relaciones con el Poder Judicial (art. 763). En tal condición, el Fiscal formaba parte de las Salas de Gobierno del Tribunal Supremo y de las Audiencias Territoriales, así como de la Nacional luego. El Fiscal del Tribunal Supremo, que nombraba el Rey, a propuesta del Gobierno, era el jefe del Ministerio Fiscal en toda la Monarquía, bajo la inmediata dependencia del Ministro de Gracia y Justicia (art. 841), como lo fueron también el Fiscal General de la República y el del Reino.

Las relaciones entre el Ministerio Fiscal y la judicatura han sido siempre fraternales, impuestas por la naturaleza o la Ley, no amistosas (éstas se eligen). Uña y carne, el Ministerio Fiscal la uña. Me refiero a las relaciones institucionales, nunca a las personales que siempre estuvieron presididas por la cordialidad. Al Fiscal, encargado de defender una independencia que a veces era el primero en menoscabar, se le entregaba la vigilancia de la administración de Justicia (art. 938 LOPJ) en calidad de "comisario político" utilizando la figura nacida en la guerra civil rusa consecuente con la Revolución de Octubre para "marcar" a los oficiales profesionales del Ejército Rojo, llamados "nabos" porque eran rojos por fuera pero blancos por dentro. Pues bien, este modelo obsoleto e incompatible con la Constitución no es el que acogen la Ley Orgánica del Poder Judicial ni el Estatuto. Sin embargo, quedan reliquias en otras leyes como la de enjuiciamiento criminal, que da al Fiscal vara alta en la fase sumarial, donde se le siguen otorgando no sólo la vigilancia sino facultades exorbitantes. Y aquí se produce la intersección en los itinerarios del Ministerio Público y el Juez de Instrucción. Este tampoco acaba de perfilar su imagen y se debate en un mundo de contradicciones que saltan a la calle. Nadie parece querer un Juez-Policía, sino un Juez-Garantía, no guardia sino guardián, pero no faltan tentaciones ni quienes aplaudan cuando los conviene a los jueces de asalto. La raíz de este fenómeno, al que coadyuvan circunstancias ambientales, no es otra sino que la instrucción sumarial, o equivalente, en manos de un juez, sufre el rechazo de la configuración constitucional del Poder Judicial. Este tiene a su cargo, con carácter exclusivo y excluyente, juzgar y ejecutar lo juzgado, nada menos pero nada más. La función de instruir el proceso penal es materialmente administrativa, no jurisdiccional y en otros sistemas se le encomienda al Fiscal, como ya ocurre aquí en la jurisdicción de menores.

1.3. La jurisdicción contencioso-administrativa

Los Jueces y Tribunales del orden contencioso-administrativo conocerán de las pretensiones que se deduzcan en relación con la actuación de las Administraciones públicas sujeta al Derecho Administrativo, con las disposiciones generales de rango inferior a la Ley y con los Decretos legislativos en los términos previstos en el artículo 82.6 de la Constitución, de conformidad con lo que establezca la Ley de esta jurisdicción. También conocerán de los recursos contra la inactividad de la Administración y contra sus actuaciones materiales que constituyan vía de hecho.

Conocerán, asimismo, de las pretensiones que se deduzcan en relación con la responsabilidad patrimonial de las Administraciones públicas y del personal a su servicio, cualquiera que sea la naturaleza de la actividad o tipo de relación del que se derive. Si a la producción del daño hubieran concurrido sujetos privados, el demandante deducirá también frente a ellos su pretensión por la vía contencioso-administrativa.

Este orden judicial que más adelante se analizará a fondo, está a cargo de los Jueces de lo Contencioso-administrativo, de los cuales los hay también Centrales, así como de las Salas correspondientes en la Audiencia Nacional y en los Tribunales Superiores de Justicia que juzgan en apelación pero también en única instancia. La Sala Tercera del Tribunal Supremo es el coronamiento de esta estructura en sede casacional y de revisión.

1.4. La jurisdicción de menores

La jurisdicción de menores tiene competencia para conocer de los hechos cometidos por las personas mayores de catorce años y que no lleguen a dieciocho, tipificados como delitos o faltas en el Código Penal o las Leyes penales especiales y para ejecutar las sentencias, así como para resolver sobre las responsabilidades civiles derivadas de ellos. Así dice la Ley Orgánica 5/2000, de 12 de enero, reguladora de la responsabilidad penal de los menores en sus arts. 1° y 2°. El proceso correspondiente sigue siendo bifásico pero aquí se encomienda la instrucción al Fiscal que "dirigirá personalmente la investigación de los hechos y ordenará que la policía judicial practique las actuaciones necesarias para la comprobación de aquellos y de la participación del menor en los mismos, impulsando el procedimiento" (art. 6°). La "fase de audiencia" corresponde al Juez de Menores común o central (creado para el enjuiciamiento de la *kale borroka*) contra cuya Sentencia cabe recurso de apelación ante la correspondiente Audiencia Provincial o la Sala de lo Penal de la Audiencia Nacional si fuere Central. Son recurribles en casación las sentencias en que se hubiere impuesto una de las medidas previstas para delitos graves y para los cometidos con violencia o intimidación, en grupo o dentro de una banda (art. 38-42)[(31)]

1.5. La jurisdicción social

Llamada también de "trabajo" o "laboral" fue creada como tal por el Fuero del Trabajo de 1938, primera sin saberlo de la Leyes Fundamentales del Nuevo Estado que surgió como consecuencia de la rebelión militar del 18 de julio de 1936, habiendo sido ejercida por las Magistraturas de Trabajo, el Tribunal Central de Trabajo y la Sala Sexta, de lo Social del Tribunal Supremo. A partir de 1986 los órganos jurisdiccionales del orden social han conocido de las pretensiones que se promuevan dentro de esa rama del Derecho en conflicto tanto individuales como colectivos y en concreto las "cuestiones litigiosas"

a) *Entre empresarios y trabajadores como consecuencia del contrato de trabajo, salvo lo dispuesto en la Ley Concursal, que corresponderán a la jurisdicción civil (disp. final 15ª de la Ley 22/2003).*

b) *En materia de seguridad social, incluida la protección por desempleo.*

c) *En la aplicación de los sistemas de mejoras de la acción protectora de la Seguridad Social incluidos los Planes de Pensiones y contratos de seguro siempre que su causa derive de un contrato de trabajo o Convenio Colectivo.*

d) *Entre los asociados y las Mutualidades, excepto las establecidas por los Colegios Profesionales*[(32)] *así como entre las fundaciones laborales o entre estas y sus beneficiarios sobre cumplimiento, existencia o declaración de sus obligaciones específicas y derechos de carácter patrimonial, relacionados con los fines y obligaciones propios de esas entidades.*

e) *Contra el Estado cuando le atribuya responsabilidad la legislación laboral.*

f) *Contra el Fondo de Garantía Salarial en los casos que le atribuya responsabilidad la legislación laboral.*

g) *Sobre constitución y reconocimiento de la personalidad jurídica de los Sindicatos, impugnación de sus Estatutos y su modificación.*

h) *En materia de régimen jurídico específico de los Sindicatos, tanto legal como estatutario, en lo relativo a su funcionamiento interno y a las relaciones con sus afiliados.*

i) *Sobre constitución y reconocimiento de la personalidad jurídica de las Asociaciones empresariales*(33)*, impugnación de sus Estatutos y su modificación.*

j) *Sobre la responsabilidad de los Sindicatos y de las Asociaciones empresariales por infracción de normas de la rama social del Derecho.*

k) *Sobre tutela de los derechos de libertad sindical.*

l) *En procesos de conflictos colectivos.*

m) *Sobre impugnación de Convenios Colectivos*

n) *En procesos sobre materias electorales, incluida la denegación de registro de actas electorales, incluso cuando se refieran a elecciones a órganos de representación del personal al servicio de las Administraciones públicas.*

ñ) *Entre las Sociedades cooperativas de trabajo asociado o anónimas laborales y sus socios trabajadores por su condición de tales.*

o) *Entre los empresarios y trabajadores como consecuencia del contrato de puesta a disposición.*

p) *En relación con el régimen profesional, tanto en su vertiente individual como colectiva, de los trabajadores autónomos económicamente dependientes*(34)*.*

La jurisdicción social se extiende al campo del orden contencioso-administrativo en los supuestos de resoluciones administrativas relativas a la imposición de cualquiera sanción por todo tipo de infracciones de orden social(34) y a la regulación de empleo y actuación administrativa en materia de traslados colectivos (arts. 1, 2, y 3.2 LPL).

Los Jueces de lo Social conocerán en única instancia de todos los procesos atribuidos a este orden judicial salvo los reservados a las las Salas de lo Social de los Tribunales Superiores de Justicia que tienen a su cargo.

a) *En única instancia los procesos sobre las cuestiones a que se refieren los apartados g, h, i), k), l) y m) del art. 2 cuando extiendan sus efectos a un ámbito territorial superior al de la circunscripción de un Juzgado de lo social y no superior al de la Comunidad Autónoma, así como de todos aquellos que expresamente les atribuyan las leyes.*

b) *Los recursos de suplicación contra las resoluciones dictadas por los Juzgados de los Social de su circunscripción*

c) *Las cuestiones de competencia que se susciten entre los Juzgados de lo Social de su circunscripción.*

A la Sala de lo Social de la Audiencia Nacional le corresponde el conocimiento en única instancia de los procesos a que se refieren los apartados g), h), i), k), l) y m) del art. 2 cuando extiendan sus efectos a un ámbito territorial superior al de una Comunidad Autónoma.

La Sala de lo Social, Cuarta del Tribunal Supremo, enjuiciará los recursos de casación y de revisión contra sentencias firmes dictadas por los órganos jurisdiccionales del orden social, así como las cuestiones de competencia trabadas entre los que no tengan otro superior jerárquico común (arts. 6 al 10 LPA).

La Ley de contrato de trabajo de 1969 consideraba trabajadores a los aprendices, recibieran o no salario o pagaren un suplemento al empresario; los obreros a domicilio; los que ejercieran profesiones manuales o mecánicas o trabajos triviales; los empleados, incluso los dedicado a la contabilidad y gestión; los trabajadores intelectuales y, en general, todos los que desarrollaren su actividad en situación de dependencia y recibieren por su resultado una retribución, incluyendo también, aunque no se encuentraren sometidos a una jornada determinadas o a vigilancia en su actividad, a aquellas personas naturales que intervengan en operaciones de compraventa de mercancías por cuenta de uno o mas empresarios, siempre que las operaciones exijan la aprobación empresarial o su conformidad y que no quedare el interesado obligado a responder del buen fin o de cualquier otro elemento de la operación (art. 6°).

2. Las jurisdicciones especiales

2.1. Militar

La jurisdicción militar, cuya existencia autoriza la Constitución (art. 117.5) en el ámbito estrictamente castrense, ha sido calificada como "especial" por el Tribunal Constitucional (SSTC 75/182, 111/1984, 105/1985, 66/1986, 93/1986,194/1989, 4/1990,44/1991, 60/1991, 106/01992, 204/1999, 1/195, 113/1995,161/1995 y otras muchas posteriores). Esta doctrina jurisprudencial se refiere a la vertiente penal de la justicia militar, cuyo perímetro sin embargo es mas extenso. En efecto, tiene otro aspecto, muy importante, el contencioso-disciplinario, excluido del orden judicial contencioso-administrativo por el apartado b) del art. 3º de la Ley reguladora de esta jurisdicción 29/1998, de 13 de julio. No se olvide por otra parte la competencia en materia civil que le reserva la Ley Orgánica del Poder Judicial.

> "*La jurisdicción militar, integrante del Poder Judicial del Estado, administra justicia en nombre del Rey, ejerciendo la potestad jurisdiccional militar, juzgando y haciendo ejecutar lo juzgado" y, en consecuencia, "todo órgano militar, en el ámbito de su competencia será juez ordinario predeterminado por la Ley." (Arts. 1 al 3).*

Tras tales declaraciones iniciales la Ley Orgánica 4/1987, de 15 de julio, precisa que en tiempo de paz, la jurisdicción militar será competente en materia penal para conocer de los siguientes delitos y faltas:

> 1. *Los comprendidos en el Código Penal Militar (L.O.13/1985, de 9 de diciembre) incluso en aquellos supuestos en que, siendo susceptibles de ser calificados con arreglo al Código Penal común, les corresponda pena mas grave con arreglo a este último, en cuyo caso se aplicará este.*
> 2. *Los cometidos durante la vigencia del estado de sitio que se determinen en su declaración.*
> 3. *Aquellos que señalen los tratados, acuerdos o convenios internacionales en España sea parte, de los casos de presencia permanente o temporal fuera del territorio nacional del Fuerzas o Unidades españolas de cualquier ejército".*

Cuando no existan tratados, acuerdos o convenios aplicables, todos los tipificados en la legislación española siempre que el inculpado sea español y se cometan en acto de servicio o en los lugares o sitios que ocupan Fuerzas o Unidades militares españolas. En este supuesto, si el inculpado regresare a territorio nacional y no hubiere recaído sentencia, los órganos de la jurisdicción militar se inhibirán a favor de la ordinaria, salvo que se tratare de delitos militares o en estado de sitio.

En tiempo de guerra y en el ámbito que determine el Gobierno, la jurisdicción militar se extenderá además a los siguientes delitos y faltas:

> *1. Los que se determinen en tratados con potencia u organización aliadas; 2. Los comprendidos en la legislación penal común, cuyo conocimiento se le atribuya por las leyes, por las Cortes Generales o por el Gobierno, cuando estuviera autorizado para ello; 3. todos los tipificados en la legislación española, si se cometen fuera del suelo nacional y el inculpado es militar español o persona que siga a las Fuerzas o Unidades españolas. 4. Todos los cometidos por prisioneros de guerra (arts. 12, 13 y 14 LOJM) y 50 los delitos conexos.*

El Código Penal Militar aclara que la expresión "en tiempo de guerra" comprende el periodo que comienza con la declaración formal de guerra, al ser decretada la movilización para una guerra inminente o con la ruptura generalizada de las hostilidades con potencia extranjera, y termina en el momento en que cesen estas (art. 14 CPM).

> "*Corresponde a la jurisdicción militar la tutela de los derechos de quienes recurran contra sanciones impuestas en aplicación de la Ley Orgánica de Régimen Disciplinario de las Fuerzas Armadas, de los derechos que concedan las normas de su desarrollo y la tutela jurisdiccional de quienes recurran contra sanciones impuestas en vía judicial militar. También será competente la jurisdicción militar para imponer sanciones en vía disciplinaria judicial a todos cuantos intervengan en los procedimientos judiciales militares y a los que infrinjan la policía de estrados* (arts. 17 y 18 LOJM).

Los órganos que ejercen esta jurisdicción son los Jueces Togados Militares Centrales y Territoriales pertenecientes a los Cuerpos Jurídicos de los Ejércitos, a quienes corresponderá entre otras atribuciones, la instrucción y fallo de los procedimientos por falta común seguidos contra las personas con fuero ante el Tribunal Militar Central o los Territoriales así como los que se nombren o desempeñen las mismas funciones fuera del "suelo" nacional (arts. 57, 61 y 63 LOJM).

Conviene recordar que, con arreglo a la doctrina sentada por el Tribunal Constitucional para la jurisdicción ordinaria, las funciones instructora y juzgadora son incompatibles en una misma persona, por contaminar su imparcialidad. De otra parte, a los Jueces Militares Togados se les encomienda la instrucción de los procedimientos penales militares cuyo conocimiento corresponda a los Tribunales Central o Territoriales. En el caso del Tribunal Supremo tal función corresponderá a uno de los Magistrados de la Sala *ad hoc*. Los Tribunales Militares Territoriales tienen a su cargo el enjuiciamiento de los procedimientos por delito cometidos en su territorio y de los recursos jurisdiccionales en materia disciplinaria militar por sanciones impuestas a los mandos militares y no reservados al Central o al Supremo, así como de los recursos de apelación contra las Sentencias de los Jueces Togados (art. 45 LOJM). Lo presidirá un Coronel Auditor con cuatro Vocales Togados entre los cuales se designará al ponente y otros tantos Vocales Militares (art. 46, 49 y 50).

El Tribunal Militar Central, presidido por un Consejero o Ministro Togado, cuatro Generales Togados y otros tantos de Brigada o Contralmirantes, conocerá:

> *1º de los procedimientos que no estando atribuidos al Tribunal Supremo, se instruyan por delito cometido contra militares con empleo igual o superior a Comandante o a Capitán de Corbeta, los Laureados de San Fernando a título individual, las autoridades y funcionarios civiles que no teniendo fuero personal reservado al Tribunal Supremo gozasen de aforamiento personal especial en la jurisdicción ordinaria y los componentes de los Tribunales Territoriales, Fiscales y Secretarios Relatores, 2º De las apelaciones y recursos contra las sentencias y otras resoluciones de los Jueces Togados Centrales y contra las decisiones en materia de conflictos juris-*

diccionales de los Tribunales Territoriales; y 4º de los recursos jurisdiccionales en materia disciplinaria militar contra las sanciones impuestas o reformadas por el jefe del Estado Mayor de la Defensa, los Jefes de Estado Mayor de cada Ejército, Subsecretario de Defensa, Director General de la Guardia Civil y Oficiales Generales (art. 34 LOJM).

En la cúspide, la Sala de lo Militar, Quinta del Tribunal Supremo, conocerá de los recursos de casación y revisión contra las resoluciones de los Tribunales Militares Central y Territoriales, de la instrucción y enjuiciamiento en única instancia de los procedimientos por delitos y faltas no disciplinarias contra los Capitanes Generales, Tenientes Generales y Almirantes, miembros del Tribunal Militar Central, Fiscal Togado y Fiscales de la Sala de lo Militar del Tribunal Supremo y del Central. Le corresponden también los recursos jurisdiccionales en materia disciplinaria contra las sanciones impuestas o reformadas por el Ministro de Defensa y contra las sanciones disciplinarias judiciales impuestas a quienes ejerzan funciones judiciales, fiscales o de Secretarios Relatores y no pertenezcan a la propia Sala (art. 23 LOJM).

2.2. Contable

Toda jurisdicción se identifica por su objeto, y en la contable éste constituye el cuarto punto de conexión, que cronológicamente ha de situarse al final del itinerario: el resultado de la fiscalización, que ha de conllevar la exoneración del cuentadante (lo es todo aquel que maneja fondos públicos) o la declaración cuantificada e individualizada de la responsabilidad patrimonial en que haya podido incurrir, así como la exigencia coactiva, en su caso. El núcleo medular de la jurisdicción propia del Tribunal de Cuentas y el objeto que delimita sus distintos procesos, entendida esta expresión en su sentido más estricto es el concepto de la responsabilidad contable, y –por ello– constituye el eje de Ley Orgánica 2/1982, de 12 de mayo[(35)] que le dedica su título IV con ese mismo epígrafe y cuyo artículo 38 dice así:

"*1. El que por acción y omisión contraria a la ley originare el menoscabo de los caudales o efectos públicos quedará obligado a la indemnización de los daños y perjuicios. 2. La res-*

ponsabilidad podrá ser directa o subsidiaria. 3. La responsabilidad directa será siempre solidaria y comprenderá todos los perjuicios causados. 4. Los responsables subsidiarios lo serán mancomunadamente entre sí. La cuantía de su responsabilidad se limitará a los perjuicios que sean consecuencia de sus actos, y podrá moderarse en forma prudencial y equitativa. 5. Las responsabilidades, tanto directas como subsidiarias, se transmiten a los causahabientes de los responsables por la aceptación expresa o táctica de la herencia, pero solo en la cuantía a que ascienda el importe líquido de la misma".

Con independencia y al margen de los supuesto concretos de la responsabilidad contable en sus distintas modalidades, de su transmisibilidad o de las circunstancias que permiten su exclusión o moderación, conviene añadir en este momento que su configuración jurídica no difiere sustancialmente del esquema común de la responsabilidad civil o patrimonial. En esta categoría genérica queda enraizada la contable, cuya especificidad está determinada por el ámbito en que se origina –el sector "público"–, que implica la presencia de las Administraciones "públicas" por afectar al manejo de caudales "públicos". Las peculiaridades de su régimen jurídico no son sino el reflejo de la intangibilidad ideal del patrimonio colectivo y de las garantías instrumentadas para hacerla realidad.

Con arreglo al capítulo II de la Ley de Funcionamiento 7/1985, de 5 de *abril, la jurisdicción contable se ejercerá por los siguientes órganos:*

a) Los Consejeros de Cuentas a quienes corresponde el conocimiento y fallo, en única instancia, de los expedientes de cancelación de fianzas en que no se hubieran deducido pretensiones de responsabilidad contable y, en primera instancia, de los juicios de cuentas, de los procedimientos de reintegro por alcance y de los restantes procedimientos de cancelación de fianzas. También conocerán de los incidentes de recusación promovidos contra los Secretarios y el resto de los funcionarios que intervengan en los procedimientos jurisdiccionales de su competencia por las causas y trámites establecidos en las Leyes Orgánica del Poder Judicial y de Enjuiciamiento Civil (art. 53).

b) *La Sala del Tribunal de Cuentas que, en única instancia, conocerán de los recursos que se formulen contra resoluciones dictadas por las Administraciones Públicas en materia de responsabilidades contables en aquellos casos expresamente previstos por las Leyes.*

En segunda instancia juzgará de las apelaciones deducidas contra las resoluciones dictadas por los Consejeros de Cuentas en los juicios de cuentas, en los procedimientos de reintegro por alcance y en los expedientes de cancelación de fianzas así como de los recursos de queja por inadmisión de la apelación acordada por los Consejeros de Cuentas en tales asuntos y de los recursos de súplica contra las resoluciones de la propia Sala.

También le corresponderá el enjuiciamiento se los incidentes de recusación promovidos contra los Consejeros de Cuentas, Secretarios y restantes funcionarios que intervengan en los procedimientos jurisdiccionales de su competencia, por las causas y trámites establecidos en las Leyes Orgánica del Poder Judicial y de Enjuiciamiento Civil, sin perjuicio de lo que dispone el artículo 3,m), de la presente, así como de los recursos formulados en las actuaciones previas a la exigencia de responsabilidades contables en vía jurisdiccional (art. 54).

La Ley Orgánica 2/1982, de 12 de mayo, vincula funcionalmente el enjuiciamiento contable con el Poder Judicial a través del Tribunal Supremo, una de cuyas Salas (de lo Contencioso-Administrativo) habría de conocer de los recursos de casación y de revisión contra las resoluciones del de Cuentas, en los casos y en la forma que determinas la Ley de Funcionamiento (art. 45)que ratifica, como no podía ser menos, tal solución (art. 52)[36], sin olvidar que las Salas Primera y Segunda de aquél le seguía correspondiendo la exigencia de las responsabilidades civil y penal en que pudieran incurrir los miembros de aquél (art. 33.1).

La Ley Orgánica del Poder Judicial, anunció la unificación de las tres Salas de lo Contencioso –administrativo, que llevó a cabo en 1989 la Ley de Planta y Demarcación Judicial, encomendando a la Tercera el enjuiciamiento en casación, aunque tal no diga, de los recursos contra las Sentencias y Autos del Tribunal de Cuentas (art. 58.5.º), así como en única instancia de los recursos contencioso-administrativos interpuestos contra los actos y disposiciones procedentes de él en materia de personal y administración[37]. La Sentencia de

18 de octubre de 1986 se había anticipado a extender a la función fiscalizadora, por su naturaleza intrínseca, el ámbito de este enjuiciamiento contencioso-administrativo[38].

2.3. *Constitucional*

Su ámbito aparece configurado en el art. 161 de la Constitución en lo principal, con el complemento del art. 163 donde se configura la "cuestión" de constitucionalidad.

3. Los Tribunales Europeos

En el primer capítulo intenté deslindar la situación del Tribunal Constitucional español en su relación con los dos Tribunales Europeos. Sin embargo, no resulta ociosa en este tramo final una última alusión al tema. Tengo la impresión de que la actitud de todos los Tribunales Constitucionales de los Estados miembros de la Unión Europea respecto del Tribunal de Justicia es reticente y en ella la espontaneidad no parece la virtud dominante, aun cuando eufemísticamente se hable de "diálogo" entre unos y otros, pues se produce con una cierta desconfianza larvada. En los Tribunales Constitucionales puede apreciarse una mal disimulada "soberbia institucional", contemplando con recelo las actuaciones del Tribunal de Luxemburgo[39], con el mismo recelo que a veces los jueces nacionales sienten hacia sus propios Tribunales Constitucionales. ¿Por qué? Pues, en parte, porque éstos se exceden a veces en el ejercicio de sus atribuciones llevados por una dinámica "activista". Me temo que con el Tribunal de Justicia pueda ocurrir lo mismo. Es una inclinación muy humana, pues el poder lleva dentro de sí una inevitable vocación expansiva. En definitiva, nada tiene de extraño que existan fricciones entre instituciones convergentes, que a veces se solapan. Son normales, sobre todo cuando funcionan bien, aunque parezca una paradoja. Hay que aceptarlas, pues, como signo de vitalidad y efecto fisiológico del sistema.

IV.
LA DETERMINACIÓN LEGAL DEL JUEZ

1 Juez natural, juez ordinario predeterminado y juez especial

La noción de "juez natural" que se utiliza profusamente, con la tenacidad con que se manejan todos los tópicos o lugares comunes, carece de perfil y es un concepto difuso y confuso. Si se parte del hecho obvio de que toda organización, judicial o no, es artificial y artificiosa, resulta difícilmente viable la concepción de un juez natural, que recuerda la presencia de un hechicero en cada poblado. No parece que pueda encontrarse una definición de lo que tal espécimen sea en los filósofos del Derecho o en los procesalistas. Mas bien se ha utilizado siempre como arma arrojadiza, con una carga política muy específica y nunca como una categoría intelectualmente acuñada.

La figura del llamado "juez natural" debe, pues, para tener sentido, ligarse a las misiones de garantía y amparo que corresponden a la potestad judicial y oponerse a la existencia del Juez *ad hoc*, elegido para un caso concreto y *ex post facto*. En esta línea, es mas claro y constructivo el concepto del juez predeterminado, que –por otra parte– es el utilizado en el artículo 24.2 de la Constitución, donde se proclama como fundamental el derecho de todos al "Juez ordinario predeterminado por la Ley".

A su vez, la dicotomía Juez ordinario –Juez especial que ya se encuentra en el Fuero Juzgo[40] enfrenta diversas perspectivas. Por una parte, el primero es siempre un órgano del esquema normal de la estructura judicial y, en tal sentido, no se opone y es compatible con la existencia de órganos especializados no sólo en función del objeto procesal (órdenes judiciales civil, penal contencioso-administrativo, laboral y otros), sino del grado funcional (primera instancia o instrucción, apelación, casación) dentro de cada uno de tales cauces. La calificación de Juez especial se conecta unas veces a la composición de los órganos que juzgan, si sus miembros son seleccionados de forma distinta, o entre personas con cualificación diferente a la de quienes tienen a su cargo, como tarea profesional, la de juzgar. Otras veces, se liga al objeto procesal, cuando éste sólo se extiende a un sector de asuntos delimitados por razón de personas, materias, lugar o tiempo.

A lo largo de casi un siglo y hasta la creación de la Audiencia Nacional en 1977, el artículo 304 de la Ley de Enjuiciamiento Criminal había permitido que la Sala de Gobierno del Tribunal Supremo nombrara Juez especial para la instrucción de sumarios con ocasión de delito o delitos cometidos en lugares pertenecientes a la jurisdicción de mas de una Audiencia Territorial o en aquellos casos en que por las circunstancias del hecho lo estimare conveniente. Junto a tales circunstancias "extraordinarias" del delito en sí, se enumeraban, como orientación, otras subjetivas (personas que hubieren intervenido como ofensores u ofendidos) y espaciales o temporales (lugar o tiempo de ejecución). Esta norma establecía la posibilidad de que, con la eliminación del Juez natural o previsto legalmente se designara otro *ex post facto,* designación que debía recaer en "cualquier funcionario del servicio activo de la Carrera Judicial". De tal autorización se hizo uso con largueza hasta el abuso, si se recuerda que al finalizar el año 1976 había mas de cien Jueces especiales funcionando. La Ley constitutiva de la Audiencia Nacional eliminó tal sistema, que había sido objeto de constante crítica, muy justificada(41).

El Juez "predeterminado" en el cual quiso percibirse por algunos la figura del Juez natural, implica –en el lenguaje internacional– la existencia de "un tribunal independiente e imparcial, establecido por la Ley" (ar. 6 del Convenio de Roma de 1950), cualidades a las cuales se añade la competencia en el Pacto de Nueva York de 1966 sobre derechos civiles y políticos (art. 14). Es evidente, aun cuando a veces se haya planteado como problemático, que tal exigencia constitucional opera en todos y cada uno de los sectores jurisdiccionales. Sin embargo, fue necesario decirlo para el civil(42), respecto del cual se ha producido una explícita respuesta jurisprudencial del Tribunal Europeo de Derechos Humanos(43) y para el penal(44), así como para el contencioso-administrativo(45) y el militar(46). Pues bien, dentro del perímetro de tal derecho fundamental y, a la vez, principio cardinal de la organización judicial, se encuentran las reglas que, en la Ley Orgánica correspondiente y sólo en ella, a la cual se reserva esta materia constitucionalmente, configuran la predeterminación del juez, en cuya virtud la existencia del juzgador ha de ser anterior a la iniciación del proceso en cuestión. Entre los elementos que sirven para diseñar la silueta de quién ha de juzgar ha de situarse, por supuesto, la composición del órgano judicial, en un sentido abstracto y la designación de sus componentes. Es cierto, y se ha dicho ya, que no cabe exigir el mismo grado de fijeza y predeterminación al órgano que a sus titulares, dadas las diversas contingencias que pueden afectar a éstos en su situación personal[(47)]. La predeterminación del juez se prolonga en el tiempo, sin que pueda ser cambiado una vez iniciada la fase procesal en la cual haya que actuar. A tal efecto, como punto de partida del razonamiento, conviene traer a primer plano algo obvio por lo demás.

En el sistema de producción de normas configurado por nuestro Código Civil, las Leyes se dictan para el futuro y su eficacia respecto de hechos, actos o situaciones se produce desde su entrada en vigor. El fenómeno de la retroactividad es posible si la propia Ley lo autoriza, es obligado si esta ley es de naturaleza penal, pero más beneficiosa para el inculpado (art. 22 del Código Penal de 1995) y es imposible si se tratare de disposiciones sancionadoras no favorables o restrictivas de derechos individuales (art. 9 de la Constitución). Las leyes procesales pertenecen al primer grupo de los tres enumerados mas arriba y, por tanto, no inciden sobre los procesos pendientes, incoados y en marcha, salvo que así lo digan explícitamente como ocurrió con la Ley constitutiva de la Audiencia Nacional (Real Decreto Ley 1/1977, de 4 de enero) o en la mas reciente de Procedimientos Laboral, incidencia retroactiva que, de producirse, afecta habitualmente a instancias completas y no por fases o periodos dentro de un mismo grado jurisdiccional. En el caso de silencio de una nueva Ley, prevalece el principio aceptado por el Real Decreto de 3 de febrero de 1881, que promulgó la de Enjuiciamiento Civil, cuyo art. 3 estableció: “los pleitos pendientes en la actualidad continuarán sustanciándose en la instancia en que se hallen con arreglo a la Ley de hoy vigente” (y que se derogaba en ese mismo momento). Es el fenómeno que doctrinal y jurisprudencialmente se ha bautizado con la expresión latina muy conocida de la *perpetuatio iurisdictionis*, aplicado por ejemplo en la transformación sustantiva y jurisdiccional del régimen jurídico del contrabando por obra de la Ley Orgánica 7/1982, de 13 de julio, según ha reconocido el Tribunal Supremo en numerosas Sentencias[(48)].

En definitiva, y desde una perspectiva transcendente, que ponga orden y concierto en el abigarrado conjunto de normas, no muy bien pergeñadas técnicamente, en un encadenamiento temporal propicio a la confusión, conviene traer el primer plano la figura constitucional del Juez predeterminado legalmente, como derecho fundamental y garantía actuante caso por caso y para cualquier ciudadano. A la luz de este principio queda claro, en mi opinión, que el cambio de la competencia de los Jueces y Tribunales, no obstante la naturaleza genuinamente procesal en su origen de este elemento subjetivo del litigio, incide frontalmente sobre esa predeterminación, aun cuando se haga en masa para todo un conjunto, alterando así el planteamiento inicial. Por ello, ni siquiera la Ley podría dotarse a sí misma de eficacia retroactiva en este concreto aspecto, auque alguna vez el legislador haya caído en esa tentación con la mejor de las intenciones y si lo hiciera, la constitucionalidad de una norma transitoria de tal guisa sería mas que dudosa, porque la Constitución veda la figura del Juez *ad hoc,* cualquiera que fuere el mecanismo utilizado para ello(49).

2. El portaaviones de la Justicia

En la majestuosa armada de la que es buque insignia el Tribunal Supremo destaca la silueta del «portaaviones de la justicia» como califiqué a la Audiencia Nacional el 28 de noviembre de 1991 ante su oficialidad y su tripulación y en presencia de muchos que no pertenecían a ella, pero sí a sus aledaños, sola unidad de nuevo diseño en la planta judicial, porque los Tribunales Superiores son los herederos de las venerables Audiencias Territoriales. Cuando estas palabras mías se publiquen, la Audiencia Nacional habrá cumplido 34 años, cifra sin el atractivo mágico de las terminadas en cero o en cinco. No obstante, en este tiempo de aceleración histórica es ya un período importante, vivido además muy intensamente por las características generales de la época y del país y por las propias de la institución(50). En efecto, el 5 de enero de 1977, como el mejor regalo de Reyes (así se dijo entonces), el Boletín Oficial del Estado abría sus páginas con la Ley para la Reforma Política, la octava Ley fundamental que permitió el paso sin traumas de un régimen autoritario al sistema democrático. Como séquito le acompañaban el Real Decreto-Ley 1/1977, constitutivo de la Audiencia Nacional y dos más, satélites suyos, uno que trasvasaba el enjuiciamiento de los delitos de terrorismo desde la jurisdicción militar a la ordinaria y otro suprimiendo el Tribunal de Orden Público, cuya competencia se restituía a los Jueces de Instrucción y a las Audiencias Provinciales. La coincidencia en la publicación no estuvo buscada de propósito, pero tampoco era obra del azar ni de la casualidad, sino el reflejo de una causalidad histórica ostensible. Dios no juega a los dados, se ha dicho, y yo así lo creo[51].

En mi juventud el Tribunal más conocido en el mundo a través del cine era el Central de lo Criminal de Londres, «Old Bailey», donde la silueta singular de un Charles Laughton con peluca se desenvolvía a sus anchas, unas veces juez, otras abogado. Hoy ha ocupado su puesto en el candelero de lo judicial, al menos en España, la Audiencia Nacional. Nada más fotografiado, filmado o televisado que el tramo de su escalerilla ante la puerta de entrada, esos seis peldaños. Con las cámaras casi permanentemente enfocadas hacia ella prima desde hace años la espectacularidad, el golpe de efecto y en definitiva lo desorbitado y se han replegado en más de una ocasión el respeto a los derechos fundamentales, la seguridad jurídica y el imperio de la ley. De ahí la vocación imperialista a la busca y captura de una "jurisdicción universal", ecuménica y casi cósmica no sólo en el espacio sino también en el túnel del tiempo, tendencia en algún aspecto alentada por algunos "activistas" del Tribunal Constitucional, a veces cerrando los ojos ante las transgresiones y otras con su complicidad como refleja la STC 237/2005, de 26 de septiembre donde, llevando la contraria al Supremo en lo que es propio del Supremo, la interpretación de la legalidad, reconoce la competencia de la Audiencia Nacional para enjuiciar los delitos de genocidio cometidos en cualquier parte del mundo aunque carezcan de conexión alguna con España. En ese caso era Guatemala a instancia de Rigoberta Menchú, Premio Nóbel de la Paz, pero en otros, rastreando crímenes contra la Humanidad, la Audiencia ha enfocado sus reflectores sobre Chile, el Tibet, el Sáhara Occidental o Ruanda y la propia Historia de España, eso sí, con más ruido que nueces parafraseando a Shakespeare. Ahora mismo, cuando esto escribo, un Juez Central de Instrucción ha decidido investigar la matanza en 1989 de seis jesuitas, el ama de llaves y su hija en la Universidad Centroamericana de San Salvador. No sé si es bueno o malo, positivo o negativo, este fenómeno. De todo habrá, digo y más bien me digo yo, complacido a veces y otras desconcertado. Lo cierto es que esta pieza del sistema judicial español, nacida en la etapa de la «transición» para ayudar a traer y guardar la democracia, ha cumplido con creces la misión para la cual fue imaginada, a costa de la brega permanente de sus quinientos servidores, cuya abnegación silenciosa no tiene límites, y en más de una ocasión a costa de su sangre.

En la semana siguiente a su creación, el 12 de enero, fui invitado por Televisión Españolas siendo yo Subsecretario de Justicia, para explicar los motivos que la habían hecho nacer, en un debate con don Antonio Pedrol Ríus, a la sazón Presidente del Consejo General de la Abogacía y con el catedrático de Derecho Penal don José Mª Stampa Braum, bajo la batuta periodística de don Fernando Ónega, en el programa "España hoy" del cual era director don José Javaloyes. Cuanto allí dije y predije sigue siendo válido hoy, una vez que la Audiencia ha pasado por el banco de pruebas de la realidad. Como es natural, en esos primeros días de aquel 1977 todos nosotros, quienes habíamos contribuido a crearla, deseábamos para ella el éxito. Sin embargo, ninguno pudo imaginar que se convertiría con los años, no muchos, en el Tribunal más famoso de España y quizá del mundo, nombrado y mostrado todos los días en la prensa, radio, televisión e *internet*, protagonista de informaciones, editoriales e incluso libros, discursos, tertulias radiofónicas, chistes y hasta leyendas como la del *mal de ojo* que preside el "fatum" del Juzgado Central nº 1 cuyos titulares han salido todos a contrapié, espectáculo, en fin, dentro de una función como la judicial que, no obstante la discreción deseable en su ejercicio, nació ya en la Grecia clásica con vocación dramática. El tiempo transcurrido y los avatares de su biografía han perfilado la silueta de la Audiencia Nacional, poniendo manchas y pliegues en su piel otrora tersa y, con ellas, perfilando su personalidad.

La aparición de la Audiencia Nacional fue saludada a veces con recelo y muchas con hostilidad por quienes, con harto oportunismo, se autocalificaban como «progresistas» y habían gritado "la imaginación al Poder", sin reconocerla cuando la tenían cerca. Era –se decía– una jurisdicción especial, reproche que algún desorientado repite por inercia todavía y se la enfrentaba con la figura del juez natural, chusca invención con una carga política muy específica, olvidando que el juez es siempre artificial. No se da en la naturaleza, sino que es obra de la Historia. Puede hablarse del *homo faber* y hasta del *zoon politikón*, nunca del *homo iudex*. Esa expresión, que se utilizó y aún se maneja profusamente con la tenacidad con que se manejan todos los tópicos o lugares comunes, carece de perfil y es un concepto difuso y confuso que recuerda la figura del chamán en cada poblado. El equivalente exacto y constructivo, como concepto jurídico, es el juez predeterminado por la Ley, expresión afortunada de la Declaración Universal de los Derechos del Hombre proclamada por la Asamblea General de las Naciones Unidas el 10 de diciembre de 1948, que recogería luego el art. 24 de la Constitución Española, como antítesis del juez *ad hoc*, elegido para un caso concreto y *ex post facto*.

La Audiencia Nacional es un complejo de jueces y tribunales encuadrados en el esquema orgánico del Poder Judicial con tres órdenes jurisdiccionales pero abierta, desde el principio, a los demás, que actúa en principio como juez de primera o única instancia. En lo penal es la respuesta judicial a la criminalidad organizada, así como el juez natural de los asuntos que no lo tienen, asumiendo también los que ponen en peligro la seguridad del Estado. En lo contencioso-administrativo es el fuero común de la Administración general del Estado. Y en lo social actúa cuando el conflicto excede del ámbito territorial de las Comunidades Autónomas. No le corresponden, pues, las características de los jueces especiales, ni menos aún de los excepcionales que la Constitución prohíbe. Así lo han reconocido fuera y dentro de España quienes tuvieron que encarar el problema en la única dimensión válida, la realidad jurídica viva, sin prejuicios de escuela ni anteojeras ideológicas.

El primer reconocimiento vino de la Audiencia Territorial de Francfort del Meno (Sentencia de 2 de abril de 1985, extradición *Ruiz Mateos*). Algo después se pronunciaría el Tribunal Constitucional (SSTC 153/1988 y 56/1990), sin que haya faltado el espaldarazo de la Comisión y del Tribunal Europeo de Derechos Humanos con sede en Estrasburgo (Informe de 16 de octubre de 1986 y sentencia de 6 de diciembre de 1988, respectivamente, caso *Barberá, Messegué, Jabardo*). La situación real fue paradójicamente la inversa, ya que con los Jueces Centrales de Instrucción se erradicó la figura de los «jueces especiales» nombrados para el caso que autorizaba desde 1882 la Ley de Enjuiciamiento Criminal (art. 304), de los cuales había a la sazón más de un centenar, cuyos sumarios pasaron al conocimiento de la Audiencia cuando empezó a funcionar el 15 de febrero de 1977. Esta modalidad del «juez especial», existente también en el ámbito civil, no encajaba en el concepto del juez ordinario predeterminado por la Ley que la Constitución desea y así lo dijo el Tribunal Constitucional tempranamente (STC 101/1984). Una vez más quedaba clara la sintonía de la Audiencia Nacional con los valores y principios constitucionales, anticipándose a su proclamación solemne un año más tarde.

Si el enfoque se limita a su vertiente más espectacular, la penal, que ha sido siempre la polémica, recobran toda su actualidad las palabras del preámbulo, que no me resisto a transcribir. «La moderna sociedad industrial, cuyas características ha incorporado España en los últimos decenios con éxito innegable, sufre la proliferación de nuevos modos de delincuencia, de extensión e intensidad desconocidos hasta hace poco tiempo. El tráfico organizado de moneda, drogas y estupefacientes, la existencia de grupos que, bajo apariencias de seriedad empresarial, defraudan a una pluralidad de personas, los supuestos especialmente nocivos de fraudes alimenticios o de sustancias farmacéuticas o medicinales con efectos lesivos dispersos en diversas zonas del territorio nacional, son ejemplos bien expresivos, entre otros posibles, de modalidades delictivas para cuya investigación y enjuiciamiento resulta inadecuada una Administración de Justicia organizada en Juzgados y Audiencias de competencia territorial limitada. De ahí la necesidad de crear órganos de la jurisdicción ordinaria que, sometidos de manera incondicionada a las normas generales de provisión de cargos judiciales y a las de enjuiciamiento que, con carácter también general, regulan el proceso penal, puedan dedicarse con plenitud de garantías para el ciudadano y la sociedad, al conocimiento de este tipo de delitos. Con la creación de la Audiencia Nacional y los Juzgados Centrales» se trata de «satisfacer aquella necesidad».

Pues bien, la Audiencia Nacional, que no fue nunca heredera ni legataria del Tribunal de Orden Público, tampoco se concibió para el terrorismo. No es éste el momento ni el lugar de contar su gestación, que llevó años y empezó en Burgos a mitad de la «década prodigiosa» de los sesenta. El lector curioso podrá encontrar esa historia y mucho más en el bien documentado libro que en 1998 publicó Marta Vilador[52]. Aquí y ahora pido al lector que lo crea así bajo mi palabra. El terrorismo, «*la corrupción del delito político*» en frase del profesor Jiménez de Asúa, ni siquiera aparece mencionado en el Real Decreto-Ley constitutivo de la Audiencia Nacional y le fue adjudicado en la reunión del Consejo de Ministros donde se aprobó, aun cuando encajara plenamente en las coordenadas determinantes de su competencia (unidad de dirección y dispersión territorial de efectos). Los «retos» a los cuales pretendió dar respuesta la nueva Audiencia eran dos, uno por cada uno de los órdenes judiciales que incorporaba en aquel momento. Por una parte, y desde la perspectiva penal, como se ha visto, la «aparición de una nueva y compleja delincuencia». Por su vertiente contencioso-administrativa «el creciente ámbito de la acción administrativa, con multiplicación de los supuestos de revisión jurisdiccional». Estas dos funciones a cumplir están explícitas en la exposición de motivos, de la cual he tomado las palabras antes entrecomilladas Sin embargo, por un fenómeno habitual de hipocresía jurídica, se escamoteó su función integradora, su fuerza centrípeta como foco de atracción para recomponer la unidad jurisdiccional, disgregada en mil pedazos por entonces, anticipándose al mandato constitucional y solo conseguida por obra y gracia de la Ley Orgánica 1/1985 del Poder Judicial. Por de pronto, incorporaba ya los delitos monetarios, hasta entonces en manos de un Juzgado gubernativo de Hacienda, y los de terrorismo, extraídos de la jurisdicción militar.

Al hacer balance de su actuación durante ese tercio de siglo el saldo no puede ser mas positivo. En el ámbito de lo social, la más joven de sus Salas ha trabajado con absoluta normalidad durante el decenio que lleva funcionando. En lo contencioso-administrativo, donde algunos años llegó a dictar más sentencias que todas las Salas Territoriales juntas, con la décima parte de su plantilla, la Audiencia ha cumplido de sobra la misión de aligerar la carga del Tribunal Supremo, preservando además su función constitucional de juez en casación, no de instancia y lo ha hecho con altura y talante abiertos. En lo penal, su Sala ha venido sentando una sólida doctrina jurisprudencial sobre extradición, creando en su día *ex nihilo* un recurso de súplica ante el pleno para configurar así una doble instancia como exige el Convenio de Roma, solución asumida luego por la Ley ahora vigente. Estableció criterios claros y firmes para la renuncia a la jurisdicción española en el cumplimiento de los Tratados hispano-norteamericanos Exigió garantías procesales donde sólo había arbitrariedad y aplicó la equidad en la graduación de las penas donde sólo había desmesura, sin mengua de la eficacia, en los delitos monetarios, cuando estaban regulados por la Ley de 1938 contribuyendo más tarde, a poner en ellos orden y concierto mediante el planteamiento de varias cuestiones prejudiciales ante el Tribunal de Justicia de las Comunidades Europeas, que en 1995 ratificó las tesis propuestas por el Juez Central de lo Penal.

En estas tres décadas tan intensamente vividas por el pueblo español que parecen siglos, la Audiencia Nacional ha estado en la primera línea de la lucha contra el terrorismo, contra la evasión de dinero, cuando fue delictiva y contra el narcotráfico, ha sido martillo eficaz en la delincuencia económica desde el sumario de «Sofico» a nuestros días, dilucidando temas de gran transcendencia y no poca delicadeza: los robos sacrílegos, los vídeos piratas, las primas únicas, las cesiones de crédito, la intoxicación por el aceite de colza con más de 25.000 víctimas que puso a prueba la eficacia del sistema judicial, primer sumario informatizado en nuestra historia o el juicio de los atentados en la estación de Atocha de Madrid el 11 de marzo de 1994, el 11-M, muy bien llevado por los magistrados Fernando García Nicolás y Alfonso Guevara bajo la presidencia de Javier Gómez Bermúdez(53), con otros más sonados pero que a la postre quedaron en agua de borrajas. Ahora y siempre, la criminalidad organizada, cuya investigación es difícil y arriesgada, ha sufrido golpe tras golpe de la Audiencia Nacional, desarticulando tramas y redes mafiosas, estructuras clandestinas con “comandos” y refugios, siempre en primera línea y al principio, durante años, desamparada de todos, sola ante el peligro, con víctimas como Carmen Tagle, fiscal, Fernando de Mateo, uno de sus presidentes o el magistrado José Antonio Jiménez-Alfaro. Tanta fue su gallardía y tanta su entereza, tan profundo su testimonio de fe en el sistema democrático, que las Cortes Generales le encomendaron en 1985 el enjuiciamiento de los delitos de rebelión. Así pues, ese grupo selecto de medio millar de funcionarios al servicio de la Audiencia, bien merece que se reconozca públicamente su trabajo bien hecho y su valor civil.

En un Estado unitario y centralizado la Audiencia Nacional hubiera sido, en cualquiera de sus órdenes jurisdiccionales, un instrumento judicial oportuno y conveniente. En el Estado de las Autonomías creado por la Constitución, cuyo techo va caminando hacia un sistema materialmente federal, esta Audiencia resulta, además, necesaria en el sentido más riguroso de la expresión e imprescindible, porque ocupa el espacio donde no pueden actuar los demás Tribunales territorialmente limitados ni el Supremo por su naturaleza intrínseca de juez último y, como regla, por vía de recurso. En una interpretación analógica, que sacrifica deliberadamente la exactitud a la expresividad, pudiera decirse que la Audiencia Nacional ejerce la parcela jurisdiccional que corresponde a los Tribunales federales en las organizaciones políticas de este tipo, porque, en definitiva, no es un tribunal centralista y ni siquiera central (su sede podría estar en cualquier punto del territorio), sino una valiosa pieza que cierra y completa el esquema organizativo judicial en una configuración descentralizada de los Poderes públicos.

Desde su misma inauguración la Audiencia Nacional ha acaparado los titulares periodísticos y ha polarizado la atención de todos por más de un motivo en ese edificio singular, obra del arquitecto don Manuel Ambrós Escanellas al costado de una de las más bellas plazas de Madrid. Ahora bien, he dicho ya en otros foros que las disfunciones en ella observadas no son suyas y no pueden serle imputadas a título individual. Son defectos, y excesos, del sistema judicial en el cual está inserta, aunque se detecten mejor aquí. Si la justicia tiene vocación de espectáculo, el estrado de la Audiencia Nacional se ha convertido en un gigantesco escenario iluminado por los focos, donde se notan mejor las arrugas y las verrugas, convirtiéndose a veces en teatro y alguna que otra en circo o en charlotada. Los aspectos problemáticos de la figura de los Jueces Centrales de Instrucción, y entre ellos, su inevitable conversión en "juez estrella"; ese híbrido de "showman" y Humphrey Bogart, no se predican solamente de ellos sino de todos los demás Jueces, cuya función y cuyos poderes son idénticos en toda España, abstracción hecha del lugar donde actúen y de los asuntos, más o menos importantes (que los hay y muchos por ahí) de los cuales se ocupen. La Audiencia refleja fielmente la imagen del conjunto, no la suya. Por tanto, hay que poner manos a la obra y acometer la reforma del sistema judicial español, con imaginación y audacia. En los versos de un gran poeta, Francisco de Quevedo, «arrojar la cara importa / que el espejo no hay por qué».

La Audiencia Nacional está viva y, como todo ser vivo, crece si no muere y en su actuación genera tensiones casi siempre por el encontronazo de dos instituciones cuya crisis diagnostiqué hace muchos años, la judicatura y el ministerio público, como nunca sucediera en otros tiempos. Así lo dije con ocasión del "caso Pinochet" hace casi una década cuando el antagonista fue Eduardo Fungairiño, a la sazón Jefe de la Fiscalía. El último episodio de esta serie, muy duro también, se ha producido con ocasión de la *causa general* de la desmemoria histórica, incoada por otro de los Jueces Centrales en un ejercicio de imaginación creadora entre lo macabro y lo ridículo, que provocó una reacción rápida y contundente del Fiscal Jefe, Javier Zaragoza, para poner las cosas en su sitio como así lo hizo a seguido la Sala de lo Penal en un inteligente Auto. Minimizar estos sucesos sería un ejercicio de frivolidad, más propio de avestruces que de juristas. Pues bien, tan insólita situación como muchas anteriores, ha recibido más de una explicación. La primera, muy superficial, es un cuento inacabable de rencillas personales, agravios y represalias. Conozco desde hace años a los protagonistas y antagonistas de esta danza y contradanza, con quienes he convivido profesionalmente como presidente de la Audiencia que fui durante diez años, en dos etapas, y siempre les vi trabajar con denuedo y dedicación, con valentía personal y rigor intelectual, sin contar las horas ni escatimar el esfuerzo. Una segunda versión pone el dedo en la llaga de algunas de las causas criminales en trance de instrucción, con alto voltaje político y una lógica repercusión social, lo que bien pudiera haber sido el factor desencadenante pero no la causa. A mi juicio, la raíz profunda de las tensiones que han aflorado entre jueces y fiscales está más en las instituciones que en los hombres, como no me canso de repetir. La Audiencia Nacional ha sido más de una vez la piedra de toque para detectar disfunciones que no eran suyas, sino del sistema, pero que se notan antes y más intensamente en ella por la naturaleza de los temas y la condición de las personas.

En fin, tiempo y espacio, las dimensiones que algún Juez de la Audiencia maneja con singular desparpajo, se conjuran para hacerme callar por el momento(54). A pesar de las veleidades en torno a su desaparición, deseada por unos pocos, siempre los mismos desde su nacimiento(55), este gran tribunal goza de buena salud en la madurez de su vida, a lo largo de la cual ha triplicado con creces sus efectivos con una imparable fuerza expansiva(56). En mi opinión, quizá teñida por la admiración y el afecto a sus servidores, la Audiencia Nacional sigue siendo una espada bien templada, esa espada que sirve de fiel a la balanza de la Justicia, tan necesaria ahora como lo fuera en un principio. Las instituciones han de estar por encima de la anécdota personal, más o menos espectacular o pintoresca. Lo que importa valorar con vistas al futuro es la función que deben cumplir y si la cumplen bien, en sus líneas maestras, con el margen de error propio de la condición humana. Los hombres pasan[57].

Capítulo quinto

PASADO, PRESENTE Y FUTURO DE LO CONTENCIOSO-ADMINISTRATIVO

I.
CRÓNICA DE UN TRANSPLANTE CON RECHAZO

1. Nacimiento de la jurisdicción contencioso-administrativa

El Estatuto de Bayona estableció ya un Consejo de Estado, presidido por el Rey, dentro de cuyas atribuciones meramente consultivas se encontraba el conocimiento "de la parte contenciosa de la Administración", así como de los conflictos jurisdiccionales y de la citación a juicio de los agentes o empleados de la administración pública (arts. 52, 58 y 59). La Constitución de 1812 creaba también un Consejo de Estado que habría de ser oído "en los asuntos graves gubernativos" (art. 236), expresión ambigua que, sin embargo, el párrafo XXX del discurso preliminar configuraba con alguna mayor precisión: "en él se habría de refundir el conocimiento de los negocios gubernativos que andaban antes repartidos entre los tribunales supremos de la Corte con grande menoscabo del augusto cargo de administrar justicia, de cuyo santo ministerio no deben ser en ningún caso distraídos los magistrados y porque también conviene determinar con toda escrupulosidad y conservar enteramente separadas la facultades propias y características de la autoridad judicial". Este criterio hubiera permitido probablemente, dentro de la lógica del sistema, el nacimiento de una jurisdicción contencioso-administrativa. Sin embargo, ninguno de ambos textos constitucionales tuvo eficacia real, por lo que la situación en este aspecto permaneció inalterada.

En cambio, el Decreto de 13 de septiembre de 1813, aprobado por las Cortes generales y extraordinarias como consecuencia de la supresión del Consejo de Hacienda, encomendaba a la Administración de Justicia el enjuiciamiento de "todos los negocios contenciosos de la Hacienda pública", incluso "las causas y pleitos sobre contratos generales y particulares", así como, "los asuntos contenciosos que ocurran sobre liquidación de cuentas". De aquéllos conocerán los jueces letrados y las Audiencias en segunda y tercera instancia, según el art. 262 de la Constitución; de la "vista y revista" en materia contable se encomendaba a la Audiencia de la Corte, asesorada por "un individuo de la Contaduría mayor o de la Junta Nacional del Crédito Público". Este sistema quedó sin efecto en el trienio constitucional por el Decreto parlamentario de 25 de junio de 1821 (obra de Canga Argüelles), que prohibió a los Tribunales ordinarios el juicio de tales reclamaciones (art. 199) atribuido a la propia Administración pública mediante Juntas de agravios provinciales[(1)].

Tampoco significaron novedad alguna el Consejo de Estado que creó Fernando VII en 1825, ni el Consejo Real establecido por la Reina Gobernadora en 1834, suprimido tres años después. En consecuencia, durante este período no existe la jurisdicción contencioso-administrativa, aun cuando, naturalmente, se produjeran algunos conflictos y reclamaciones respecto de los actos de la Administración que resolvían los ministros de la Corona[(2)]. Por ello, en 1838 se constituye una comisión de notables para organizar esta jurisdicción, sin que el proyecto elaborado llegara a convertirse en ley. Sin embargo, el dato revela que en esta época se adquiere conocimiento de la necesidad de "una jurisdicción especial de naturaleza difícil y compleja, distinta en la esencia y en la forma de la jurisdicción ordinaria, que pueda conocer de los negocios contencioso-administrativos y decidir definitivamente sobre ellos", según explica la exposición del Decreto de 24 de diciembre de 1843, que establece otra comisión con tal finalidad, en la cual figuran nombres ilustres del Derecho administrativo y en la que tuvo una actuación decisiva el magistrado Francisco Agustín Silvela[(3)].

Obra de esta comisión son las Leyes de 2 de abril y 16 de septiembre de 1845, que establecen por primera vez en España la jurisdicción contencioso-administrativa con carácter retenido, según el modelo francés. Era la propia Administración, mediante el Consejo de Ministros presidido por el Rey, quien pronunciaba la sentencia en forma de Real Decreto, acorde o no con el dictamen del Consejo Real. Dentro de éste se creó una sección de lo Contencioso, que tramitaba las demandas interpuestas contra los actos de la Administración central y los recursos de apelación contra los fallos de los Consejos Provinciales, así como los de casación y revisión contra las sentencias del Tribunal de Cuentas. Los Consejos Provinciales enjuiciaban en primera instancia las reclamaciones contra las resoluciones de la Administración local y estaban compuestos por tres o cinco vocales, bajo la presidencia del jefe político Dependía de la propia Administración no sólo la decisión final, sino incluso la admisibilidad de las demandas, acerca de las cuales se pronunciaba, según los casos, el gobernador, el ministro o el Consejo de Ministros. El sistema expuesto era fiel reflejo de su modelo francés, aceptado casi unánimemente sin reserva por los cultivadores del Derecho administrativo de la época(4). Era también el criterio del partido moderado, entonces en el poder.

En el bienio progresista se modifica el anterior sistema, aunque las innovaciones resulten más aparentes que sustanciales. Son suprimidos por Decreto de 7 de agosto de 1854 el Consejo Real y los provinciales Los asuntos contencioso-administrativos se encomiendan más tarde a las Diputaciones Provinciales y a un Tribunal Contencioso-Administrativo, que sólo tenía de tal el nombre, pues no obstante su carácter de supremo, el presidente y los doce ministros que lo formaban no estaban amparados por la inamovilidad y sus acuerdos eran meramente consultivos (Decreto de 10 de enero de 1855). La jurisdicción continuaba siendo retenida y, en consecuencia, difícilmente puede calificarse esta organización como judicialista(5). El Real Decreto de 16 de octubre de 1856 restablece la situación existente dos años antes. Así permanecerá hasta 1868 con ligeras variaciones: en 1860, el Consejo Real se convierte en Consejo de Estado, y en 1863 se reorganizan los Consejos provinciales(6).

En este sistema, que duró medio siglo, lo contencioso-administrativo constituye una faceta de la potestad jurisdiccional de la Administración Pública. Su especialidad se construye en función del objeto y, por lo tanto, se intenta delimitar mediante el acto administrativo, como el de comercio sirve de eje al Derecho Mercantil Se habla así de la «materia contencioso-administrativa», sin que falte algún intento tímido de convertirla en fuero común de la Administración(7). La concepción doctrinal, como la integra estructura de la Administración, es de origen francés y quizá flote en la configuración objetiva de lo contencioso-administrativo un prejuicio residual respecto de los fueros privilegiados de carácter personal proscritos por el principio de igualdad ante la Ley. Sin embargo, el trasplante de la superestructura obtuvo resultados muy diferentes a los del modelo, ya que la realidad subyacente, más fuerte que cualquier esquema teórico, provocaría una distorsión trascendental.

2. La solución indígena

Una vez triunfante la "Gloriosa" Revolución de 1868, que destronó a Isabel II, la consagración absoluta del principio de unidad de fueros implicaba, por su propia lógica interna, el triunfo de la tendencia judicialista en orden a la configuración de lo contencioso-administrativo. En efecto, como ya quedó esbozado más atrás, pocos días después de la constitución del Gobierno provisional, un Decreto de 13 de octubre de 1868 «suprime la jurisdicción contencioso-administrativa que ejercían el Consejo de Estado y los Consejos provinciales» (articulo 1°) y, en consecuencia, declara extinguidos éstos y la sección de lo Contencioso de aquél (articulo 2°) para encomendar el enjuiciamiento de tales asuntos al Tribunal Supremo y a las Audiencias La competencia del Tribunal Supremo se extiende entonces al conocimiento de «las demandas que según la legislación hasta ahora vigente debían entablarse en primera y última instancia ante el Consejo de Estado» (articulo 57 y a «los recursos de alzada y nulidad que en lo sucesivo se incoasen» (articulo 4°) así como a «los negocios pendientes ante el Consejo de Estado..., sustanciándose según el estado en que se encuentren». A las Audiencias se les entrega el enjuiciamiento de los encomendados anteriormente a los Consejos provinciales (articulo 3°).

Conviene observar, ante todo, que este primer Decreto emana del Ministerio de Gobernación, ya que los Consejos suprimidos le estaban adscritos(8). El trasplante de la jurisdicción contencioso-administrativa desde la Administración Pública al Poder Judicial implica una primera consecuencia formal: la competencia respecto de aquélla se altera y corresponde desde entonces al Ministerio de Gracia y Justicia, del que procederán las demás normas que instrumenten esta operación(9). Tal planteamiento judicialista se mantiene en sus líneas esenciales durante esta etapa política, si bien adoptará diversas manifestaciones orgánicas, que revelan plásticamente las dificultades que presentaba el experimento. Por lo demás, la reforma de lo contencioso-administrativo ofrece en este aspecto estructural tres fases muy definidas, que se exponen a continuación:

La primera está constituida por el Decreto de 16 de octubre, que, para incorporar la jurisdicción suprimida a la Administración de Justicia, «crea en el Tribunal Supremo de Justicia y en todas las Audiencias de la Península e Islas adyacentes, una Sala, que decidirá sobre las cuestiones contencioso-administrativas (articulo 1°). «La formarán en el Tribunal Supremo el presidente del mismo y los dos de Sala más antiguos, y en las Audiencias, el regente con los dos presidentes también más antiguos» (articulo 2°) Con tal composición, al más alto nivel orgánico, se reconoce implícitamente la trascendencia de lo contencioso-administrativo. Conviene advertir que, en principio, se excluye del sistema a las Audiencias de Ultramar (La Habana, Puerto Príncipe, Puerto Rico y Manila)[(10)]. Aunque se facultaba al presidente del Tribunal Supremo y a los regentes de las Audiencias para adoptar las disposiciones necesarias que exigiera la ejecución de aquel Decreto (articulo 4°), la realidad es que su texto resultaba excesivamente lacónico y en él «no se tuvieron en cuenta muchos detalles indispensables para la efectividad de la reforma, por lo que el Tribunal Supremo se abstuvo por algún tiempo de conocer de los nuevos asuntos que se sometían a su jurisdicción[(11)].

Marca la segunda fase el Decreto de 26 de noviembre, consecuencia de la imprecisión de los anteriores. El Gobierno provisional encomendó al presidente del Tribunal Supremo la preparación de las normas complementarias que estimara precisas, tarea que don Joaquín Aguirre de la Peña, canonista, realizó con gran acierto, asesorado por don Pedro Gómez de la Serna (que le sucedería en el cargo pocos meses después) y don Manuel Alonso Martínez, burgalés de pro. Este Decreto se refiere fundamentalmente al Tribunal Supremo para operar en él la refundición de las jurisdicciones contencioso-administrativa y de las Ordenes Militares, aun cuando afecte también a las Audiencias. En realidad, constituye el primer paso de una nueva ordenación del poder judicial y a causa de su contenido procedimental fue calificado de «reglamento» por los juristas contemporáneos[(12)].

El Tribunal Supremo de Justicia se reorganiza ahora en tres Salas (articulo 1°), de la cuales corresponde a la «tercera el conocimiento de los negocios contenciosos de la Administración procedentes de la Península, Islas adyacentes y provincias ultramarinas, ya sea en instancia única ya en apelación o en recurso de nulidad» (párrafo último del articulo 6º y articulo 19). Cada Sala se componía de un presidente y ocho ministros (articulo 2º). Con ellos, dice el preámbulo, «bien puede formarse una Sala que entienda en los negocios contenciosos de la Administración. El número de ministros, la circunstancia de ser todos letrados, la práctica y hábito de juzgar de los que están en el término de su carrera, la experiencia que han atesorado, sustituye a la garantía de acierto que respectivamente ofrecían la Sección y la Sala de lo Contencioso del Consejo de Estado».

Sin embargo, ni todos sus componentes ni sólo ellos formaban siempre la Sala. Está se constituía de diversa forma según la índole de los asuntos. En efecto, eran suficientes tres ministros para las providencias de sustanciación que no tuvieran señalado otro número especial y siete para las sentencias definitivas, las providencias sobre la admisibilidad de las demandas, las resolutorias de la reposición de otras y las aclaratorias de todas aquellas que requirieran el mismo número. En cambio, se exigía la presencia de once ministros para los recursos en que hubiera informado el Consejo de Estado en pleno, así como para los de revisión y sus aclaraciones; en tales casos, la Sala se completaba con el presidente del Tribunal y otro de Sala (articulo 57). El preámbulo explica que esta composición extraordinaria «será salvaguardia bastante para la garantía de todos los derechos legítimos sin que se rebajase por eso la autoridad de los fallos que el Consejo de Estado proponía en pleno».

Además del personal judicial ya enumerado, se adscribían a la Sala Tercera dos abogados fiscales para ocuparse exclusivamente de los negocios contencioso-administrativos; tres secretarios relatores, todos letrados, para dar cuenta de los asuntos y asistir a las vistas, con fe pública; dos ujieres, cuyas funciones habían de ser las que señalaban a sus colegas las normas reglamentarias hasta entonces vigentes; y los porteros que asignase a su servicio el presidente del Tribunal Supremo (articulo 12, 13, 15 y 16). El preámbulo justifica esta planta de personal y aduce que el número de los subalternos necesarios «es el menor posible», hasta el extremo de que «tal vez habrá necesidad de algún auxiliar más: la experiencia demostrará en su caso la conveniencia del aumento». En la Sala Tercera del Tribunal Supremo no percibirá honorarios ninguno de sus subalternos (articulo 17), expresión ésta comprensiva de todos los funcionarios de la Secretaria, retribuidos exclusivamente mediante sueldo[(13)].

En las Audiencias corresponde ahora a su Sala Primera el conocimiento de los negocios contenciosos de la Administración pendientes o que en lo sucesivo se incoaren, de que conocían antes los Consejos provinciales (art. 18). En el ámbito geográfico se hace regional la anterior competencia provincial, transformación que anticipa la que se operará en 1956. Las demandas contencioso-administrativas se interpondrán directamente en la Sala Primera de la Audiencia del territorio a la que correspondan las provincias en que debían comenzarse según el sistema anterior (artículos 18 y 23). Los relatores, los escribanos de Cámara y demás subalternos de las Salas correspondientes, según sus respectivos cargos, desempeñarán las funciones que con arreglo a las normas procesales peculiares en la materia, correspondían a los secretarios y ujieres, sujetándose respecto al percibo de derechos a los aranceles establecidos para los negocios comunes (artículo 22).

El mismo preámbulo, tantas veces citado, explica que «en las Audiencias serán escasos los negocios contenciosos de la Administración; así lo hace presumir lo que hasta ahora ha acontecido en los Consejos provinciales; no es necesario, por lo tanto, aumentar subalternos, bastando con los que actualmente tienen las Salas, los cuales podrán muy bien desempeñar funciones análogas a las de los secretarios y ujieres de los Consejos provinciales. No seria tampoco conveniente nombrar nuevos empleados para tan escasos negocios, ni que hubiera en una Sala distinta clase de cargos para llenar funciones de una misma naturaleza, por más que los procedimientos sean diferentes. Como la remuneración de estos subalternos consiste principalmente en los derechos que perciben, se ha establecido que se arregle a los aranceles que rigen para los negocios comunes».

La tercera fase aparece constituida por la promulgación de la Ley Orgánica del Poder Judicial el 15 de septiembre de 1870. Aun cuando su delimitación del contenido de la potestad de aplicar las Leyes (articulo 2°) se refiere tan sólo a los juicios civiles y criminales[(14)], establece, sin embargo, una Sala en el Tribunal Supremo -la Cuarta- para conocer «en única instancia y en revisión de todos los recursos que con arreglo a la Ley entablen contenciosamente los que se sintieran agraviados en sus derechos por resoluciones de la Administración General del Estado que sean definitivas» (art. 282), así como también en única instancia de las recusaciones que se interpusieren contra los magistrados que la integran, a excepción del presidente (art. 283).

Según esta misma Ley, las Audiencias se organizarían en Salas de lo Civil y Salas de lo Criminal (más la de Gobierno y el Pleno), sin que entre las atribuciones de cualquiera de ellas se incluyera en ningún instante el enjuiciamiento de los negocios contencioso-administrativos Tal silencio está relacionado con la omisión de toda referencia al recurso de apelación y a la Administración local en la delimitación de la competencia del Tribunal Supremo. No obstante, las Audiencias siguieron resolviendo tales asuntos sin estar autorizadas por la nueva Ley, como otra de 1° de marzo de 1873 confirma[(15)]. Los comentarios de los autores contemporáneos insisten con unanimidad en que tal silencio resultaba completamente inexplicable[(16)]. Bravo achaca la omisión «al olvido a que esta materia había sido condenada»[(17)], mientras que Alfaro rechaza una serie de hipótesis: «No podemos atribuir tal omisión a error de imprenta, pues no es concebible que se hubiesen cometido dos defectos en dos artículos diferentes y que tenían gran relación entre si. Tampoco podemos atribuirla a que la mente del legislador acariciara la idea de suprimir esta jurisdicción, pues lo hubiese dicho terminantemente, y mucho menos podemos creer que se le quisiera dar otra forma diferente, pues en este caso se hubieran dictado disposiciones provisionales, como se hizo en 1854 para evitar los perjuicios que pudieran seguirse de la paralización de la justicia administrativa o la anomalía de que entendiesen los Tribunales de ciertos negocios acerca de los cuales no se había concedido jurisdicción por la Ley Orgánica de aquéllos[(18)].

Es muy posible que el defecto señalado fuera producto de diversos factores: la excesiva velocidad en la redacción definitiva de la Ley Orgánica, sobre un anteproyecto elaborado con un criterio radicalmente distinto respecto de la jurisdicción contencioso-administrativa; la inestabilidad de la situación pública que polarizaba la atención de todos y favorecía el olvido de problemas secundarios, y también quizá la indecisión de los redactores de la Ley en orden a la naturaleza compleja de lo contencioso-administrativo, su carácter polémico, según se reconocía en el preámbulo del Decreto de 26 de noviembre La coyuntura no era propicia para el «examen y detenido estudio» de esta cuestión importantísima, que prometía el Gobierno provisional.

La finalidad, el fundamento y el significado de la reforma aparecen recogidos *ex post facto* en el extenso preámbulo del Decreto de 26 de noviembre de 1868, que dedica algo más de las dos terceras partes de su contenido total a lo contencioso-administrativo. Allí se encuentran, con cierta encantadora promiscuidad, razones dogmáticas y motivos políticos, principios constitucionales y argumentos polémicos. Unos y otros ofrecen un valor desigual, pero siempre sugestivo y aleccionador. Observa Nieto que hoy suelen considerarse estas reformas como una medida de exclusiva intención política, pero no fué así(19). En realidad, perseguía una finalidad múltiple, algunas de cuyas facetas quedan explícitas mientras otras permanecen en la sombra, si bien no cabe desconocer que el propósito predominante fuera evidentemente de carácter político.

En tal aspecto, la nueva configuración de la jurisdicción contencioso-administrativa constituye un reflejo de la separación de los poderes, que se lleva hasta sus últimas consecuencias, en una interpretación más próxima al modelo anglosajón que al francés, como ya fue observado en su época. La unidad de fueros exige, en esta misma tendencia, que se reintegren al poder judicial las jurisdicciones desgajadas y extravagantes. Los Tribunales, por ello, enjuician lo contencioso-administrativo en virtud de su potestad exclusiva de administrar justicia, sin que esto implique que «sean invadidas las funciones de la Administración activa», según objeción habitual de los partidarios del sistema administrativo. De tal forma se pretende otorgar «a los derechos legítimos toda la protección, toda la garantía que necesiten si no han de ser menoscabados». La «salvaguardia» de estas garantías tiene una faceta orgánica, como es por si misma la propia judicialización, y otra procesal, que consiste fundamentalmente en la pérdida por la Administración de sus prerrogativas. Tales son las «altas aspiraciones» de la reforma, confesadas en el preámbulo.

Lo contencioso-administrativo, como conjunto de conflictos sometidos a un régimen jurídico especial, permanece. Su diferente naturaleza intrínseca respecto de las cuestiones civiles, reconocida explícitamente, encuentra su reflejo formal en un cauce procesal propio y distinto[20]. Por ello se conserva la manera de proceder en los negocios contenciosos de la Administración de que conozcan tanto el Tribunal Supremo como las Audiencias[21], si bien se introduzcan algunas «alteraciones absolutamente imprescindibles», aun cuando muy importantes (artículo 6° del Decreto de 13 de octubre; 7° y 20 del de 26 de noviembre). «Esta medida, explica el preámbulo, ha tenido por principal objeto satisfacer a la apremiante necesidad de que no se paralizara la marcha de los pleitos ni se perjudicaran derechos; pero la solución definitiva de este punto se enlaza con la cuestión antes indicada sobre si debe existir o no lo contencioso-administrativo, con la extensión o las limitaciones que pueda tener en adelante. Sería prematuro e inconveniente por ahora hacer alteraciones transitorias que acarrearían, como es de suponer, los perjuicios consiguientes a los cambios en la forma de seguir los pleitos y en particular para los que ya se hallan incoados».

Las modificaciones que se inroducen son una consecuencia ineludible del nuevo planteamiento de la jurisdicción contencioso-administrativa y de su configuración netamente judicial. Todas ellas responden a la finalidad explícita de salvaguardar los derechos legítimos o establecer una mayor garantía para los particulares, y se traducen en una pérdida de prerrogativas por parte de la Administración pública, que se sitúa en un plano procesal simétrico del ocupado por el ciudadano. En definitiva, se parte del principio, hoy evidente, de que «la Administración..., por alta importancia que tenga en sus respectivas esferas, en el orden del juicio sólo le corresponde el carácter de litigante». Las alteraciones procesales, consecuencia de las orgánicas, pueden encuadrarse en el somero esquema sistemático siguiente:

a) *Representación y defensa de los litigantes*

El preámbulo expresa que el «Ministerio Fiscal es parte en todas las demandas en que tiene interés el Estado y en casi todas en que se interesa la Administración provincial y municipal» por lo que actúa con tal carácter tanto ante el Tribunal Supremo como ante las Audiencias, según recogen los artículos 12 y 21 del texto.

En cuanto a los particulares, la Ley de 1 de marzo de 1873, proclamada ya la República, estableció que «las partes contrarias a la Administración o coadyuvantes de ella podrán designar por si mismas, o por medio de los abogados que las representen y defiendan, un procurador bajo cuya responsabilidad y por cuyo conducto se entreguen a los letrados los autos de todos casos en que, según el procedimiento vigente, se ponen de manifiesto en la Secretaria del Tribunal y a cuyo cargo estarán las cuestiones necesarias para la debida representación de los interesados».

b) Incidente previo acerca de la admisibilidad de la demanda

La admisión de las demandas contencioso-administrativas se encomienda al Tribunal Supremo y a las Audiencias, suprimiendo este privilegio que se arrogaba la Administración activa Como aclara el preámbulo, "lo que en el supuesto de existir la jurisdicción suprimida podría ser lógico, cambiando el sistema carece de sentido y degeneraría en el absurdo".

En consecuencia, una vez presentada cualquier demanda, se oirá por vía de instrucción, sobre su procedencia al Ministerio Fiscal, aunque no deba ser parte en el pleito(22). Si éste no se opusiera, declarará la Sala su admisión cuando lo considere procedente. Si el fiscal hiciere oposición o la Sala considerase que su admisión requiere mayor examen o que es improcedente, se señalará día para la vista, con citación de las partes, debiendo decidirse este punto dentro del tercer día, fundando siempre la resolución, la cual producirá ejecutoria (artículo 8°).

Cuando la Audiencia niegue la admisión, quedará expedito, al que se considere agraviado, el recurso de apelación ante la Sala Tercera del Tribunal Supremo de Justicia. El fallo de esta Sala, admitiendo o rechazando la demanda, será ejecutorio (artículo 24) Cuando se admita la demanda por la Audiencia, no habrá lugar a apelar, pero podrá alegarse su improcedencia como excepción perentoria, sin que esto impida ni suspenda el curso del pleito (artículo 25). Queda suprimida, por lo tanto, la consulta que antes hacia el Consejo de Estado sobre la admisión o denegación de admisión de las demandas y la resolución del Gobierno sobre su procedencia (art. 8°).

c) La actividad probatoria

Otra innovación muy importante, consecuencia del propósito de garantizar al máximo los derechos legítimos de los particulares, se opera en esta fase procesal: el artículo 6° del Decreto de 13 de octubre estableció que la proposición y realización de prueba por los litigantes se efectuaría conforme a las disposiciones de la Ley de Enjuiciamiento Civil. Sin embargo, tal criterio inicial quedó desvirtuado en el Decreto de 26 de noviembre, ya que se conservan los procedimientos contencioso-administrativos existentes, incluso en lo referente a la práctica de las diligencias de prueba que para el esclarecimiento de los hechos sean necesarias (artículos 7° y 20). Alfaro comenta que "algún tanto ligeros estuvieron los legisladores en esta disposición al exceptuar o, mejor dicho, borrar del procedimiento todo lo tocante a las pruebas, cuando este punto cabalmente era de lo más científico a la par que práctico de cuantos extremos comprendía este procedimiento... y así lo comprendió, sin duda, el presidente del Tribunal Supremo y los jurisconsultos que le auxiliaran en la confección de este Decreto, cuando en el artículo citado no se contentan con decir en general que la tramitación de los negocios contencioso-administrativos se sujetaban a los procedimientos vigentes hasta la fecha, sino que se recalcan diciendo, inclusa la práctica de las diligencias que para el esclarecimiento de los hechos sean necesarias"(23). Sin embargo, parece ser que las normas reglamentarias en esta materia fueron "algún tanto alteradas por... la práctica de los Tribunales ordinarios, en el sentido de la mayor solemnidad y lentitud", según nos informa Tejada de Valdosera(24).

d) La resolución definitiva

"Desde el momento en que se llevan al Tribunal más alto de la nación las cuestiones contencioso-administrativas, no es posible conservar la consulta sobre la procedencia o improcedencia de las demandas, ni las que se hacia de las sentencias definitivas". Esta declaración del preámbulo encuentra su reflejo en el texto del Decreto de 26 de noviembre. No sólo se suprime la consulta que antes hacia el Consejo de Estado sobre la admisión de las demandas y la resolución del Gobierno acerca de su procedencia (artículo 8°), sino también la que se hacia al Gobierno respecto de las sentencias definitivas(25). Estas «se extenderán en la misma forma que las pronunciadas por las otras Salas: siempre serán fundadas, y sin perjuicio de los recursos de aclaración o revisión en los casos que procedan, causarán ejecutoria y se insertarán en la Colección Legislativa (art. 10). El artículo 3° del

Decreto de 16 de octubre había establecido ya que todos los acuerdos, sentencias y resoluciones que dictaren las Salas (tanto en el Tribunal Supremo como en las Audiencias), lo serían por mayoría absoluta de votos.

3. Un paso atrás y dos adelante

El sistema implantado en 1878 no pudo consolidarse por impedirlo la coyuntura histórica. No cabe hablar de éxito o de fracaso, sino más bien de frustración. Duró tan sólo seis años, tiempo de prueba escaso, como reconocía Tejada de Valdosera[(26)], y se derrumbó por causas ajenas a sus virtudes o pecados. No son los contemporáneos, ofuscados por sus personales condicionamientos de toda índole, ni tampoco los hombres de hoy, desde una perspectiva distinta, fuera de su tiempo, quienes han de pronunciar el veredicto definitivo sobre la reforma de 1868. Este veredicto le corresponde a la propia dinámica vital de las instituciones, convertida ya en historia. Ella nos muestra que, no obstante la opinión adversa de los juristas, otra más profunda fuerza colectiva, casi telúrica, empujó lo contencioso-administrativo hacia una irreversible judicialización, como pone de manifiesto la serena contemplación del proceso evolutivo de esta jurisdicción especial desde aquella lejana época hasta hoy.

Aun cuando parece que ya en 1874 existía en la Presidencia del Gobierno un expediente, dictaminado por el Consejo de Estado, para que éste recuperara sus atribuciones contenciosas[(27)], fue la Restauración quien realizó tal *restitutio in integrum*, más por una celtibérica reacción pendular respecto del régimen anterior que por auténtica convicción. El Decreto del Ministerio-Regencia de 20 de enero de 1875 devuelve al Consejo de Estado y a unas comisiones provinciales, creadas en sustitución de los antiguos Consejos, la jurisdicción contencioso-administrativa con carácter retenido, si bien se tratara de una medida urgente y provisoria en un ambiente donde se reconocía la necesidad de una reforma del sistema. Diversas tentativas en tal sentido tuvieron lugar en 1879, 1883 y 1886, año este último en el que un Gobierno liberal, presidido por Sagasta, presentó un proyecto donde se encomendaba otra vez lo contencioso-administrativo del Tribunal Supremo y a las Audiencias territoriales, si bien el Congreso puso en su lugar un Tribunal especial y otros regionales de composición mixta, mientras que el Senado -cuerpo aún más conservador- sustituía éstos por otros provinciales y encuadraba a aquél en el Consejo de Estado, sin que, por otra parte, llegara a convertirse en Ley[(28)].

La Ley de 13 de septiembre de 1888, también en el mismo periodo de administración liberal, consiguió una auténtica concordia entre los partidarios de las dos posturas antagónicas, mediante el establecimiento del llamado sistema «armónico», propugnado por Santamaría de Paredes, que los demás juristas acogieron como única solución viable dentro del espíritu transaccional del régimen canovista, favorecida también por el cansancio de una polémica que había empezado con el siglo. Desde este momento, la jurisdicción contencioso-administrativa se ejerce ya en nombre del Rey, pero con carácter delegado, por un Tribunal contencioso-administrativo, que más adelante quedaría encuadrado en el Consejo de Estado (1894), y por Tribunales provinciales constituidos en las Audiencias. El primero se componía de un presidente y diez ministros, de los cuales tres podían serlo quienes reunieran las condiciones exigidas para Magistrado del Tribunal Supremo, con el respaldo de la inamovilidad reconocida a los miembros del Tribunal de Cuentas en 1887, que debilitó las garantías de las cuales gozaban a este respecto en la Ley de 25 de junio de 1870, similares a las establecidas en la coetánea Ley Orgánica del Poder Judicial. Los Tribunales provinciales quedaban integrados por el Presidente de la Audiencia territorial o provincial, dos magistrados de lo civil o de lo criminal, respectivamente, y dos diputados provinciales letrados, vocales que se designaban anualmente por turno de antigüedad en el caso de los judiciales, y por sorteo en el caso de los administrativos. Tal sistema era una forma sutil de vestir al lobo judicial con la piel de oveja administrativa y, en definitiva, constituía un paso más en el camino de la judicialización.

Esta tendencia evolucionaría en el sentido que señalaba su propia lógica intrínseca, al margen de malabarismos conceptuales tan bien intencionados como desprovistos de arraigo en la realidad La Ley de 5 de abril de 1904 desgajó el Tribunal de lo Contencioso del Consejo de Estado para integrarlo en el Tribunal Supremo como la tercera de sus Salas, cuya composición invirtió el planteamiento originario, pues sólo tres de sus magistrados podían ser de procedencia administrativa y así permaneció la estructura de esta jurisdicción hasta mediado el siglo, aunque no faltaran luego desviaciones circunstanciales, fenómeno de regresión al sistema de jurisdicción retenida –el recurso de agravio en materia de personal–, rechazado una vez más por la opinión pública, que jamás confió en su eficacia. Este ciclo histórico se completará en 1956 con la judicialización absoluta, templada por el necesario ingrediente de la especialización profesional, si bien en el Tribunal Supremo se conservara el reclutamiento mixto muy atenuado y en la configuración jurisdiccional perdurasen residualmente las huellas de su origen retenido.

La experiencia demuestra así que los hombres de 1868 tenían ideas muy claras y esencialmente exactas sobre el Poder Judicial y lo contencioso-administrativo. La razón histórica era suya La fugacidad del ensayo resultó engañosa y sus enemigos obtuvieron un triunfo pírrico: ganaron aquella batalla, pero perdieron la guerra. La judicialización se impuso por su arraigo en la conciencia colectiva del pueblo español, realista, crítico, nada propicio a las abstracciones, con un cervantino sentido del humor y una apasionada sed de justicia, monárquico y judicialista. El sistema judicial, «cuestión indígena», aspiración solamente sostenida y practicada en nuestro país y "original invento español", según Gallostra[(29)], que observó el hecho pero no supo interpretarlo correctamente, triunfó por su adecuación a la base sociológica, sin un apoyo "científico» y huérfano de defensores, incluso en el debate parlamentario de 1887, mientras consumieron muchos turnos los partidarios del modelo francés[(30)].

4. El final del trayecto

El advenimiento de la segunda República y sobre todo su desarrollo posterior no presagiaban nada bueno para lo contencioso-administrativo donde se trata de enjuiciar a un poder del Estado, el poder ejecutivo, entonces desbocado en una dinámica de politización de la Justicia, como ha señalado Stanley G. Payne[(31)], o dicho a lo llano, en la pretensión de someter el sistema judicial a las directrices de la izquierda republicana, no democrática en su mayor parte, que pretendía y consiguió monopolizar el régimen, haciéndolo así inviable. Sin embargo, como en tantos otros aspectos, no faltaban buenas palabras ni nobles propósitos de labios para afuera. La Constitución de

1931, no intentó en ningún momento configurar un "poder judicial", expresión circunvalada por el sustantivo la "Justicia" como epígrafe del Título correspondiente, al igual que luego haría el Régimen nacido de la guerra civil. Sin embargo, extendió el ámbito de esta jurisdicción no sólo a los "actos o disposiciones emanadas de la Administración en el ejercicio de su potestad reglamentaria" sino contra sus actos discrecionales "constitutivos de exceso o desviación de poder" (art. 101), aun cuando tales innovaciones no fueran incorporadas a la legislación procesal de este orden judicial, cuya planta por otra parte quedó tal como había sido recibida de la Monarquía aun cuando con dos Salas en el Tribunal Supremo(32).

El pronunciamiento militar iniciado en Melilla el 17 de julio de 1936, que encabezaba el general Sanjurjo y había coordinado el general Mola, "director", fracasó como tal pero produjo con su impacto el derrumbamiento del Estado republicano cuando Giral, presidente del Gobierno, armó dos días después a los sindicatos revolucionarios –socialistas, anarquistas, comunistas–, y le arrancó a la República la máscara democrática, poniendo al desnudo su verdadera naturaleza. La Justicia sufrió un colapso del que ya no tendría ocasión de recuperarse. En Madrid, el 18 de agosto fue incautado el Palacio de Justicia por la Junta de Gobierno del Colegio de Abogados con la ayuda de los milicianos anarquistas de las "Águilas de la Libertad" y en la semana siguiente, el 23 y el 26, el Presidente de la República, Manuel Azaña, firmaba sendos Decretos instaurando los Tribunales Populares, vano intento de enmascarar la actividad de las "checas" y "escuadrillas del amanecer", los "paseos", no "paseíllos" como escribe algún indocumentado de la "memoria histórica" y las "sacas de presos". En la zona rebelde, autobautizada como "nacional, se produjo el mismo desbarajuste, corrió también la sangre en abundancia y los Consejos de Guerra Permanentes actuaron sin descanso. No faltaron las "escuadras negras" y otras lindezas del mismo cariz(33).

El restablecimiento del Tribunal Supremo en 1938 significó una reducción drástica de la jurisdicción contencioso-administrativa(34). En efecto, a la Sala Tercera se le permitía conocer únicamente de los recursos promovidos contra las resoluciones de los Tribunales contencioso-administrativos provinciales, quedando expresamente excluidos los recursos contra las resoluciones de la Administración central. Un año después, el Decreto de 2 de marzo de 1939 extendió la competencia de dicha Sala a los recursos contra actos de la Administración central anteriores al 18 de julio de 1936 y, por último, una ley de 18 de marzo de 1944 restableció esta jurisdicción aunque se excluyeran de su ámbito las resoluciones que la Administración dictare en aplicación y ejecución de leyes y disposiciones referentes a depuración, responsabilidades políticas, desbloqueo, prensa y propaganda y personal, salvo las que implicaren separación del Cuerpo cuando se trate de funcionarios o empleados inamovibles o del servicio siempre que su fundamento no fueren de los mencionados al principio. A tal efecto se creó el sedicente "recurso de agravios", cuya decisión se reservaba el Consejo de Ministros, previo dictamen del Consejo de Estado(35), una regresión al sistema francés originario de "jurisdicción retenida"(36).

El artículo 14 de la ley de 18 de marzo de 1944 había autorizado al Ministro de Justicia para que publicara un texto refundido de la ley de lo Contencioso-administrativo donde se recogieran todas las disposiciones vigentes en dicha materia. Habrían de pasar ocho años para que se cumpliera e! encargo. Un anteproyecto elaborado por la Comisión General de Codificación se convirtió en el definitivo, aprobado por Decreto de 8 de febrero de 1952, a propuesta y con el refrendo de don Antonio Iturmendi Bañales, a la sazón Ministro de Justicia. El texto refundido mantuvo en líneas generales la estructura de sus antecesoras, las leyes de 1888 y 1894 e incluso respetó "su claro y correcto estilo", que ofrece "la expresión adecuada y precisa", sin introducir novedad alguna en la regulación anterior, siendo su contenido el de las disposiciones refundidas, con una promesa de reformarla(37). Eran estas palabras síntoma claro del cambio de talante generacional que iba ganando terreno. Cuatro años después se cumpliría lo prometido.

En la franja cronológica divisoria de las dos etapas del Régimen se produce el despertar de los juristas, que se van apoderando de los resortes reales del Poder a través de la Administración con un desplazamiento de los grupos políticos que gesticulan y vociferan mucho pero mandan cada vez menos. Con cautela al principio, pero luego en avalancha, se emprende una renovación completa pieza a pieza del sector público del ordenamiento jurídico, concepto importado a la sazón, sustituyendo las viejas Leyes por otras técnicamente perfectas a cuyo socaire van penetrando de rondón las libertades cuya proclamación hasta entonces era un cascarón vacío(38). La bondad de lo entonces producido para inyectar en vena principios y valores del más puro liberalismo queda de manifiesto por su longevidad, que les permitió sobrevivir en muchos años bajo la Constitución de 1978, algunas de cuyas normas allí y entonces se anticiparon(39). Eran en realidad piezas subversivas del Régimen(40), siguiendo el sendero que habían abierto las dos primeras leyes de corte moderno, la de 16 de diciembre de 1954 reguladora de la expropiación forzosa por causa de utilidad pública o interés social, todavía vigente y la de 12 de mayo de 1956 creadora del Derecho urbanístico español.

La remodelación de la jurisdicción contencioso-administrativa fue el paso principal para la metamorfosis del Régimen en el camino de un Estado de Derecho a su manera(41). Ley de 27 de diciembre de 1956 siendo Ministro de Justicia también don Antonio Iturmendi Bañales reguló este orden judicial en "comunidad plena" con "las demás especies concretas de la función jurisdiccional". Desde la perspectiva que aquí y ahora interesa conviene destacar que en el umbral se utiliza para configurarlo una "cláusula general", en cuya virtud "la jurisdicción contencioso-administrativa conocerá de las pretensiones que se deduzcan en relación con los actos de la Administración pública sujetos al Derecho administrativo y con las disposiciones de categoría inferior a la Ley", aun cuando por la idiosincrasia del Régimen quedaran extramuros "los actos políticos del Gobierno como son los que afecten a la defensa del territorio nacional, relaciones internacionales, seguridad interior del Estado y mando y organización militar, sin perjuicio de las indemnizaciones que sí corresponden" a esta jurisdicción (art. 1°), así como los actos dictados en el ejercicio de la función de policía sobre la libertad de expresión: prensa, radio, cinematografía y teatro, y otros, en el ámbito militar cuyo objeto fueren ascensos y recompensas por merecimientos contraídos en campaña y hechos de armas o ciertos procedimientos disciplinarios (art. 40). Por otra parte, la ejecución de las sentencias seguía quedando en manos de la Administración correspondiente con posibilidad de que el Gobierno suspendiera o no el cumplimiento parcial o total del fallo por un cierto plazo o decretara la inejecución total o parcial en virtud de cuatro causas heredadas del pasado, aun cuando en los cuarenta y dos años por venir sólo se intentará aplicar una vez sin éxito (arts. 103 y siguientes), convirtiendo el contenido del pronunciamiento judicial en un resarcimiento de los daños e indemnización de los perjuicios producidos por el aplazamiento o la inejecución, cuya declaración y cuantía sí era competencia de la Sala, que por otra parte conservaba la potestad residual de adoptar "cuantas medidas sean adecuadas para promoverla y activarla. Conviene dejar constancia de que esta magnífica Ley introdujo como uno más de los eventuales vicios de nulidad de los actos administrativos, la desviación de poder, consistente en "el ejercicio de potestades administrativas para fines distintos de los fijados por el Ordenamiento jurídico" (art. 84), concepto este que, acuñado en Italia por Santi Romano, conseguirá carta de naturaleza aquí y ahora.

Esta Ley no concibe la vía jurisdiccional contencioso-administrativa como un recurso o una segunda instancia, sino cómo un auténtico juicio o proceso entre partes con carácter absolutamente judicial. La estructura se construye en dos niveles, las Salas de lo Contencioso-administrativo de las Audiencias Territoriales y las tres del Tribunal Supremo, cuya Sala Quinta de nueva creación en 1957 recoge la competencia del recurso de agravios, mientras que aquellas implican la desaparición de los Tribunales Provinciales de composición mixta. Mas adelante la Ley 10/1973 tuvo una doble finalidad, cuantitativa y cualitativa, reflejada en el breve preámbulo donde se proclamaba la función directiva de la jurisprudencia del Tribunal Supremo, reprochando al Gobierno haber incumplido su promesa de poner en marcha el proceso de descentralización administrativa. En su texto suprime el presupuesto procesal *solve et repete*(42), establece el beneficio de pobreza notoria, regula por primera vez la competencia territorial, utilizando como preferente el fuero del domicilio del ciudadano y desconcentra la competencia del Tribunal Supremo, que se convierte en el juez natural del Gobierno y de la potestad reglamentaria, transformando a la Audiencia Territorial en el juez común de los Ministros, salvo algunas excepciones, de los órganos centrales y periféricos de la Administración general del Estado y de la Administración Local(43). La nueva remodelación de lo contencioso-administrativo y la jurisdicción social fueron las dos grandes aportaciones del Régimen nacido de la guerra civil al sistema judicial, porque además de su excelente configuración, funcionaron muy bien y justo es reconocerlo así.

Con la Ley de 1956, que tantas virtudes mostró se abría la puerta a un juez nuevo que haría Historia, así, con mayúsculas. De poco hubieran servido las excelencias del nuevo proceso, ni las que adornaban las leyes que iban jalonando las demás instituciones jurídicas sin la presencia de los magistrados "adscritos permanentemente" a este orden judicial, también calificados como "especialistas" y a veces motejados con cierta retranca como "los de West Point". En tal sentido se pronuncia un testigo excepcionalmente cualificado, Eduardo García de Enterría[(44)], cuando habla del éxito del sistema inaugurado por esa Ley y de "la primera promoción de Magistrados especialistas de los contencioso-administrativo" creados (y no es de sus menores creaciones) por ella. "Tuve –añade– la fortuna de formar parte del Tribunal que calificó las oposiciones de esa primera y ejemplar promoción Por mi oficio me ha correspondido calificar muchos exámenes y también oposiciones a los distintos grados del Profesorado; puedo decir por ello, con algún valor comparativo, que pocas veces me ha admirado tanto la preparación de los opositores y su excepcional calidad, que luego la práctica profesional de los mismos ha corroborado en forma manifiesta y rotunda. Ante nuestro asombro, surgía, virtualmente de la nada, la primera generación de Jueces que dominaba con seguridad y finura, no fácilmente superables, las técnicas del Derecho Administrativo y del Derecho Fiscal. Aquel Tribunal, que presidió el maestro Castán supo entonces con certeza que la jurisdicción contencioso-administrativa por esa circunstancia, mucho más que por una ley generosa y abierta, estaba salvada para nuestro país". Sin embargo, fue otro excelente jurista, José Luis González Berenguer quien años antes, al socaire de la recensión de un libro cuyos autores eran magistrados de lo contencioso-administrativo, había dicho ya: "Entre los muchos datos positivos que en el campo jurídico-administrativo español se registran, está el relativo a la calidad científica alcanzada por el reducido Cuerpo de Magistrados de lo Contencioso, cuya creación fue una de las capitales innovaciones de la Ley de la Jurisdicción. Esta altura se ha evidenciado no sólo en una renovadora y brillante jurisprudencia, sino en numerosas publicaciones de tipo investigativo, de las que son testigos los lectores de esta Revista, sin que, por otra parte, se agote con lo aparecido en sus páginas la rica producción de buen número de estos Magistrados"[(45)]. Por su parte, Daroca Torres resaltará algo después que "... ya por esos años fueron las Audiencias Territoriales –como la de Oviedo, la de La Coruña y, sobre todo la de Burgos– las que en mi criterio más progresivo y, en mi opinión, más acertado..."(46). También Martínez Lafuente subrayaría "la importancia que en materia de infracciones tributarias ha tenido la jurisprudencia, "especialmente la del Tribunal Supremo(47) Eran "algunos Jueces de lo contencioso", ésos precisamente, los que elogia el profesor López Pina(48) y por tanto los autores de la "jurisprudencia innovadora", cuyo valioso aporte reconoce el preámbulo de la ley vigente.

Así llegamos a la Ley 29/1998, de 13 de julio, reguladora de la jurisdicción contencioso-administrativa, obra de las Cortes Generales durante el primer mandato de José María Aznar como presidente del Gobierno, de cuyo Ministerio de Justicia era titular doña Margarita Mariscal de Gante, que también amadrinaría poco después una moderna Ley de Enjuiciamiento Civil, la 1/2000, de 7 de enero, para sustituir a la ya con creces centenaria de 1881, obra de Alonso Martínez. La bisagra entre la nueva regulación y su antecesora es un expresivo párrafo de la "exposición de motivos" de aquella en el que las Cortes Generales, con el respaldo de una votación favorable prácticamente unánime, hacen justicia y rinden un merecido homenaje a la que va a ser derogada, la ley de 1956

> *"Dicha Ley, en efecto, universalmente apreciada por los principios en los que se inspira y por la excelencia de su técnica, que combina a la perfección rigor y sencillez, acertó a generalizar el control judicial de la actuación administrativa, aunque con algunas excepciones notorias que imponía el régimen político bajo el que fue aprobada. Ratificó con énfasis el carácter judicial del orden contencioso-administrativo, ya establecido por la legislación precedente, preocupándose por la especialización de sus Magistrados. Y dio a luz a un procedimiento simple y en teoría ágil, coherente con su propósito de lograr una justicia eficaz y ajena a interpretaciones y prácticas formalistas que pudieran enervar su buen fin. De esta manera, la Ley de la Jurisdicción Contencioso-administrativa de 1956 abrió una vía necesaria, aunque no suficiente, para colmar las numerosas lagunas y limitaciones históricas de nuestro Estado de Derecho, oportunidad*

que fue adecuadamente aprovechada por una jurisprudencia innovadora, alentada por el espectacular desarrollo que ha experimentado la doctrina española del Derecho Administrativo". Por otra parte, "algunos de los principios en que "la Constitución" se funda son los mismos que inspiraron la reforma jurisdiccional de 1956"

Pues bien, la nueva regulación de lo contencioso-administrativo se hizo con exquisito respeto a su predecesora, no sólo por los elogios más arriba transcritos, sino porque conserva los sólidos cimientos y las paredes maestras de lo edificado en 1956, así como el impulso que la inspiró en pleno régimen autocrático, su espíritu liberal. La Ley 29/1998 es en gran parte un texto refundido donde se recogen e integran las leyes extravagantes, que se habían promulgado para actualizar aspectos parciales de la construcción originaria, así como la jurisprudencia del Tribunal Supremo y la doctrina legal del Tribunal Constitucional para adaptarlo a la nueva circunstancia(49). Esos parches permitieron que la vieja ley pudiera subsistir durante veinte años después de la Constitución, ya que había anticipado sus valores en un sistema tan diferente pero en un ambiente favorable, con una mezcla paradójica de proclamaciones formales y realidades internas no ya contradictorias sino incompatibles.

En definitiva, la nueva regulación no sólo codificó las reformas parciales para apuntalar la anterior, válida y sin apenas arrugas en las cuatro décadas de su vigencia, víctima a veces de su éxito, sino que introdujo unas cuantas innovaciones importantes pero no trascendentales. El ámbito de la jurisdicción cuyo meollo siguen siendo los actos administrativos y las disposiciones generales, se extiende a "los Decretos legislativos cuando excedan los límites de la delegación". Lo había propugnado García de Enterría tiempo ha(50) pero las Salas de lo Contencioso-administrativo no osaron dar ese paso hasta que la Cuarta del Tribunal Supremo lo hizo intempestivamente, causando un considerable estropicio, con ocasión de la legalización del Partido Comunista y con riesgo de hacer descarrilar la Transición(51). A la enumeración de las Administraciones públicas se le adicionan las Comunidades Autónomas y, por analogía, se incluye la actividad sobre su personal y la gestión económica del Congreso de los Diputados, el Senado, el Tribunal Constitucional, el Tribunal de Cuentas, el Defensor del Pueblo, el Consejo General del Poder Judicial y la Administración electoral, así como las Asambleas Legislativas de las Comunidades Autónomas, los Consejos de Cuentas análogos y los "defensores" del pueblo en cada Comunidad, con una configuración del objeto por vía positiva y negativa que no innova pero sí actualiza y precisa. Desde una perspectiva orgánica o estructural se crean los Juzgados de lo Contencioso-administrativo, órganos unipersonales rechazados *a priori* unánimemente por los administrativistas, con la finalidad de descongestionar las Salas y agilizar el procedimiento, a cuyo efecto se diseña para ellos uno "abreviado". Hay también un reforzamiento de la Audiencia Nacional, a la cual se le atribuye la competencia para conocer, en única o primera instancia según los casos, de los actos administrativos procedentes del Banco de España, la Comisión Nacional del Mercado de Valores, el desaparecido Tribunal de Defensa de la Competencia, la Junta Arbitral sobre Financiación de las Comunidades Autónomas, la Agencia Española de Protección de Datos, la Comisión Nacional de Energía, la Comisión del Mercado de las Telecomunicaciones, el Consejo Económico y Social, el Instituto Cervantes, el Consejo de Seguridad Nuclear y el Consejo de Universidades.

Desde una perspectiva funcional, la primera sorpresa para un veterano de la jurisdicción como yo es la desaparición del "coadyuvante" o parte accesoria, figura típica de lo contencioso-administrativo, compañera del "tercero hipotecario" y otras no menos espectrales. Superada la melancolía, algo compensa que el objeto del proceso se extienda no sólo a las disposiciones de carácter general y los actos administrativos expresos o presuntos sino a la inactividad de la Administración y sus actuaciones materiales que constituyan vía de hecho, configurándose las pretensiones de las partes en coherencia con tal ampliación. Se conserva el procedimiento ordinario según lo había establecido la ley precedente, creándose otro abreviado para los asuntos propios de los Jueces de lo Contencioso-administrativo y entre los procedimientos especiales se incorpora el diseñado por mí en la Ley 62/1978 para la protección de los derechos fundamentales de la persona, se conserva el previsto para los casos de suspensión administrativa de acuerdos y se introduce el que regula la sedicente y sediciosa "cuestión de ilegalidad", a imagen y semejanza de la "cuestión de constitucionalidad" ante el Tribunal Constitucional o la "prejudicial" ante el Tribunal de Justicia de las Comunidades Europeas, en cuya virtud "cuando un Juez o una Sala hubieren dictado Sentencia firme estimatoria por considerar ilegal el contenido de la disposición general aplicada, deberá plantearla ante la Sala competente para conocer del recurso directo contra tal disposición". Las medidas cautelares se regulan a continuación con más cuidado. El recurso de "apelación" ante el Tribunal Supremo desaparece, sustituyéndole el de casación, a cuya modalidad ordinaria o común se le añaden dos, una para la unificación de doctrina y otra en interés de la Ley. La revisión de sentencias se configura con las mismas características que en los demás órdenes judiciales y, como en ellos, la Ley 13/1979 introduce aquí también los recursos contra las resoluciones del Secretario Judicial como cabeza de la Oficina Judicial(52). En fin, el procedimiento de ejecución de sentencias se judicializa en la orientación anticipada tempranamente en el Auto de 21 de noviembre de 1986 dictado por la Sala Tercera del Tribunal Supremo bajo mi presidencia, siendo yo también el ponente. Allí se dijo que "la Constitución, desde una perspectiva democrática, completa y consolida la judicialización iniciada casi un cuarto de siglo atrás. En consecuencia, desde 1978 la Administración no puede ejecutar nuestras sentencias, sino que debe simplemente cumplirlas... y prestar la colaboración requerida por los jueces y tribunales"(53).

II.
CONFIGURACIÓN ACTUAL

Estamos ahora, donde nos dejó la Ley Orgánica del Poder Judicial hace siglo y medio. La Ley de 27 de diciembre de 1956 reguladora de esta jurisdicción regresó al claustro materno y su traza ha sido conservada por la promulgada en 1998, con los perfeccionamientos aconsejados por la experiencia. La reforma de 1868 se nos muestra así como una clarividente anticipación del futuro, que no arraigó entonces precisamente por adelantarse a su tiempo, pero que dejó bien plantada la semilla. Su principio rector era muy simple. Si los jueces, como hombres que son, no siempre consiguen hacer justicia, sólo ellos, como institución, deben administrarla(54).

La Constitución española de 1978 ha potenciado la tendencia expansiva de lo contencioso-administrativo, que estaba en su propia raíz. Ahora bien, junto a esta expansión objetiva existe otra subjetiva, muy importante también, en virtud de la cual más personas pueden pedir más a más Administraciones públicas. No quedaría completo el bosquejo trazado hasta aquí si no se incluyera en él la supranacionalización en 1986 de lo contencioso- administrativo por obra y gracia de las Comunidades Europeas, hoy Unión Europea, a cuyo Tribunal de Justicia habré de referirme más adelante una vez más.

Antes de seguir, conviene señalar –como he hecho páginas atrás que ese orden jurisdiccional es el único mencionado por su nombre en la Constitución, con ocasión de perfilar el control de la actividad de las Comunidades Autónomas (art. 153 C.E.). Los demás –civil, penal, social– se dan por supuestos en más de un lugar pero sin individualizarlos. En esta jurisdicción, cuyo ámbito se encuadra en el art. 106 C. E. con un diseño sustancialmente idéntico al que contenía el art. 1° LRJCA, vigente a la sazón, la categoría procesal de la legitimación pasiva, configurada para lo contencioso-administrativo en el artículo 29 de su Ley reguladora, se conecta por su base con el concepto de Administración pública definido en el artículo 1°, que viene a coincidir con el de Administración demandada, es decir, aquélla de la cual proviene el acto o disposición a que se refiere el recurso, supuesto el más frecuente estadísticamente, el normal, salvo los casos aislados y esporádicos del proceso de lesividad Por ello, la Constitución ha incidido en el ámbito de la legitimación pasiva, ampliándolo también, como también lo ha hecho respecto de la activa.

Este efecto extensivo se produjo en virtud de dos factores convergentes. Uno, la aparición de nuevas Administraciones públicas, en el sentido estricto de la expresión, como son las Comunidades Autónomas, piezas maestras de la organización territorial del Estado, que configura el Título VIII. Dos, la utilización de la vía contencioso-administrativa para el enjuiciamiento de la gestión instrumental y mediata de las instituciones constitucionales no integradas subjetivamente en el Poder ejecutivo, pero cuya actividad material, objetivamente administrativa, se somete al mismo sistema de fiscalización. La jurisdicción contencioso-administrativa pasa de ser el Juez común natural de la Administración, a convertirse en Juez común del Estado como estructura universal en cualesquiera de sus facetas o niveles cuando se ejerzan funciones materialmente administrativas, cumpliéndose así el mandato constitucional del artículo 106, en una tendencia hermenéutica que sirve mejor a la consecución del Estado de Derecho y a la preeminencia del valor "justicia", según las expresión programática del artículo 1° de la Constitución.

1. Delimitación subjetiva: las Administraciones publicas y las instituciones constitucionales

El primero de los supuestos más arriba contemplados aparece regulado directamente en la Constitución, cuyo artículo 153 establece que "el control de la actividad de los órganos de las Comunidades Autónomas se ejercerá:... c) por la jurisdicción contencioso-administrativa, el de la administración autónoma y sus normas reglamentarias". Como consecuencia de este mandato constitucional fue promulgada la Ley 34/1981, de 5 de octubre, en la que se incluyeron normas complementarias sobre legitimación en el recurso contencioso-administrativo, innecesarias en un plano teórico pero conveniente en el pragmático. Su artículo 1° aclaraba: "a todos los efectos a que se refiere la vigente Ley Reguladora de la Jurisdicción contencioso- administrativa, se entenderá como Administración pública la Administración de las Comunidades Autónomas. Las Entidades sometidas a la tutela de estas Comunidades tendrán igual consideración", criterio que se hacia extensivo a los Entes Preautonómicos con cierta inexactitud, a mi entender, pues tales Entes fueron, en su momento, organismos autónomos de la Administración del Estado. A su vez, un anteproyecto de Ley de revisión de la Ley Reguladora de la Jurisdicción contencioso-administrativa, elaborado en el primer semestre de 1980 por un grupo de trabajo dentro de la Sección 3ª de la Comisión General de Codificación(55), incluía ya dentro del concepto de Administración pública a la Administración de las Comunidades Autónomas, así como a las Corporaciones e instituciones públicas sometidas a su tutela [art. 1°.2,b) y d)].

Por su parte, las instituciones constitucionales que Santamaría(56) ha llamado "organizaciones estatales no administrativas" son la Corona, los Poderes Legislativo (Cortes Generales, Congreso y Senado) y Judicial (Consejo General y Tribunales), el Tribunal Constitucional, el Defensor del Pueblo, el Tribunal de Cuentas y el Consejo para la Planificación Económica, este último todavía nonato. De todas ellas, hay una -la Corona- cuyos actos, aun cuando fueren materialmente administrativos, quedan excluidos de cualquier enjuiciamiento. En efecto, por una parte, la persona del Rey es inviolable y no está sujeta a responsabilidad (art. 56.3), sea cualquiera la naturaleza de ésta. Por otra, el Rey nombra y releva libremente a los miembros civiles y militares de su Casa (art. 65.2), discrecionalidad absoluta en el fondo y en la forma que impide su revisión jurisdiccional[57].

En el anteproyecto de Ley más arriba mencionado, se contemplaban también varias de estas instituciones, no todas, para incorporar en algunos casos soluciones ya existentes, y en otros anticipándose a sus futuras normas reguladoras. En el primer grupo hay que clasificar al Tribunal Constitucional, y al Consejo General del Poder Judicial, cuyas respectivas leyes orgánicas hablan sido promulgadas con anterioridad. En efecto, la Ley Orgánica 2/1979, de 3 de octubre, previó con criterio restrictivo que las resoluciones del Secretario general del Tribunal Constitucional "en materia de personal" fueran recurribles en alzada ante el Presidente del Tribunal, cuya decisión agotaría la vía administrativa, siendo susceptibles de recurso contencioso-administrativo" (art. 99.3) ante la Audiencia Nacional. A su vez, la Ley Orgánica 1/1980, de 10 de enero, reguladora del Consejo General del Poder Judicial ofreció un planteamiento más abierto y más ajustado, por tanto, a la Constitución: «los actos definitivos de la Comisión Permanente y la Sección Disciplinaria, cuando los de esta última no fueren resolutorios de recursos, serán impugnables en alzada ante el Pleno del Consejo General; los actos y disposiciones emanados del Pleno o de la Sección Disciplinaria no susceptibles de alzada, serán recurribles en vía contencioso-administrativa, conforme a la Ley Reguladora de dicha jurisdicción. La competencia para conocer de estas impugnaciones corresponderá al Pleno del Tribunal Supremo» (art. 47), solución singular determinada por la singularidad del órgano superior de gobierno del propio Poder Judicial, nunca extensible a las demás instituciones constitucionales. El mismo anteproyecto de Ley configuraba con mayor amplitud estos supuestos, ya que permitía la impugnación judicial de los "contratos y actos de gestión patrimonial, así como en materia de personal", procedentes del Tribunal Constitucional (y las demás instituciones), sin limitarlos a los citados en último lugar, remitiéndose para el Consejo General a su regulación específica, más genérica y comprensiva.

El segundo de los grupos en que más arriba clasificábamos las instituciones constitucionales encuadra a las cuatro restantes, cuyas normas reguladoras fueron apareciendo con anterioridad a la Ley Orgánica del Poder Judicial, salvo uno. A dos de las primeras hacia referencia el anteproyecto, tantas veces mencionado, olvidando otras dos, quizá por su novedad (el Defensor del Pueblo y el Consejo para la Planificación Económica). En efecto, en el apartado a) del párrafo 2° del artículo 1°, se entendía por Administración pública no sólo a ésta, stricto sensu, sino, además, a "los órganos de gobierno interior de las Cortes Generales y del Tribunal de Cuentas" (junto con el Constitucional y el Consejo General), con el ámbito objetivo ya analizado más arriba.

La Ley Orgánica 3/1981, de 6 de abril, para configurar la figura del Defensor del Pueblo creado por la Constitución, carecía de normas respecto del régimen jurídico de sus actos de administración. Por su parte, los Reglamentos del Congreso de los Diputados y del Senado no contenían alusión alguna a la posibilidad de impugnación judicial de los actos materialmente administrativos de las Mesas como órganos rectores de las Cámaras, a quienes compete su "gobierno interior". Finalmente tampoco contempló este problema la Ley Orgánica 2/1982, de 12 de mayo, reguladora del Tribunal de Cuentas, que, en cambio, prevé expresamente la conexión de la jurisdicción contable y la contencioso-administrativa mediante los recursos de casación y revisión ante el Supremo (art. 49). No obstante el silencio al respecto, afirmé en su día que los actos gubernativos eran también susceptibles de impugnación en vía contencioso-administrativa con arreglo a las normas generales, solución, además, admitida por la doctrina jurisprudencial del Tribunal Supremo con anterioridad a la nueva Ley Orgánica, que en esto nada innovó.

La Ley Orgánica 6/1986, de 1 de julio, reguladora del Poder Judicial, acogió el esquema expuesto, dado el contexto constitucional. Efectivamente, su art. 24 configuraba la extensión y límites de este orden jurisdiccional no sólo en función de las "Administraciones Públicas" sino también de los "Poderes Públicos", con un distinto contenido objetivo y un reenvío genérico a "lo que dispongan las leyes". Más adelante, el art. 58 encomendó a la Sala correspondiente del Tribunal Supremo (la tercera) el conocimiento, en única instancia, de los recurso contencioso-administrativos que se promoviera contra los actos y disposiciones precedentes del Consejo de los

Diputado del Senado, del Tribunal Constitucional y del Defensor del Pueblo en materia de personal y actos de administración. Tal dice el párrafo 1°, mientras el 5° le encomienda la competencia para resolver "los recursos que establezca la Ley contra las resoluciones del Tribunal de Cuentas", norma que parece enlazar con el art. 49 de la LOCT 2/1982, de 12 de mayo, aunque deje en una zona polémica el problema del control de la función fiscalizadora de este Tribunal, abordado y resuelto en sentido afirmativo en la Sentencia del Tribunal Supremo (Sala Tercera) que lleva fecha 18 de octubre de 1986 (58). Se abandona así la perspectiva formal, estatutaria o subjetiva de lo contencioso-administrativo, como fuero ordinario o juez común de las Administraciones Públicas, para acoger otra objetiva o material que le convierte en juez del Estado. Tal energía expansiva es una exigencia de la plenitud del Estado de Derecho que rechaza la existencia de zonas inmunes de cualesquiera poderes públicos al control judicial, como garantía de los ciudadanos para preservar su libertad y conseguir la justicia.

En la misma línea discursiva el art. 1° de la Ley 29/1998, de 13 de julio, reguladora de la Jurisdicción Contencioso-administrativa, aclara que ésta "conocerá también de las pretensiones que se deduzcan en relación con:

> *a) Los actos y disposiciones en materia de personal, administración y gestión patrimonial sujetos al derecho público adoptados por los órganos competentes del Congreso de los Diputados, del Senado, del Tribunal Constitucional, del Tribunal de Cuentas y del Defensor del Pueblo, así como de las Asambleas Legislativas de las Comunidades Autónomas y de las instituciones autonómicas análogas al Tribunal de Cuentas y al Defensor del Pueblo.*
>
> *b) Los actos y disposiciones del Consejo General del Poder Judicial y la actividad administrativa de los órganos de gobierno de los Juzgados y Tribunales, en los términos de la Ley Orgánica del Poder Judicial.*
>
> *c) La actuación de la Administración electoral, en los términos previstos en la Ley Orgánica del Régimen Electoral General".*

Por otra parte, el éxito de la jurisdicción contencioso administrativa tal y como había sido configurada en 1956, provocaría un fenómeno de mimetismo para trasplantarla a otros sectores. Nació así en 1971 lo "contencioso-sindical" para los "sindicatos verticales" o la "organización sindical" cuya cabeza era el Ministerio de Relaciones Sindicales, con una estructura paraestatal, del que conocía la Sala de lo Social, entonces la Sexta del Tribunal Supremo. El Decreto 2077/ 1971, de 13 de agosto, explicaba que "ofrece un texto completo en el que las reglas del procedimiento contencioso-administrativo se adaptan a las peculiares características de la Organización Sindical y se completan mediante las normas procesales que delimitan lo contencioso-sindical, utilizando deliberadamente el esquema sistemático de la Ley de 27 de diciembre de 1956, cuyo tenor literal respeta escrupulosamente en lo posible"(59). Era una modalidad efímera e intempestiva en el "tardofranquismo". Luego la Transición traería lo "contencioso-electoral" el año 1977, consolidado hasta el día de hoy, a cargo del cual están los órganos ordinarios de la jurisdicción contencioso-administrativa, las Salas de los Tribunales Superiores de Justicia y del Supremo(60). Le seguiría lo "contencioso contable" en 1982, vinculado a la Sala Tercera de éste cuya Sala Quinta a su vez se encarga del "contencioso disciplinario militar", como ha quedado expuesto en el capítulo anterior.

2. Delimitacion objetiva: lo contencioso-administrativo y lo contencioso-contable

La jurisdicción propia del Tribunal de Cuentas se configura positivamente por su objeto, la responsabilidad contable, que marca en principio su extensión con el margen de flexibilidad previsto en el art. 15. Como anverso de tal deslinde, por inclusión, de la materia objeto del proceso y de las cuestiones conexas, la técnica habitual utiliza también criterios negativos, por exclusión y en este aspecto su Ley Orgánica, 2/ 1982, de 12 de mayo, sigue las directrices tradicionales para delimitar el ámbito de actuación del Tribunal respecto de las Administraciones públicas y de los demás órdenes jurisdiccionales, aunque plasmándolas con mayor precisión dogmática. En efecto, el art. 15 no incurre, como había sucedido bajo la vigencia de la Ley de 1953, en un casuismo invertebrado. Así, las manifestaciones fenoménicas, ocasionales y fragmentarias, los supuestos individualizados que se producen en momentos procesales muy concretos (por ejemplo, tercerías) reciben un tratamiento genérico y se regulan como cuestiones prejudiciales o incidentales.

La Ley Orgánica alude expresamente a una zona tangencial de las Administraciones públicas con el Tribunal de Cuentas, supuesta la plena independencia de éste. El art. 18.1 aclara que la jurisdicción contable es compatible respecto de unos mismos hechos con el ejercicio de la potestad disciplinaria. Y en relación con los demás Jueces y Tribunales, el art. 16 excluye de aquella jurisdicción el enjuiciamiento de los asuntos que correspondan a cualesquiera otros órdenes jurisdiccionales, enumerando nominativamente el constitucional, el contencioso- administrativo, el penal, el civil y el laboral, así como genéricamente las cuestiones de otra naturaleza encomendadas al conocimiento de los órganos del Poder Judicial.

En el aspecto que nos ocupa resulta especialmente interesante la delimitación de lo contencioso-contable respecto de lo contencioso-administrativo. No corresponderán tampoco a la jurisdicción contable, dice el art. 16.b del texto legal, el enjuiciamiento de las cuestiones sometidas a la contencioso-administrativa. El deslinde entre ellas resulta especialmente problemático, ya que ambas operan sobre idéntico objeto formal, (actos administrativos) en una concreta parcela material de las Administraciones públicas (la actividad económica o financiera). Sin embargo, tal delimitación puede realizarse en virtud de dos criterios complementarios: uno, la distinta perspectiva utilizada para contemplar esos actos y otro, el objeto sobre el que incidan[(61)].

Es delicado, en efecto, este deslinde de lo contencioso-contable y lo contencioso-administrativo, que, mal planteado, puede originar actuaciones aberrantes, de las que cabria señalar algún ejemplo. La jurisdicción contencioso-administrativa es la única competente para la eventual anulación de actos y disposiciones administrativas que contradigan el ordenamiento jurídico, produzcan o no un perjuicio patrimonial a las Haciendas públicas. La jurisdicción contable enjuicia la responsabilidad derivada de tales actos, precisamente por su consolidación jurídica, por su inatacabilidad o firmeza, cuando la ilegalidad origina un resultado dañoso al Tesoro; por ello nunca puede estar capacitada para dejar sin efecto liquidaciones tributarias o acuerdos en los que se constituya una obligación (gasto) o se disponga un pago, que son actos declaratorios de derechos y deberes respecto de los particulares afectados: para ello, nuestro sistema configura el proceso de lesividad(62).

Aun cuando todos o parte de los actos administrativos enjuiciados sean formalmente intangibles y deban surtir todos sus efectos normales, incluso en contra de la Administración y por supuesto en favor del particular, el Tribunal de Cuentas los somete a una elaboración peculiar: no puede anular el acto administrativo cuya irregularidad comprueba (misión ésta privativa de la jurisdicción contencioso-administrativa), sino que la comprobación de su ilegitimidad funciona simplemente como presupuesto lógico de la declaración de responsabilidad del funcionario que lo dictó y, en consecuencia, tiende a eliminar el perjuicio económico causado a la Administración, transfiriéndolo al responsable. Precisamente el hecho de que tal acto resulte inatacable, provoca el perjuicio patrimonial y la consiguiente responsabilidad(63).

El documento de trabajo de la comisión redactora del anteproyecto, contenía en el que luego fue el apartado b) de este artículo 16, la aclaración de que el Tribunal de Cuentas no podría "declarar la nulidad de actos administrativos constitutivos de derechos y obligaciones", pero si "exigir de quienes proceda el resarcimiento de los perjuicios originados por su ejecución, cuya responsabilidad en cambio le corresponde declarar. Tampoco podrá proceder -añadía- contra los particulares perceptores de pagos indebidos, cuyo reintegro será exigido por la Administración. Podrá dirigirse al órgano competente para que, en su caso, proceda a la anulación del acto que estime irregular o declare la lesividad para impugnarlo ante la jurisdicción contencioso-administrativa"(64). Lástima que fuera eliminado.

Finalmente, corresponde a lo contencioso-administrativo el enjuiciamiento de los actos que emanen de los órganos de gobierno del Tribunal de Cuentas respecto de su gestión patrimonial y en materia de personal, para el funcionamiento de sus servicios, ya que el artículo 3º del dictamen parlamentario le reconoce una función instrumental pero exclusiva de autoadministración. El anteproyecto de reforma de la Ley Reguladora de la jurisdicción contencioso-administrativa, elaborado en 1979 por la Comisión General de Codificación, contemplaba expresamente en su artículo 1° al Tribunal de Cuentas para hacer posible la impugnación judicial de las resoluciones que se produjeran en el ámbito más arriba acotado.

En la vigente Ley Orgánica[65], la jurisdicción contable aparece configurada como necesaria e improrrogable, exclusiva y plena, de tal manera que los órganos del Tribunal de Cuentas que fueren competentes para conocer de un asunto, lo serán también para todas sus incidencias y para ejecutar las resoluciones que dictaren. La plenitud de la jurisdicción no se opone en teoría ni en la práctica a la articulación de todos los órganos jurisdiccionales en un esquema procesal armónico. En tal aspecto, el Tribunal de Cuentas ejerce una parcela de lo contencioso-administrativo que la ciencia jurídica italiana califica como «contencioso-contable[66]. La circunstancia de que este Tribunal constituya el «órgano supremo» de la fiscalización financiera según el artículo 136.1 de la Constitución no puede impedir que en su faceta jurisdiccional se vincule procesalmente el Tribunal Supremo, ya que éste se define constitucionalmente como el «órgano jurisdiccional superior en todos los órdenes» (art. 123.1), con la única salvedad explícita del Constitucional. En consecuencia, todos los órdenes jurisdiccionales confluyen y se unifican en él, que además tienen en nuestro ordenamiento jurídico la misión transcendental de crear jurisprudencia o «doctrina legal», cuya fuerza como fuente complementaria del derecho aparece reconocida en el art. 1.6 (Titulo preliminar) del Código Civil.

Por tanto, resultaba razonable propugnar –como lo hice desde 1965– que los recursos de casación y revisión se desglosaran del Tribunal de Cuentas, sin menoscabo alguno de su importancia y categoría, para transferirlas al Tribunal Supremo de Justicia, a través de sus Salas de lo Contencioso-Administrativo[67]. Esta es la solución adoptada, por ejemplo, en Francia, donde el "Conseil d'Etat" enjuicia los recursos de tal naturaleza formulados contra las resoluciones de la "Cour des Comptes". En España, como hemos visto, siguió estas directrices la primera Ley Orgánica (1851), que encomendaba el recurso de casación al Consejo Real, órgano supremo de lo contencioso-administrativo, en régimen de jurisdicción "retenida". Por otra parte la Contaduría Mayor de Cuentas y su Tribunal nunca fueron "Supremos" en el sentido procesal de la expresión, pues siempre existió una instancia superior en el Consejo Real o en el de Hacienda e incluso en la Audiencia de a Corte (1813 y 1820). Con esta tradición centenaria entronca ahora la Ley Orgánica cuyo art. 49 establece que "las resoluciones del Tribunal de Cuentas, en los casos y en la forma que determine su Ley de Funcionamiento, serán susceptibles del recurso de casación y revisión ante el Tribunal Supremo"(68).

3. El solapamiento de la jurisdicción constitucional y la contencioso-administrativa

Aun cuando puedan existir eventuales puntos de fricción entre ambas en el enjuiciamiento respectivo de actos singulares por la superposición del recurso de amparo y otros también en el control de la potestad reglamentaria de las Administraciones públicas, quizá el supuesto más interesante sea el enjuiciamiento de la validez de la legislación delegada que, en su origen, es obra del Poder Ejecutivo pero por mandato del Legislativo. Esto significa que la antítesis a superar se traba entre dos leyes o normas con rango legal, una formalmente –la de Bases– y otra materialmente –el Texto Refundido– que si incurriera en *ultra vires* se degradaría a reglamentario. Esto es propio de los Jueces y Tribunales (art. 106) pertenecientes al orden judicial contencioso-administrativo (art. 153), quienes –por otra parte– deben abstenerse de aplicar «los Decretos Legislativos en lo que excedan de la delegación o más propiamente el no conferir al exceso el valor de Ley» (ATC 69/1983, F.J. 3), como corolario del principio de que la potestad de juzgar comprende la selección de la norma y su interpretación. En definitiva les corresponde no sólo analizar si se ha sobrepasado el encargo, sino comprobar los demás elementos formales (competencia del órgano y regularidad del procedimiento de elaboración de las disposiciones generales).

En cambio, el diseño propio de la jurisdicción constitucional en cualesquiera de sus diferentes procesos utiliza siempre como uno de los términos de comparación el precepto constitucional, pudiendo ser el otro una disposición general de rango legal o incluso reglamentario, según las circunstancias y desde una perspectiva distinta (infracción directa de normas constitucionales o violación de derechos fundamentales). En más de un caso, si se incurriera en *ultra vires* podría también quebrantarse simultáneamente el esquema constitucional de distribución de competencias, proporcionando así al litigio su dimensión peculiar o privativa en dicha sede.

El enjuiciamiento directo e indirecto de las disposiciones generales con rango inferior a la Ley, se atribuye exclusivamente por la misma Constitución[(69)] a lo contencioso-administrativo. Ahora bien, la circunstancia de que no se hubieren impugnado directamente en esa vía, no impide a todos los Jueces y Tribunales dejar de aplicar los reglamentos o disposiciones contrarias a la Constitución, a la ley o al principio de jerarquía normativa, como dice la actual Ley Orgánica del Poder Judicial (art. 6), de cuyo precepto fue precursora el art. 7 de la que, promulgada con carácter provisional en 1870, rigió sin embargo durante 115 años[(70)].

La impugnación de una disposición general con rango inferior a la Ley, por su sedicente desajuste con ésta, no es sino una modalidad, la directa, primera y principal del control de la potestad reglamentaria, que la Constitución encomienda a los Tribunales ordinarios genéricamente[(71)] y que en tal modalidad corresponde con carácter exclusivo a la jurisdicción contencioso-administrativa, como cuida de advertir más adelante para las Comunidades Autónomas. En definitiva, cuando se discute tan sólo la adecuación de un reglamento autonómico a una ley básica estatal por motivos ajenos a los competenciales, es en tal terreno de juego donde debemos movernos.

Pues bien, en más de un caso la casuística jurisprudencial nos muestra, so capa de un aparente conflicto positivo de competencia sin que en él se efectúe real reivindicación de ninguna concreta ni se niegue la ajena, que en realidad se pone en entredicho la adecuación de ciertos preceptos reglamentarios a otros de una Ley de la cual traen causa y son desarrollo, a las veces, con la remota advocación de un título competencial común donde se divide implícitamente la materia. Tal suele ser en estos casos la única connotación constitucional. El resto no extravasa en absoluto el plano de la legalidad, propio del Poder Judicial, sin que el juego de normas básicas y de disposiciones para su desarrollo, que deslinda los campos respectivos de las competencias estatales y territoriales, posea virtudes taumatúrgicas y le permita transformar la naturaleza de las instituciones jurídicas. En definitiva, el objeto procesal peculiar del conflicto se desvirtúa por no existir tal como contienda real y consistir en un contencioso-administrativo.

Es evidente que este proceso y el constitucional establecido para dirimir los conflictos positivos de competencias presentan aspectos comunes pero también, por definición, otros que los individualizan. Desde una óptica subjetiva la legitimación activa se solapa, sin coincidir, ya que en sede constitucional tiene un *numerus clausus* y en la vía judicial está abierta a cualesquiera personas que aleguen *prima facie* un interés legítimo, en función del beneficio o perjuicio que pudiera derivarse eventualmente del mantenimiento o anulación del acto administrativo o de la disposición general con categoría inferior a la Ley en entredicho. Tal es, a su vez, la materia privativa de lo contencioso-administrativo y puede ser también ocasión de conflictos con otros actos y normas de los demás poderes públicos, sin perjuicio por otra parte de que ciertas actuaciones excluidas de aquél, como son las de trámite, puedan dar lugar a éste. No obstante, el objeto procesal contiene un elemento más, el causal, que se refleja en la pretensión, lo que se pide y la razón por la cual se pide, *causa petendi*. Aquí está la característica diferencial de ambos procesos.

Efectivamente, el reproche que en el seno del proceso constitucional pueda imputarse al acto singular o disposición general ha de tener por soporte, en todo caso, la competencia como tema principal y único, desde la perspectiva de la Constitución[(72)]. El proceso contencioso-administrativo es, por su parte, el cauce ordinario para controlar judicialmente la potestad reglamentaria y la legalidad de la actuación administrativa y aun cuando figure como causa de nulidad la manifiesta incompetencia de quien dictó el acto o la disposición impugnados, tal punto de referencia ha de encuadrarse en el contexto general dentro del cual se mueve este orden judicial, cuyo canon es el principio de legalidad, siendo, por tanto, tal dimensión su techo.

Pues bien, dicho esto no se me oculta que la *vindicatio potestatis*, aunque característica de los conflictos de competencia, no es su único y exclusivo elemento definidor si se lee con atención la doctrina constitucional sobre ellos. Allí se dice, y a ello hemos de atenemos en principio, que también es posible «sin recabar para sí la competencia ejercida por otro, entender que una determinada disposición o un acto no respeta el orden competencial establecido en el bloque de la constitucionalidad, siempre y cuando, además, esa disposición o acto afecten a su propio ámbito de autonomía»[73]. En tal sentido, el único motivo que puede dar lugar a un conflicto de esta clase es el sedicente vicio de incompetencia en el cual pueda haber incurrido la disposición o el acto impugnados, «siempre que aquél se funde directamente en la vulneración de las normas de distribución de competencias contenidas en la Constitución, en los Estatutos de Autonomía o las Leyes Orgánicas correspondientes[74]. Dicho de otro modo, la naturaleza intrínseca del conflicto y el fundamento de la intervención del Tribunal Constitucional está en que las normas reguladoras de la competencia deben ser normas constitucionales o pertenecientes al bloque de la constitucionalidad. Lo esencial y característico de todo conflicto del cual pueda y deba conocer el Tribunal Constitucional estriba, por tanto, en el debate sobre el reparto constitucional de las competencias, concretando el mismo en la «... definición de los límites externos del poder» y no en la «... verificación del ejercicio concreto de tales poderes dentro de esos límites que no se discuten y en relación con un supuesto de hecho cuya delimitación es el objeto controvertido»[75]. Tal doctrina es la seguida luego en los conflictos negativos[76], pero ha sido contradicha en los positivos[77].

Hay conflicto positivo, y con ello tiene el Tribunal Constitucional jurisdicción para conocer, cuando el Estado y una Comunidad Autónoma o dos Comunidades Autónomas entre sí controvierten los límites de sus respectivos ámbitos de actuación sobre la base de una diferente comprensión del sentido y alcance de las normas distribuidoras de la competencia en el bloque de constitucionalidad, cuya interpretación, o la de alguno de sus elementos, sea necesaria para estimar o desestimar las pretensiones deducidas. Quedan, por el contrario, deferidas al conocimiento de la jurisdicción contencioso-administrativa las pretensiones cuyo enjuiciamiento sólo exija la comprobación de la competencia, a la luz de las reglas del bloque de la constitucionalidad y la verificación de que concurren en el caso concreto las circunstancias que determinen su inclusión en el supuesto controvertido de la norma donde se configure aquélla, por reunir los elementos definidores del ámbito de la competencia estatal o autonómica problemática.

El conflicto de competencia no constituye el remedio procesal utilizable cuando, sin plantearse una verdadera controversia competencial o, más aún, reconociendo explícitamente que quién ha ejercido la competencia es sin duda su titular, se alega no obstante que el ejercicio de la misma infringe por otros motivos el ordenamiento jurídico[78]. Cuando no se pongan en tela de juicio las normas constitucionales o estatutarias donde se configuren las competencias del Estado y de las Comunidades Autónomas, ni se les niegue la potestad reglamentaria en este ámbito, como fue el caso que dio origen a estas reflexiones mías, el problema se residencia en comprobar si entre una Ley estatal que en el ejercicio de su competencia declara básicos ciertos preceptos y una disposición general de rango inferior (proceda de quien procediere, factor irrelevante aquí) se da la contradicción que se le achaca como fundamento de su impugnación. Es en definitiva un juicio de legalidad lo que se pide, propio de lo contencioso-administrativo. Se trata de encuadrar la actividad autonómica de ejecución y desarrollo mediante la potestad reglamentaria en el ámbito competencial de lo básico, ya previamente delimitado. Determinar el sentido y alcance de la norma básica (como dato y no como incógnita), interpretarla en suma, no necesita para nada de las normas delimitadoras de la competencia misma[79]. En definitiva, pues, que los preceptos reglamentarios rebasen o respeten las bases ya configuradas como tales no pone en cuestión el orden constitucional de competencias, sino el principio de jerarquía normativa como una de las manifestaciones del principio de legalidad[80].

III
EL FUTURO

El oficio de profeta es difícil e ingrato, aunque no tanto como el de historiador en la etapa de la "memoria histórica". A nadie puedo culpar de mis tanteos y tropiezos en esta ocasión porque yo mismo elegí el tema en el cual se mezclan pasado y futuro. Tengo alguna imaginación pero carezco del don de la clarividencia y pertrechado así no resulta posible ir muy lejos en este juego de la gallina ciega. He tenido que dejar en el camino aspectos tan interesantes del hoy como la extensión espacial de lo contencioso-administrativo por obra y gracia de nuestra pertenencia a la Unión Europea, aunque sugerido quede, o el control judicial de la función fiscalizadora del Tribunal de Cuentas, que trataré en otra ocasión, temas merecedores cada uno, por si mismos, de una especial atención. Otra vez será. Para terminar, y cumplir con el enunciado propuesto, quiero dejar aquí constancia de un atisbo, una sospecha o quizá una premonición. Me parece que el próximo e inmediato estirón de lo contencioso-administrativo se producirá en el terreno de la legitimación activa. Veamos.

1. La acción pública

El artículo 125 de la Constitución declara que «los ciudadanos podrán ejercer la acción popular», y parece evidente que los redactores del texto estaban contemplando la jurisdicción penal (como pone de relieve la inmediata alusión al Jurado), donde la acción popular con este mismo nombre es una añeja y valiosa pieza de nuestra ya secular Ley de Enjuiciamiento Criminal que rompe el monopolio del Ministerio Público. Sin embargo, se acomoda al criterio latente en esta norma para garantizar al máximo la defensa de los intereses públicos que son el meollo de toda potestad administrativa, la ampliación a lo contencioso-administrativo en ciertos supuestos de tal modalidad de actuación.

Un caso claro es el del urbanismo, donde la Ley del Suelo se había anticipado en 1956, en una tendencia muy progresiva, a establecer la acción pública en su artículo 223 como refuerzo de la protección de la legalidad en este sector del ordenamiento, esencial para la calidad de vida. Con esta acción se elimina el presupuesto procesal de la legitimación *ad causam* –el interés personal y directo– dando por supuesto que ese interés existe en todo ciudadano por el mero hecho de serlo. El artículo 304 del Texto Refundido de la Ley sobre el Régimen del Suelo, Real Decreto Legislativo 1/1992 de 26 de junio (TR. RD 1346/1976, de 9 de abril, art. 235), lo ratificó: "será pública la acción para exigir ante los órganos administrativos y los Tribunales contencioso-administrativos la observancia de la legislación urbanística y de los planes, programas, proyectos, normas y ordenanzas", añadiendo que "si dicha acción está motivada por la ejecución de obras que se consideren ilegales, podrá ejercitarse durante la ejecución de las mismas" y hasta el transcurso "de los plazos establecidos para la adopción de medidas de protección de la legalidad urbanística", no un año después de su terminación, como decía el texto anterior.

Dos problemas importantes se suscitaron con ocasión del ejercicio de tal acción pública. Uno, si para ello era indispensable poseer la nacionalidad española, sin que las opiniones doctrinales estén hasta ahora de acuerdo, si bien parezca correcta –en principio– la equiparación de los extranjeros a los nativos, en función de los propios principios constitucionales. Dos, sus limites razonables La más reciente jurisprudencia, a la luz del principio de la buena fe, ha señalado que el artículo 235 de la Ley del Suelo no puede amparar el ejercicio abusivo del propio derecho, situación que se produce cuando de la acción pública emprendida sólo se sigue daño para un tercero, sin beneficio de la comunidad, fundamento mismo de tal acción (STS de 22 de enero de 1980).

Un paso adelante en este camino, desde la perspectiva genérica de la legitimación *ad causam*, se daba –como hemos visto– en el primer anteproyecto para la reforma de la Ley Reguladora de la Jurisdicción, desde el momento en que exigía tan sólo como fundamento de la actuación procesal el «interés» a secas, sin las cualidades de personal y directo. Además, el mismo anteproyecto incluía expresamente la previsión de aquellos «supuestos en que el ordenamiento jurídico reconociera la acción pública», respecto de los cuales se permitían su ejercicio por «los que tuvieren capacidad procesal y el Ministerio fiscal» (art. 28 1,b)) criterio extensivo en mi opinión al Defensor del Pueblo.

En la jurisdicción contable, tan próxima a la contencioso-administrativa, la Ley Orgánica 2/1982, de 12 de mayo, aceptó una vieja sugerencia mía formulada por primera vez en 1969 e incorpora una audaz innovación. Su artículo 47.3, dice: "Será pública la acción para la exigencia de la responsabilidad contable en cualquiera de los procedimientos jurisdiccionales del Tribunal de Cuentas. En ningún caso se exigirá la prestación de fianza o caución, sin perjuicio de la responsabilidad criminal o civil en que pudiera incurrir el que ejercite la acción indebidamente".

2. La calidad de vida

Finalmente, esa ampliación de quienes pueden pedir viene de la mano de la calidad de vida, aspiración situada en primer plano por el preámbulo de la Constitución que, a su vez, en el texto articulado, intenta configurarlo como un derecho, cuya violación comporta una responsabilidad que puede convertirse en penal. El medio ambiente parece ser el marco, aunque no se identifiquen ambas nociones. En tal soporte físico, topográfico, ecológico, la calidad de vida es producto de diversos factores, unos materiales y otros no. La utilización racional de todos los recursos naturales y el desarrollo económico se encuentran en el primer grupo. El progreso o avance cultural, en el otro. Culto, cultura, cultivo son el trípode de la vida rural. La civilización es producto urbano. En ambos casos, la justicia como valor y como organización forma parte de ese conjunto de prestaciones que hacen la vida digna de ser vivida cualitativamente, una vez superado el límite cuantitativo suficiente para existir y subsistir.

En suma, calidad de vida –vista desde el Derecho– no es un concepto jurídico ni siquiera indeterminado, pero genera efectos en ese ámbito. El más espectacular de ellos consiste en extender la legitimación activa en el proceso para su defensa. A lo mejor resulta exacta aquí la intuición de Summer Maine para quien el Derecho sustantivo nace de los intersticios del proceso. No es este el momento de abordar el tema, que ha provocado la atención de los estudiosos e investigadores. Baste mencionar la acción pública en el sector del urbanismo y del consumo o la de *defendant class action* y la *public interest action* en el mundo anglosajón(81). Es muy probable que, a través de tales instrumentos procesales, vaya obteniéndose el pérfil jurídico de esta constelación de conceptos como son la digna calidad de vida en un medio ambiente adecuado, en un ecosistema donde el ser humano se realice plenamente y en armonía con los demás seres de su entorno, en ese bosque animado al que dió vida la imaginación y la ternura de uno de los mejores escritores de nuestro siglo, hoy preterido pasajeramente, Wenceslao Fernández Florez, universal a fuer de gallego y español(82).

Capítulo sexto

LA GUERRA DE LOS JUECES

I.
EL SISTEMA DE LAS DOS JUSTICIAS

1. El Tribunal Supremo y el Constitucional

Pues bien, la estructura que compone el Poder Judicial se convierte en piramidal por la presencia "en la corte de un Supremo Tribunal de Justicia", que así dicho aparece en 1812 por obra y gracia de las más bella de nuestras Constituciones, para todo el territorio nacional, el de las Españas en ambos hemisferios. Es una consecuencia necesaria de la unidad de fueros y sustituye por ello a los Tribunales de Oidores que existían, uno por cada Consejo, en el original sistema polisinodial o sinodiárquico, típicamente español. El Tribunal Supremo, que no será mencionado nunca más en las posteriores Constituciones, reaparece en la actual. Su origen es obra del liberalismo[(1)], está vinculado al alumbramiento de la democracia en España y por él han pasado las mejores cabezas del mundo jurídico, hacedor del Derecho y hoy encargado de establecer la doctrina legal. Ahora bien, la configuración ha variado como también su posición constitucional. El Tribunal Supremo es el órgano jurisdiccional superior en todos los órdenes, salvo en materia de garantías constitucionales (art. 123 C.E.) que corresponde al Tribunal Constitucional, nuevo en esta plaza y de cuya gestación y feliz alumbramiento he dado razón en otros pagos.

Es aquélla una definición montada en el vacío. Del primigenio Tribunal Supremo queda poco, apenas nada, eso sí, esa nada enterrada bajo una avalancha de asuntos. Su silueta ha sido recortada, mutilada hasta dejarlo irreconocible. Quién lo ve y quién lo vio. Ha sido reducido a puro nombre, desprovisto de sustancia, vale decir de la supremacía que es su nota distintiva, quizá por sus pecados institucionales, como he dicho en más de una ocasión. La Ley Orgánica del Poder Judicial de 1/1985 lo desmochó por arriba, vaciándolo por abajo, lo ha "jibarizado" en suma. En efecto, no sólo disminuyó las competencias de la Sala de Gobierno en el ámbito de la administración interna, sino que sometió sus decisiones al control del Consejo General del Poder Judicial por vía de alzada. En su función jurisdiccional, la amputación es trascendente y va contra la misma configuración constitucional desde el momento en que en algunos temas se le priva de la última palabra, entregándosela a los Tribunales Superiores de Justicia, a quienes se reservan unos sedicentes recursos de casación y revisión cuando se funden en la "infracción de normas de Derecho Civil, Foral o Especial propio de la Comunidad" [art. 73.1 a)], a la vez que en lo contencioso-administrativo se exceptúan de la casación ante él las sentencias dictadas por las Salas correspondientes de los Tribunales Superiores de Justicia "cuando su objeto fueren actos y disposiciones de las Comunidades Autónomas, en infracción de normas emanadas de aquéllas"(2) (art.58,41). En el Estado Federal tipo, que ha sido modelo de todos los demás, a nadie se le ocurrió tal dislate.

En la Constitución, sin embargo, tales restricciones ni existen ni están autorizadas, sin que su texto en esta materia o en cualquier otra pueda ser alterado o tergiversado por vía estatutaria ni por Ley Orgánica alguna. En aquélla, el Tribunal Supremo "con jurisdicción en toda España" es concebido como juez de casación (y a veces de revisión) en los seis sectores en que funcionalmente actúa (civil, penal, contencioso-administrativo, contable, social y militar), aun cuando en algunos casos excepcionales juzgue en única instancia, pero nunca en apelación, como pone de manifiesto la lectura del art. 58 LOPJ. Tal configuración es la única que permite un esquema coherente en el cual encajen los Tribunales Superiores de Justicia, que han de culminar la organización judicial en el ámbito de cada Comunidad Autónoma, dentro de la cual se agotarán las sucesivas instancias procesales (art. 152.1 *in fine*), expresión ésta que en nuestro ordenamiento jurídico comprende lisa y llanamente los recursos o medios de impugnación ordinarios, fundamentalmente el de apelación, y deja fuera los extraordinarios (casación y revisión), privativos del Tribunal Supremo por voluntad implícita de la Constitución y explícita de la Ley Orgánica del Poder Judicial.

Por su parte, el Tribunal Constitucional, compuesto por doce juristas de reconocida competencia, elegidos por el Congreso, el Senado, el Gobierno y el Consejo General del Poder Judicial y cuya jurisdicción abarca todo el territorio español, está encargado de enjuiciar la eventual constitucionalidad de las leyes y disposiciones normativas con fuerza de ley, y de los Tratados Internacionales suscritos por España antes de su ratificación, mediante el recurso directo o la impugnación indirecta a través de la cuestión de inconstitucionalidad, así como el recurso de amparo por violación de los derechos fundamentales y libertades aludidos especialmente protegidos en el art. 53.2, los conflictos de competencia o de los de éstas entre sí (arts. 161 y 163 C.E.). Así, en este ámbito se hace realidad la conocida frase de Robert H. Jackson en cuya virtud los magistrados del Tribunal Supremo USA *"We are not unaware that we are not final because we are infalible, we know that we are infalible only because we are final"*. No tienen la última palabra por ser infalibles, sino que lo son por corresponderles pronunciar la última. En el ejercicio de ésa su misión privativa el Tribunal Constitucional ha hecho la cartografía del ámbito funcional donde ha de moverse el Poder Judicial en copia de sentencias cuya cita no hace al caso pero cuyas palabras trascribo fielmente. Si alguien tiene alguna duda que se moleste en buscarlas. Las encontrará.

Aquí hemos de parar por el momento en nuestra andadura. La Constitución da la última palabra, en el plano de la legalidad, a los Jueces y Tribunales, con absoluta independencia de criterio para juzgar, cuya función privativa conlleva con otras operaciones de lógica jurídica, la valoración del acervo probatorio que presenta dos dimensiones, primera la calificación de la validez o licitud de cada prueba practicada, una a una, y luego la ponderación de la eficacia, capacidad persuasiva o fuerza convincente del conjunto, en conciencia pero según las reglas de la sana crítica, dentro del proceso concreto en el cual se utilice (ATC 87/1995), que no es una patente de corso para el capricho o la arbitrariedad, sino la consecuencia de que sólo se puede saber si un testigo dice la verdad o miente mirándole a los ojos, oyendo el tono de su voz y observando sus gestos. Esto es lo que técnicamente se llama inmediación y pone de relieve el carácter presencial de los medios de prueba más importantes y frecuentes (el testimonio, la pericia y la inspección ocular) practicados ante Jueces profesionales con una larga experiencia. El Tribunal Constitucional carece, como tal institución, de esa experiencia y el conjunto de la prueba es para él simplemente una pila de papeles sin vida, transcripciones incompletas de palabras disecadas. Por otra parte, este Tribunal, que no ejerce una tercera instancia ni tampoco funciones casacionales, inherentes una y otras al juicio de legalidad privativo de la potestad jurisdiccional que la Constitución encomienda a los titulares del Poder Judicial, no tiene por qué revisar las razones en virtud de las cuales un órgano judicial da mayor credibilidad a un elemento de juicio que a otro (AATC 269/1994 y 45/1995), aun cuando tampoco pueda abdicar de su condición de guardián último de las garantías constitucionales que le encomienda la Constitución [arts. 123 y 161.1b) CE].

Una vez amojonado el contenido de la potestad de juzgar desde una perspectiva genérica, el Tribunal Constitucional durante sus primeros doce años de vida no prestó sin embargo atención alguna al Supremo cuyas Sentencias desmochaba. Sin embargo, a partir de 1992 se pueden encontrar en los tomos verdes que cobijan la doctrina constitucional más de una decisión donde, al socaire del caso concreto, se reflexiona sobre la naturaleza de la función que se ha venido cumpliendo desde las Salesas en la plaza de la Villa de París a lo largo de estos dos últimos siglos.

La STC 318/1994, de 28 de noviembre lo diseña así:

> *"El Tribunal Supremo, en todos los órdenes jurisdiccionales, ha sido configurado en principio por exigencias constitucionales recogidas luego en la Ley Orgánica del Poder Judicial, como Juez de casación, que es su característica identificadora, su razón de ser y la que da sentido a su existencia, sin la cual carecería de significado propio, aun cuando excepcionalmente pueda y deba juzgar ciertos casos en única instancia como otros Tribunales Siupremos y no sólo en materia penal respecto de personas aforadas. Así ocurre en el proceso laboral o social, cuyo Texto Articulado vigente, que desarrolla la Ley de Bases 7/1989, de 12 de abril, actualiza la regulación de la casación ya existente y le añade una modalidad "ex novo" pero no "ex nihilo" para la unificación de doctrina, transportada desde lo contencioso-administrativo donde, por haber preferido en 1956 la apelación, se introdujeron solapadamente dentro del recurso de revisión cuatro motivos casacionales, uno de ellos para el supuesto de que "las Salas de lo Contencioso-administrativo hubieran dictado resolu-*

ciones contrarias entre sí o con sentencias del Tribunal Supremo respecto de los mismos litigantes u otros diferentes en idéntica situación, donde, en méritos a hechos, fundamentos y pretensiones sustancialmente iguales, se llegue a pronunciamientos distintos" [art. 101. 1. b) en la redacción recibida el año 1973], recurso que tenía eficacia rescisoria a diferencia del previsto en interés de Ley (existente también entonces en lo civil y en lo social) con función exclusivamente doctrinal, sin repercusión práctica respecto de la decisión judicial –el fallo–, pues su objeto no era éste sino los razonamientos jurídicos que a él habían conducido"

Pues bien, unos párrafos antes, el Tribunal Constitucional, en la misma Sentencia cuidaba de advertir:

"La contradicción entre decisiones de Tribunales de distinto rango y diferente sector jurisdiccional carece de relevancia alguna en esta sede. La solución viene dada por los principios de jerarquía y especialidad, que por otra parte impedirían el acceso a la casación para unificación de doctrina en cualquiera de ambas jurisdicciones (social y contencioso-administrativa), ya que ese remedio está previsto para conseguir la homogeneidad jurisprudencial de cada una de ellas, sin que en nuestro sistema judicial exista un mecanismo para superar las antítesis en temas comunes a todas o alguna de ellas, que también pueden darse sobre todo en materia de derechos fundamentales y en cuestiones procesales. La doctrina legal del Tribunal Supremo es tajante al respecto (SSTS, Sala 3ª, de 30 de abril y 21 de mayo de 1990; 13 de marzo y 29 de junio de 1991; 8 de octubre de 1992 y 7 de julio de 1994).

Después de este "preámbulo" donde se exponen "algunos conceptos quizá obvios pero útiles para la claridad del razonamiento, siempre deseable", el discurso prosigue haciendo notar que la finalidad de la casación para unificación de doctrina "sólo resulta inteligible si se define qué sea esa doctrina" y a esa pregunta implícita responde así:

Este sustantivo adjetivado como "legal" aparece en la Ley de Enjuiciamiento Civil en 1881 como elemento adicional

> *para configurar la infracción de ley, uno de los cauces de la casación, desapareciendo un siglo después, aun cuando permanezca con otro nombre, infracción de la jurisprudencia (art. 1692. 5 L.E.C. redactado por la Ley 34/1984). La doctrina legal fue recogida luego tanto explícita como implícitamente en lo contencioso-administrativo, como se dijo más arriba, y en lo social, eliminándose en ambas la adjetivación. La doctrina, se apellide legal o no, es en definitiva la jurisprudencia que, de modo reiterado, establezca el Tribunal Supremo (y sólo él) al interpretar y aplicar la ley, la costumbre y los principios generales del Derecho, con un valor normativo complementario (art. 1.6 del Código Civil). El recurso para su unificación devuelve a la casación su prístino significado, como salvaguarda de la pureza de la Ley más que en interés de los litigantes, sirviendo al principio de igualdad en su aplicación y a la seguridad jurídica, al tiempo que dota de contenido real a la supremacía de su autor, configurada constitucionalmente (art. 123 CE)*[(3)].

Es mérito innegable de esta Sentencia haber perfilado con exactitud por primera vez en la jurisprudencia constitucional la función privativa del Tribunal Supremo como creador de la "doctrina legal" con valor normativo complementario del ordenamiento jurídico, tal y como ya habían sido destacadas por la extinta Sala Extraordinaria y luego por la Especial de Revisión en Las Salesas entre 1966 y 1990. La importación o traslado de los conceptos e incluso de las palabras desde la Plaza de la Villa de París a la calle de Doménico Scarlatti corrió a cargo de quien había sido ponente y Presidente de la Sala Tercera allí y quien luego, expresando la voz del pleno, en un caso y de la Sala Primera en los demás, siempre el mismo, redactó de su puño y letra, sin ayuda de letrados, las decisiones expuestas y comentadas. No es ajena a ese mérito la circunstancia de que ambos órganos jurisdiccionales tuvieran como presidente a don Miguel Rodríguez Piñero. Por su parte, la STC/120/1994 había analizado la naturaleza del recurso de apelación atribuido por la Ley reguladora de la jurisdicción a las Salas de lo Contencioso-administrativo del Tribunal Supremo en lugar de la casación imperante a la sazón en lo civil, lo penal y lo social.

Años antes de que el Tribunal Supremo perfilara su función propia y definiera su producto, siendo luego seguido por el Constitucional, guiados de mi mano, había tenido ocasión de deslindar el alcance de su jurisdicción respecto del Poder Ejecutivo, el poder por antonomasia como lo calificó también la Sala Tercera de lo Contencioso-administrativo, presidida a la sazón por don Francisco Pera Verdaguer, uno de los mejores magistrados que he conocido en mi larga trayectoria profesional, dictó la Sentencia de 1° de diciembre de 1986[(4)], cuyo objeto litigioso era la exacción parafiscal sobre la venta del cemento. La Agrupación de Fabricantes de Cemento de España había solicitado del Presidente del Gobierno la supresión de dicho gravamen y contra el Acuerdo denegatorio del Consejo de Ministros interpuso demanda ante el Tribunal Supremo[(5)] que, tras una serie de razonamientos en el plano de la legalidad, se alzó a una dimensión constitucional, concluyendo así:

> *"Esta cuestión nos sitúa en el meollo de las cuestiones controvertidas en el presente proceso. Se trata, en definitiva, de averiguar el contenido y alcance de la potestad jurisdiccional en sus relaciones con las otras dos básicas del Estado. En tal sentido conviene eliminar desde ahora mismo cualquier posibilidad de forzar o condicionar el ejercicio de la potestad legislativa que corresponde con carácter exclusivo a las Cortes Generales, cuerpos colegisladores en los cuales la Constitución residencia directa e inmediatamente la soberanía popular, aun cuando de ella emanen también los demás poderes del Estado, pero de forma mediata y con una representatividad de segundo grado (arts. 1°, 66, 99 y 117 CE). Por otra parte, la iniciativa legislativa se encomienda al Gobierno, al Congreso y al Senado, enumeración limitativa y excluyente de cualquier otra modalidad, salvo la popular y la posibilidad de petición o propuesta que se permite a las Asambleas de las Comunidades Autónomas (art. 87). El uso de tal iniciativa por el Poder Ejecutivo tiene un talante absolutamente discrecional por consistir en una decisión que ha de tener por componentes no sólo los factores sustantivos sino también otras circunstancias como la conveniencia o utilidad pública y la oportunidad. En suma, se trata de medidas que –en este caso– se encuadrarían por derecho propio*

> *en el ámbito de la política interior del Estado, cuya dirección es competencia privativa del Gobierno (art. 97 CE)".*
>
> *"En consecuencia, el engranaje de las instituciones impide que la potestad de juzgar, propia de los Jueces y Tribunales, únicos titulares del Poder Judicial, se extienda e inmiscuya a las funciones reservadas constitucionalmente a los demás poderes, lo cual quebrantaría el principio de la separación e independencia recíproca que está siempre latente y a veces explícito en nuestra ley de leyes. Este Tribunal no puede constreñir pues, al Gobierno para que ejercite la iniciativa legislativa, aunque se dieran plena e inequívocamente los supuestos descritos en el artículo 14 de la Ley de Tasas y Exacciones Parafiscales. En tal hipótesis, la obligación de suprimirla mediante una norma derogatoria, norma debida, sólo puede ser exigible y exigida parlamentariamente, nunca judicialmente, desde las Cámaras a las cuales corresponde no sólo legislar, sino controlar la acción política del Gobierno (art. 66). Finalmente, estas mismas reflexiones nos llevan a la conclusión de que la inactividad legiferante no puede ser sustituida por un pronunciamiento judicial en el cual se declare la ilegalidad de la tasa por desaparición de su fundamento o desviación de su destino"*[6].

Con la misma energía y contundencia, y desde esa posición inexpugnable en que el Tribunal Supremo se encastillaba defendiendo precisamente la independencia de los otros poderes, plantó cara a la Administración general del Estado en una peligrosa coyuntura legislativa (L. 10/1985) que predicaba una regresión al enfoque "objetivo" de la infracción tributaria. La Sala Tercera, comenta Villar Palasí[7], alzó la bandera del principio de culpabilidad, poniendo el mayor énfasis en que, ante la discrepancia sobre el entendimiento de las normas entre los ciudadanos y la Hacienda, "la última palabra" correspondía al Tribunal Supremo, como puede leerse en la Sentencia de 21 de septiembre de 1987 (y en alguna anterior) con gran "resonancia pública", dice Laquidaín Hergueta[8], quien destaca la "particular precisión y energía" del razonamiento. El "pulso" un año antes con el Ejecutivo socialista con diez millones de votos respaldándole se había saldado con la rendición de éste, cuando aceptó de mal humor que había perdido la potestad de ejecutar las Sentencias judiciales en la jurisdicción contencioso-administrativa. Nada más expresivo que el titular periodístico para un reportaje en el "Ya" de Julio Martínez Lázaro: "El Supremo para los pies al Gobierno"(9).

Ahora bien, en este diseño quedaba un portillo sin cerrar, precisamente el más problemático y que en efecto se había mostrado conflictivo, la posición respectiva del Supremo y del Constitucional a la luz del art. 123 C.E. Eso es lo que abordó deliberadamente el último con el propósito de deslindar el terreno propio de los dos Altos Tribunales, mediante la Sentencia 37/1995, de 7 de febrero, dejando sin efecto la doctrina sentada en otra de su Sala Primera que había anulado una decisión del Tribunal Supremo interpretando la Ley de Enjuiciamiento Civil(10). En otro caso idéntico la misma Sala consideró necesario apartarse del criterio precedente y por ello hubo de someterlo a la decisión del Pleno, según manda el art. 13 de la Ley Orgánica. La STC 37/1995, a la cual siguió el ATC 78/1995, de 23 de febrero(11), dice así en lo que aquí importa:

> *"Ahora bien, para ello conviene empezar por el principio y éste no es otro sino el acceso a la justicia como elemento esencial del contenido de la tutela judicial, consistente en provocar la actividad jurisdiccional que desemboque en la decisión de un Juez (STC 19/1981). En este acceso, o entrada, funciona con toda intensidad el principio pro actione que, sin embargo, ha de ser matizado cuando se trata de los siguientes grados procesales que, eventualmente puedan configurarse. El derecho a poder dirigirse a un juez en busca de protección para hacer valer el derecho de cada quien, tiene naturaleza constitucional por nacer directamente de la propia Ley Suprema. En cambio, que se revise la respuesta judicial, meollo de la tutela, que muy bien pudiera agotarse en sí misma, es un derecho cuya configuración se defiere a las leyes. Son, por tanto, cualitativa y cuantitativamente distintos."*
>
> *"El sistema de recursos se incorpora a la tutela judicial en la configuración que le dé cada una de esas leyes de enjuiciamiento reguladoras de los diferentes órdenes jurisdiccionales, sin que ni siquiera exista un derecho constitucional a dispo-*

ner de tales medios de impugnación, siendo imaginable, posible y real la eventualidad de que no existan, salvo en lo penal (SS TC 140/1985, 37/1988 y 106/1988). No puede encontrarse en la Constitución ninguna norma o principio que imponga la necesidad de una doble instancia o de unos determinados recursos, siendo posible en abstracto su inexistencia o condicionar su admisibilidad al cumplimiento de ciertos requisitos. El establecimiento y regulación, en esta materia, pertenecen al ámbito de libertad del legislador (STC 3/1983). No se olviden al respecto los procesos en única instancia, muy frecuentes en el esquema de competencias de todos los Tribunales Supremos. Pues bien, en el diseño del sistema de recursos se utilizan variadas modalidades y diversos tipos, cuya consideración desde la perspectiva constitucional no puede ser la misma. Por una parte están los ordinarios, como la apelación, que implica, con el llamado efecto devolutivo, la asunción por el Juez "ad quem" o superior, de la plena jurisdicción sobre el caso, en idéntica situación que el Juez de origen, "a quo", no sólo por cuanto respecta a la subsunción de los hechos en la norma sino también para la determinación de tales hechos a través de la valoración de la prueba, dando lugar a un "novum iuditium" (STC 272/1994). Por otra parte, aparece en el siglo pasado la casación civil y penal, cuya sede se situó en el Tribunal Supremo, generalizándose para los demás órdenes jurisdiccionales una vez promulgada la Constitución, con la función de preservar la pureza de la ley para conseguir la igualdad y la seguridad jurídica en su aplicación, donde tiene su origen la doctrina legal con valor complementario del ordenamiento jurídico (art. 1.6 C.C.). Este recurso con fundamento en motivos tasados, "numerus clausus", que sólo permite revisar la interpretación del Derecho, dejando intocados los hechos que dieron por ciertos los jueces de la instancia, está clasificado entre los extraordinarios y, en consecuencia, su inadmisiblidad queda sometida no sólo a los requisitos meramente extrínsecos –tiempo y forma– y a los presupuestos comunes exigibles para el ordinario de apelación, sino a otros intrínsecos, sustantivos, relacionados con el contenido y viabi-

lidad de la pretensión, cuyo régimen es más severo por su propia naturaleza."

"Como consecuencia de ello, el principio hermenéutico pro actione no opera con igual intensidad en la fase inicial del proceso, para acceder al sistema judicial, que en las sucesivas, conseguida que fue una primera respuesta judicial a la pretensión cuya es la sustancia medular de la tutela y su contenido esencial, sin importar que sea única o múltiple, según regulen las normas procesales el sistema de recursos..."

"Lo dicho nos pone en suerte el único problema con trascendencia constitucional, apuntado más arriba, consistente en averiguar si ha menoscabado la efectividad de la tutela judicial el que no se oyera específicamente al recurrente sobre la eventual causa de inadmisibilidad con posterioridad a la formulación del recurso de casación, porque a juicio del Tribunal Supremo el art. 1710.3 LEC no le imponía tal trámite. La conclusión a la cual llegó su Sala Primera puede inducirse razonablemente del precepto, aunque la ambigüedad del mismo hubiera permitido también la solución contraria. Si se analizan las dos causas de inadmisibilidad, concatenadas por la conjunción copulativa, se observa fácilmente que tienen características muy diferentes. La primera, "carencia manifiesta de fundamento" puede apreciarse directamente y sin más por el contenido del escrito de interposición donde han de constar los motivos y su soporte argumental. En cambio, la otra, que incorpora el principio de unidad jurisprudencial, estriba en que el caso planteado haya sido resuelto negativamente por razones de fondo, en el lenguaje forense, no meramente procesales, merece ser puesta de manifiesto el recurrente, que puede no conocer la jurisprudencia sobre la cuestión, en especial si fuere relativamente reciente o no hubiere obtenido la difusión adecuada. Queda claro pues, a nuestro parecer, que el hoy demandante tuvo ocasión de exponer los fundamentos del recurso de casación intentado en el momento de interponerlo y que el Auto donde se rechazó la admisión no fue dictado sin oírle, inaudita

parte. Por lo tanto, no hubo la indefensión "material" como algo real, efectivo y actual, nunca potencial o abstracto, que de darse hubiera dejado sin contenido la tutela judicial, vulnerando así tal derecho fundamental".

Era necesario el discurso que antecede, cuya concisión, posible en otras circunstancias, ha debido sacrificarse para exponer las razones que nos han movido a apartarnos de la doctrina constitucional precedente sentada en una Sentencia anterior de nuestra Sala Primera, ya mencionada más arriba, la STC 212/1994, a tenor del art. 13 de nuestra Ley Orgánica. Una vez comprobado que el Auto del Tribunal Supremo en tela de juicio no ha causado indefensión y en consecuencia no ha menoscabado el derecho a la efectividad de la tutela judicial que a todos ampara, por haber negado el acceso a la casación de un cierto asunto en virtud de una causa de inadmisibilidad prevista en la Ley de Enjuiciamiento Civil para cuya decisión, como en otros casos semejantes, no consideró preceptiva la audiencia del interesado, la cuestión planteada carece de la menor connotación constitucional. Desde esta perspectiva, que es la nuestra, las dos soluciones propugnadas son admisibles, cualquiera que fuere su grado de exactitud relativa respecto de la voluntad objetivada de la Ley o la subjetiva del legislador. No habiéndose cerrado la vía del recurso arbitrariamente o intuitu personae, queda en pie nuestra doctrina al respecto, en cuya virtud corresponde al Tribunal Supremo la última palabra sobre la admisibilidad de los recursos de casación ante él interpuestos, a salvo lo dispuesto en materia de garantías constitucionales (art. 123 C.E.). En definitiva, la balanza constitucional no puede inclinarse en ningún sentido para optar entre dos soluciones igualmente razonables, sin interferir en el núcleo de la potestad de juzgar cuya independencia de criterio predica la Constitución, ya que el amparo no está configurado como una última instancia ni tiene una función casacional, operantes una y otra en el ámbito de la legalidad[12].

2. Los dos planos de la justicia y la unidad del ordenamiento jurídico

Hasta aquí hemos llegado como final de un viaje espiral por el túnel del tiempo, en un esfuerzo para comprender inteligentemente lo que sucedió. La razón vital será siempre histórica, aun cuando pegada al cuerpo de la naturaleza del hombre. Así las cosas, la separación de la justicia como estructura en dos canales, el ordinario y el constitucional, exige ineludiblemente la delimitación de los ámbitos de cada uno de estos dos sectores, deslinde y amojonamiento que ha de practicarse por virtud de la norma en juego. En un caso, la supremacía de la Constitución, cuyo guardián último es el Tribunal *ad hoc,* pero cuya primera línea, la trinchera de su defensa, está en el campo de batalla judicial(13) y se mueve en ese plano elevado. Por otra parte, la tarea de dar a cada uno lo suyo en que consiste la justicia como valor social y constitucional ha de hacerse con sometimiento pleno al imperio de la Ley. En muchas ocasiones, las más, los problemas –los casos– tienen un primer y sustantivo aspecto en la legalidad pero no lo es menos que hay que trascender ésta para encontrar su dimensión constitucional en un estrato más profundo. Aunque a las veces se hable de la Constitución y del ordenamiento jurídico, separándolos en apariencia precisamente por juntarlos, la realidad es que componen una estructura inescindible y, por tanto, que la una y el otro se hallan interrelacionados hasta formar una unidad alejada de cualquier dicotomía abstracta. Desde el nivel de la legalidad se llega escalando hasta el constitucional, que a su vez le da su luz propia(14).

Por otra parte no pocos de los problemas con apariencia exclusivamente constitucional en estado químicamente puro, solo pueden ser comprendidos desde el plano de la legalidad. La Constitución es un documento histórico, un texto que dando un golpe de timón trascendental en la evolución de nuestro pueblo, en su larga marcha hacia la libertad, incide en un ordenamiento jurídico preexistente, producto a su vez de un milenio. Esta circunstancia evidente conlleva que en su texto se acojan instituciones y se utilicen conceptos, cuya imagen y cuyo significado o contenido viene de antes y de fuera, aun cuando hayan de encuadrarse en un contexto dinámico. Esto, por otra parte, no es peculiar de la jurisdicción constitucional, sino algo inherente a la actividad jurisprudencial. Como dijo con humor un presidente del Tribunal Supremo de los Estados Unidos, "nos ha costado casi dos siglos *descubrir* que la Constitución contempla el derecho del detenido a disponer de Abogado desde el primer momento"(15).

Estos dos planos o estas dos dimensiones en metáforas geométricas o físicas muy expresivas (vale más una palabra que mil imágenes) están colocados cada cual en su sitio en el olimpo de los conceptos o en la mente de Dios, o en un libro sobre Derecho, pero cuando los hombres se deslizan sobre su sombra platónica, tanteando el suelo y sin conocer el diseño, los traspiés son frecuentes y las caídas dolorosas. La unión hipostática de constitucionalidad y legalidad, discernibles en abstracto, intelectualmente, hacen enrevesados sus efectos en lo vital. Es evidente, y ya quedó dicho en el capítulo anterior, al explicar la razón histórica de la jurisdicción constitucional, que en el enjuiciamiento de una Ley a la luz de la Constitución por su impugnación directa, no parece imaginable encontronazo alguno con la actividad de los jueces ordinarios. Estos juzgan en Derecho, dentro del cual se incluye en principio cualquier Ley vigente y del cual se excluye, automáticamente, la que sea expulsada del ordenamiento jurídico por el Tribunal Constitucional. Ahora bien, el propio juzgador del caso puede poner en entredicho constitucional la norma, por medio de la "cuestión" y ello provoca ya la intersección de las dos jurisdicciones. Por otra parte, cualquiera sin ser juez puede impugnar indirectamente la Ley por inconstitucionalidad con el argumento –pretexto o no– de ser la cobertura de un acto de aplicación procedente de los poderes públicos en la vía de amparo, sin que tampoco falten ocasiones de entrecruzamiento jurisdiccional en el planteamiento de los conflictos positivos de competencia, dado su ámbito objetivo que comprende no solo preceptos con rango de Ley sino disposiciones generales, de nivel inferior, emanadas de la potestad reglamentaria de las Administraciones públicas y actuaciones singulares, actos administrativos en suma.

Esta distinción de planos, problemática de suyo pero coherente con la división de la justicia en dos sectores, carece de sentido cuando uno de ellos, el Poder Judicial, la utiliza para autolimitarse. Es el caso de la doctrina legal que a imagen y semejanza de la constitucional, constriñe el ámbito del proceso especial y sumario para la protección de los derechos fundamentales creado y regulado en la Ley 62/1978, a los aspectos constitucionales del objeto procesal, amputando el enjuiciamiento de la legalidad ordinaria. Esto, que es coherente con la posición del Tribunal Constitucional desprovisto de jurisdicción ordinaria, por no ser una instancia más, resulta absurdo cuando quienes juzgan son aquellos que ejercen con plenitud la jurisdicción, siendo señores de la legalidad y a la vez guardianes primeros de la constitucionalidad. Ejercen así ambas jurisdicciones, aun cuando –y esto es el hecho diferencial– en el aspecto de las garantías constitucionales no les corresponda la última palabra al Tribunal Supremo sino al Tribunal Constitucional (art. 123).

La jurisdicción constitucional y la potestad judicial se mueven por lo general en zonas claras a los dos lados de la frontera que no es una línea continua y a veces ni discontinua, sino más bien una franja en la penumbra donde se solapan en más de una ocasión. Por ello, existen unas piezas cardinales, unos goznes a veces chirriantes que sirven para el engranaje o ensamblamiento, como embrague a veces y como portillos o vías de agua para la entrada de una en otra con normalidad o para la interferencia si se le da a esta palabra una acepción peyorativa o patológica. Con estos puntos de conexión se evitan (si funcionan bien) o se producen la fricciones. Son los pivotes sobre los que bascula el delicado e inestable equilibrio de los dos planos normativos y su heterogeneidad está en función de los distintos procesos constitucionales. La conexión con el caso concreto en las “cuestiones”, el objeto de los conflictos o el amparo en su conjunto con todas sus facetas: ámbito, función subsidiaria, presupuestos procesales (invocación del derecho y agotamiento de la vía judicial), lo razonado (la motivación o la congruencia) y lo razonable (la arbitrariedad o el error), así como la extensión de la jurisdicción constitucional, que es un volver a empezar reconduciendo los efectos al ámbito(16).

II. LA REBELIÓN DE LOS JUECES

El sistema judicial de tal guisa configurado como una diarquía o consulado es por sí mismo conflictivo. La jurisprudencia del Tribunal

Constitucional en su primera etapa fue muy positiva y nadie sino él hubiera podido hacerlo allí y entonces, aun cuando para ello invadiera en muchas ocasiones el campo natural del Poder Judicial, cuyos componentes callaron por un complejo de culpabilidad bien ganado. La invasión se hizo con prejuicios antijudicialistas fácilmente identificables a través de la piedra de toque de la motivación como vestidura de todas las sentencias judiciales (art. 120.3 C.E.) y de la consistencia de su razonamiento jurídico, que en la cuestión de inconstitucionalidad se arropa como "juicio de relevancia". No es de recibo, en buena lógica, comprobar que se ha argumentado la respuesta judicial a través de un discurso plasmado por escrito con mayor o menor extensión y luego negar que existe "motivación" porque no es "razonable", es decir porque no compartimos su hilo conductor ni sus conclusiones. En suma, porque no nos gusta. Otro portillo fue y sigue siendo la ponderación de los derechos fundamentales en conflicto, que se maneja como instrumento de fiscalización de la potestad de juzgar en su mismo meollo, de modo y manera que el fiscalizador se convierte en lo que niega empecinadamente, una tercera instancia, una supercasación que incluso entra en la determinación de los hechos mediante la valoración de la prueba y, por supuesto, en el plano de la legalidad, no obstante los constantes aspavientos en contrario.

Esta tendencia "activista" por razones históricas ha durado con intensidad decreciente hasta 1992, mientras permaneció "la vieja guardia" de sus magistrados. A partir de aquel año se inició la autolimitación (*self restraint*), antes incluso de que el Supremo se quejara, hasta su culminación en la Sentencia 37/1995 y el Auto 87/1995, expuestos más atrás, si bien no faltaran desfallecimientos posteriores. Sin embargo, a partir de un cierto momento, una vez consumado el relevo generacional por jueces sin complejos, con una limpia trayectoria democrática cualquiera que sea su inclinación ideológica, que a veces han alcanzado e incluso adelantado en materia de garantías al propio Tribunal Constitucional, esos jueces alzan la voz y se produce un punto de inflexión.

No han sido estas tensiones con el Poder Judicial las únicas. El Tribunal Constitucional ha tenido que convivir desde su mismo nacimiento con unos rivales que le restan protagonismo. Estos peligrosos antagonistas son los dos Tribunales Europeos con los cuales no han faltado encontronazos. Uno, el Tribunal de Justicia de la Comunidad

Europea con sede en Luxemburgo que ejerce una función análoga de salvaguarda de los Tratados fundacionales, instrumentos de origen internacional pero con un carácter paraconstitucional evidente, y cuya jurisprudencia tiene primacía y eficacia directa con carácter vinculante para ciudadanos y jueces dentro del territorio de la Unión[(17)], relativizando así la supremacía de las respectivas Constituciones, cuya subordinación a las normas supranacionales de la Unión va acentuándose insensiblemente no obstante las resistencias que un somero análisis de la doctrina jurisprudencial refleja[(18)]. A través de ésta se ha hecho evidente la distonía entre la política de España hacia Europa y la actitud hostil de su Tribunal Constitucional respecto del Derecho comunitario que ha convertido en bloque, incluidos los Tratados, en infraconstitucional, colocándolo así en el plano de la legalidad con una lectura "internacionalista" del art. 23 de la Constitución, no obstante las protestas retóricas. El segundo antagonista es el Tribunal Europeo de Derechos Humanos encuadrado en el Consejo de Europa con sede en Estrasburgo, cuya jurisprudencia ha de orientar, y efectivamente ha orientado la nuestra para la configuración de tales derechos por imperativo de la propia Constitución (art. 10.2). Los desencuentros con éste han tenido lugar en el terreno de la eficacia de aquellas de sus Sentencias donde desautorizaba las del Constitucional, que a su vez no ha dudado en invadir en alguna ocasión su ámbito (STC 21/2000, de 30 de marzo)[(19)].

1. El caso de la paternidad del piloto de líneas aéreas

Ese momento puede situarse en el día 17 de enero de 1994, en que la Sala Primera del Tribunal Constitucional, a la cual pertenecía yo en ese momento, dictó la Séptima Sentencia de aquel año en un recurso de amparo, anulando otra del Supremo con el efecto inducido de reconocer como padre de una niña a un piloto de líneas aéreas que se había negado a practicar la prueba biológica (determinación del grupo sanguíneo), admitida y declarada pertinente por el Juez de Primera Instancia. Pues bien, la Sala de lo Civil del Tribunal Supremo puso el grito en el cielo por lo que consideraba una intromisión inaceptable del Constitucional en su terreno y amenazó con dirigirse al Rey como árbitro y moderador de las instituciones. El conflicto, tan súbita y espectacularmente planteado, fue reconducido a su sede natural, la Sala de Gobierno y quedó en palabras, palabras escritas sin embargo, que permanecen según el viejo dicho latino. Eran la expresión, quizá intemperante e inoportuna, de una tensión real subyacente desde un principio, que afloraba con violencia pero no desprovista de fundamento y, a la postre, tuvo una influencia benéfica e hizo tomar conciencia a los dos grandes Tribunales de una herida mal cerrada.

Mi corazón en la encrucijada se vió "partido por gala en dos". Magistrado del Tribunal Supremo desde 1971 y Presidente durante cinco años de su Sala Tercera, ese mi "ser" entraba en pugna con mi "estar" en el Constitucional, coautor además, aunque no ponente, del sedicente entuerto. La indignación de mis compañeros en Las Salesas hizo reflexionar a los doce hombres justos de Doménico Scarlatti, conscientes de nuestra responsabilidad histórica, mayor aún porque sólo nosotros teníamos capacidad, constitucionalmente hablando, para deslindar el ámbito de nuestra jurisdicción. Hubo polémica en la prensa(20), terciando en el debate voces autorizadas hubo también en los recintos académicos y en las revistas jurídicas(21) e incluso provocó un seminario organizado por el propio Tribunal Constitucional, en el otoño de aquel año, para templar la vehemencia con racionalidad(22). Luego vino la jurisprudencia para rematar una tendencia evolutiva soterrada pero antigua, muy anterior al conflicto institucional como he dicho más arriba. Lo que había sucedido hasta entonces y lo que desde entonces aconteció no fue obra del acaso ni de la casualidad y tiene una razón de ser, razón histórica en la terminología de Ortega, y razón vital también(23).

2. La excarcelación de la Mesa de Herri Batasuna

La STC 136/1999 de 20 de julio, dictada por el Pleno para resolver un recurso de amparo interpuesto contra otra de la Sala Segunda del Tribunal Supremo nº 2/1997, de 29 de noviembre, condenando a 23 miembros de la Mesa Nacional de Herri Batasuna como autores de un delito de colaboración con banda armada a la pena de 7 años de prisión(24), provocó una nueva colisión, aun cuando se intentara enmascararla a través de la descalificación constitucional de la ley [art. 174 bis a), 1º, 2º del Código Penal de 1973] por establecer una pena excesiva vulnerando así el derecho fundamental a la legalidad penal (art. 25.1 CE). A este final de trayecto se llegó tras una deliberación zigzagueante y atormentada que se había abierto a principios de mayo y en un diálogo de sordos con un grupo compacto cuya finalidad era conseguir la excarcelación de los proetarras sin importar demasiado el cómo(24). Parecía una salida de tono de los magistrados socialistas del Tribunal, conducidos por un nacionalista catalán, sin conexión exterior aparente aun cuando evidentemente la hubiera. Gobernaba a la sazón el Partido Popular bajo la presidencia de José María Aznar que junto a una brillante política económica, dirigida por Rodrigo Rato, condujo la lucha contra el terrorismo de manera ejemplar, sin salirse un ápice de la Constitución y de la ley, cortando a la banda de malhechores sus fuentes de aprovisionamiento y sus vínculos con las instituciones.

En esta pugna interna dentro del "platillo volante" que nos albergaba, primero fue el acoso y derribo del proyecto de Sentencia presentado por Manuel Jiménez de Parga que ratificaba la decisión del Tribunal Supremo, para lo cual se utilizaron toda clase de proyectiles dialécticos. El resultado era previsible. Por 7 votos contra 5 fue derrotada la ponencia que, al final, se convertiría en voto particular discrepante. El nuevo ponente, Carles Viver Pi-Sunyer, intentó en una primera ofensiva desmontar la Sentencia del Tribunal Supremo saliéndose una vez más del ámbito propio de la jurisdicción constitucional, para lo cual revisaba la valoración de las pruebas indiciaria y circunstancial efectuada en sede judicial. Era un nuevo enfrentamiento frontal buscado de propósito. La tentativa fracasó porque le faltaron algunos apoyos, los judiciales, con el riesgo de un empate sólo dirimible por el voto de calidad que dejaría muy visible la manipulación, a lo cual se negaba heroicamente el presidente virtual, Pedro Cruz Villalón. Retirada la ponencia sin ser sometida a votación, se presentó otra, la triunfadora, con el resultado de 8-4 a su favor.

Como consecuencia de este tejer y destejer, en la misma mesa de las deliberaciones, según se iban desarrollando, redacté un voto discrepante "preventivo" de la primera versión, abandonada casi inmediatamente, pero resucitada luego en el "voto concurrente" de Viver Pi-Sunyer por lo que hube de publicarlo también con ocasión de editar la Sentencia, como prólogo de ella, aun cuando bajo el título "epílogo para españoles". No deja de ser significativo que la carga destructiva manejada entonces fuera la misma que en 2011 se utilizaría para el caso "Bildu" y que contra ella sirva ahora el acervo argumental que utilicé hace una década[25]. Un segundo voto mío, formalizado como tal en solitario, mereció la atención de Sáinz de Robles, otro de los grandes jueces que la carrera judicial ha dado, para quien era "una auténtica obra maestra de pensamiento, palabra y obra y repudio de cualquier veleidad de omisión; también de concisión, precisión y ácido humor", o "sorna" según el periodista Yoldi, que en opinión de Trías Sagnier "ha(bía) destrozado" los argumentos de la Sentencia, voto del que "tanto como el fondo debe destacarse la forma" en opinión de Huelin. En lo más profundo, Nieto descubre "los destellos de la personalidad humana" del autor[26]. Animado por tales valedores, me parece que, a guisa de testimonio, merece la pena traerlo a este lugar dada la semejanza que guarda aquella situación vivida por mí desde dentro con la contemplada como espectador en la mitad del año 2011. Allí y entonces la "pinza" tribunal-oposición anticipaba otra Gobierno-tribunal. En ambas el cortocircuito se producía bajo el mismo signo ideológico, el socialista. Helo, pues, aquí.

> *Como he dicho alguna vez en el seno del Tribunal, me hubiera gustado que nuestras deliberaciones fueran públicas e incluso radiadas y televisadas no solo para que el pueblo español contemplara el rigor con que se debaten los asuntos a nuestro cargo sino también para evitar simplificaciones y, por tanto, tergiversaciones siempre arriesgadas a la hora de contar cuanto se habla entre nosotros. Ya que lo son a puerta cerrada o inadvertidamente entornada al menos, me complace esta oportunidad que la Ley me brinda de hacer pública mi opinión en este caso, para una mayor transparencia institucional y biográfica. No me agrada verme obligado a discrepar de colegas tan cualificados, ni menos aún tener que dirigir a esta opinión mayoritaria, convertida en sentencia, reproches muy severos que a veces pueden parecer duros y otras serlo, sin hacerlos extensivos nunca, dicho sea de paso, a las personas. Aquí y ahora me moveré en el terreno de los conceptos y no de los hombres, aunque yo prefiera habitualmente la situación inversa. Por otra parte, escasa atención ha de merecer por su inocuidad el parecer aislado de uno de los doce magistrados. Lo que importa ahora para la vida es la sentencia «que manda y hace Derecho» en palabras de*

Las Partidas. Esto que escribo no es sino un soliloquio testimonial.

Dicho lo cual, he de advertir que no quiero ser farragoso sino claro y por tanto breve. Ésta mi opinión disidente no va dirigida (sólo) a los juristas o jurisperitos sino a la gente, lega en Derecho pero con buen sentido, el sano sentido común, que también hace muchas veces buen Derecho y por ello administraré con cicatería las citas jurisprudenciales para hacer asequibles las «ideas fuerza» a cualquier ciudadano que se tome el trabajo de leerme. Por otra parte, voy a desbrozar el camino de toda digresión extrajurídica, aunque en algún aspecto pueda formar parte de la «tercera premisa» a la que se refería Félix Frankfurter, un gran magistrado del Tribunal Supremo de los Estados Unidos. Ni entro ni salgo aquí y ahora en la oportunidad «política» o el oportunismo, la incidencia positiva, o no, en el acontecer de cada día, ni en eventuales crisis institucionales. Me importa en este momento, y mucho, como hombre que viste la toga de juez desde hace medio siglo y como magistrado hoy del Tribunal Constitucional que lo fue otrora del Supremo durante veinticinco años, ahondar hasta la enjundia jurídica en su dimensión más trascendente, la constitucional. Desde tal perspectiva me duele haber llegado a la convicción de que la sentencia de la cual disiento es un claro error jurídico.

Antes de seguir no quiero ocultar que su solución última, sin compartirla, como refleja este voto particular discrepante que estoy escribiendo ahora, no me preocupa tanto como me preocuparon otras. En efecto, aquí, en el enjuiciamiento de la constitucionalidad del Código Penal, el Tribunal Constitucional se mueve en su propio terreno sin invadir los ajenos ni usurpar atribuciones que la Constitución no le confía, como hubiera ocurrido en las hipótesis, barajadas por la prensa y aireadas en la radio o la televisión, por ser motivos conocidos para fundar los recursos de amparo, que se hubiera enmendado la plana al Tribunal Supremo en sus funciones privativas de interpretar la ley o de valorar la prueba sin detectar –porque no la hay– sombra alguna de error patente, arbitrariedad o argumentación no razonable. Me complace que en nuestra sentencia se reconozca paladinamente que la del Tribunal Supremo no se ha salido un ápice del ámbito donde constitucionalmente ha de ejercerse la potestad de juzgar, aplicando como no podía hacer otra cosa una ley, la pertinente al caso, el art. 174 bis b) del Código Penal que ahora sin embargo –según la mayoría de mis colegas– contradice la Constitución en uno de sus aspectos.

"**Primero**. Pues bien, dos advertencias conviene poner en el umbral del razonamiento. Una, que el principio de proporcionalidad no figura por su nombre en la Constitución. Dos, que es ésta la primera vez que el Tribunal Constitucional declara la inconstitucionalidad de un precepto penal por considerara desproporcionada la sanción prevista, juicio de proporcionalidad que, había siempre rehusado a pesar de habérselo propuesto muchas veces y algunas con una desmesura más ostensible, como luego se verá. La técnica, por otra parte, que utiliza la sentencia no es convincente y carece de rigor como tal análisis jurisprudencial. Así, de unas cuantas sentencias anteriores que se negaron a la desproporción de las penas, lo repito (no «precedentes» por tanto) se espigan los *obiter dicta*, las generalizaciones o reflexiones a mayor abundamiento, ocurrencias en la terminología orteguiana, que no se utilizaron como *ratio decidendi*, para construir con ellas una sedicente «doctrina» que sirva de respaldo a una decisión nueva de un caso nuevo, olvidando que en la disección de la jurisprudencia caso a caso hay que atender tan solo al supuesto de hecho y a la decisión judicial, cuya relación de causalidad es su fundamento y no otro. Veamos, pues, cuáles han sido las respuestas de este Tribunal Constitucional a lo largo de sus casi veinte años de existencia, todas ellas pronunciadas en otras tantas cuestiones de inconstitucionalidad, al hilo del caso concreto.

"Una primera STC 53/1994 no reputó desmesurado, que para tres vecinos de los partidos judiciales de El Burgo de Osma y La Palma del Condado, se pidieran más de dos años por pescar cangrejos en tiempo de veda. Era, eso sí, la cuarta infracción que cometían de la Ley de Pesca Fluvial (20 de febrero de 1942, art. 60) donde se criminaliza tal reincidencia, imponiéndole la pena de presidio, luego prisión menor, o sea, entre seis meses y un día y seis años con la inhabilitación para obtener licencia de uno a cinco años. Pero hay más. Otra, la STC 55/1996, dio por buena las penas de prisión menor en sus grados medio o máximo (desde dos años, cuatro meses y un día a seis años) junto a la inhabilitación absoluta, previstas para castigar la negativa a cumplir la prestación social sustitutoria por un objetor de conciencia (LO 8/1984, art. 2). Una tercera, la STC 160/1997, no vio tampoco desmesura alguna en la pena de prisión entre seis meses y un año señalada para el hecho de negarse a realizar la prueba de impregnación alcohólica, por equivalencia de esta actitud con la desobediencia grave a la autoridad, con la circunstancia añadida de que el delito «principal», conducir en estado de intoxicación etílica, estaba sancionado con menos severidad (arts. 379, 380 y 556 CP; LO 10/1 995), sentencia ésta a la que dos de los magistrados formulamos voto particular por razones que no hacen al caso. En definitiva estos tres precedentes son negativos y coinciden en no entrar al capote, dejando al legislador una libertad de opción y un margen para actuar cuyo único límite sería la arbitrariedad. Se me dirá que siempre hay una primera vez y, es fácil contestar que no parece ésta la más indicada desde cualquiera de las perspectivas –exclusivamente constitucionales– del caso. La libertad que se le ha respetado al legislador para luchar contra esas modalidades de la delincuencia con menor peligro social y ninguno individual, se le niega aquí y ahora para afrontar dentro de la ley, y nunca fuera de ella, el fenómeno del terrorismo. No deja de ser sorprendente por paradójico.

"La *ratio decidendi* de estas tres negativas a utilizar el principio de proporcionalidad, no explícito en la Constitución Española, para enjuiciar el ejercicio de la potestad legislativa no se transcribe íntegramente en la sentencia de la cual muestro mi discrepancia aquí, aun cuando se citen fragmentos y en cambio se apoye, como antes dije, con razonamientos en tiempos condicionales o subjuntivos, también troceados, para el hipotético caso-límite de que en alguna ocasión pudiera hacerse otra cosa, en suma como válvula de seguridad para un «por si acaso». El párrafo en cuestión, que no tiene desperdicio, dice así:

> *"Cualquier tacha de desproporción en esta sede y, en general, en un juicio de inconstitucionalidad «debe partir inexcusablemente del recuerdo de la potestad exclusiva del legislador*

> *para configurar los bienes penalmente protegidos, los comportamientos penalmente reprensibles, el tipo y la cuantía de las sanciones penales y la proporción entre las conductas que pretende evitar y las penas con las que intenta conseguirlo». En el ejercicio de dicha potestad «el legislador goza, dentro de los límites establecidos en la Constitución, de un amplio margen de libertad que deriva de su posición constitucional y, en última instancia, de su específica legitimidad democrática (...). De ahí que, en concreto, la relación de proporción que deba guardar un comportamiento penalmente típico con la sanción que se le asigna será el fruto de un complejo juicio de oportunidad» que no supone una mera ejecución o aplicación de la Constitución, y para el que «ha de atender no sólo al fin esencial y directo de protección al que responde la norma, sino también a otros fines legítimos que puede perseguir con la pena y a las diversas formas en que la misma opera y que podrían catalogarse como sus funciones o fines inmediatos a las diversas formas en que la conminación abstracta de la pena y su aplicación influyen en el comportamiento de los destinatarios de la norma intimidación, eliminación de la venganza privada, consolidación de las convicciones éticas generales, refuerzo del sentimiento de fidelidad al ordenamiento, resocialización, etc, y que se clasifican doctrinalmente bajo las denominaciones de prevención general y de prevención especial. Estos efectos de la pena dependen a su vez de factores tales como la gravedad del comportamiento que se pretende disuadir, las posibilidades fácticas de su detección y sanción y las percepciones sociales relativas a la adecuación entre delito y pena».*

"No son palabras mías sino de la STC 161/1997, que hace suya otra anterior, la STC 55/1996, ambas invocadas en el texto de la actual, que en cambio recoge otras consideraciones marginales, aun cuando omita precisamente este párrafo decisivo. Bastaría con tan prudentes reflexiones para vaciar de fundamento el fallo del cual disiento. Lo que este Tribunal ha dicho, no lo que se le quiere hacer decir, es en síntesis que la política criminal corresponde al Gobierno, y a las Cortes Generales su formulación legislativa, sin que el Tribunal Constitucional tenga otra función que la suya propia, no legislar sino hacer valer la interdicción constitucional de la arbitrariedad en el ejercicio de cualquiera de los poderes públicos (art. 9 CE), si se produjera, que no es tal el caso. Nada tiene de extraño entonces que, con esos antecedentes jurisprudenciales, tres respuestas contestes del máximo intérprete de la Constitución, la Sala Segunda del Tribunal Supremo rehusara plantear cuestión de inconstitucionalidad sobre este delito, como le fue propuesto lúcidamente por uno de los Abogados defensores en el ejercicio de su noble función de patrocinio para hacer efectivo el derecho constitucional a la defensa.

"**Segundo**. Un análisis riguroso de la norma que contiene el art. 174 bis, del Código Penal vigente a la sazón (Texto Refundido de 1973) no ofrece la menor sombra de inconstitucionalidad ni en la descripción estereotipada del delito –tipo– ni en la extensión de la pena, si se lee sin anteojeras o «quevedos». Allí se pone fuera de la Ley cualquier colaboración con actividades terroristas, cualquiera que sea su modalidad. No hay incertidumbre alguna en abstracto, aun cuando en el terreno de lo concreto puedan suscitarse las mismas dudas interpretativas –no más, no menos– que cuando se trata de subsumir conductas en cualquier otra figura delictiva. Por otra parte, en este tramo del razonamiento jurídico conviene andar de puntillas porque se corre el riesgo de, inadvertidamente, sentarse en el estrado judicial y sustituir al juez en su función de hallar el significado y acotar el alcance de las leyes en general y de las penales en este caso, tentación que a veces asoma en la sentencia.

"La pena, por otra parte, guarda una razonable proporción con el delito así configurado en abstracto. El Gobierno y las Cortes Generales de nuestro Estado de Derecho, no se han desmadrado. Si en algún caso concreto no resultara así, como ocurre con más frecuencia de lo que pueda creerse en cualquier otro ámbito del Código, éste provee la solución desde antiguo.

"El art. 2 del vigente a la sazón y el 4.3 del que hoy rige, dicen de consuno que «cuando de la rigurosa aplicación de las disposiciones de la Ley resultara penada una acción u omisión» con una pena que «fuere notablemente excesiva» a juicio del Tribunal, «acudirá al Gobierno exponiendo lo conveniente, sin perjuicio de ejecutar desde luego la sentencia», facultad por cierto dejada al prudente arbitrio del juzgador. En una descomposición factorial, paralela de la que practica nuestra sentencia, puede comprobarse la existencia de un equilibrio sensato de los elementos que integran el tipo y la sanción. Veámoslo rápida pero no apresuradamente ni menos superficialmente.

"Los bienes jurídicos protegidos por el delito de colaboración con banda armada componen una constelación de Derechos fundamentales de los individuos y de valores sociales y de carácter primario que inciden sobre la propia existencia de cada ciudadano, uno a uno, y del propio Estado. La misma Constitución fue, en su día, «consciente de la existencia como problema actual del terrorismo y del peligro que el mismo implica para la vida y la integridad de las personas y para el propio orden democrático» como recuerdan las SSTC 199/1987 y 71/1994. No sólo hay un riesgo latente, la realidad muestra que están en juego y son agredidos no sólo los derechos y valores ya mencionados sino también la libertad de muchas personas, a veces por períodos insólitos, el patrimonio de otras, la participación de todos en los asuntos públicos directamente o por medio de representantes libremente elegidos en elecciones periódicas por sufragio universal, la seguridad ciudadana, la paz social y el normal funcionamiento de las instituciones en un sistema democrático. No parece que tal enumeración pueda ser tachada de caprichosa. Ya es significativo por sí mismo que sea éste el único delito aludido por la Constitución con su nombre en dos ocasiones, una para quitarle la careta del delito político (art. 13.2 CE), siguiendo –a sabiendas o no– el pensamiento de Luis Jiménez de Asúa en cuya opinión, aquél era la corrupción de éste y, por consecuencia, para legitimar la adopción de medidas tan excepcionales como la suspensión de garantías (art. 55.2 CE).

"La conducta que la sentencia del Tribunal Supremo consideró reprochable a la luz de esta norma penal, acogiéndose a su cláusula genérica y residual, era tan grave como las individualizadas inmediatamente antes de ella, o más. En definitiva, a través de un mensaje ominoso se provocaba el riesgo de falsear el proceso electoral, deformando la intención de voto bajó el signo del miedo, con la intimidación que lleva consigo la liturgia de los pasamontañas y de las pistolas. Ello apunta directamente y a bocajarro al corazón del sistema democrático, cuya esencia son las elecciones libres. «El voto es la expresión genuina e insustituible de la soberanía nacional» dijo ya ha tiempo el propio Tribunal Supremo (Sala Especial de Revisión en lo

Contencioso-administrativo, Sentencia de 20 diciembre de 1990). No parece que la pena de prisión mayor (seis años y día a doce años) prevista en el Código para la cooperación con la violencia sea desorbitada y menos cuando tal pena tipo, como todas, puede ser modulada, para menos, a través de las circunstancias modificativas de la responsabilidad, atenuantes, con posibilidad de crear las necesarias a cada ocasión por analogía, habiéndose utilizado en el caso concreto, con toda prudencia y ecuanimidad, el grado mínimo.

"La sentencia, con base en una concepción errónea del pluralismo político, mal y unilateralmente entendido, parece primar el derecho de la asociación a participar en las elecciones, como fundamental que es, pero en cambio no pone en el otro platillo –descompensando la balanza– ese mismo derecho visto desde la perspectiva de los ciudadanos, el derecho a participar en ellas en un ambiente de libertad con «la tranquilidad de espíritu que nace de la opinión que tiene cada uno de su seguridad», soporte de aquélla, en definición insuperable de Montesquieu. Una necesaria ponderación que no se hace, de esas dos modalidades de la participación política, los sufragios activo y pasivo, ha de vencerse a favor de los electores y no de los elegibles. Otra actitud, parafraseando a Alexander Hamilton, sería tanto como poner al pueblo español, soberano, por debajo de sus representantes.

"Por otra parte, la sentencia lanza un reproche al precepto penal que a mí me parece, si lo he comprendido bien, su mayor elogio. Habla del «efecto disuasorio» y del «potencial desalentador». Si así fuere, mejor que mejor. Si esta norma desanima a eventuales coautores, cómplices o encubridores de actividades terroristas, habrá conseguido su función de «prevención general» propia de toda pena. Si, en cambio, se pretende decir que disuade o desalienta de incurrir en estas aventuras a cualesquiera otros ciudadanos o partidos políticos, paladines y arquitectos del sistema democrático, que jamás han predicado la violencia y siempre la han condenado, actuando constantemente con absoluta lealtad constitucional, lo rechazo.

"Pero es que, en fin, ni siquiera desde la misma perspectiva que maneja la sentencia se da en la pena prevista una distonía «patente, excesiva o irrazonable entre la sanción y la finalidad de la norma» como dice a mayor abundamiento y no como ratio las SSTC 55/1996 y 161/1997. A uno de los delitos más graves para la convivencia, donde hablar de colaboración de «alta» y «baja intensidad», en ese raro lenguaje electromagnético, es puro voluntarismo dialéctico (toda cooperación con banda armada es intrínsecamente grave) se le impone una pena severa pero matizable para conseguir no sólo el castigo de quien lo hace sino el desestimiento anticipado de quienes pensaran hacerlo. Esa interdependencia con tal objetivo constitucionalmente deseable se llama, precisamente, proporcionalidad.

> *En definitiva, por todas estas razones que expongo y las que expondrán mejor quienes discrepan como yo de la sentencia, su parte dispositiva hubiera debido contener un solo pronunciamiento, desestimatorio, sin más, del amparo.* (28)

No quedé solo en esa oposición interna primero y luego pública a tan peligrosa decisión. El primer ponente, como anticipé más atrás, hizo público su primer proyecto de Sentencia en forma de voto particular y otro muy sólidamente construído formuló Vicente Conde. Pero hubo más y de calidad. El 13 de septiembre de aquel año unos cuantos magistrados del Tribunal Constitucional asistimos al tradicional acto de "apertura de los Tribunales" en el Salón de Plenos del Tribunal Supremo. Una vez terminada la ceremonia, Su Majestad recibió en la rotonda a los demás asistentes, como es tradicional, ante una batería de micrófonos, cámaras fotográficas y de televisión. Por razones protocolarias, nosotros desfilamos los primeros, y el primero de todos, Carles Viver Pi-Sunyer, vicepresidente. El Presidente estaba tras el rey con su colega del Supremo, el Fiscal General del Estado y el Ministro de Justicia. Desprovisto de la toga Juan Carlos, con una cálida sonrisa le estrechó la mano y le espetó a guisa de saludo esta frase enigmática: -*"Con las cosas de comer no se juega"*, cariñosa admonición que escuché con claridad por ir inmediatamente detrás en la fila, y que los periodistas pudieron oír pero no entender. Una modalidad, originalmente ejercida, con su bonhomía característica, de la función moderadora que le asigna la Constitución (29).

3. Suma y sigue

En verdad que, no obstante los buenos propósitos y las comisiones mixtas, lo ocurrido desde entonces ha puesto de relieve que el Tribunal Constitucional no ha abandonado en absoluto la pretensión de seguir ejerciendo sobre el Supremo una relación de jerarquía y no de competencia, que le lleva fatalmente a extravasar su función de intérprete último de la Constitución para inmiscuirse en el ámbito propio de la potestad de juzgar. Por ello las fricciones entre aquel y éste eran ya, hace una década, por su número y frecuencia, un problema endémico del cual se hizo eco el documento "Propuesta de reforma del Tribunal Supremo en atención a sus funciones constitucionales", elaborado por sus cinco Salas en el mes de mayo de 2000, donde se sostenía que debe hacerse efectivo "el principio de subsidiariedad del recurso de amparo ante el Tribunal Constitucional, evitando que actúe como tercera instancia (...)". La reacción se hizo esperar pero llegó. Los jueces se encabritaron, resistiéndose a ser embridados, de muy diferentes maneras. Unas veces, prescindiendo de lo dicho por el Constitucional como ocurrió en el "caso Lola Flores" absuelta por la Sección 3ª de la Audiencia Provincial en Sentencia de 27 de marzo de 1989 sin hacer el menor caso al fundamento jurídico XI de la STC 45/1989 de 20 de febrero donde se indicaba a los jueces hasta dónde podían llegar. Otras, no aplicando la Ley en tela de juicio so cualquier pretexto como hizo la Audiencia Nacional (Sala de lo Contencioso-administrativo, Sección 6ª) en su Sentencia de 7 de noviembre de 2000[(30)], que en vez de plantear como "cuestión" la eventual inconstitucionalidad de la Ley de Presupuestos, despachó el asunto marginándola con un razonamiento ambiguo y, a mi parecer, erróneo, donde en un cierto momento se produce un quiebro y un cambio de terreno, en términos taurinos, porque jugaba con el concepto de "presupuestos" (que se aprueban por Ley) y con el contenido normativo de la Ley que los aprueba. Por su parte, el Juez Central nº 5, que había visto anulada por la STC 169/2001, de 16 de julio, la prohibición de que saliera del territorio nacional y la retirada del pasaporte de Adolfo Scilingo, medida cautelar de la libertad provisional, dictó un Auto el 31 siguiente en el cual acataba la decisión pero acordando a la vez la prisión preventiva incondicional.

Otra modalidad de reacción, algo sesgada recibiría expresión en un acuerdo que la Sala Segunda del Tribunal Supremo, de lo Penal, tomó el 15 de diciembre de 2000 por unanimidad, en cuya virtud

> *"En los procesos penales en los que se haya dictado sentencia de casación anulada por el Tribunal Constitucional en recursos de amparo por vulneración de derechos fundamentales, necesaria-*

mente la Sala Segunda del Tribunal Supremo, máximo órgano jurisdiccional en el orden penal, habrá de finalizar el proceso dictando la sentencia que corresponda en los términos en que habrían sido procedentes de haber sido estimada en la casación la vulneración apreciada por el Tribunal Constitucional, consecuentemente con la nulidad y los efectos decididos por el Tribunal Constitucional (31).

A su vez, la Sala de lo Civil, Primera del Alto Tribunal, opinaba lo mismo pero por la vía de hecho, como tendremos ocasión de comprobar a continuación.

4. El "caso de los granos"

El Tribunal Constitucional dictó la STC 115/2000, de 5 de mayo en un amparo con ocasión del reportaje titulado "La cara oculta de Isabel Preysler", sin que el fallo tuviera cláusula devolutiva alguna para la retroacción de las actuaciones judiciales. El Supremo, en la STS de 31 de diciembre de 1996, por su parte, había casado otra sentencia donde la Audiencia Provincial de Barcelona el 12 de enero de 1993 declaró que esa información periodística vulneraba su derecho a la intimidad, condenando a la revista a indemnizarla por daños morales en la cantidad de diez millones de pesetas, pronunciamientos dejados sin efecto por la Sala Primera que consideró inocuas las frases en tela de juicio sin que se pudieran calificar como quebranto grave de tal derecho fundamental. Desde su óptica, el Constitucional lo consideró en cambio una "intromisión ilegítima en la esfera de intimidad" pero su decisión se limitó a reconocerlo así para restablecerla en su derecho y anular sin más la sentencia impugnada. Pues bien, una vez recibida la STC 115/2000, la Sala de lo Civil dictó nueva Sentencia el 20 de julio siguiente por la cual, desestimando cuatro de los motivos de casación, se acataba "por imperativo de la ley", la declaración de que el reportaje sobre la señora Preysler invadía su derecho fundamental a la intimidad, pero se valoraba el daño moral en 25.000 pesetas, en lugar de los diez millones.

Contra esta "segunda Sentencia" se formuló inmediatamente recurso de amparo, resuelto por STC 186/2001, de 17 de septiembre, con "inusitada rapidez" que "sin duda tendrá alguna explicación" como recalcó la Sala Primera del Tribunal Supremo que reaccionó con dureza y notoria violencia en una Sentencia de 2 de noviembre siguiente, casi a vuelta de correo, dentro de un proceso distinto, con diferente protagonista –Alberto Alcocer Cortina– sobre el mismo objeto, el derecho fundamental a la intimidad. Éste había obtenido también el amparo constitucional en STC 139/2001, de 18 de junio, anulatorio de la STS de 21 de octubre de 1997 dictada en casación por la misma Sala que, aprovechando la oportunidad y por la voz de su presidente, lanzó una restallante diatriba, en realidad un varapalo donde el lenguaje empleado, a veces sarcástico y un tanto amenazador, dejaba entrever lo que luego, casi tres años después, el mismo ponente y el mismo grupo de magistrados, diría en la sentencia sobre la responsabilidad civil(32). Un voto particular de un magistrado con preclaros apellidos en el mundo jurídico, don Francisco Marín Castán, mostraba su discrepancia de los fundamentos jurídicos segundo y tercero, donde se pone de chupa de dómine al Tribunal Constitucional, limitando así su asentimiento a la declaración de acatar sus decisiones sin más consideraciones(33). No es mi propósito aquí y ahora analizar los problemas que plantea el caso, sino señalar el fenómeno significativo de, que, fuera cualquiera el final, la actuación de la Sala de lo Civil coincidió –como hecho– con el contenido del acuerdo orientador adoptado por la Sala Segunda.

Dentro de la última hornada del trienio *horribilis* (1999-2001) el Tribunal Constitucional dictó la STC 186/2001, de 17 de septiembre, antes aludida, donde se planteaba frontalmente el deslinde y amojonamiento de las jurisdicciones constitucional y ordinaria, que sólo puede practicar la primera con objetividad y sosiego, sin el imperialismo institucional de otros tiempos y con la autocontención propia de quien sabe que la Constitución es al fin y al cabo, lo que ella dice que es la Constitución. Esa certidumbre más allá de cualquier paradoja, en el corazón de la *doxa,* echa sobre sus hombros una carga muy pesada y una responsabilidad que bien puede ser llamada histórica, sin abusar esta vez del calificativo.

El objeto real de este amparo no era la segunda Sentencia del Tribunal Supremo sino dilucidar si tiene competencia para decir la última palabra en todo proceso, después de la dicha por el Constitucional, como se propone en el Acuerdo genérico que adoptó la Sala Segunda. Este es el blanco de la STC 186/2001, en la cual se elude toda referencia explícita por virtud de la hipocresía judicial que es habitual en nuestros pagos y también en los demás. Se sale por peteneras y la pelota queda en el tejado, hablando en roman paladino. La argumentación confunde más que explica y el fallo –única parte inteligible– se mete de hoz y coz en huacal ajeno, vale decir en el ámbito privativo de la jurisdicción ordinaria. Está claro, y hasta el Tribunal Constitucional lo ha comprendido ya de una vez por todas, que no puede declarar firme una Sentencia impugnada en casación cuando se anula la Sentencia que la casaba. Pero en cambio perifrásticamente se llega al mismo resultado imponiendo al Tribunal Supremo el pronunciamiento de un inferior, la Audiencia, impugnado ante él pero no ante el Constitucional que por otra parte ha excluido de su jurisdicción cualquier pronunciamiento sobre la declaración del derecho a ser indemnizado y sobre la cuantía de esa indemnización.

En este pulso, la opinión pública pareció vencerse a favor del Tribunal Supremo por un innato "instinto de ciudadano", como escribió Luis María Ansón pocos días después: "A pesar de su inevitable y profunda politización, el Constitucional es necesario para entender en los casos para los que fue creado. Pero la administración de la Justicia termina en el Supremo y la invasión de su jurisdicción por el Constitucional es una de las cuestiones más negativas que dañan el orden político, social y jurídico de España"(34). Algunos, como Manuel Martín Ferrand, había llegado más lejos tiempo atrás(35): "El Tribunal Constitucional nació con mal pie: su primer presidente, respetabilísimo, no cumplías las condiciones previstas en la Ley Orgánica que lo regula. Después vinieron unas cuantas sentencias escasitas en el fervor por la libertad y el fin de fiesta de Rumasa. Ya entonces algunos nos preguntábamos: ¿para qué sirve un Tribunal Constitucional? Con una Sala especial del Supremo dedicada a los asuntos constitucionales hubiéramos ahorrado presupuestos, canonjías, contradicciones y situaciones tan confusas como la que ahora presenta la renovación –tardía– de los cuatro asientos del Tribunal que debe designar el Senado. Se supone que la Constitución la defienden, día y noche, todos los jueces y juzgados de la nación. Siempre copiamos mal y de los peores modelos disponibles". Días después y en el mismo periódico José Mª Carrascal vino a decir algo parecido. Por su parte, algunos magistrados del Tribunal Supremo alzaron la voz por entonces en la prensa, acusando sin tapujos al Tribunal Constitucional de interferir el ejercicio propio de la función jurisdiccional cuyo núcleo es la potestad judicial consistente en "juzgar", inmisión que se produce desde la perspectiva del "proceso con todas las garantías (art. 24.2 CE), sobre todo en relación con límites del control de la prueba de los hechos, materia en la que (aquel) ha extendido su fiscalización hasta extremos dudosamente compatibles con la idea de una jurisdicción constitucional que se define a sí misma diciendo que no es una tercera instancia". Lo dijo así Enrique Bacigalupo[(36)], perteneciente a la Sala Segunda. Otro de la Sala de lo Contencioso-administrativo, Ramón Trillo Torres, remachó que el Constitucional "entra en terreno vedado" por meterse "sin que tenga potestad para ello, a enmendar hechos que los jueces han considerado probados o a interpretar leyes que sólo a los jueves compete interpretar"[(37)].

5. La paradoja de los casos Preysler

Unos años después, vigente entre el Supremo y el Constitucional un tácito pacto de no agresión[(38)], la misma señora reapareció en la escena judicial, pero esta vez (a diferencia de la anterior) el último no quiso rectificar al otro y, así, la STC 77/2002, que no alteró la paz de los espíritus en la Sala de lo Civil, suscitó en cambio una gran inquietud en el mundo jurídico porque, con ella, el máximo garante de los derechos fundamentales parecía haber excluido de la vía penal la protección judicial de los derechos al honor y a la intimidad. Era la última palabra de un proceso iniciado en 1985. El periodista don Luis del Olmo, director del programa de radio "Protagonistas", había permitido que otro colega de la "prensa rosa" difundiera con todo tipo de detalles las supuestas técnicas eróticas de la señora de Griñón, que, cuando tuvo conocimiento de tales comentarios indiscretos no dudó en interponer una querella criminal por injurias, solicitando además una indemnización por daños y perjuicios. En el año 1991 la vía penal quedó obturada con un Auto de sobreseimiento y archivo, pero que contenía la cláusula de estilo para reservar "las posibles acciones civiles" habitual en este tipo de resoluciones. Cerrado este sendero, la ofendida recurrió a la vía civil y planteó una demanda por intromisión ilegítima en su derecho al honor, que le reconocieron un Juez de Barcelona y luego la Audiencia Provincial, condenando a los demandados a pagarle cinco millones de pesetas.

Ahora bien, en el recurso de casación, el Supremo sentó una innovadora doctrina, en cuya virtud el ejercicio de la acción penal había extinguido la acción civil y, por tanto, si la demandante había acudido a aquella vía sin éxito, no tenía ya derecho a utilizar la civil. Pues bien, tal doctrina que vacía de contenido en este aspecto a la tutela judicial, dejando indefensa a la víctima, fue confirmada por el Tribunal Constitucional, aun cuando el Fiscal hubiera solicitado la concesión del amparo, recordando en su informe que el artículo 116 de la Ley de Enjuiciamiento Criminal deja muy claro que la sentencia penal no produce cosa juzgada en la vía civil salvo en el caso de que el hecho no existiere, supuesto que no se daba aquí[(39)]. Esta nueva sentencia no tuvo tanto eco en los medios de comunicación como la precedente, aunque probablemente sus consecuencias fueran más perjudiciales, porque podía originar el desamparo de muchas otras personas. La paradoja consiste en que no se sabe qué sea preferible, si la coincidencia de los dos Tribunales o su discrepancia.

6. El encontronazo

Es el caso que la Sala Tercera del Tribunal Supremo ratificó un día el criterio *ex novo* para seleccionar por cooptación a los Letrados del Tribunal Constitucional eludiendo el concurso-oposición, establecido por la Ley Orgánica, en un recurso contencioso-administrativo formulado por uno de los aspirantes. En el escrito de interposición del amparo, el Abogado pidió la abstención de los magistrados que habían de resolverlo por estar implicados en la cuestión y propuso una reforma legislativa que garantizara "el derecho constitucional a un examen imparcial del presente recurso de amparo". La respuesta unánime fue acordar "la inadmisión del mismo, por cuanto el recurso no se dirige a este Tribunal Constitucional, sino a otro hipotético que le sustituya, pocediendo en su consecuencia, el archivo de las presentes actuaciones". A continuación el Abogado formuló demanda de responsabilidad civil contra los once magistrados autores de la Providencia ante la Sala Primera del Tribunal Supremo.

6.1. La respuesta del Tribunal Supremo

El proceso correspondiente, en el cual los demandados fueron representados y defendidos por el Abogado del Estado, concluyó por la Sentencia que el 23 de enero de 2004 dictó la Sala de lo Civil[40] cuyos "principios clave" fueron señalados en su día por el profesor Espinar Vicente[41], cuya exposición me permito utilizar aquí. Son éstos:

Primero.- El Tribunal Supremo parte de la base de que no va a deducir la eventual responsabilidad de los Magistrados del Tribunal Constitucional a partir de la premisa que ofrece el art. 441 [¿411?] de la Ley Orgánica del Poder Judicial [*"los Jueces y Magistrados responderán civilmente por los daños y perjuicios que causaren cuando, en el desempeño de sus funciones, incurrieren en dolo o culpa"*], porque "este precepto no puede ser aplicable a los Magistrados del Tribunal Constitucional, salvo acudiendo a la técnica de la analogía, sistema que, desde luego, no se va a emplear en la presente cuestión".

Segundo.- El Tribunal Supremo opta entonces por estudiar la posible responsabilidad de los demandados a la luz del art. 1902 del Código Civil, y entiende que lo debe aplicar directamente porque "... *en su regulación orgánica* [la del Tribunal Constitucional] *no se han introducido singularidades o especialidades derivadas del ejercicio de su función como máxime intérprete de la Constitución a través de las competencias que le otorga el art. 161 de la Constitución Española, como ha ocurrido con respecto a los Jueces y magistrados de la jurisdicción ordinaria...*"

Tercero.- Centrada el área en la que se va a desenvolver su razonamiento, el Tribunal Supremo pasa a estudiar uno por uno los tres requisitos necesarios para una declaración de responsabilidad civil; *"a) la existencia de una conducta activa o pasiva, en el ejercicio de su función, que sea antijurídica e impregnada de culpabilidad; b) La causación de un daño mensurable pecuniariamente; y c) La existencia de un nexo o relación causal entre la conducta antedicha y el daño causado"*. Dicho esto pasa a un estudio pormenorizado de cada uno de los puntos. Al examinar el primero de ellos estima que con la providencia de 18 de julio de 2002 y el acuerdo de 17 de septiembre del mismo año los Magistrados demandados: "... *se negaron lisa y llanamente a entrar a resolver una petición de amparo so pretexto de que iba dirigida a un hipotético Tribunal, lo que implica un "non liquet" totalmente inadmisible"*. Realizada esta afirmación la subrayan argumentando que el hecho de rechazar el recurso por ir dirigido a un hipotético Tribunal [un Tribunal Constitucional que debería constituirse para entender del asunto], no era motivo suficiente y que además no se habían pronunciado en absoluto sobre la primera petición del escrito, en la que se pedía la abstención, o subsidiariamente la recusación de todos los Magistrados demandados.

Cuarto.- Para determinar la antijuridicidad de la conducta, *"con base a criterios de legalidad ordinaria"*, la sentencia se apoya en el numeral séptimo del primer artículo del Código Civil: *"Los Jueces y Tribunales tienen el deber inexcusable de resolver..."*. Tras una sólida fundamentación del principio basada en la historia y en la propia doctrina del tribunal Constitucional sobre el significado del art. 24.1 de la Norma Fundamental, se concluye en que *"no se ha dado respuesta a la pretensión de amparo, sin entrar a estudiar siquiera si la misma era inadmisible "a limine""*. En línea con el art. 6º del Convenio Europeo de Derechos Humanos y con la jurisprudencia constitucional alemana (esto último ha de considerarse como una nota culta sin trascendencia jurídica real) la sentencia entiende que se ha infringido la *"prohibición de fundamentar una resolución judicial en consideraciones que manifiestamente no vienen al caso"*: queda así establecida la antijuridicidad.

Quinto: Queda por apreciar si la conducta antijurídica se halla impregnada de culpabilidad, para finalizar el pormenorizado estudio del primero de los requisitos. El Tribunal Supremo excluye tajantemente *"una imputación a título de dolo por no existir base adecuada para una apreciación de tal gravedad"* y, tras afirmarlo categóricamente pasa a estudiar si cabe apreciar la existencia de culpa o negligencia en el comportamiento de los Magistrados, Y la encuentra. Y, curiosamente, la concreta en una *"actuación sin la diligencia debida"*. Concepto jurídico indeterminado que el Tribunal Supremo concreta de este modo: *"... en dicha Providencia y Acuerdo, al no dar respuesta lógica a la pretensión de amparo, los Magistrados demandados han actuado con una negligencia profesional grave, que supone, para el caso concreto, una ignorancia inexcusable, ya que la ilicitud o antijuridicidad tiene como base la violación de unas normas absolutamente imperativas. En conclusión, nos encontramos ante una conducta judicial absolutamente rechazable desde un punto de vista profesional"*.

Sexto.- El segundo requisito era la causación de un daño mensurable pecuniariamente. El Tribunal considera que en este caso se ha producido una lesión de naturaleza moral, al privar antijurídicamente al demandante de un derecho tan esencial como es el amparo constitucional. En concreto estima que *"... no cabe la menor duda de que se le ha causado un daño moral, por lo menos desde el punto de vista de hacer que se tambaleen sus creencias como ciudadano de un Estado social y democrático de Derecho, que, entre otras cosas, propugna la justicia como valor superior, y España es un Estado que reúne dichas características según el art. 1.1 de la Constitución".*

Séptimo.- Llegamos así a la búsqueda del nexo causal entre la acción antijurídica y el perjuicio producido por la negligencia de los demandados. No es preciso complicarse excesivamente la vida para ello y tampoco lo hace el Tribunal Supremo: *"la existencia de dicha relación de causa efecto es clara e incuestionable; pero es que, además, no ha habido concausa alguna de aminoración de tal relación, y, desde luego, que sirva de base suficiente a su desaparición".*

Octavo.- Concluido este *iter* hay que pasar a la cuantificación para determinar los parámetros mensurables del daño moral causado. Rechazada la posible responsabilidad solidaria de los componentes del Tribunal *"... y dentro de la evanescencia dicha, se puede fijar el "quantum" indemnizatorio por el daño moral causado en la suma de quinientos euros, exigible a cada uno de los Magistrados demandados"*(42).

6.2. *La reacción del Tribunal Constitucional*

Leída tal Sentencia, el pleno del Tribunal Constitucional "en el ejercicio de las atribuciones que la Constitución y su ley orgánica le confieren, y para cumplir con el esencial deber de preservar la jurisdicción que tiene atribuida en materia de amparo constitucional por los artículos 123.1 y 161.1b de la Constitución española" tomó por unanimidad el acuerdo de declarar que el enjuiciamiento realizado por la Sala Civil del Tribunal Supremo en ella era "una invasión de la jurisdicción, exclusiva y excluyente, atribuida a este Tribunal Constitucional". El dictamen del pleno analiza así la sentencia:

> *"Tras rechazar la falta de jurisdicción alegada en su momento, examinó, respecto al fondo, la acomodación a derecho de las decisiones jurisdiccionales de este pleno, y lo hizo en términos de grave e inequívoca censura de la corrección jurídica de aquellas a las que se imputó quebrantamiento de la prohibición del non liquet, es decir, una ausencia de respuesta, y también, con evidente contradicción, una respuesta falta de lógica y de motivación suficiente, calificándose la conducta profesional de los*

magistrados demandados de negligencia profesional grave, que supone para el caso concreto una ignorancia inexcusable de normas imperativas".

"No es el acierto o error de la resolución de fondo contenido en la misma lo que aquí interesa destacar, sino que la Sala de lo Civil, al enjuiciar la fundamentación dada por el pleno a una resolución de inadmisión, pone en serio peligro la función jurisdiccional de amparo, invadiendo competencias que sólo al Tribunal Constitucional corresponden, pues no se enjuicia la hipotética concurrencia de algún elemento añadido a las resoluciones mismas y diferenciable de éstas, en cuanto eventual posible soporte de la responsabilidad reclamada, sino única y exclusivamente dichas resoluciones.

Por otra parte, "las decisiones jurisdiccionales a las que se imputa el agravio determinante del daño permanecen inalterables y firmes, condición ésta que ha de predicarse respecto de las dictadas por este pleno en el proceso constitucional de referencia, y que hemos de considerar, por ello, concluso".

"No podemos dejar de constatar, en el ámbito de la defensa de la jurisdicción que la Constitución nos atribuye, y desde esa perspectiva, que la sentencia referida realiza, sin reserva alguna, un escrutinio de las decisiones que recayeron en dicho proceso constitucional, propio del que corresponde a este tribunal, de tal modo que, de ipso, la Sala de lo Civil del Tribunal Supremo parece situarse en la posición de un tribunal de grado superior, asumiendo funciones de control o revisión de nuestras resoluciones, dictadas en el legítimo ejercicio de la función jurisdiccional que de manera exclusiva y excluyente, nos viene atribuida por la Constitución".

"El examen o enjuiciamiento acerca de si se hallan o no ajustadas a derecho las resoluciones dictadas por este Tribunal en los procesos constitucionales de los que conoce, y en este caso en el de amparo, es materia vedada, por principio, a la jurisdicción ordinaria, incluido el Tribunal Supremo, sin que, por tanto, pueda éste, con ocasión de pronunciarse sobre la exigencia de responsabilidad civil, y cualquiera sea el resultado al que llegue sobre la procedencia de la acción re-

sarcitoria, enjuiciar en cuanto al fondo, la juridicidad de las resoluciones de este tribunal delas que se hace derivar el daño invocado por el particular perjudicado".

"La delimitación entre la jurisdicción ordinaria, que culmina el Tribunal Supremo, y la jurisdicción atribuida a este Tribunal Constitucional aparece contenida en el art. 123.1 de la Constitución", según el cual el Tribunal Constitucional es el supremo "en materia de garantías constitucionales". Según su ley orgánica, "en ningún caso se podrá promover cuestión de jurisdicción o competencia al Tribunal Constitucional" lo que implica un "mandato claramente orientado no sólo a impedir la formal promoción de conflictos sino también a preservar y hacer inmune a cualquier injerencia el ámbito jurisdiccional que la Constitución y nuestra ley orgánica acotan en términos inequívocos y cuya defensa y afirmación nos viene impuesta.

"El desconocimiento de esta clara delimitación por la Sala de lo Civil incurre en una invasión de las funciones jurisdiccionales constitucionalmente atribuidas a este Tribunal Constitucional", con una "clara extralimitación competencial, y correlativa invasión de nuestras exclusivas competencias y atribuciones constitucionales, el enjuiciamiento de cualquiera de nuestros pronunciamientos efectuado en vía de amparo constitucional, por cualquier órgano de la jurisdicción ordinaria". "No entenderlo así privaría al Tribunal de la calidad de supremo intérprete de la Constitución".

En definitiva, se rechaza "con serenidad, pero también con rigor, la invasión de nuestra jurisdicción que supone la utilización de la vía civil como indebida prolongación del recurso de amparo. Por su parte, los magistrados así agredidos formalizaron a título individual sendos recursos de amparo.

Aun cuando Trías Sagnier no profundizara hasta la raíz de este conflicto, uno más y no el último, no le faltaba razón cuando comenzó un sensato comentario diciendo que "Por más buena voluntad que le pongan los presidentes del Tribunal Constitucional y del Tribunal Supremo para intentar arreglar el conflicto provocado por la sentencia de la Sala Primera que condenó a los magistrados del Tribunal Constitucional, el problema tiene una difícil, por no decir imposible, solución", para concluirlo insistiendo en que "*Muy difícil salida tiene, con todos esos antecedentes, la Sala de lo Civil del Tribunal Supremo y, especialmente, su presidente, Ignacio Sierra y Gil de la Cuesta, quien ha conducido a esa Sala a una situación calamitosa. En todo este embrollo alguien ha tenido que prevaricar: o los magistrados de la Sala Civil del Tribunal Supremo, o los del Tribunal Constitucional. Y como está claro que estos últimos no lo han hecho, por más que los dos presidentes, con loable responsabilidad, intenten echar agua al vino, el hedor de la resolución torcida está ahí y todo el mundo la huele. Las crisis cerradas en falso, en el ámbito que sea, son crisis permanentemente abiertas*"(43).

6.3. La Sala Segunda del Tribunal Supremo

.Por su parte, el 17 de febrero de 2004 la Sala de lo Penal, Segunda del Tribunal Supremo ordenaba el archivo de la denuncia que la Asociación contra la Injusticia y la Corrupción (Ainco) había presentado el día 2 contra esos mismos once magistrados del Constitucional, a los cuales imputaba un supuesto delito de prevaricación por su conducta en la tramitación del mismo recurso de amparo, inmediatamente después de conocer que la Sala Civil los había declarado su responsabilidad patrimonial. Sin embargo, esta otra Sala, por unanimidad, fue tajante: los hechos denunciados carecían de "entidad delictiva" y, por tanto, era innecesario siquiera investigar si los magistrados del Tribunal Constitucional pudieran haber cometido prevaricación. En primer lugar, recordaba que para exigir responsabilidad penal a los jueces y magistrados es presupuesto necesario la presentación de querella, no bastando la simple "denuncia", y, además, que la Asociación denunciante sólo podía perseguir los hechos denunciados ejercitando la llamada "acción popular," también mediante querella. Por otro lado, el Supremo destacaba que la denuncia "aparece vinculada directamente con la sentencia de la Sala de lo Civil", que pese a haber condenado a los miembros del Tribunal Constitucional por responsabilidad civil, no encontró en su comportamiento indicios de conducta delictiva y, por tanto, no dio traslado alguno al Ministerio Público careciendo de toda posible eficacia en el ámbito propio de la jurisdicción penal". Finalmente, la Sala remacha que para la existencia de una prevaricación judicial "no basta una mera ilegalidad, producto normalmente de una interpretación errónea, equivocada o discutible de la norma jurídica (...), siendo necesario que la ilegalidad sea tan grosera y evidente que revele por sí misma la injusticia y el abuso", sin que ocurra tal cosa en el supuesto enjuiciado[44].

7. El caso de la prescripción

No acaba aquí el serial de los desencuentros. Una sentencia del Tribunal Constitucional, la 63/2005 de 14 de marzo[45], ha establecido una nueva doctrina en cuya virtud la presentación de una denuncia o la formulación de una querella no es elemento suficiente para considerar interrumpido el plazo de prescripción de un delito fiscal, exigiendo para ello la "admisión", giro jurisprudencial que chocaba frontalmente con la postura mantenida hasta ahora por el Supremo al respecto, motivando un nuevo enfrentamiento entre ambos[46]. En la vía penal, la querella del Fiscal se había producido antes de vencer el plazo mientras que la admisión se hizo diez días después de la fecha límite.

Todos los magistrados de la Sala Penal del Supremo –16–, presididos por Enrique Bacigalupo, celebraron "Sala general" o pleno no jurisdiccional el 12 de mayo de 2005 para estudiar el criterio a seguir sobre el tema y después de más de tres horas hicieron público un breve comunicado en el que defendieron las competencias que les otorga la Carta Magna.

> "... ha examinado la sentencia del Constitucional 63/2005 y considera que la misma *"insiste en la extensión de la jurisdicción constitucional basándose en una interpretación de la tutela judicial efectiva que, prácticamente, vacía de contenido el artículo 123 de la Constitución Española,* que establece que el Tribunal Supremo "*es el órganos jurisdiccional superior en todos los órdenes, salvo lo dispuesto en materia de garantías constitucionales"*, por lo que consiguientemente *"le incumbe la interpretación en la última instancia de las normas penales*".

Este acuerdo, que reflejaba la opinión unánime de la Sala Segunda, pero no tenía valor de jurisprudencia por no formar parte de una decisión adoptada en un proceso, fue en realidad el anuncio y respaldo de una nueva Sentencia dictada ese mismo mes, de la que fue ponente el magistrado José Antonio Martín Pallín, donde se explica que, en este otro caso ahora enjuiciado, el plazo de prescripción de cinco años vencía el 20 de junio de 1997, habiendo presentado el Fiscal la querella por un delito contra la Hacienda Pública el 17 de junio, tres días antes aunque el juez incoara diligencias previas el 19 de junio, mediante un auto donde se reconocía que los hechos presentaban características que hacían presumir la existencia de una infracción penal y, algo después, por auto de 1 de julio, admitió a trámite la querella. El Tribunal Supremo reitera su jurisprudencia sobre esta materia, en contra de lo sostenido por el Constitucional, insistiendo en que la interrupción del plazo de prescripción de los delitos se produce desde el momento en que un juez acuerda incoar diligencias previas por la existencia de hechos que presuntamente puedan ser constitutivos de delito, resultando indiferente, que el conocimiento del hecho delictivo se tenga por una denuncia o una querella, "ya que lo relevante es la existencia de una resolución judicial en forma de Auto, con antecedentes de hecho, fundamentos jurídicos y parte dispositiva, conteniendo la decisión judicial de investigar el hecho y perfilar la participación del denunciado o querellado". No se puede sostener "que la única forma de dirigir el procedimiento contra el culpable pase necesariamente por un procesamiento o por su imputación formal en el momento de la calificación de los hechos", tesis "insegura" jurídicamente y "con una gran dosis de injusticia". De tal guisa, condicionar la extinción de la responsabilidad criminal a la mayor o menor carga de trabajo del juez y a la admisión de la querella es una solución aleatoria". Esta sentencia de la Sala Segunda elevaba así la escalada entre ambos Tribunales, si bien el nuevo episodio se haya desarrollado a través de un diálogo de la jurisprudencia y no de exabruptos o descalificaciones cruzadas(47).

8. El "caso Guatemala" y la jurisdicción universal

No acaba aquí la historia, ni puede acabar. Cuando esta investigación de los avatares de ambos altos Tribunales parecía estar a punto de concluirse, un nuevo susto nos llegó. La STC 237/2005, de 26 de septiembre, que contradecía la doctrina elaborada al respecto por el Supremo, declaraba la competencia de la Audiencia Nacional para enjuiciar los delitos de genocidio cometidos en cualquier parte del mundo aunque carecieran de conexión alguna con España, dándose una vuelta de tornillo para tensar un poco más la situación con el consiguiente malestar. La Sala Segunda, por el momento, se limitó a elaborar un informe interno donde se ponía de manifiesto que las citas referentes o de la legislación penal de Bélgica, Alemania, Dinamarca e Italia son erróneas o incompletas(48). La Audiencia Nacional, a su vez, formó unos grupos de trabajo en el seno de la Sala de lo Penal "para estudiar el alcance práctico de la Sentencia sobre el "caso Guatemala" que elimina todas las restricciones para extender la jurisdicción española más allá de nuestras fronteras y, al parecer, como consecuencia, ha adoptado un acuerdo no hecho público, del cual se ha filtrado a la prensa su carácter restrictivo de la doctrina sentada por el Constitucional, fijando una serie de criterios, uno de ellos que el país donde hayan tenido lugar los hechos no haya actuado, ni tampoco el Tribunal Penal Internacional. Sólo así podrá entrar en juego la jurisdicción española. Sin necesidad de entrar a dilucidar quién acierte, análisis que está fuera de nuestro propósito, baste por ahora con dar noticia de este incidente que no sería el último, por supuesto.

El Tribunal Constitucional en su sentencia sobre este caso, declaró que «la Ley Orgánica del Poder judicial instaura un principio de jurisdicción universal absoluto, sin sometimiento a criterios restrictivos de corrección o procedibilidad, y sin ordenación jerárquica alguna con respecto al resto de las reglas de atribución competencial, puesto que, a diferencia del resto de criterios, el de justicia universal se configura a partir de la particular naturaleza de los delitos objeto de persecución».

Una vez dicho esto, los problemas empezaron a proliferar cuando los Jueces Centrales de Instrucción expandieron su actividad por el ancho mundo y ajeno. Una querella o denuncia ante el nº 1 en junio de 2006 por el "genocidio en Tibet" provocó la airada protesta del Gobierno de la República Popular China a través del Ministerio de Asuntos Exteriores y de su Embajada en Madrid. Del mismo modo reaccionó el Gobierno del Estado de Israel como consecuencia de que el Juez Central nº 4 decidiera imputar al Ministro de Defensa israelí por delitos contra la humanidad en un ataque a Gaza en 2002. Una pareja situación se produjo en Gran Bretaña en diciembre de 2009 cuando un tribunal ordenó la detención de la ex ministra de

Asuntos Exteriores Tzipi Livni, que iba a acudir a Londres ese fin de semana y como consecuencia el "premier" Gordon Brown puso en marcha un proyecto legislativo para reducir el ámbito de la "jurisdicción universal". Bélgica ya se había anticipado.

Aquí, una enmienda al proyecto de ley para la implantación de la oficina judicial formulada por los grupos parlamentarios socialista, popular, convergencia i unió y EAJ-PNV dio nueva redacción al art. 23.4 LOPJ, en cuya virtud:

> "*Igualmente, será competente la jurisdicción española para conocer de los hechos cometidos por españoles o extranjeros fuera del territorio nacional susceptibles de tipificarse, según la ley española, como alguno de los siguientes delitos: a) Genocidio y lesa humanidad. b) Terrorismo. c) Piratería y apoderamiento ilícito de aeronaves. d) Delitos relativos a la prostitución y corrupción de menores e incapaces, e) Tráfico ilegal de drogas psicotrópicas, tóxicas y estupefacientes. f) Tráfico ilegal o inmigración clandestina de personas, sean o no trabajadores. g) Los relativos a la mutilación genital femenina, siempre que los responsables se encuentren en España. h) Cualquier otro que, según los tratados y convenios internacionales, en particular los Convenios derecho internacional humanitario y de protección de los derechos humanos, deba ser perseguido en España.*
>
> *3. Sin perjuicio de lo que pudieran disponer los tratados y convenios internacionales suscritos por España, para que puedan conocer los Tribunales españoles de los anteriores delitos deberá quedar acreditado que sus presuntos responsables se encuentran en España oque existen víctimas de nacionalidad española, o constatarse algún vínculo de conexión relevante con España y, en todo caso, que en otro país competente o en el seno de un Tribunal internacional no se ha iniciado un procedimiento que suponga una investigación y una persecución efectiva, en su caso, de tales hechos punibles.*
>
> *4. El proceso penal iniciado ante la jurisdicción española se sobreseerá provisionalmente cuando quede constancia del comienzo de otro proceso sobre los hechos denunciados en el país o por el Tribunal a los que se refiere el párrafo anterior.*

5. Si se tramitara causa penal en España por los supuestos regulados en los anteriores apartados 3 y 4, será en todo caso de aplicación lo dispuesto en la letra c) del apartado 2 del presente artículo"[(49)].

III.
LA REACCIÓN LEGISLATIVA

Un anteproyecto de ley orgánica aprobado en Consejo de Ministros el 11 de noviembre de 2005 y presentado en el Congreso de los Diputados el siguiente día 18, contenía una serie de modificaciones de la Ley Orgánica del Tribunal Constitucional. El texto fue objeto de un debate a puerta semicerrada en el Centro de Estudios Jurídicos del Ministerio de Justicia, antigua Escuela Judicial, en la Ciudad Universitaria de Madrid, a la espalda de la Facultad de Derecho. De los catorce invitados, tres eran magistrados del Tribunal Supremo (uno, presidente de Sala) y cinco éramos magistrados eméritos del Constitucional ((dos judiciales y tres profesores), más un ex Fiscal General del Estado y a la sazón Jefe de la Fiscalía ante el Tribunal Constitucional[(50)]. El anteproyecto, que –como dije en la mañana del 8 de noviembre–, había alzado el vuelo bajo la sombra ominosa de la Sentencia del Tribunal Supremo de 23 de enero de 2004", "sentencia teratológica por su propio carácter", no podía tomarla como "pretexto para subvertir el sistema....." Por una sentencia anómala no se debe alterar, perturbar o deformar las líneas esenciales del sistema. Por otra parte, tal sentencia no es única. Ayer entregué para la revista de Derecho Procesal un estudio de 50 páginas dedicado a la "guerra de los jueces"[(51)], donde analizo el proceso conflictivo que empezó con la STC 7/1994.... proceso (que) no ha terminado. Hace poco la STC 237 de este año ha creado otro de la docena larga de enfrentamientos que he logrado censar y ha provocado un nuevo desencuentro con la Audiencia Nacional que se niega a considerar que su jurisdicción no tenga límites"[(52)].

Consecuencia de este debate fue la Ley Orgánica 6/2007, de 24 de mayo por la que se modificaba la vigente del Tribunal Constitucional, aun cuando se haya aprovechado la oportunidad, para otras alteraciones de menor enjundia que, a la vez, sirven para enmascarar la carga principal. En definitiva trata de poner remedio a las fricciones y proteger simultáneamente a la jurisdicción constitucional y a sus servidores, respaldado por el "bloque de la constitucionalidad", concepto nefasto creado por la Ley Orgánica del Tribunal Constitucional e inexistente en la Constitución. Ésta, en varias ocasiones, se menciona a sí misma y "al resto del Ordenamiento jurídico", sin cuerpos o piezas intermedias. Desde siempre, y lo saben quienes deben saberlo porque me lo oyeron decir en el lugar y en la ocasión oportunos, he rechazado esa excrecencia que, sin exageración, puede ser calificada de subversiva. Creo en la supremacía de la Constitución como ley fundamental, y sólo de ella, sin compañías peligrosas. Por tal camino, se intenta y más de una vez se ha conseguido, interpretar la Constitución a la luz de los Estatutos de Autonomía o las Leyes Orgánicas, algo *contra natura* desde la perspectiva del Juez Marshall, inventor de la revisión judicial de las leyes, de Kelsen, introductor de la justicia constitucional en Europa y del Estado de Derecho tal y como se configuró en España a partir de 1978. Jefferson, uno de los Padres de la Constitución de Estados Unidos, nunca fue partidario de que el Tribunal Supremo se arrogara el monopolio de enjuiciar la constitucionalidad de las leyes y denunció el peligro que, a su parecer, entrañaba pero acató lealmente el sistema porque era un hombre de Estado.

Una serie de preceptos pretenden blindar a la institución, pero sobre todo a sus magistrados. Por una parte, no podrán ser "perseguidos en ninguna forma ni ante ninguna jurisdicción por las opiniones expresadas y votos emitidos en el ejercicio de sus funciones". La novedad está en el inciso "votos emitidos". Por otra parte, "el Tribunal Constitucional delimitará el ámbito de su jurisdicción y adoptará cuantas medidas sean necesarias para preservarla, incluyendo la declaración de nulidad de aquellos actos o resoluciones que la menoscaben", sin que "en ningún caso" se pueda "promover cuestión de jurisdicción o competencia al Tribunal Constitucional" que, a su vez, "podrá apreciar de oficio o a instancia de parte su competencia e incompetencia. Sus resoluciones, además, "agotan la vía jurisdiccional interna" y "ninguna otra jurisdicción del Estado" podrá "enjuiciarlas a ningún efecto" (art. 4, 1 y 2).

Es cierto y concluyente que, en nuestro sistema, sólo el Tribunal Constitucional puede amojonar el perímetro de su jurisdicción puesto que, en ella, pronuncia la última palabra. Se ha dicho, y lo dijo Luis B. Boudin, que "la revisión judicial tal y como la conocemos es primariamente una creación de la posguerra civil [de secesión] y que *Marbury v. Madison* estableció tan sólo el poder del Tribunal (Supremo de Estados Unidos) para determinar su propia jurisdicción". Nada hay que objetar a la supremacía del Tribunal Constitucional en su propio terreno, respetado por el art. 123 C.E. Ahora bien, la nulidad, como medida extrema, de los actos que la impidan o la obstaculicen, razonable también en principio, adolece de una cierta y notable inconsistencia procesal. El precepto omite si habrá de adoptarse a instancia de parte y cuál, o por iniciativa del propio Tribunal, así como tampoco regula el cauce formal o procedimiento.

Pues bien, dada su posición constitucional prevalente, al Tribunal Constitucional le corresponde, precisamente por ello, tomar conciencia no sólo de su poder sino de sus limitaciones. Sólo una exigente actitud de autocontención evitará intromisiones y, con ello, conflictos. En caso contrario no sería atendible su queja porque entraren en juego los "frenos y contrapesos" propios del sistema democrático, alguno de los cuales –responsabilidad civil e incluso penal– están en manos del Tribunal Supremo. El blindaje frente a ellos no sería sano para la consolidación y perfeccionamiento del Estado de Derecho, sino al contrario. Subvertir el sistema por sus eventuales manifestaciones teratológicas es una solución sin grandeza. El exceso lleva al exceso y crea una espiral sin final a la vista. Alguien debe desactivar el maléfico proceso y ese protagonismo corresponde, como una carga, a quien tiene el poder de hacerlo.

Las demás instituciones han de coadyuvar a esta importante tarea. El legislativo con normas que encaucen y limiten recíprocamente las competencias de las dos jurisdicciones, constitucional y ordinaria. El campo minado de los conflictos está localizado en el ámbito de las garantías. No hay posibilidad de fricción alguna en los procesos para el enjuiciamiento de la constitucionalidad de las leyes, sea directa o indirecta la impugnación, competencia privativa del Tribunal Constitucional sin la cual éste perdería su razón de existir. El amparo en cambio es una atribución añadida y accidental que sólo por razones históricas ha sido encomendado a algunos de los Tribunales de su clase, no todos. España lo introdujo por primera vez en 1931 y luego en 1978, de donde lo tomó Alemania. Italia no lo tiene, Francia aún menos, ni tampoco el Reino Unido. Sería aconsejable y quizá fructífero, investigar las posibilidades latentes en el art. 161,1,b) "in fine" de la Constitución para recortarlo, dando al César lo que es del César, pero sólo eso.

IV.
ÚLTIMA HORA

1. Las dilaciones indebidas del Tribunal Constitucional vistas desde el Supremo

Los dos últimos torpedos que ha disparado la Sala Segunda del Tribunal Supremo contra el Constitucional en los últimos días del año 2009 no han causado extrañeza a quienes siguen con morboso interés la guerra interminable entre ambos que de dolencia aguda en un principio parece haberse hecho crónica, como avisé. Lo pone de relieve con nitidez la circunstancia de que se sucedan unas a otras, entrelazadas, las Sentencias de esos dos grandes Tribunales sobre un mismo tema o incluso en un mismo pleito concreto. Sin embargo, en este pulso que se venía librando por la Sala de lo Civil en vanguardia, seguida de cerca por la Segunda, ante la mirada atenta de las otras, irrumpe ahora con cierto estrépito la Sala de lo Contencioso-administrativo, entrando a enjuiciar la actividad jurisdiccional del Tribunal Constitucional, a pesar de la reciente Ley Orgánica 6/2007, de 24 de mayo, que trató de blindarle contra las supuestas incursiones del Supremo, para quizá devolver visitas intempestivas del otro en su campo, muchas y algunas muy graves.

Pues bien, el pleno de la Sala de lo Contencioso-administrativo, Tercera por su orden –se creó en 1904– ha dictado una Sentencia el 26 de noviembre de 2009, por 28 votos contra 4, cuya importancia ha detectado la prensa periódica con excelente sensibilidad y cuya doctrina, en mi opinión, merece ser difundida[(53)]. La primera incógnita que despeja no es otra que determinar "si el principio general de responsabilidad de todos los poderes públicos" proclamado y garantizado en el art. 9.3 CE "alcanza o no al Tribunal Constitucional", a pesar de no aparecer desarrollado en su Ley Orgánica matriz 2/1979 ni en las sucesivas que la han reformado parcialmente ni tampoco en cualquiera otra extravagante, sin que por otra parte le resulte aplicable la regulación al respecto de la Ley Orgánica del Poder Judicial (Título V del Libro III) por no formar parte de éste a diferencia de su colega alemán. La Sala Tercera con un razonamiento impecable del ponente, Ricardo Enríquez Sancho, llega a la conclusión de que "la ausencia de regulación legal no puede significar un espacio inmune frente a las reclamaciones de los que hayan sufrido un daño, cuando los tribunales pueden detectar, sin que ello suponga riesgo alguno de suplantar la labor del poder legislativo, que la acción se enmarca en el núcleo indisponible" de ese "principio general del Derecho". Entra así en escena, con resonancias de Federico de Castro, uno de los grandes maestros del Derecho civil en el siglo XX, su función como fuente del Derecho supletoria en caso de inexistencia o insuficiencia de la norma jurídica escrita. En definitiva, se aplica directamente sin interposición de ley alguna, y de él deriva que "el Estado debe responder por los daños que los particulares hayan sufrido como consecuencia de las dilaciones en que el Tribunal Constitucional haya incurrido" si pueden calificarse como "indebidas" calificación que las incluye dentro del concepto más amplio de "funcionamiento anormal" en el ejercicio de su jurisdicción.

La conclusión no podía ser otra. Una vez establecida como premisa mayor "la posibilidad de exigir responsabilidad por los daños antijurídicos causados por el Tribunal Constitucional" la segunda incógnita consiste en averiguar cuál sea el órgano competente para conocer de tal reclamación. Y desde esta perspectiva la Sala Tercera considera correcto el Acuerdo de 18 de octubre de 2006, notificado por el Vicesecretario General en cuya virtud, "el Tribunal Constitucional no cuenta con habilitación legal para conocer de la reclamación" formulada, dado que no se encuentra en el elenco de las competencias que contiene el art. 161 de la Constitución, ni en los arts. 10 y 15 de su Ley Orgánica que lo desarrollan. Ahora bien, con un cierto salto en el razonamiento la Sentencia llega a la conclusión de que tratándose de un órgano constitucional la competencia para resolver "las reclamaciones por responsabilidad patrimonial del Tribunal Constitucional" debe situarse, sin género alguno de duda, en la Administración general del Estado como su personificación. Dentro de ésta, "corresponde al Consejo de Ministros como órgano que encarna el mayor nivel del Poder Ejecutivo", según las SSTC de 8 de enero de 1998 y 20 de abril de 2007 en supuestos de responsabilidad por acto legislativo. Aquí la solución viene dada por el camino de la analogía y no por la aplicación directa del principio general del Derecho. Tal ha sido por otra parte, el criterio explícito en el art. 9° de la Ley 13/2009, de 3 de noviembre, de reforma de la legislación procesal para la implantación de la Nueva Oficina Judicial, que añade un apartado 5 al art.139 LPAC con el texto siguiente:

> *"El Consejo de Ministros fijará el importe de las indemnizaciones que proceda abonar cuando el Tribunal Constitucional haya declarado, a instancia de parte interesada, la existencia de un funcionamiento anormal en la tramitación de los recursos de amparo o de las cuestiones de inconstitucionalidad. El procedimiento para fijar el importe de las indemnizaciones se tramitará por el Ministerio de Justicia, con audiencia del Consejo de Estado"*

Este precepto deja fuera los procesos cuyo objeto sea la impugnación directa de las leyes y los conflictos de atribuciones, aunque la actividad anormal en ellos pueda causar indirectamente daños y perjuicios a los particulares. Es el caso del enjuiciamiento del Estatuto de Autonomía de Cataluña con cuatro años en el cocedero.

Como garantía de la independencia de los magistrados del Tribunal Constitucional el mismo apartado 5 del art. 139 LPAC establece que el Ministerio de Justicia habrá de remitir el expediente al Tribunal para que se pronuncie sobre si ha existido funcionamiento anormal en la tramitación del proceso en tela de juicio. Ahora bien, y éste es un aviso para mareantes, la opinión o dictamen del Tribunal al respecto "acaso sea vinculante para el Consejo de Ministros" pero es una decisión no jurisdiccional sino gubernativa con las consecuencias que de esta naturaleza se derivan en orden a su posible revisión jurisdiccional". La Sala Tercera, por otra parte, ya al principio de esta Sentencia había tenido la precaución de desvincular la responsabilidad objetiva de los poderes públicos y la subjetiva de sus servidores, en este caso los magistrados. Del art. 9.3 CE, puntualiza "no se sigue en modo alguno que la Administración pueda repetir contra un miembro de ese Tribunal si se considerase que la actuación del mismo pudiera calificarse como dolosa o gravemente culposa" y en consecuencia "debemos excluir de nuestra consideración cualquier calificación de la conducta personal del magistrado del Tribunal Constitucional a quien se imputa la causación del daño cuya reparación reclama el recurrente". Tal solución resulta correcta desde la perspectiva de la estricta legalidad, obra, a su vez, de la subversión del sistema, debilitándolo, que empezó en 1905 con la responsabilidad del funcionario, a la cual se añadió en 1958 la responsabilidad objetiva de la Administración y que ahora se reduce prácticamente a ésta, dando así patente de corso a los advenedizos del poder.

En una tercera fase, la Sala de lo Contencioso-administrativo da un paso más, cumpliendo la primaria función de garantía del ciudadano inherente a los jueces y tribunales del poder judicial. Después de dejar constancia explícita de que en el procedimiento administrativo que nos ha traído hasta aquí no han sido oídos el Tribunal Constitucional sobre si hubo o no, dilaciones indebidas ni el Consejo de Estado acerca de la indemnización pedida, superior a seis mil euros, como también de que se eludió la intervención del Consejo de Ministros, "la Sala entiende que ninguno de esos obstáculos constituyen impedimentos que puedan limitar el derecho a la tutela judicial efectiva reclamada por el actor". La línea argumental, rompiendo la superficie y ahondando en el tratamiento del problema, puede resumirse en que el particular no debe sufrir las consecuencias de la desorientación o de los errores cometidos en este caso por el Tribunal Constitucional, que tuvo más de una oportunidad para expresar su opinión al respecto o el Ministerio de Justicia, que no contó con el Consejo de Estado ni envió el expediente al de Ministros. "Esta omisión... no debe retrasar más la tutela judicial... toda vez que no existen intereses públicos prevalentes que fuercen a una decisión expresa del Consejo de Ministros dilatando una resolución que finalmente habría tenido que ser enjuiciada por esta Sala". Ésta es una decisión valiente, que se encuadra en la tradición jurisprudencial de la jurisdicción a partir de 1960 cuando irrumpieron en ella los nuevos magistrados adscritos permanentemente a ella, seleccionados por oposición en virtud de su magnífica Ley reguladora de 1957. De tal guisa, la Sala Tercera ha recuperado su brío, que nunca perdió del todo pero que en la última década parecía apagado.

A continuación la Sentencia entra al enjuiciamiento de la "cuestión de fondo" consistente "en determinar, por un lado, si el Tribunal Constitucional ha incurrido en dilaciones indebidas" como consecuencia de la paralización de un incidente de recusación durante dos años, siete meses y dieciséis días y, por otra, si tal demora "ha ocasionado algún daño susceptible de reparación". La respuesta parte de la consideración de que **el** derecho fundamental de cualquiera a un proceso con todas las garantías y sin dilaciones indebidas (art. 24.2 CE) se extiende a todo tipo de actuaciones jurisdiccionales, incluidas las seguidas ante el Tribunal Constitucional, como ha dejado claro el Tribunal Europeo de Derechos Humanos con ocasión de interpretar el art. 6.1 del Convenio de Roma, que a su vez exige un "plazo razonable" para la decisión de cualquier litigio. El carácter "razonable" de la duración está en función de la complejidad del asunto y el comportamiento procesal del litigante, entre otras circunstancias, a cuya luz la actuación del Tribunal en este caso rebasó ese límite, incurriendo en una dilación indebida. Así, tajantemente, lo declara el Tribunal Supremo en el ejercicio de su competencia exclusiva y excluyente al respecto. Ahora bien, "una cosa es que el Tribunal Constitucional haya incurrido en una dilación indebida y otra muy distinta que ello determine automáticamente el derecho a una indemnización por parte del que la ha sufrido. Para que así fuera es preciso, como sucede en todo supuesto de responsabilidad patrimonial de la Administración" que quien reclame acredite la producción de un daño efectivo y que esta lesión pueda considerarse causalmente determinada por el funcionamiento anormal del Tribunal Constitucional y estas circunstancias no concurren en los daños cuya reparación el demandante pretende" ni por lo que respecta a los "materiales" ni a los "morales".

La Sentencia, con mayor conocimiento del que muestra el legislador en el art. 4.2 de la Ley Orgánica nuevamente redactado por la 6/2007, soslaya la imperfecta dicción del texto. En efecto, sólo son inatacables las "resoluciones" jurisdiccionales del Tribunal Constitucional y esta calificación no le corresponde a su dictamen sobre si en un caso concreto se ha producido un funcionamiento anormal a causa de dilaciones indebidas, pero no es menos cierto que con ello el Tribunal Supremo asume la tarea de fiscalizar indirectamente la actuación del otro, o al menos su inactividad, aun cuando dentro de límites más razonables que los marcados por la Sala de lo Civil.

En la necesaria pero imposible tarea de deslindar el ámbito respectivo de los dos grandes Tribunales, el Supremo ha dado ejemplo de prudencia e inteligencia con esta Sentencia muy bien construída y mejor diseñada desde el ordenamiento jurídico al servicio de los valores constitucionales. Puede colocarse a la par de la STC 37/1995, a la cual siguió el ATC 78/1995, respuesta casi inmediata y, por supuesto directa, a la "rebelión de los jueces" declarada un año antes como reacción a la STC 7/1994. Sin embargo no crea nadie que aquí acaba la cosa. En esa interminable tensión entre uno y otro, van a producirse pocos días después otras dos respuestas judiciales en son de guerra(54).

2. Ni se acata ni se cumple

Poco más de una semana había transcurrido desde que la Sala Tercera del Tribunal Supremo impartiera una lección magistral, cuando la Sala Segunda hacía lo propio en la Sentencia 1329/2009, de 4 de diciembre(55), desde la dimensión que le corresponde, la legalidad, pero con trascendencia hacia arriba, hasta la propia Constitución. Llovía sobre mojado. El Tribunal Constitucional en sus Sentencias 63/2005 y 29/2008 había vaciado la interpretación jurisprudencial hasta entonces seguida sin voz alguna que se alzara contra ella, antes y después de 1978, sobre el cómputo de la prescripción extintiva de la acción penal. Aquí aparece la segunda sentencia "díscola" que reabre la brecha doctrinal entre los dos Tribunales, en expresión de la periodista Susana Nieves Colli, pronunciada por una Sección de la Sala, cuya presidencia ejercía para esa ocasión el magistrado José Maza Martín, que además hizo de ponente. Pero vayamos por parte y, sobre todo, empecemos por el principio y este no fue otro que la STC 195/2009, de 28 de septiembre, que contaba con el voto particular del magistrado Ramón Rodríguez Arribas.

Pues bien, la Sala Segunda del Tribunal Supremo, casando otra Sentencia de la Audiencia Nacional, condenó en su día al abogado Juan José Folchi, asesor jurídico del grupo Kío, como autor de los delitos de apropiación indebida y falsedad en documento mercantil, imponiéndole la pena de 3 años y cuatro meses de prisión, no obstante lo predicado en la STC 63/2005, por considerar vigente su propia doctrina jurisprudencial, en cuya virtud para determinar la interrupción del plazo de la prescripción extintiva de la acción penal, a los efectos del art. 123 del Código Penal, resulta suficiente la mera presentación de la querella o denuncia, prescindiendo de lo que el

Constitucional había denominado *acto de interposición judicial*. A tal efecto, en el fundamento jurídico octavo, se recuerda el Acuerdo que en sesión plenaria no jurisdiccional había adoptado la Sala en el sentido de que el art. 5.1 LOPJ, interpretado conforme a los artículos 117.1, 161.1.b) y 164.1 CE no podía impedir que el Tribunal Supremo ejerciera, con plena jurisdicción las facultades que directamente le confiere el art. 123.1 CE" y, por tanto, "mantiene la actual jurisprudencia sobre la interrupción de la prescripción pese a la Sentencia del Tribunal Constitucional 63/2005" más arriba expuesta.

Contra tan explícita decisión, que significaba un encontronazo frontal, se interpuso recurso de amparo que el Tribunal Constitucional, recogiendo el guante, otorgó en la STC 195/2009, siendo ponente Pascual Sala Sánchez, un día no muy lejano Presidente del Supremo y de ese cachivache llamado Consejo General del Poder Judicial. En realidad, en este caso se da un paso atrás y por más que se invoque retóricamente la propia doctrina constitucional sobre el tema en tela de juicio, la Sentencia impugnada no es anulada por contradecirla, vulnerando así el derecho fundamental a la libertad (art. 17 CE) sino por motivación insuficiente en demérito pues de la tutela judicial efectiva (art. 24.1 CE). Esta solución ambigua, junto con la tenaz convicción de la Sala Segunda al respecto, explica su actitud y amortigua un tanto su contumacia.

Así pues, la nueva Sentencia 1329/2009 da respuesta cumplida al reto y, después de un repaso rápido pero completo, del *via crucis* sufrido por el asunto desde la Audiencia Nacional hasta el Tribunal Constitucional, pasando por el Supremo, y regreso, entra en la motivación al parecer insuficiente que se le reprocha. En consecuencia, reproduce literalmente el octavo de los fundamentos jurídicos de la decisión anulada, añadiéndole en el parágrafo tercero y ultimo otras consideraciones, ya que el Constitucional "lejos de aplicar" una vez más su doctrina a este caso, en el cual tampoco había acto alguno de "interposición judicial", echa abajo la Sentencia del Supremo por una causa formal, la insuficiencia del razonamiento jurídico y de ahí la Sala deduce implícitamente, a mi entender, que el Constitucional no está ya muy seguro de su posición doctrinal. En consecuencia, la Sala se limita a reforzar la fundamentación jurídica y para ello trae a colación el proyecto de reforma del Código Penal, en trámite parlamentario, trascribiendo el texto íntegro de la nueva redacción del artículo 132.2.

"La prescripción se interrumpirá, quedando sin efecto el tiempo transcurrido, cuando el procedimiento se dirija contra la persona indiciariamente responsable del delito o falta, comenzando a correr de nuevo desde que se paralice el procedimiento o termine sin condena de acuerdo con las reglas siguientes:

1ª. Se entenderá dirigido el procedimiento contra una persona determinada desde el momento en que, al incoar la causa o con posterioridad, se dicte resolución judicial motivada en la que se le atribuya su presunta participación en un hecho que pueda ser constitutivo de delito o falta.

2ª. No obstante lo anterior, la presentación de querella o la denuncia formulada ante un órgano judicial, en la que se atribuya a una persona determinada su presunta participación en un hecho que pueda ser constitutivo de delito o falta, suspenderá el cómputo de la prescripción por un plazo máximo de seis meses para el caso de delito y de dos meses para el caso de falta, a contar desde la misma fecha de presentación de la querella o de formulación de la denuncia.

Si dentro de dicho plazo se dicta contra el querellado o denunciado, o contra cualquier otra persona implicada en los hechos, alguna de las resoluciones judiciales mencionadas en el apartado anterior, la interrupción de la prescripción se entenderá retroactivamente producida, a todos los efectos, en la fecha de presentación de la querella o denuncia.

Por el contrario, el cómputo del término de prescripción continuará desde la fecha de presentación de la querella o denuncia si, dentro del plazo de seis o dos meses, en los respectivos supuestos de delito o falta, recae resolución judicial firme de inadmisión a trámite de la querella o denuncia o por la que se acuerde no dirigir el procedimiento contra la persona querellada o denunciada. La continuación del cómputo se producirá también si, dentro de dichos plazos, el Juez de Instrucción no adoptara ninguna de las resoluciones previstas en este artículo.

> *3ª. A los efectos de este artículo, la persona contra la que se dirige el procedimiento deberá quedar suficientemente determinada en la resolución judicial, ya sea mediante su identificación directa o mediante datos que permitan concretar posteriormente dicha identificación en el seno de la organización o grupo de personas a quienes se atribuya el hecho*".

A ello añade los párrafos pertinentes de la Exposición de Motivos del Proyecto:

> "*En el ámbito de la prescripción del delito, las diferencia interpretativas en cuanto al momento de inicio de la interrupción de la prescripción o los efectos que en ésta puede tener la presentación de denuncias o querellas han evidenciado la existencia de defectos normativos que han de ser subsanados. Por ello, con el objetivo de aumentar la seguridad jurídica, se ha optado por una regulación detallada. Para llevar a cabo esta tarea, se ha prestado especial atención a la necesidad de precisar el momento de inicio de la interrupción de la prescripción, estableciéndose que ésta se produce, quedando sin efecto el tiempo transcurrido, cuando el procedimiento se dirija contra persona determinada que aparezca indiciariamente como penalmente responsable. Para entender que ello ocurre se requiere, cuanto menos, una actuación material del Juez Instructor.*
>
> *Del mismo modo, se ha considerado necesario abordar el problema de los efectos que para la interrupción de la prescripción puede tener la presentación de denuncias o querellas y para ello se opta por suspender el cómputo de la prescripción por un máximo de seis meses o dos meses, según se trate de delito o falta, desde dicha presentación siempre que sea ante un órgano judicial y contra una persona determinada. Si el órgano judicial no la admite a trámite o no dirige el procedimiento contra la persona denunciada o querellada, continúa el cómputo de prescripción desde la fecha de presentación. También continuará el cómputo si dentro de dichos plazos el juez no adopta ninguna de las resoluciones citadas*".

La nueva redacción del art. 132.2 CP, que fue respetada tal como se ha transcrito más arriba por las Cortes Generales, convirtiéndose en la Ley Orgánica 5/2010, de 22 de junio, publicada en el Boletín Oficial del Estado nº 152 al día siguiente, conllevaría "la retroactividad de la decisión judicial definitiva de admisión a trámite de la querella al momento de la presentación de ésta, con idéntica solución". Por ello la Sala insiste en su criterio de que el mero hecho de la presentación de la querella produjo la interrupción del plazo de prescripción e impone al acusado la misma pena anulada por el Constitucional. Dos magistrados, uno el ponente, que acata explícitamente el Acuerdo del Pleno, y otro, Perfecto Andrés Ibáñez, emitieron votos particulares. Un tercero, Enrique Bacigalupo formuló otro verbalmente, *in partibus infidelium,* en una entrevista periodística, confesando que prefería la doctrina constitucional a la jurisprudencia del Supremo. De tal guisa se dio la paradoja de que una tal decisión –y además condenatoria– fuera adoptada quizá con el voto unánime de los cinco magistrados, pero con la reserva mental de tres[(56)]. No deja de ser sorprendente que un Gobierno y unas Cortes socialistas hayan de enmendar la plana una y otra vez a la mayoría también socialista del Tribunal Constitucional. Convendría ahondar en el análisis para encontrar las raíces de esta curiosa distonía. En Estados Unidos alguien habría escrito un libro, un buen libro, investigándolo. Aquí ni las "tertulias" radiofónicas o televisivas al uso, jurados universales de la todología y prodigios de audaz improvisación, parecen preocuparse.

3. Se cumple pero no se acata

Dice la sabiduría popular que no hay dos sin tres y en esta coyuntura electrizada de tensiones entre las Salesas y Doménico Scarlatti ha resultado cierto el dicho. A las dilaciones indebidas de la jurisdicción constitucional y al cómputo de la prescripción extintiva de la acción penal ha venido a sumarse el problema de la imputación de la prisión preventiva. La **STC** 57/2008[(57)] había establecido *ex novo* que la sufrida en un procedimiento penal podía abonarse no sólo en la liquidación de la condena impuesta en esa causa sino también en otras distintas que el reo estuviera cumpliendo simultáneamente. Lo contrario, aseveró, vulneraba el derecho fundamental a la libertad. Con tal entendimiento un solo día de prisión preventiva podría equivaler a dos, tres, cuatro o más en función de las condenas impuestas a un mismo individuo[58]. La Sala Segunda del Tribunal Supremo, que se mueve en el Derecho Penal con una soltura que le falta al Constitucional, puso el grito en el cielo, asombrada de una parte y agraviada de otra por la ingerencia del otro en el ámbito de la legalidad. Su presidente convocó una reunión plenaria, prevista en la Ley Orgánica del Poder Judicial, que en sesión del 20 de febrero de 2008, expresó su disentimiento, poniendo de relieve que el art. 123 CE "tiene como misión preservar el debido equilibrio entre órganos constitucionales del Estado –el Tribunal Constitucional y el Supremo– para asegurar el adecuado funcionamiento de aquel". A esta protesta ha de sumarse la Memoria de 2009 de la Fiscalía General del Estado, donde se subraya el excesivo alcance que tal doctrina constitucional había atribuido al art. 58 del Código Penal (Capítulo IV).

La Sentencia 1391/2009, de 10 de diciembre[59], la tercera, se enfrenta a esa doctrina constitucional a su manera, muy sutil y más efectiva que el choque frontal. El caso es que un narcotraficante condenado por la Audiencia Nacional, pero con otra condena anterior impuesta por la Audiencia Provincial de Alicante, impugnó la liquidación de ésta para que en una nueva se aplicase la doctrina de la STC 57/2008, sucesora de las SSTC 19/1999 y 71/2000. La Sala de lo Penal en pleno, con buen sentido, dio lugar al recurso de súplica contra la Providencia de la Sección pero, con una solución mixta y parcial, imputaba a la segunda condena solamente un fragmento temporal. Alzado el penado en casación al Tribunal Supremo, la Sala Segunda le da la razón, con una lectura muy objetiva, sin trampa ni cartón, de la STC 57/2008 que califica como "interpretativa", donde se "fija la lectura constitucional de un precepto del Código Penal excluyendo otras como contrarias al derecho fundamental a la libertad". Es encomiable y ejemplar el juego limpio con el que se despliega la argumentación el ponente y presidente, Juan Saavedra Ruiz. En la fase inicial de los fundamentos jurídicos, que comprende los dos primeros, se hace una exégesis correcta de la doctrina constitucional para justificar el fallo ajustado a ella, pero en el tercero, innecesario en términos procesales pero no inútil ni superfluo, sino todo lo contrario, se anuncia que "no obstante la estimación del recurso en los términos antedichos por aplicación al caso a la doctrina emanada de la STC 57/2008, es posible advertir en la misma una faz no explícita que puede afectar a los principios de seguridad jurídica, igualdad, proporcionalidad e incluso a la buena fe procesal". El párrafo que así comienza finaliza haciendo alusión a situaciones semejantes, como la configuración sin límites de la competencia de los Tribunales españoles en materia de jurisdicción justicia universal en la STC 237/2005 "caso Guatemala", corregida hoy en la Ley Orgánica de la Oficina Judicial que da nueva redacción al art. 23.4 LOPJ.

En el principio de seguridad, continúa el Tribunal Supremo, la doctrina constitucional de la STC 57/2008 puede incidir por una doble razón: "1) Por la ausencia de certeza que genera tal computación a la hora de prever las consecuencias sancionadoras de los actos punibles, con introducción de un factor aleatorio no expresamente previsto por el legislador en el art. 58 CP; 2) Por producir idéntica falta de previsión respecto de la concreta extensión del período de ingreso en prisión que haya de cumplir quien simultáneamente ostente la condición de reo y de preso preventivo, al hacer depender dicha duración de una eventual coincidencia –o carencia de la misma– entre dos prisiones, de las que al menos una sea preventiva o provisional, incluso siempre y cuando hayan sido acordadas en diferentes procedimientos, lo que a su vez depende de extremos inciertos, como el mayor o menor rigor con el que se apliquen las reglas de conexidad (arts. 17 y 300 LECrim), el tiempo en que las causas vayan llegando a sentencia firme, la coordinación entre Juzgados, etc. Todo ello, llevado a sus últimos extremos, puede llegar a producir supuestos en los que no haya de cumplirse pena alguna si el tiempo pasado en prisión preventiva por una de ellas, computado doblemente, hace inoperante las condenas finalmente impuestas por las diversas causas que el reo tuviere pendientes y que hubieren sido objeto de enjuiciamiento y fallo condenatorio. Tal resultado puede provocar «de facto» situaciones de impunidad o, incluso, de «vaciamiento» –como afirma la Fiscalía General del Estado en la Memoria del año 2009– de las condenas, sin necesitar que haya existido un período de privación de libertad realmente equivalente a la reducción total de la pena".

También puede resultar afectado el principio de igualdad "porque se ven más favorecidos, gracias a ese efecto multiplicador, precisamente aquellos reos que más delitos y más largas penas acumulen, frente a quienes, en el extremo opuesto, delincan una sola vez y, por no haberse dictado respecto de ellos medida cautelar restrictiva de la libertad, no obtengan reducción alguna, por este título, de sus condenas", pudiendo "ocasionarse consecuencias discriminatorias incluso respecto del pluri-reincidente en sí mismo considerado, ya que serían doblemente computables los períodos que hubiere pasado en prisión preventiva, pero no los de cumplimiento efectivo de condena", todo lo cual podría colisionar a su vez con el principio de proporcionalidad de las penas.

No dejan de resultar sorprendentes las consideraciones finales de esta cadena de advertencias donde la imaginación –el don de ver lo que no está ante nuestros ojos, sino más allá– juega un papel muy convincente. El juzgador intuye "el riesgo de que, con torcimiento del derecho aplicable, surjan en la práctica pautas que inciten al decaimiento de la buena fe procesal en favor del fraude de ley. Así, puede resultar que, en la práctica forense, un imputado con diversos procedimientos penales por delito abiertos en su contra, en la comparecencia de prisión se mostrara favorable, a través de su letrado, a la adopción de la medida cautelar personal para obtener de este modo un adelanto «doble» del cómputo de pena o bien, *a contrario sensu*, una vez acordada la medida, no procediera el letrado defensor a solicitar con posterioridad la libertad provisional de su defendido, con idéntica y subrepticia finalidad, pese a poder concurrir los presupuestos que hubieren de abonar el alzamiento de la medida cautelar. También podría optarse por interponer múltiples recursos meramente dilatorios y ajenos a la medida cautelar para prorrogar indebidamente el desarrollo del proceso de quien «se sabe condenado» por el abundante material probatorio que lo incrimina y que, de hecho, justifica el mantenimiento de la prisión provisional, dilatando así en el tiempo la firmeza de la sentencia (en lugar de optar, por ejemplo, por mecanismos legales como la conformidad), con la perniciosa finalidad de lograr ese doble cómputo más beneficioso para sus intereses. Podría asimismo defenderse torticeramente la división de la continencia de la causa, pues al hablar el art. 58 de «varias causas», de nuevo favorecería al sujeto que presuntamente ha cometido varios delitos su enjuiciamiento y decisión en diferentes procedimientos, en lugar de en uno solo, con idéntica finalidad de permitirse un ulterior doble cómputo en las penas de prisión impuestas. La misma línea de desconexión se podría postular para los expedientes de refundición de condenas, al resultar «de facto» más beneficioso para el reo el doble o triple abono de la prisión preventiva que la aplicación de las reglas del art. 76 CP. En sentido inverso, dado que el art. 505 LECrim sólo autoriza a que sea alguna de las partes acusadoras (Ministerio Fiscal y/o acusaciones particulares) quien interese la medida cautelar de prisión provisional, podría darse el supuesto de que el ya ingresado en prisión por otra causa no fuera puesto en prisión preventiva respecto de otra aún pendiente (por no interesar dicha comparecencia la parte procesal competente, o bien por no acordar tal medida el órgano judicial, pese a resultar procedente) para evitar que «fuesen corriendo los plazos» en todas ellas a través del tan citado cómputo múltiple: sorprendentemente, tal comportamiento favorecería la más pronta puesta en libertad del sujeto cuanto más peligroso fuere, en abierta oposición a los fines que inspiran la medida cautelar de prisión provisional, según se desprende de los arts. 502 y ss de la LECrim". En definitiva, la interpretación del Constitucional "provoca la creación de "facto", de un beneficio penitenciario no previsto precisamente por el legislador, con clara incidencia en materia de ejecución de condenas y con efectos incalculables e imprecisos, al quedar el licenciamiento definitivo al albur del caso concreto, quebrando el principio de legalidad en materia penal y penitenciaria".

No cabe la menor duda de que tales consideraciones han sido tenidas en cuenta como factor desencadenante, en este aspecto, del reciente proyecto de Ley Orgánica para modificar el Código Penal, donde se introduce una nueva redacción del artículo 58 con la finalidad de eliminar cualquier duda sobre la cuestión, proponiendo expresamente como final del inciso primero que "*el tiempo de privación de libertad sufrido provisionalmente será abonado en su totalidad por el Juez o el Tribunal sentenciador para el cumplimiento de la pena o penas impuestas en la causa en que dicha privación fue acordada, salvo en cuanto haya coincidido con cualquier privación de libertad impuesta al penado en otra causa, que le haya sido abonada o le sea abonado en ella*".

En la Castilla de los tiempos heroicos de su eclosión, su consolidación y su expansión, esa Castilla conducida por sus jueces, Nuño Rasura o Laín Calvo, cuyas cabezas en piedra ornan el Arco de Santamaría, dando entrada al viejo recinto de la ciudad de Burgos, no siempre estaban de acuerdo con las pragmáticas del Rey los claros varones, que uno a uno valían tanto como él y juntos, más, ni sus vasallos en los municipios, esa pieza tan mal conocida de nuestra constitución histórica. Cuando se daba este caso, la salida consistía en suspender la efectividad de lo ordenado con la fórmula *se acata, pero no se cumple*, respetuosa para la *auctoritas* soberana pero no para el *imperium*. Tal fue el mecanismo utilizado en los territorios del Nuevo Mundo, tan lejanos de la península, con la finalidad de desactivar los generosos mandatos de las Leyes de Indias. Valga la digresión para ilustrar el comentario a esta notable Sentencia. La Sala Segunda del Tribunal Supremo cumple así con el art. 5.1 de su Ley Orgánica que le obliga a seguir la doctrina sentada por el Tribunal Constitucional y aplica sin vacilaciones la contenida en la STC 57/2008 al caso que se le presenta.

Ahora bien, lo hace sin reservas mentales porque, a continuación expresa y razona convincentemente su discrepancia con el criterio que se le impone *ex lege*. Quizá este desahogo, que también lo es, tenga un propósito didáctico con una doble proyección, hacia la gente en general por una parte, y al Tribunal Constitucional por otra, incitándole a modificar su doctrina o quizá, más pragmáticamente, pretenda dejar testimonio de la suya, como un elemento de juicio más y muy importante, para unir al parecer de la Fiscalía General del Estado, cuando se está gestando una reforma del Código Penal sobre este extremo y algunos más. La situación me recuerda otra ya lejana en la que jugué un papel principal, siendo ponente de una serie de sentencias del Tribunal Constitucional donde quise dejar claro el alcance del principio acusatorio en el proceso penal. No habiendo conseguido que triunfara mi tesis, aunque las Sentencias del Supremo fueron anuladas por motivación insuficiente, la expuse en otros tantos votos particulares, como un consejo a mis compañeros de la otra casa, en un diálogo constructivo. Hoy en día, lo que yo prediqué a la sazón ha sido aceptado por la STC 155/2009, de 25 de junio. He aquí una de las virtudes de las opiniones discrepantes, más allá de ser el "lamento del vencido" como las calificó un colega. Por tanto, y en conclusión, bienvenida sea esta respuesta sin insolencia de la Sala Segunda[(60)].

V
ÚLTIMO MINUTO

1. El *caso Troitiño*

1.1. La *doctrina Parot*

La Sentencia del Tribunal Supremo 197/2006, de 20 de febrero, que la Sala de lo Penal en Pleno, quince magistrados, aprobó con el voto discrepante de tres[61], en un recurso interpuesto por el asesino múltiple Henri Parot, dejó claro que el límite máximo de cumplimiento –veinticinco, treinta o cuarenta años, según las circunstancias– no constituye una pena distinta de las impuestas a cada uno de los delitos por los que haya recaído condena y, en consecuencia, los beneficios penitenciarios obtenidos por un preso habrán de aplicarse sobre cada una de las que vayan cumpliéndose hasta alcanzar el indicado tope máximo[62]. Este razonable criterio que respeta el principio de proporcionalidad, bautizado luego como "doctrina Parot" en honor del etarra que la suscitó con su recurso, es muy anterior a la STC 57/2008, de 28 de abril, dictada por la Sala Segunda del Tribunal Constitucional bajo la presidencia de Guillermo Jiménez Sánchez y de la cual formaban parte Vicente Conde Martín de Hijas (ponente), Elisa Pérez Vera, Eugeni Gay Montalvo y Pascual Sala Sánchez donde se estableció el abono múltiple de la prisión provisional sufrida por un penado que esté cumpliendo simultáneamente varias condenas[63]. El caso no guardaba relación alguna con el terrorismo y no se formuló voto discrepante alguno respecto de la decisión. Contra la STS 197/2006 se interpuso recurso de amparo que no fue admitido en el ATC 179/2010 por no haber intentado la nulidad de actuaciones ante el Tribunal Supremo para agotar la vía judicial previa que como presupuesto procesal inexcusable exige el art. 44, a) LOTC y por tanto sin entrar en el fondo. Una larga cambiada muy hábil.

Pero no termina aquí el cuento. El Pleno de la Sala de lo Penal constituído por el conjunto de las cuatro Secciones de que se compone, había adoptado el 2 de febrero de 2010 un acuerdo donde se establecía el método para aplicar la doctrina del cómputo múltiple de la prisión provisional o preventiva establecida por el Tribunal Constitucional. Allí y entonces los magistrados llegaron a la conclusión (sin un solo voto discrepante) de que cuando el condenado lo hubiera sido a varias penas, éstas se hubieran acumulado y se hubiera fijado un límite máximo de cumplimiento, sólo se restaría de la suma de cada una de las condenas y no de ese tope (de cumplimiento) la primera prisión preventiva decretada tras su detención, criterio que las cuatro Secciones de la Sala de lo Penal de la Audiencia Nacional han venido siguiendo.

Por otra parte, el miércoles 23 de junio de 2010 se publicó en el Boletín Oficial del Estado nº 152 la Ley Orgánica 5/2010, de 22 de junio, donde se modificaban numerosos preceptos del Código Penal, calificado ampulosamente como el de la democracia, pero muy vapuleado desde entonces como consecuencia de su elaboración poco meditada, a marchas forzadas, obra del biministro Juan Alberto Belloch con más vocación política que mochila jurídica, a pesar de ser magistrado de carrera. Pues bien, el párrafo VI de su exposición de motivos explica "a todos los que la presente vieren y entendieren" (que no parecen ser muchos)

> "Para solucionar los problemas interpretativos surgidos acerca de cuál es el procedimiento penal donde debe abonarse el tiempo de prisión provisional sufrido por un imputado que al mismo tiempo está cumpliendo una pena de privación de libertad impuesta en otra causa, se procede a la modificación del artículo 58 para dejar claro que en esos supuestos *solamente será de abono el tiempo de prisión realmente sufrido en la liquidación de condena referente a la pena que se está cumpliendo*"

Consecuente con el preámbulo el texto normativo, en el parágrafo décimo séptimo del artículo único, modifica el apartado 1 del artículo 58 que queda redactado como sigue:

> "1. El tiempo de privación de libertad sufrido provisionalmente será abonado en su totalidad por el Juez o Tribunal sentenciador para el cumplimiento de la pena o penas impuestas en las causas en que dicha privación fue acordada, salvo en cuanto haya coincidido con cualquier privación de libertad impuesta al penado en otra causa, que le haya sido abonada o sea abonable en ella. *En ningún caso un mismo período de privación de libertad podrá ser abonado en más de una causa.*"

La versión definitiva de la ley conservó en el primer párrafo el que contenía el proyecto, pero remachándolo con las tres últimas líneas para que no hubiera confusión, siempre posible dada la experiencia, porque "cabezas oscuras oscurecen textos claros" en frase de don Federico de Castro que todos sus alumnos recordamos. La interpretación extravagante y arbitraria de la STC 57/2008 que conduce a una solución absurda, incomprensible no ya para el ciudadano lego en Derecho sino también para cualquier jurista avezado sin prejuicios, es un claro ejemplo de tan lúcida y contundente afirmación. Por otra parte, conviene advertir que el precepto transcrito sigue siendo el que era en lo sustancial, modificándose tan sólo su expresión literaria con la finalidad de corregir la interpretación errónea del Tribunal Constitucional y así "solucionar los problemas interpretativos surgidos" al respecto. En consecuencia, no entra aquí en juego la proscripción de los efectos desfavorables para el reo de una ley penal más dura, ya que el precepto es el mismo y su redacción posterior tan sólo aclara su sentido y alcance. Por lo tanto, ese criterio hermenéutico de un precepto inalterado puede y debe ser aplicado no sólo de aquí en adelante sino a las condenas producidas con anterioridad.

2.2. La excarcelación inesperada

Ahora bien, cuando todo parecía solucionado en este ámbito, salta la sorpresa. El Presidente de la Sección 3ª de la Sala de lo Penal de la Audiencia Nacional, Félix Alfonso Guevara Marcos, que había concurrido a la sesión no jurisdiccional del 2 de febrero de 2010, dictó el 13 de abril de este año 2011 una mera providencia sin oír al Fiscal, en la que accediendo a lo pedido por Antonio Troitiño Arranz, condenado a dos mil setecientos cuarenta y seis años por 22 asesinatos decretaba su inmediata excarcelación. La escueta resolución judicial, carente de motivación, no explicaba la razón en cuya virtud la Sección 3ª se separaba del criterio que sentara en su día el Pleno de la Sala, acatado pacíficamente por todos. La Sección, compuesta además por los magistrados Guillermo Ruiz Polanco y María de los Ángeles Barreiro, restó seis años que el etarra había sufrido de prisión provisional del tope máximo de 30 que debía permanecer entre rejas en lugar de imputarla a las condenas acumuladas, permitiendo así su salida anticipada y totalmente inesperada para el beneficiado que reunió rápidamente sus bártulos y en un taxi marchó al País Vasco para esfumarse a continuación.

Conviene recordar que tan sanguinario sujeto, miembro del "Comando Madrid", había participado en 1986 en los atentados perpetrados en la Plaza de la República Dominicana que costó la vida a doce guardias civiles, y en otro posterior en la calle Juan Bravo, así como en el asesinato del comandante Sáenz de Ynestrillas y dos militares más, sin olvidar el intento de atentar contra el Fiscal General del Estado, Luis Antonio Burón Barba, que se salvó gracias a las conversaciones telefónicas de un abogado, también etarra, interceptadas por orden judicial. Troitiño, alias "Miguel Ángel", fue detenido el 16 de enero de 1987 en el asalto de los GEOS a un piso de la calle Río Ulla, junto con Cristina Arrizabalaga, María Teresa Rojo, Estela Esteban Nieto, Inmaculada Noble y José Ignacio de Juana Chaos, que luego sería esperpéntico protagonista del fracasado "proceso de paz" emprendido por Rodríguez Zapatero al principio del septenio sin encomendarse a Dios dado su activo laicismo. Troitiño resultó ser un convicto y confeso etarra sin la menor posibilidad de rehabilitación y por su peligrosidad llegó a estar recluido en la prisión del Salto del Negro en Las Palmas de Gran Canaria. Uno de los más salvajes sicarios del hacha y la serpiente, su liberación intempestiva explica el clamor de la opinión pública.

Cinco días después, el lunes 18 de abril, y por pura coincidencia, se conoció la Sentencia 208/2011 que la Sala Segunda del Tribunal Supremo formada por Adolfo Prego, Julián Sánchez Melgar, José Manuel Maza (ponente), Luciano Varela y Siro García Pérez había dictado el 28 de marzo en el recurso de casación interpuesto por dos miembros del "comando Arala", Ignacio Fernández de Larrinoa y Miren Gotzone López de Luzuriaga, condenados por el asesinato del general del Ejército del Aire Luis Azcárraga en marzo de 1988. La Sala respeta el cómputo múltiple de la prisión provisional impuesto por la interpretación del Tribunal Constitucional en la tantas veces mencionada STC 57/2008, pero lo hace en función de la "doctrina Parot" contenida en la STS 197/2006.

> "*... las prisiones provisionales coincidentes con la situación de penado en otra causa han de computarse independientemente del límite máximo de cumplimiento efectivo previsto en el art. 76 del Código Penal, lo que quiere decir que la reducción del tiempo del cumplimiento no resultará de aplicación sobre ese máximo de cumplimiento sino para cada una de las penas inicialmente impuestas de modo que, si a pesar de ello, siguieran éstas excediendo del referido límite legal éste continuará operando*".

Es decir, los períodos de prisión preventiva se restarán de cada una de las penas impuestas sucesivamente, como las cuatro Secciones de la Sala de lo Penal habían hecho en el caso de otros tres etarras, compañeros de Troitiño en el comando Madrid", Luis del Río, Juan Carlos Arruti y Roberto Lebrero Panizo condenados a penas similares.

Como consecuencia del escándalo mayúsculo suscitado por tan inexperada providencia, notificada después de cumplida al Ministerio Fiscal, sin haberle oído previamente, éste formuló recurso de súplica cuya deliberación pudo celebrarse el martes 19 a última hora de la tarde gracias a que la defensa de Troitiño había presentado su escrito de alegaciones ese día. La misma Sección 3ª, con un ligero cambio en su composición (la magistrado Clara Bayarri García sustituyó a su compañera) dictó un Auto revocando la resolución precedente con fundamento en la Sentencia de la Sala Segunda del Tribunal Supremo 208/2011 de 28 de marzo "dada a conocer el día de ayer", donde se ordenaba la busca y captura "nacional e internacional" de la fiera a la que inadvertidamente se había abierto la jaula. No deja de resultar sorprendente que en la "euro orden" se cometiera, por personal especializado de juzgados especializados otro error formal, omitiendo determinados datos que retrasó su cumplimiento por las autoridades policiales francesas.

Pues bien, el asesino en serie Troitiño, en paradero desconocido, impugnó la decisión de la Audiencia Nacional de revocar su excarcelación y ordenar su detención. El miércoles 11 de mayo de 2011 la Sección Tercera de la Sala de lo Penal dictó un Auto admitiendo el recurso de casación interpuesto por el Abogado del etarra. La Sala Segunda del Tribunal Surpemo, compuesta por los magistrados Martínez Arrieta (ponente), Maza Martín, Monterde Ferrer, Varela Castro y Ramos Gancedo, ha ratificado la "doctrina Parot", manteniendo la decisión recurrida en al Sentencia 1089/2011, de 27 de octubre, con un voto disidente.

2.3. Una mirada indiscreta al más allá

El Tribunal Constitucional ha admitido a trámite 28 recursos de amparo en los cuales aparece cuestionada la *doctrina Parot*, de los que 24 son de etarras y otros de narcotraficantes, quedando pendientes de admisión 11 y ha rechazado medio centenar por motivos formales. En algunos de ellos el Fiscal se ha mostrado partidario de su estimación. Hasta aquí el pasado, lo que ha sucedido, a través de su narración escueta. El futuro no está escrito y nada hay más arriesgado que la profecía, salvo la Historia en nuestros días. Sin embargo, puede atisbarse levantando una esquina del telón que del más allá en el tiempo nos separa, gracias a dos fenómenos convergentes. Uno, la libertad de expresión y el derecho a suministrar y recibir información veraz, que proclama como derechos fundamentales el art. 20 de la Constitución, pilares de la democracia con la independencia judicial. Otro, las filtraciones del Tribunal Constitucional, un mal endémico que al principio sólo tenían un destinatario pero que ahora, aprendido el truco, disfrutan muchos otros periódicos[(64)]. Creo legítimo y elogiable que los periodistas hagan público, como los pregoneros de antaño, cuanto les digan "gargantas profundas". Es lamentable en cambio que quienes tienen un deber de reserva cualificado lo transgredan. Gracias a la indiscreción reprochable de éstos y a la eficacia profesional de aquellos, los ciudadanos podemos contemplar desde fuera casi en tiempo real los debates y leer los borradores de las decisiones de esta institución tan hermética en algunos aspectos y tan permeable en otros, porque las indiscreciones no proceden nunca de escalones inferiores. Sabemos los lectores, aunque lo ignoren las partes en el proceso, cuándo un asunto es avocado por el pleno y por qué, podemos degustar proyectos de sentencias como el de Pérez Tremps para el "caso Atutxa" o el preparado en el primero de los recursos de amparo donde se cuestiona la *doctrina Parot*, así que no quedarían completas estas reflexiones mías sobre el tema sin aludir a ese futuro previsible.

El caso que iniciará esta serie bastante heterogénea, es el de José Ignacio Gaztañaga Vidaurreta, repartido a la Sala 2ª, pero avocado al Pleno el 11 de febrero. Ahora bien, el proyecto de sentencia que ha presentado la magistrado Elisa Pérez Vera, excelente jurista por lo demás, propone otorgar el amparo –según leo en la prensa– a Gaztañaga, pero sólo por el hecho de que la Audiencia modificó años después un Auto de 28 de mayo de 1997 que nadie había recurrido y era firme, para prolongar su encarcelamiento hasta 2018 como consecuencia de la *doctrina Parot* no cuestionada sin embargo en el proyecto, vulnerando no sólo su derecho a la libertad sino el derecho a la intangibilidad de las resoluciones firmes que garantiza el art. 24 de la Constitución "pues la protección judicial carecería de efectividad si se permitiera reabrir el debate sobre lo ya resuelto por una resolución judicial firme en cualquier circunstancia".

Siendo importante esa última línea, el párrafo con el cual se abre el razonamiento jurídico me parece trascendental:

> "*No es función de este Tribunal la interpretación de la legalidad ordinaria y, en lo que aquí interesa, no nos corresponde pronunciarnos directamente sobre cómo interpretar y aplicar al caso esos preceptos del Código Penal de 1973 y sobre cuál ha de ser el límite de cumplimiento y el modo de computar las redenciones, pues se trata de decisiones de ejecución de lo juzgado que, de acuerdo con el art. 117 de la Constitución, corresponden en exclusiva a los órganos judiciales*",

y añade:

> "*Nuestra función se limita a examinar la suficiencia y razonabilidad de la fundamentación de las resoluciones judiciales desde la perspectiva de los derechos fundamentales en juego, cuyo respeto actúa como límite a las posibilidades interpretativas de los órganos judiciales*"

Por otra parte, se rechaza la vulneración del derecho a la legalidad penal ya que

> "*de la interpretación sometida a nuestro enjuiciamiento no se deriva ni el cumplimiento de una pena mayor que la prevista en los tipos penales ni la superación del máximo de cumplimiento legalmente previsto*"

y se desestima también la imputación de que la *doctrina Parot* implique una aplicación retroactiva en perjuicio del reo del artículo 100 del Código Penal de 1973, que estableció el beneficio de la redención de penas por el trabajo realizado en prisión.

> "*Ni las resoluciones de la Audiencia Nacional recurridas ni la doctrina del Tribunal Supremo invocada en ellas aplican retroactivamente el artículo 100, sino la normativa vigente en el momento de comisión de los hechos por los que el recurrente fue condenado, si bien con una nueva interpretación de la misma que, ciertamente, acoge el criterio consagrado expresamente en el nuevo Código Penal de 1995, pero argu-*

> *mentando que tal interpretación era posible a la vista del tenor literal de los artículos 70.2 y 100 del Código de 1973*"[(65)].

La Sala Segunda del Tribunal Supremo ha salido al paso de la solución ambigua sin pretenderlo. En la Sentencia 343/2011, de 3 de mayo[(66)], dictada para el recurso de casación interpuesto por Pedro Antonio Seco Martínez, convicto de tres asesinatos, cuida de advertir que

> "*Las resoluciones que aprueban las liquidaciones de condena efectuadas al penado tienen, por su propia naturaleza, carácter provisional, pues pueden verse modificadas por las incidencias del cumplimiento, de mayor alcance cuando se trata de penas impuestas conforme al Código Penal derogado de 1973. En consecuencia, la jurisprudencia no les ha reconocido los efectos propios de la cosa juzgada. Es el Auto de licenciamiento definitivo el que, tras verificar el tiempo cumplido y pendiente de cumplir y la forma en que se ha cumplido, fija el momento final de la condena*"

y recuerda que, como se dijo en la STS 734/2008,

> ..."*el expediente histórico-penal del recluso ha de considerarse vivo en tanto no recaiga Auto de licenciamiento definitivo y éste adquiera firmeza*"

Auto de licenciamiento,

> "*que no es en absoluto baladí, automático o meramente ritual, sino que tiene la importante función de verificar la forma en que se cumplen las penas acumuladas, el cómputo de éstas y la manera de efectuarse ese cómputo". Por lo tanto, los criterios a aplicar en ese momento final son los vigentes en ese tiempo, aun cuando se hubieran realizado cálculos provisionales respecto de un posible licenciamiento definitivo utilizando otros criterios, que pudieran estar vigentes entonces, pero que se han abandonado al considerarlos posteriormente como incorrectos*".

Pues ya en la STS nº 1076/2009 se explicaba al respecto que

> "*El proceso de ejecución de las distintas penas impuestas a una persona, en una o en varias sentencias y tenga o no es-*

> *tablecido un determinado máximo de cumplimiento, se extiende al tiempo preciso desde que comienza la ejecución hasta que se produce el licenciamiento definitivo, y en ese período temporal pueden aparecer distintas incidencias que son resueltas con aplicación del criterio que, a través de la interpretación de la ley, se establezca como correcto en cada caso*".

Ahora bien, la razón profunda del criterio hermenéutico al cual se adhiere esta Sentencia hinca su raíz en el principio de proporcionalidad, la correspondencia ponderada de crimen y castigo. "Es posible –se advierte en ella– que así los beneficios penitenciarios no supongan una disminución real del tiempo de cumplimiento efectivo"

> "*pero en tal caso ello se debería principalmente a la gravedad de las penas impuestas, cada una proporcional a la gravedad del hecho cometido, de lo cual tampoco es posible prescindir*".

> "*El establecimiento de límites máximos de cumplimiento efectivo, aunque están basados en razones bien conocidas, no suponen un olvido radical por parte del Estado de la culpabilidad y la correspondiente responsabilidad por cada hecho cometido*".

Por ello

> "*no es necesario parificar legalmente en todo caso la situación de quien ha cometido un solo hecho con la de quien ha delinquido de forma múltiple*".

Una primera lectura del proyecto de Sentencia preparado por la magistrado Pérez Vera resulta muy estimulante. El Tribunal Constitucional parece haber comprendido al fin, y esto es muy positivo, que la interpretación jurisprudencial conocida como *doctrina Parot*, ratificada por el legislador, es una bocanada de justicia y satisface la necesidad social de ver cómo se da a cada uno lo suyo, *suum cuique tribuere*(67). Desactivarla significaría no sólo extravasar su propia jurisdicción una vez más, invadiendo el terreno de la ordinaria, sino subvertir simultáneamente la configuración constitucional y el ordenamiento jurídico por consideraciones coyunturales ajenas a él, léase por motivos políticos partidarios. Por otra parte, desde fuera da la sensación de que en Doménico Scarlatti se es hoy más sensible a los rumores de la calle, donde se ha generalizado la opinión, pública y publicada, de que una actitud distinta sería tanto como hacer buenas las "actas" de ETA, aun cuando no estén firmadas, y la restante documentación recuperada del cabecilla de la banda Javier López Peña, "Thierry", negociador en el desafortunado "proceso de paz" durante el cual los enviados gubernamentales ofrecieron al parecer como moneda de cambio, entre otras, la derogación de esa doctrina. Sin embargo, y ésta es la cara oculta, una lectura más reposada, a la luz de la experiencia –la STC 136/1999 que excarceló a la mesa nacional de HB– suscita la aprensión de que se pretenda circunvalarla para conseguir el mismo resultado caso a caso, por goteo. En este trance y como reflexión última, y provisional por la fuerza de las circunstancias, resultará aconsejable no perder de vista los casos pendientes *Portu, Atutxa* y *Troitiño* muy ligados al ya resuelto, *Bildu,* todos ellos trozos de un mismo rompecabezas. Las respuestas a los cuatro recompondrán la imagen escondida que lo haga inteligible y dé sentido a cuanto ahora nos puede parecer deslavazado e incoherente

2. El *caso Bildu*

2.1. El tablero y los trebejos

El 27 de abril de 2011 el Abogado del Estado, con autorización del Consejo de Ministros en su sesión del día 20, formuló recurso contencioso-electoral ante el Tribunal Supremo contra los acuerdos de proclamación de las candidaturas de la coalición electoral "Bildu" ("Eusko Alkartasuna" (EA)/"Alternatiba Eraikitar") para las elecciones municipales así como al Parlamento de Navarra y las Juntas Generales de los Territorios Históricos de Álava, Vizcaya y Guipúzcoa, a celebrar el 22 de mayo, solicitando que fueran anulados por considerarlos fraudulentos. En el mismo sentido se produjo al día siguiente el Ministerio Fiscal. Dicho lo cual conviene hacer un alto en el camino para situar el pleito en un contexto más amplio que haga comprensible su significado, ayudando a ponderar la trascendencia del asunto y por ello la gravedad de la tensión institucional creada, una más, entre los dos altos tribunales, Supremo y Constitucional. Pues bien, hay que situar en un primer plano las características singulares del órgano judicial competente para el enjuiciamiento de estos asuntos, que no es una Sala "especializada" por razón de la materia (civil, penal, contencioso-administrativo, social o militar) sino "general" y *sui géneris.*

En efecto, la "Sala del 61" como es nombrada familiarmente por los periodistas es un panel de dieciséis magistrados representativo del Pleno del Tribunal Supremo que suma la cifra de unos 80 y resultó ser un colegio judicial inmanejable, más una convención que un tribunal, como puso de manifiesto el "caso Matesa" en 1969 donde aparecían implicados Ministros del Gobierno cuyo enjuiciamiento por entonces correspondía al Pleno constituído en Sala de Justicia. De ahí que en una Ley de Bases para la Órganica de la Justicia, obra del ministro del ramo a la sazón Francisco Ruiz Jarabo, aprobada en 1974 y que no llegó a desarrollarse, fuera configurado un "minipleno"[(68)]. La experiencia pesó también a la hora de elaborar la Ley Orgánica del Poder Judicial 6/1985, la regresiva "ley Ledesma", cuyo art. 61 implantó una Sala compuesta por los presidentes de las cinco Salas de lo Civil, lo Penal, lo Contencioso-administrativo, lo Social y lo Militar, el magistrado más antiguo, el más moderno de cada una de ellas y el presidente del Tribunal Supremo a su cabeza.

Puestas de tal guisa las piezas en el tablero, no está de más recordar que la Sentencia dictada el uno de mayo de 2011 por dicha Sala Especial para dar respuesta a las demandas del Abogado del Estado y del Ministerio Fiscal, es una más y no será la última de una secuencia jurisprudencial donde participaron no sólo el Supremo y el Constitucional sino el Tribunal Europeo de Derechos Humanos, con sede en Estrasburgo, encuadrado en el Consejo de Europa y custodio del Convenio de Roma. La raíz no es otra que la Sentencia pronunciada por esa misma Sala Especial el 27 de marzo de 2003 declarando fuera de la ley los partidos políticos "Herri Batasuna", "Euskal Herritarok" y "Batasuna" por considerar que ellos y ETA constituían un complejo orgánico con reparto de tareas para la consecución de los mismos objetivos y al servicio de la organización terrorista". Pues bien, -como advierte la Sentencia hoy en tela de juicio- desde entonces han sido varios los intentos del denominado "complejo "Eta-Batasuna" de eludir fraudulentamente las consecuencias derivadas de esa ilegalización, para lo cual se ha servido de distintos instrumentos y estrategias, siempre con la intención de sortear fraudulentamente aquella Sentencia y, en definitiva, acceder a las instituciones públicas".

Así, con ocasión de las elecciones municipales, a las Juntas Forales y Autonómicas en Navarra, en las Sentencias 1 y 2/2003 de 3 de mayo, la Sala Especial estimó las impugnaciones de los acuerdos de proclamación de las candidaturas de varias agrupaciones electorales, entre otras la "Plataforma Nafarroako Autodeterminaziorako Bilguena (Aub)" por vulnerar lo establecido en la Ley Orgánica de Partidos Políticos 6/2002, decisión ratificada desde su propia perspectiva por el Tribunal Constitucional (Sala 1ª) en la STC 85/2003 de 8 de mayo. Cuando algo después se convocaron elecciones municipales parciales, las Sentencias del Tribunal Supremo 3, 5 y 6/2003, de 5 de octubre, mantuvieron el mismo criterio que respaldó la 176/2003 del Constitucional y se mantuvo un año más tarde con ocasión de las elecciones al Parlamento Europeo en las Sentencias 1 y 2/2004, de 21 de mayo, donde la Sala Especial anuló la proclamación de la candidatura de la agrupación electoral "Herritarren Zerrenda (HZ)". En las elecciones al Parlamento Vasco dos sentencias más, 7 y 8/2005, de 26 de marzo, dejaron sin efecto la proclamación de las candidaturas de las agrupaciones electorales aglutinadas bajo la marca "Aukera Guztiak" como continuadoras de las formaciones políticas ilegalizadas, cuyo recurso de amparo fue desestimado por STC 68/2005 de 31 de marzo.

Suma y sigue. En las elecciones al Parlamento de Navarra y a las Juntas Generales de los Territorios Históricos se utilizó coordinadamente un nuevo artilugio consistente en la presentación simultánea de una agrupación de electores, "Abertzale Sozialistak" y un partido político, "Acción Nacionalista Vasca (ANV)", operación desactivada por la Sala Especial (Sentencias 1 y 2/2007 y Autos 3 y 4/2007, de 5 de mayo unas y otros), cuya decisión aceptaron las SSTC 110 y 112/ 2007 de 10 de mayo, desestimatorias de los amparos. Dos años después, en ocasión análoga, se rechazaron las candidaturas presentadas por el partido político "Askatasuna" y las agrupaciones electorales "Arabako Demokrazia 3.000.000 (D3M)" y "Demokrazia Hiru Milioi" por las SSTS 1, 2, 3 y 4/2009 de 8 de febrero y las SSTC 43 y 44/2009 de 12 de febrero. Contra unas y otras se alzaron los agraviados ante el Tribunal Europeo de Derechos Humanos que ha dictado hasta ahora cuatro sentencias, tres de 30 de junio de 2009 (casos "Herri Batasuna", "Herritarren Zerrenda" y "Etxeverría" contra España) y otra de 7 de diciembre de 2010 (caso ANV) desestimando las demandas por no apreciarse vulneración de los artículos pertinentes del Convenio Europeo de Derechos Humanos[(69)]. En fin, de nuevo aquí y ahora, el Auto 1/2011 de 30 de marzo, negó la posibilidad de actuar al partido político "Sortu" por considerarlo sucesor del ilegal y disuelto "Batasuna".

En tal secuencia jurisprudencial pueden apreciarse unas características implícitas en la mera narración de lo sucedido pero que considero importante destacar. Es la primera que todas las decisiones del Tribunal Supremo aparecen adoptadas por unanimidad, sin un solo voto discrepante. Lo mismo ocurre en el Tribunal Constitucional que había ratificado hasta ahora desde su perspectiva todas las impugnadas en la vía de amparo, con alguna leve discrepancia de detalle, actuando siempre a través de una de sus dos Salas, nunca en Pleno. Y como circunstancias –lo que está alrededor– no será superfluo recordar que entre 1996 y 2004 el Gobierno estuvo en manos del partido popular, presidido por José María Aznar y que a la cabeza del Tribunal Supremo se sucedieron Javier Delgado Barrio y Francisco José Hernando Santiago, en tanto que sus pares en el Constitucional fueron Manuel Jiménez de Parga Cabrera y Mª Emilia Casas Baamonde, cuyo mandato se prolongó artificialmente por tres años a causa del Estatuto de Cataluña, dentro ya de las dos legislaturas iniciadas en 2004 del Gobierno socialista encabezado por José Luis Rodríguez Zapatero. Dejo consignados datos y nombres para que el lector pueda encuadrar estas reflexiones mías que pretenden ser estrictamente jurídicas en su contexto institucional e ideológico, valorando las coincidencias en cuanto tengan de significativo y revelador.

2.2. Habla el Tribunal Supremo

Puesto así en suerte el tema que me ocupa, el núcleo sustantivo de la Sentencia del Tribunal Supremo de uno de mayo de 2011 se abre en su parágrafo séptimo con la exposición de la premisa mayor del razonamiento, vale decir el grupo normativo que en este caso está compuesto por la Ley Orgánica de Partidos Políticos 6/2002, contemplada a la luz de la doctrina constitucional contenida en las SSTC 48/2003, 85/2003 y 112/2007, cuyo art. 12 "ha de ponerse necesariamente en relación con el art. 44 de la Ley Orgánica del Régimen Electoral General... que en este caso resulta de directa aplicación (atendido el objeto de este litigio)... en su redacción vigente y aplicable al caso (según la Ley Orgánica 3/2011)... "Sin perder de vista que como ocurre habitualmente con los comportamientos fraudulentos o simulados que, como antes apuntamos, buscan eludir su proyecto antijurídico bajo un ropaje de legalidad, la constatación de la existencia de esa sucesión operativa tendría que basarse en la contemplación conjunta de un complejo material probatorio constituído tanto por pruebas directas como indiciarias, que sólo desde una valoración global adquirirá sentido, por encima de la perspectiva limitada y parcial de los diferentes elementos de prueba que, si aisladamente pudieran no tener relevancia, la adquieren cuando se ponen en relación unos con otros. Obvio es que en esa labor de apreciación resultará inevitable el análisis casuístico". Por otra parte, para verificar si la trama defraudatoria se ha producido "hemos de acudir –se dice seguidamente– a las técnicas de fraude de ley, abuso de derecho y levantamiento del velo como hemos hecho en ocasiones anteriores; bien que desde la obligada perspectiva de examen que impone el respeto al principio de proporcionalidad, siempre relevante cuando se trata de establecer límites y restricciones para la operatividad de los derechos fundamentales y especialmente necesitado de ponderación cuando tal labor se proyecta sobre un derecho fundamental tan importante en una sociedad democrática como el de participación en los asuntos públicos, consagrado en el art. 23 de la Constitución".

Como hube de explicar hace una década en una ocasión con la cual guarda un cierto parentesco ésta –la excarcelación por el Tribunal Constitucional de la Mesa Nacional de Herri Batasuna condenada por el Supremo[(70)]– junto a la prueba directa pueden ser utilizadas y vienen siéndolo desde muy antiguo la prueba circunstancial y la indiciaria como complementarias y no pocas veces únicas. La primera de ellas, cuyo fundamento es el raciocinio respaldado por la experiencia, consiste en un concurso de circunstancias, testigos mudos de lo sucedido, que por razonamiento inductivo abocan a una conclusión inequívoca, mediante el mecanismo de las llamadas "presunciones". El resultado es siempre un juicio probabilístico, carente de certeza por definición. En consecuencia, este tipo de probanza llamada también artificial es tanto más verosímil y convincente cuanto más nutrido su conjunto y como tal ha de funcionar por su propia esencia. Por su parte, los indicios, uno por uno, a veces equívocos o plurívocos permiten sin embargo que su concurrencia si son numerosos, y más si son significativos, alcanzar la convicción más allá de cualquier duda razonable sobre una conclusión inequívoca, y más si en ese acervo no desafina ningún componente, también indiciario o presuntivo. El indicio (índex) que alude etimológicamente al dedo que señala a alguien, puede ser anterior, coetáneo o posterior, cada uno con su valor relativo hasta componer una imagen en el rompecabezas. Así ha venido funcionando, desde hace siglos, la investigación y el enjuiciamiento en la jurisdicción penal, la más agresiva y la más delicada para la defensa de la sociedad y evitar la impunidad a la que llevaría en más de un caso la exigencia a rajatabla de la prueba directa(71).

Las reglas de la experiencia, no científicas por definición, son las que guían la prueba circunstancial cuya técnica, insisto, consiste en la acumulación, acumulación armónica sin disonancia alguna, hasta que, en un cierto momento, produce la convicción. Una sola de ellas, como la golondrina, no hace verano. Su esencia está en el acervo y por tanto no es sino una suma de probabilidades(72). Ahora bien, no se puede fijar el número de medios probatorios necesarios al efecto, aun cuando en tiempos lejanos se exigían tres al menos, vedando al juez que condenara cuando no hubiere más que uno. Ahora bien, la combinación de los indicios, las circunstancias y las relaciones entre tales elementos ha de ofrecer una conexión tan directa y clara entre la persona del inculpado y el delito que, según el curso ordinario y natural de las cosas, no pueda suponerse que ningún otro lo ha cometido.

Estas dos manifestaciones o modalidades de las probanzas artificiales o indirectas son válidas y eficaces en su dimensión constitucional por virtud del principio de libre valoración de la prueba inherente a la independencia en el ejercicio de la potestad judicial y no obstante el peligro que ofrece la prueba conjetural, señalado ya en el Digesto (1.5, “De poena”) y en Las Partidas (3, ley 8, Título XIV), donde sin embargo se permite excepcionalmente. Ahora bien, el indicio, que lleva desde un hecho conocido a otro desconocido por su relación mutua, ha de ser inmediato y necesario, grave y concluyente como exigía la Ley Provisional sobre la Reforma del Procedimiento Criminal de 1868, para reducir al máximo el margen de indeterminación o error del juicio probabilístico en que consiste. En tal sentido, pero con otras palabras más cercanas al concepto de la prueba por presunciones según la define el Código Civil (arts. 1252 y 1253

CC), el Tribunal Constitucional ha considerado admisible la indiciaria siempre que con base en un hecho plenamente acreditado -demostrado dice también– pueda inferirse la existencia de otro por haber entre ambos un enlace preciso y directo según las reglas del criterio humano. En definitiva, se trata de una operación lógica, consistente en un razonamiento inductivo cuyo discurso ha de reflejarse en la Sentencia (SSTC 174/1985, 229/1988, 197/1989, 124/1990, 175/1995 y 78/1994).

Con tal planteamiento impecable en el cual se deslinda pulcramente la función de interpretar la legalidad ordinaria propia del Tribunal Supremo, y además exclusiva y excluyente, como ha reconocido el Constitucional, fiel por tanto al diseño trazado en el art. 123 de la Constitución, la Sala Especial se adentra en el examen del acervo probatorio aportado por los demandantes para determinar el presupuesto de hecho, segunda premisa del razonamiento, visualizando todas y cada una de sus facetas (naturaleza, tipología, calificación, fuerza de convicción, imparcialidad de los funcionarios), para dedicar el undécimo parágrafo –35 folios, un tercio de la sentencia– a un análisis circunstanciado, uno tras otro sin dejar ninguno en el tintero, de los distintos y muy heterogéneos elementos de prueba (informes policiales, documentos y declaraciones, conversaciones telefónicas, reuniones) a fin de ponderar su fuerza de convicción en una valoración conjunta o global pero razonada (fundamento duodécimo), llegando así a la conclusión razonable de que "en definitiva, y salvo que se quiera mantener formalmente las apariencias a riesgo de hacer la realidad ininteligible, la coalición electoral \`Bildu´ responde a lo que fue el designio inicial del Acuerdo suscrito entre \`Batasuna´, \`Eusko Alkartasuna´ y \`Alternatiba´: una coalición que permite a Batasuna/ETA volver a la presencia institucional en las Administraciones territoriales de acuerdo con las estimaciones de electorado y con garantía de autonomía operativa, aun integrada en la coalición"(73).

Dos votos particulares acompañan a la Sentencia, unipersonal y parcialmente discrepante uno y radicalmente opuesto el otro que suscriben seis magistrados, a cuya cabeza figura quien fuera el primer ponente cuya propuesta se desechó en la fase inicial de la deliberación. Tal circunstancia anecdótica permite suponer que su texto era el de la ponencia, sin que tal hecho tenga mayor importancia. Conviene advertir que el grupo minoritario de magistrados se mueve en la misma dimensión que el mayoritario y que su argumentación, derrotada por la lógica aritmética inherente a la democracia, discurre paralela a los fundamentos jurídicos de la decisión final, para no encontrarse ni siquiera en el infinito como nos cuenta la geometría. Me parece importante esta observación en el umbral del análisis crítico para diferenciar cualitativamente este voto particular, muy bien construído, de la sentencia posterior del Tribunal Constitucional, precisamente porque en esencia coinciden materialmente pero desde perspectivas muy distintas. La perspectiva lo es todo en el conocimiento.

Pues bien, esta opinión disidente, que en el preámbulo plantea la eventual inconstitucionalidad de la norma legal aplicable y aplicada (art. 49.5 LOREG) por razón del procedimiento sumarísimo en ella configurado con plazos breves y limitación de prueba, contempla con otros ojos, o quizá con gafas diferentes, el acervo probatorio numeroso y heterogéneo aportado por el Abogado del Estado y el Ministerio Fiscal. Ninguna de sus piezas le sirve, ninguna, ni separadas ni juntas y, en cambio, acepta como contraindicios intervenciones parlamentarias y declaraciones partidarias producidas años antes en ocasiones y circunstancias distintas, con olvido de que lo relevante en este momento es la situación actual con su proyección de futuro. Sin embargo, su actitud se produce en el mismo plano que la mayoritaria, coherente con ella aun cuando en opuesto sentido. En su afán dialéctico, en el apasionamiento medido del debate, este voto particular degrada los indicios racionales convergentes a sospechas o prejuicios y se acoge a la retórica barata de la STC 126/2009. En mi opinión –redarguyo– la verdadera grandeza del Estado de Derecho consiste ante todo en impedir el despotismo de quienes en cada momento ejercen el poder y, además, en cerrar puertas y ventanas para impedir el paso de quienes desean dinamitarlo desde dentro. No está diseñado para jugar a la "ruleta rusa". No olvidemos nunca que Hitler llegó a la Cancillería por la noble escalinata de unas elecciones democráticas y desde ella eliminó la República de Weimar, implantando el III Reich.

Aquí hemos de parar por el momento en nuestra andadura. La Constitución da la última palabra en el plano de la legalidad a los Jueces y Tribunales, con absoluta independencia de criterio para juzgar, cuya función privativa conlleva con otras operaciones de lógica jurídica, la valoración del acervo probatorio que presenta dos dimensiones, primera la calificación de la validez o licitud de cada prueba practicada, una a una, y luego la ponderación de la eficacia, capacidad persuasiva o fuerza convincente del conjunto, en conciencia pero según las reglas de la sana crítica, dentro del proceso concreto en el cual se utilice (ATC 87/1995), que no es una patente de corso para el capricho o la arbitrariedad. Dentro del ámbito de esa potestad judicial así delimitado, sin salirse un ápice de sus límites, se movió en este caso el Tribunal Supremo para quien resultó probada sin duda alguna que la coalición electoral "Bildu" es una argucia del conglomerado terrorista "Batasuna/ETA" para infiltrarse en los Ayuntamientos consiguiendo así poder, información, dinero y en definitiva oxígeno para continuar su actividad destructiva del sistema democrático. Efectivamente, el contenido extenso, exhaustivo y minucioso de la Sentencia, compaginando un tratamiento analítico y una síntesis de conjunto sin dejar nada en el tintero, pone de manifiesto que la convicción acerca de la probanza de lo acaecido fue obtenida por la convergencia de una serie de circunstancias como elementos de juicio coherentemente trabados por un proceso lógico que satisface las reglas de la sana crítica, así permitió a la Sala Especial alcanzar por inducción el pleno convencimiento de la realidad de la trama subyacente más allá de simples sospechas o prejuicios, habladurías o suposiciones. El veredicto de un jurado formado por personas legas en Derecho hubiera llegado a la misma conclusión. Para los ciudadanos de quienes emana la potestad judicial, esta Sentencia que hoy comento es lisa y llanamente convincente. Y la realidad posterior se ha apresurado a demostrarlo inmediatamente.

2.3. El Tribunal Constitucional dice

Al filo de la media noche del jueves 5 de mayo de 2011 se hizo público el fallo, que lo es, del Tribunal Constitucional en el recurso de amparo electoral formulado por "Bildu" contra la Sentencia que cuatro días antes había dictado el Supremo. La anulación de ésta era un bofetón más de aquel a éste. Un colegio judicial incompleto por la vacante de Roberto García-Calvo sin cubrir desde su fallecimiento tres años atrás y debilitado por la caducidad del mandato de los restantes magistrados del cupo del Congreso en el otoño de 2010, uno de ellos el vicepresidente Eugeni Gay Montalvo(74) más Elisa Pérez Vera y Javier Delgado Barrio, se enfrentaba a un asunto fuera de lo común para resolverlo en un plazo de 24 horas. Si a lo dicho se añade que los cuatro magistrados elegidos recientemente por el Senado para renovar otros tantos cuya permanencia en sus funciones se habían alargado un trienio por las premiosas deliberaciones sobre el recurso de inconstitucionalidad contra el Estatuto de Autonomía de Cataluña, sufrieron el recorte de tres años en su mandato contra el texto literal e inequívoco de la Constitución(75), quien esto lea dentro de algún tiempo podrá entrar en situación y quizá ponerse en el lugar de quien lo escribe, entristecido y decepcionado por el menosprecio y la arrogancia con que los poderes públicos tratan al Tribunal Constitucional, sin que ello absuelva a la oposición, proclive a los mismos cambalaches y consentidora de muchos de ellos.

Pues bien, está claro que como advirtió en 1902 el magistrado Oliver Wendell Holmes "los casos difíciles hacen mal Derecho" y ello "porque los grandes casos son llamados así no por su real importancia para modelar el Derecho del futuro, sino a causa de algo accidental de inmediato y sobresaliente interés que apela a los sentimientos y distorsiona el juicio"(76). Éste que ahora comento es un claro ejemplo con dos circunstancias añadidas, la intensa presión social desde fuera y la intoxicación ideológica interna. La jornada jurisdiccional había empezado a las 11 y cuarto de la mañana con la reunión del Pleno para resolver como cuestión previa la recusación de Francisco Hernando Santiago, sin la presencia de éste. Los diez magistrados restantes rechazaron de plano por unanimidad sin siquiera tramitar el incidente la pretensión de "Bildu" por su carácter manifiestamente infundado". El hecho de que un magistrado participara en el proceso de ilegalización de Herri Batasuna no le contamina ni le predispone a la hora de decidir en este caso. El Auto, del cual fue ponente Gay razona así:

> "*No puede considerarse desde el prisma de la imparcialidad objetiva que un órgano judicial, aunque decidiera en otro proceso la ilegalización de determinados partidos o formaciones políticas, quede prevenido en su ánimo al tener que decidir sobre la existencia o inexistencia de la continuidad entre aque-*

> *llos y otras organizaciones o agrupaciones que concurran a las elecciones, dada la notoria diferencia del objeto de cada uno de los procesos*".

para concluir que aun cuando

> "*existiera "una cierta conexión entre el objeto de ambos procesos, ello no implicaría la predeterminación del fallo*".

Una vez solventado el incidente se reunió la Sala Segunda, competente por turno para conocer del asunto, a la una de la tarde. Seis horas después, con una interrupción para la comida, se votó por segunda vez la ponencia de Hernando Santiago proponiendo la ratificación de la Sentencia del Supremo, con el resultado de un nuevo empate, tres a tres. El art. 90.1 de la Ley Orgánica sólo concede voto de calidad o dirimente el Presidente del Tribunal, no a quien lo presida en funciones y además sólo para el Pleno. La razón es obvia. Sus doce componentes cuyo número fija la propia Constitución no admiten adición alguna, mientras que los seis de cada Sala pueden ser completados en caso de discordia con uno, tres o cinco más de la otra. En consecuencia, los magistrados contrarios a la ponencia propusieron al Pleno la avocación del asunto, como así lo hizo constituyéndose en sesión a las ocho de la tarde que por seis votos contra cinco la rechazó y por los mismos aprobó la reversa. De haberse cubierto en tiempo y forma la vacante se hubiera producido un nuevo empate. En el grupo mayoritario se integraron Pascual Sala Sánchez (presidente), Eugeni Gay Montalvo, Elisa Pérez Vera, Pablo Pérez Tremps y Adela Asúa Batarrita. En el minoritario Javier Delgado Barrio, Ramón Rodríguez Arribas, Francisco Hernando Santiago y Francisco Pérez de los Cobos, propuestos por el Partido Popular, y Manuel Aragón Reyes.

Así como el conjunto de hechos y de inducciones en la Sentencia de la Sala Especial del Tribunal Supremo forma una estructura lógica coherente, su desguace por el Constitucional no puede ser menos afortunado o convincente. Aceptar a sabiendas de su evidente falsía las argucias evasivas y las ambiguas declaraciones de propósitos, medidas al milímetro, burdas estratagemas procesales, es caer con los ojos abiertos en la trampa como presupuesto de un puro decisionismo. Un juez cualquiera y menos aún el tribunal custodio de la Constitución no puede permitir que se le manipule en detrimento y escarnio de la justicia para beneficio de los listos, hábiles, pícaros o hampones, que de todo hay. No dar importancia alguna, por ejemplo, a documentos de una banda terrorista, por no estar firmados como si de una sociedad anónima o una ONG se tratara, se convierte en "jurisprudencia ficción", alejada años luz de la realidad. Bien es verdad que, según se dice, cada minuto nace un *lompo*, pez que navega con la boca permanentemente abierta y traga todo lo que encuentra en el camino. Los ictiólogos no nos cuentan sin embargo cómo son sus digestiones.

En esta Sentencia la *valoración conjunta* se desmenuza mediante su descomposición factorial o su disección anatómica, analizando con la lente del relojero cada pieza pero sin ver el reloj completo y andando. El método empleado, contrario a la naturaleza intrínseca de la prueba circunstancial, lleva al resultado querido: la voladura del acervo probatorio. Después de ello se nos dice que de tal guisa no se está valorando la prueba sino la valoración de la prueba hecha por el Juez, o en una metáfora más asequible, quienes así hablan o escriben no diagnostican, pero se permiten la licencia de calificar como erróneo el diagnóstico del médico de cabecera sin serlo ellos ni ver al enfermo. Esta logomaquia, este juego de palabras que recuerda la razón de la sinrazón del prólogo cervantino, no se tiene en pie, dicho sea con tanto respeto a las opiniones como afecto por las personas. En definitiva, la valoración de la valoración no hace sino usurpar la función jurisdiccional en que consiste la potestad de juzgar. Es una regresión histórica que nos retrolleva a la primera etapa del Tribunal Constitucional con su "activismo" y sus prejuicios antijudiciales claramente perceptibles durante la primera década de su existencia.

El Tribunal Constitucional carece, como tal institución, de la idoneidad necesaria para tal operación y el conjunto de la prueba es para él simplemente una pila de papeles sin vida, transcripciones incompletas de palabras disecadas. Por otra parte, este Tribunal, al que no se le otorga constitucionalmente una tercera instancia ni tampoco funciones casacionales, inherente una y otras al juicio de legalidad privativo de la potestad jurisdiccional que la Constitución encomienda a los titulares del Poder Judicial, no tiene por qué revisar las razones en virtud de las cuales un órgano judicial da mayor credibilidad a un elemento de juicio que a otro (AATC 269/1994 y 45/1995), aun cuando tampoco pueda abdicar de su condición de guardián último de las garantías constitucionales que le encomienda la Constitución [arts. 123 y 161.1 b) CE].

La actuación del Tribunal Constitucional ha de moverse dentro de un perímetro marcado por él mismo, del cual se ha salido intempestivamente. Sólo en los supuestos de que la valoración de la prueba por el Tribunal Supremo, en conjunto y con sus propios criterios interpretativos, resultara notoriamente errónea, arbitraria, falta de fundamento razonable o con motivación ostensiblemente insuficiente podría corregirse o subsanarse el defecto en sede constitucional. En ella se trata tan sólo de comprobar la verosimilitud de las conclusiones obtenidas en la instancia judicial para averiguar si son más improbables que probables, o a la inversa sin someter a nuevo escrutinio los elementos que componen el acervo probatorio. El mismo Tribunal Constitucional había marcado los mojones, deslindando el alcance de su jurisdicción en este aspecto y para este tipo de casos: "Sólo nos cabe revisar la apreciación de la Sala del art. 61 LOPJ en aquellos supuestos en los que, desde los propios criterios interpretativos asumidos por el Tribunal Supremo, la convicción alcanzada pugne con un derecho constitucionalmente relevante; en el caso, del derecho de sufragio pasivo. En definitiva, estando en juego la efectividad del ejercicio de un derecho fundamental, este Tribunal Constitucional, ponderando los derechos individuales en presencia y el interés general del ordenamiento en la sujeción de los procedimientos electorales al principio de legalidad, debe verificar aquella revisión con arreglo a un canon decisorio cuyo contenido ha de depender de la apreciación conjunta de una pluralidad de magnitudes y referencias", "la conjugación de cuyos factores...... permita inferir de modo razonable y no arbitrario, que la agrupación electoral excluída... ha actuado de hecho como continuadora de la actividad de los partidos ilegalizados". Esto que se dijo por vez primera en la STC 85/2003 y fue reiterado en las SSTC 68/2007 y 43/2009, es contradicho notoria y frontalmente por ésta que ahora comentamos.

La Sentencia del Tribunal Supremo se produjo dentro del ámbito exacto de la potestad judicial tal y como ha sido delimitada por el Tribunal Constitucional en un entramado de decisiones que huelga exponer aquí. Entre ellas, la principal, la STC 37/1995 en un recurso de amparo avocado por el Pleno para corregir la intromisión jurisdiccional cometida por una de las Salas, enmendándole la plana al Supremo y poner las cosas en su sitio. No cabe decir lo mismo del Tribunal Constitucional cuya Sentencia incurre "en un claro exceso de jurisdicción" como consecuencia de "la valoración individualizada y singular de cada una de las pruebas practicadas... ante el Tribunal Supremo", como se denuncia con acierto, a mi parecer, en el voto particular suscrito por el magistrado Aragón Reyes. La prueba indiciaria y la circunstancial exigen por su propia naturaleza una valoración de conjunto no aislada de cada indicio "sin llegar a ponerlos nunca en conexión con los demás", en la opinión discrepante de Hernando Santiago, "haciendo posible la aplicación de la *'disregard of the legal entity'* o técnica del levantamiento del velo". "Destaco el carácter conjunto de la apreciación de la prueba –explica Delgado Barrio– que opera aquí en un doble nivel: por un lado, dentro del hecho base, horizontalmente, pues cada uno de sus elementos contribuye a acreditar la veracidad y virtualidad de los demás, y por otro, para llegar al hecho consecuencia, verticalmente, pues en este segundo momento dichos elementos se nutren mutuamente de sentido a fin de justificar la conclusión". En definitiva, haciendo "un nuevo examen de la prueba aportada ante la jurisdicción ordinaria para llegar a una nueva convicción", indica Rodríguez Arribas, se ha convertido al Tribunal Constitucional "no ya en una última instancia, transformando el recurso de amparo en una suerte de supercasación", sino en juez de apelación con plena jurisdicción.

El Tribunal Constitucional insiste en atribuirse así, como lo hizo en la primera etapa de su andadura, una jurisdicción universal, plena e ilimitada que contradice el diseño constitucional. Dejando al margen las atribuciones privativas que le dan sentido y son el núcleo de su peculiar jurisdicción, en el ámbito del recurso de amparo cualquiera que fuere su modalidad y muy especialmente cuando concurre con el Tribunal Supremo, su función aparece limitada ya en la propia Constitución. El carácter exclusivo de la función jurisdiccional, juzgando y haciendo ejecutar lo juzgado (art. 117.3 CE) y la supremacía de la institución que encabeza el poder judicial vedan a cualquiera otra compartirla y menos aún mediatizarla. La reserva que contiene el art. 123 CE a favor del Tribunal Constitucional le confiere una misión tangencial de vigilancia en materia de garantías, que en ninguna hipótesis permite la sustitución y en definitiva el ninguneo del Tribunal Supremo. Por lo tanto, el Constitucional ha de manejar el "presupuesto de hecho" configurado por los jueces ordinarios, a salvo el error notorio o la arbitrariedad, cuidando de que la aplicación de la ley no lesione los derechos fundamentales en juego. Nada menos pero nada más. El recurso de amparo no puede convertirse en otro de alzada con una revisión completa de las cuestiones de hecho y de Derecho, entrando como un elefante en una cacharrería(77).

2.4. La "tercera premisa"

Siempre he rechazado la vieja y arraigada concepción de la Sentencia como un silogismo, aun cuando formalmente lo parezca, pero en este ensayo crítico me ha resultado cómodo utilizar la metáfora para dar entrada así a otra, la "tercera premisa" invocada por Félix Frankfurter, magistrado del Tribunal Supremo de los Estados Unidos, que de tal guisa bautizó a las convicciones, creencias religiosas, ideología, vivencias e incluso prejuicios del juzgador. En este caso tan polémico no es ajena a ninguna de las dos opuestas fracciones de ambos tribunales, pero resulta más patente en la versión "progresista", minoría en el Supremo, mayoría en el Constitucional, por la endeblez de la fundamentación jurídica disponible, para cuyo apoyo ha de echar mano de consideraciones extrajurídicas y abstractas con proclamaciones retóricas vacías de contenido. Por lo dicho no sería honesto escamotear al lector la dimensión política de la STC 62/2011, de 5 de mayo, escurriendo así el bulto. El Derecho es el producto social por excelencia y en consecuencia nada humano puede serle ajeno, como advertían ya las viejas definiciones en la Roma eterna, *divinarum atque humanarum rerum notitiae.* Menos aún la noble ocupación de la Política e incluso de la "política" como politiqueo o caciqueo y *modus vivendi.* Dicho esto, la higiene aconseja separar esta actividad menuda de aquel, sin cerrar los ojos a sus conexiones en la realidad de todos los días. No se puede juzgar –ni tampoco escribir– a espaldas de lo que está sucediendo a nuestro alrededor. La justicia no es ciega y la venda sobre sus ojos tiene otro significado: la igualdad de todos ante ella.

La vertiente política con minúscula del caso "Bildu" lo ha convertido en difícil o "duro" y, por lo tanto, proclive a "crear mal Derecho" como avisó lúcidamente Holmes, un gran juez de cabeza clara y pluma brillante. La prensa ha levantado la "sospecha" de que la respuesta del Tribunal Constitucional daba satisfacción al Gobierno, sospecha alimentada por numerosos e inequívocos "indicios", entre los cuales cuentan la sintonía del grupo minoritario de magistrados en el Supremo, el mayoritario en el Tribunal y el "lehendakari" socialista del País Vasco, cuya actitud favorable nunca fue contradicha por las instancias superiores en el partido o en el ejecutivo. En las menos palabras posibles, el planteamiento político aparente resumía como incógnita una disyuntiva consistente en averiguar si era preferible para el sistema dar cancha a los satélites de la "asociación de malhechores" en la expresiva terminología francesa o resulta arriesgado y pernicioso jugar con fuego, permitiéndoles la entrada en las instituciones. Adelantemos que desde su perspectiva jurídica, tal cuestión política tiene una respuesta contundente, la Ley de Partidos y su reflejo en la electoral, que fueron a su vez la exteriorización de un "pacto de Estado" entre los dos grandes partidos nacionales.

Pero ahondemos un poco más en el análisis. El Presidente José Luis Rodríguez Zapatero, cesante pero no cesado, que inició su andadura en la gobernanza con el fracasado "proceso de paz" en el norte, nunca abandonado del todo, desea salir de la Moncloa con la cabeza alta o al menos salvar la cara como dicen en China. De ahí que se haya amorcillado en el cargo prolongando artificialmente su vida política, ya finiquitada una vez que su propio partido lo había descabalgado y para ello necesita algún éxito en ese incierto camino al "país de nunca jamás", aunque fuera aparente, ya que en su errática política exterior y sobre todo en el campo de la economía el colapso ha sido completo y notorio. A ello se une el cálculo de que los votos para "Bildu" drenarían el caladero del Partido Nacionalista Vasco, debilitándole, como así ha ocurrido. En mi opinión, un diagnóstico de tan pocos vuelos, sin visión de Estado ni grandeza alguna, hecho por profesionales de la política al menudeo, más atentos a la conquista o conservación del poder que a la Historia, no estadistas, ha propiciado un error jurídico con efectos sociales indelebles. La STC 62/2011, de 5 de mayo deja sin contenido la Ley de Partidos Políticos y, simultáneamente, coloca un torpedo en la línea de flotación del "pacto antiterrorista" entre los dos partidos nacionales, socialista y popular, que conjuntamente suman 323 escaños de los 350 en el Congreso y que puestos de acuerdo en temas trascendentales como éste dejarían a los grupos separatistas sin más fuerza que la del pataleo. No más chantajes ni cabildeos.

Si la banda terrorista estuviera en las últimas, como opinan los valedores de esta solución débil, pretendidamente pacificadora, parece lo más indicado que en una guerra, y ésta lo es, y la más larga de las que hemos sufrido –dura medio siglo– sea pisarle el cuello con fuerza al enemigo caído para extraerle el último estertor. Aflojar la presión, permitiendo a sus domésticos instalarse en las instituciones significa proporcionarle oxígeno dándole poder, dinero e información y hasta una cierta respetabilidad para continuar su siniestra actividad asesina de las personas y destructiva del sistema democrático, cuyo desarrollo por lo pronto viene deformando durante estos treinta y tres años, un tercio de siglo. La debilidad nunca ha dado buenos resultados con quienes practican la violencia como elemento de convicción. Lo aprendimos los europeos en Munich en el otoño de 1938 mientras España se desangraba en una dolorosa guerra civil, cuando el presidente del Gobierno británico lord Chamberlain se humilló ante el Führer Adolfo Hitler y el Duce Benito Mussolini. "Os han dado a elegir entre el deshonor y la guerra", le espetó Winston Churchill en los Comunes al día siguiente. "Habéis elegido el deshonor. Mañana tendréis la guerra".

En justa correspondencia, parece, por otra parte razonable desde su peculiar perspectiva demoledora, que la banda de pistoleros prefiera tener en la Moncloa a Rodríguez Zapatero, blando con ellos pero duro para el rencor y la revancha. Callada y al acecho como los felinos en la sabana, un día cualquiera a poca distancia de las próximas elecciones generales, ETA quizá anuncie su "pre-disolución" en un futuro próximo y en un momento electoralmente favorable para *este* partido socialista a quien tanto debe y de quien tanto espera. Una añagaza más. Por su propio impulso nunca se disolverá, no abandonará jamás las armas y siempre tendrá un dedo en el gatillo. Solamente la lucha implacable con la ley como arma, sin salirse del marco de la Constitución, conseguirá la rendición sin condiciones. No ha sido bueno entregar mil Ayuntamientos a "Bildu", cuya sintonía con ETA –música y letra– se ha desvelado inmediatamente, a cambio de mil cadáveres, porque víctimas hay muchas más, lo somos todos. El pueblo español pagará muy caro ese error histórico que el Tribunal Constitucional ha perpetrado. La jurisdicción constitucional, parafraseando a Clausewitz, no puede degradarse a ser la continuación de la política por otros medios.

VI. PUNTO Y APARTE

1. Escorzo sociológico

El conflicto entre ambos Tribunales tiende a ser explicado en términos de izquierda-derecha y, por tanto, en función de la ideología de los magistrados contendientes. Un ejemplo nos lo brindó el voto particular discrepante formulado el 13 de octubre de 2005 respecto del informe del Consejo General del Poder Judicial en Pleno, que –según dice su redactor, el Vocal Luis Aguiar– rezuma recelos o celos "de los sectores conservadores de la carrera judicial hacia la posición y función del Tribunal Constitucional". Nada más erróneo que este enfoque. Nada más peligroso a la hora de intentar solucionar el problema.

No se entendería en absoluto lo sucedido con el riesgo no ya potencial sino cierto, de tergiversarlo y malentenderlo al revés, si no se pusiera nombres a los protagonistas y se consignara su "media filiación", expresión que tomo prestada de la jerga castrense. No se trata de que jueces conservadores de la cúpula judicial hayan protestado al ver disminuido su monopolio jurisdiccional y, por tanto, su poder, traspasado a eso que llaman jueces "progresistas". No. Durante los doce años anteriores, desde 1982 hasta 1994, cuando la composición del Tribunal Supremo era residualmente franquista y, en todo caso, mayoritariamente conservadora, nadie rechistó, aun cuando las invasiones e interferencias del Tribunal Constitucional fueran constantes y más intensas, como he señalado en alguna ocasión anterior.

En nuestros libros jurídicos o en los estudios monográficos se encaran los autores, salvo Alejandro Nieto, con actos y textos sin caras ni nombres, a diferencia del método anglosajón que, en sus análisis de la jurisprudencia y sobre todo de la constitucional, no duda en incluir otros factores como la personalidad de los jueces, la situación política en que se producen sus decisiones o sus repercusiones. La "rebeldía de los jueces" se produce por primera vez en 1994, levantándose en pleno, como hemos visto, la Sala Primera presidida, entre 1992 y 2004, por un magistrado perteneciente a la Asociación "Jueces para la Democracia" heredera de "Justicia Democrática", Ignacio Sierra Gil de la Cuesta que ha sido además el ponente de todas las sentencias rebeldes, con una ideología orientada totalmente a la izquierda, adscripción que también puede predicarse de la mayoría. Paradójicamente, el único voto particular discrepante que tuvo la sentencia condenatoria de los magistrados del Constitucional fue formulado por Francisco Marín Castán, perteneciente a la Asociación Judicial "Francisco de Vitoria". La Sala Segunda, por su parte, tuvo a su cabeza varios presidentes, entre ellos Enrique Ruiz Vadillo y José Jiménez Villarejo no encuadrables en el grupo conservador, y de ella ha formado parte todos estos años otro, Enrique Bacigalupo, discípulo de Jiménez de Asúa. A su vez, la Sala Tercera, más alejada de estas peripecias, ha sido dirigida hasta el año 2010 por Ramón Trillo Torres con un perfil ideológico que se escora más a babor. La hipertrofia cuantitativa –son 32 sus magistrados de plantilla– condiciona cualitativamente. Por otra parte, en ella predominan no sólo por su número sino también por su peso específico los magistrados "adscritos permanentemente a la jurisdicción contencioso-administrativa", seleccionados por oposición. Por su parte, en el Tribunal Constitucional hubo de 1980 a 1995 una mayoría abrumadora de talante socialista –10 a 2– disminuyendo un poco el siguiente trienio, algo más el otro –7 a 5–, y recuperándose ahora gradualmente. No cabe pues interpretar siempre el enfrentamiento en clave de colores partidarios. En ambos contendientes predominaban los jacobinos.

Lo dicho hasta ahora refleja fielmente la realidad pero no la agota. Es verdad pero no toda la verdad. En este planteamiento más institucional que ideológico se introdujo en alguna ocasión anterior, esporádicamente, una variable que a partir de cierto momento –año 2004, principio del "septenio" zapaterista– se ha convertido en crónica. Las dos sentencias recientes del Supremo y del Constitucional en el "caso Bildu" como las recaídas en el "caso Troitiño" reanudan, a mi parecer de observador desapasionado y con cierto distanciamiento, una tendencia que había iniciado el desencuentro en el caso de la excarcelación de la Mesa Nacional de HB en 1999. Se trata de la ruptura de ambos tribunales en dos grupos ideológicos homogéneos, paralelos de los bloques antagónicos en la arena política que es el sello de las dos legislaturas presididas por José Luis Rodríguez Zapatero, el gran separador, situado por propia voluntad a la izquierda de la izquierda, la extrema izquierda actual bajo la bandera de la "memoria histórica", eficaz instrumento para enfrentar a los españoles, como he analizado por extenso en otro lugar(78).

Pues bien, el juego de mayorías y minorías es lo normal y yo diría que lo deseable en toda institución colegiada. Nada hay más peligroso que la unanimidad. La esgrima de las opiniones dialécticamente divergentes aporta siempre luz. Desde antiguo corría por el Foro un proverbio en cuya virtud "jurisprudencia es / lo que de cinco dicen tres". Pero en ese juego habitual sin ningún ingrediente extraño, la composición personal de quienes votan a favor o en contra es lábil y cambiante de un caso a otro. El que me apoya hoy puede unirse a otro contra mí mañana. Lo significativo y grave estriba en que dentro de las instituciones judiciales se formen grupos compactos que asuman una misma actitud sin fisuras y prácticamente sin matices, predeterminada y predecible por cualquier espectador, bloques con unas ciertas características reveladoras. Una de ellas, la procedencia común: los componentes de cada uno de ellos han sido propuestos, elegidos o nombrados por uno de los dos partidos nacionales. Otra la notable afinidad ideológica que ofrecen entre sí y con las escuderías de las cuales son oriundos, dando la sensación de ser un "caballo de Troya" en el seno de los tribunales, por actuar con visible disciplina de partido y mando a distancia(79).

Invito a quien me lea que en los casos con trascendencia política producidos en el pasado y en los sucesivos a partir de ahora retenga los nombres o los anote, y podrá comprobar cómo se repiten monótonamente. Unos se llaman a sí mismos "progresistas", no se sabe bien por qué, a otros les dicen "conservadores", pero todos con un perfil biográfico claramente escorado a babor o a estribor. Su posición coincidirá siempre con los intereses del gobierno o de la oposición y a veces, como buenos monaguillos, serán más papistas que el Papa. Cuando se está en la madurez de la vida, no puede haber sorpresas a la hora de elegir un magistrado para el Tribunal Constitucional o el Supremo. Los cargos que haya podido ocupar, sus intervenciones públicas, sus escritos e incluso sus vinculaciones son conocidas, por más que algunos pretendan esconder la militancia de hecho y de derecho haciendo desaparecer la ficha y se las den de "independientes". No se vea en cuanto va dicho la pretensión de proponer como modelo un tipo de juez asexuado políticamente, sin convicciones ni ideas, al contrario. Admiro a quienes tienen unas y otras con sentido del interés general y sin espíritu partidario, negándose a sustituirlas por una ideología cualquiera, sabedores de que los gobiernos pasan pero el Estado ha de permanecer. Jueces imbuídos de esa potestad trascendente que les encomienda el pueblo español en cuyo nombre y para cuyo beneficio, el de todos, no el de un sector coyuntural han de ejercerlo. Que una decisión judicial sea predecible por la suma algébrica de las ideologías de sus magistrados es un golpe bajo al Estado de Derecho.

En definitiva, tal escisión en bloques de los tribunales no es sino un efecto perverso de dos fenómenos paralelos. Por una parte, la judicialización de la política, vieja tentación renovada en nuestros días, cuyo impacto negativo y cuyos riesgos denuncié públicamente hace años, sin percatarse –quizá adrede– de que los jueces no son la herramienta adecuada para dirimir conflictos políticos ni es el estrado la sede idónea para estas lides. Por otra, la politización de la justicia, fenómeno permanente y universal que sin embargo nuestra Constitución quiso evitar, sin éxito porque las fuerzas políticas –de consuno– se han puesto de acuerdo para impedirlo. Un efecto *bumerang* ha hecho que a su amparo se haya corrompido la judicatura[(80)]. El sistema de "cuotas" para la selección de los componentes del Tribunal Constitucional o los cambalaches a la vista de todos en el Consejo General del Poder Judicial para los nombramientos judiciales han propiciado la pérdida de prestigio, de la *"auctoritas"* y en definitiva del respeto.

2. Meditación en voz alta

Hasta aquí hemos llegado pero las espadas siguen en alto. Si resultara cierta la tesis inicial de mis reflexiones al respecto desde la primera rebelión de los jueces, como han puesto de relieve los quince años transcurridos, las fricciones y los encontronazos continuarán produciéndose inexorablemente. Por de pronto ha estado en hibernación durante estos años el recurso de amparo formulado por los magistrados del Tribunal Constitucional que fueron condenados como autores de una "prevaricación civil" en la Sentencia que el 23 de enero de 2004 dictó la Sala de lo Civil del Tribunal Supremo, de la cual se ha dado cuenta más atrás. Una vez renovado uno de los tercios, el del Senado con mandato agotado escandalosamente durante otro trienio gracias a la Sentencia del Estatuto de Cataluña y cuando se releve el otro caducado en el otoño de 2010, y pendiente de un trapicheo, uno más, no quedará en el pleno ningún magistrado "contaminado" por el asunto, aunque alguno del tercio remanente o de los renovados pueda estarlo por haber intervenido de alguna manera en el Tribunal Supremo. En cualquier caso habrá *quorum* para juzgar el caso tanto si se lo queda una de las dos Salas o si lo avoca el Pleno. Fácil es colegir el sentido de la decisión final, una bofetada en el rostro de quienes votaron tan singular decisión y, por supuesto, la desautorización institucional del colegio judicial que la adoptó.

Éste no es por supuesto el único tema conflictivo pendiente en el Tribunal Constitucional. Sin pretender en ningún caso el don de la profecía y a vuelapluma, pueden avizorarse algunos. Por de pronto la *doctrina Parot* está ya en tela de juicio, como más atrás he tenido ocasión de indicar. Días antes de que estas líneas se escribieran, "Portu" formuló recurso de amparo contra la ilegalización declarada por el Tribunal Supremo. Es todo un campo de minas que no tardarán en ir detonando y, por otra parte, puede convertirse en el indicador de si el Constitucional prefiere pasar a la Historia como un tribunal o como la *longa manu* del Ejecutivo. La mayoría socialista en su seno tiene la palabra y la responsabilidad. Quiero creer que será consciente de que hacer saltar por los aires el ordenamiento jurídico, extravasando permanentemente los linderos de su jurisdicción, causaría al final desperfectos irreversibles en la Constitución. Esperemos que no sea eso lo que precisamente le anime en su "activismo".

Otra cuestión controvertida es la llamada *doctrina Atutxa* sentada el 8 de abril de 2008 por una sentencia de la Sala de lo Penal del Tribunal Supremo, en cuya virtud sólo se reconoce a la acción popular la "capacidad para acusar y solicitar la apertura del juicio oral en el procedimiento abreviado, cuando se trate de delitos que afecten a intereses supraindividuales" o "a bienes de titularidad colectiva", en cuya situación el Fiscal no tiene por qué monopolizar la acción penal o el interés social, sin que una petición suya de sobreseimiento pueda condicionar la acción popular. Al contrario, si el bien jurídico protegido por el delito fuera un concreto derecho subjetivo o interés legítimo con un titular individualizado, sujeto pasivo, que ejerce la acusación "particular", parece razonable que la "popular" carezca de autonomía para acusar en solitario (caso "Botín"). Ambas decisiones del Supremo en uno y otro proceso resultan así coherentes y complementarias. Sin embargo, el Ministro de Justicia, Francisco Caamaño, tiene preparado un anteproyecto de ley para asegurar el monopolio en todo caso de la acción penal por un Ministerio Público que los Gobiernos manejan a su antojo. Ahora bien, como quizá no haya tiempo para tramitarlo dentro de esta legislatura cercana ya a su vencimiento en el otoño de 2011, cuatro Vocales del Consejo General del Poder Judicial, se adelantaron a introducir en ella la supresión de la "acción popular" a través de unas enmiendas al proyecto de Ley de Agilización Procesal [(81)]. Por su parte, la prensa ha corrido la voz de que la tarea de resolver tal problema, que lo es para el Gobierno de Rodríguez Zapatero y sólo para él, le ha sido encomendada al Tribunal Constitucional[(82)] cuya argumentación jurídica consistiría en extender la "doctrina Botín" a todos los supuestos, sin distinción de matices Si tal fuere el caso, el Constitucional habría de bajar una vez más al plano de la legalidad para interpretar –bien o mal– una ley, función exclusiva del poder judicial, desvirtuando así su función para servir intereses inmediatos de la lucha partidaria. La acción popular o pública, que no sólo se da en la jurisdicción penal sino en la contencioso-administrativa (urbanismo) y en lo contencioso-contable a cargo del Tribunal de Cuentas, es un modo avanzado de participación ciudadana en la administración de justicia, que los liberales del último tercio del siglo XIX introdujeron como "*check and balance*", freno y contrapeso del monopolio del Fiscal, "bajo la inmediata dependencia del Ministro de Justicia" (art. 841 LOPJ de 1870). Siglo y medio después, el "zapaterismo" ha ido suprimiendo garantías de la más pura estirpe democrática precisamente porque se ha comprobado que cumplen su función compensadora en casos inverosímiles de pasividad del Ministerio Público[(83)].

Sin embargo, las tensiones entre el Tribunal Supremo y el Tribunal Constitucional, nunca deseables aunque no hayan podido ser evitadas ni lo puedan ser en un futuro, son fisiológicas, subproducto de las fisuras de la dicotomía jurisdiccional, un sistema imperfecto como no me canso de repetir, pero no ponen en peligro el sistema constitucional. Disputas de juristas, todos ellos con el norte de la Constitución, parten todos de una fe común en el sistema y dentro de él se mueven en todo momento. Su normalidad intrínseca, tras la conflictividad al exterior, dimana de que en definitiva la común actividad tangencial y la proximidad generan siempre tensiones por razón de la naturaleza humana. En las relaciones de Jueces y Fiscales, o de unos y otros con las Fuerzas de Seguridad del Estado, por ejemplo, saltan chispas de fricciones concretas, sin afectar a las instituciones ni a las actitudes personales. La gravedad de la situación crítica de hoy se produce por incidir la crisis en el conjunto de la estructura constitucional, no por su funcionamiento ordinario sino por las cuñas que se introducen desde fuera. Un vendaval sopla desde La Moncloa. Crujen las cuadernas, las instituciones se tambalean y hasta se escoran, cuando por otra parte, se pretende vaciarlas de su contenido auténtico. La embestida del nuevo Estatuto de Cataluña, no deseado por nadie, invención de grupos minoritarios que para conseguir el poder hubieron de coaligarse parlamentariamente y patrocinado por un inverosímil Presidente del Gobierno, ha sacado a la superficie lo peor de cada uno.

La responsabilidad de enderezar la situación recae plenamente en el Tribunal Constitucional, a quien corresponde la última palabra desde la perspectiva jurisdiccional, pero en lo más profundo ha de serle imputada a eso que se ha dado en llamar "clase política", la "nomenklatura", dividida y vociferante en lo accesorio pero "prietas las filas" cuando de sus intereses egoístas pero comunes, se trata. Los dos partidos nacionales, cuya alternancia en el poder les da un peso específico diferencial y sobre sus hombros echa una carga histórica, han colaborado de buen grado, a veces con aspavientos hipócritas, en prostituir la justicia, ordinaria o constitucional con una politización descarada[(84)]. La mutación constitucional operada desde el Poder, el único, el poder por antonomasia como dijo ya el Tribunal Supremo años ha, el Ejecutivo, con "la espada y la bolsa" en frase de Hamilton, ha dejado en los puros cueros al Poder Judicial y al Tribunal Constitucional. El régimen de cupos y de cuotas ha introducido en los estrados las banderías incapaces de dialogar y debatir porque lo hacen imposible de consuno la lealtad ideológica y la disciplina de partido. Con ello se ha perdido el sentido del Estado, extraviado por el ansia de servicio al Gobierno de turno, olvidando lo que es permanente para perderse en lo coyuntural. El reproche, que alcanza a los dos grandes Tribunales, ha de ser más exigente y yo diría que implacable con el Constitucional. La característica decepcionante de éste en el tercio de siglo que lleva en funcionamiento, contemplada desde la calle y vivida desde dentro, ha sido su impotencia para definir con nitidez y rotundamente la estructura del Estado, tarea única para la cual ha sido llamado y en la cual es irremplazable. En la de garantizar los derechos y libertades de los ciudadanos podría ser sustituído por el Supremo, a veces pienso que con ventaja para todos. Por no saber ponerse firme y poner firmes a los demás con una *auctoritas* que nunca supo ganar ha sido incapaz de levantar un mapa de las autonomías regionales que no sea asimétrico y descompensado, un vestido que se rompe por las costuras. No ha sido el interés general su guía. La brújula oscila permanentemente según las circunstancias del momento.

Por ello el Tribunal Constitucional está atravesando una de sus peores etapas, que dura ya más de cuatro años, cuyo factor desencadenante ha sido el nuevo Estatuto para Cataluña. Pero no es la primera ni será la última si no se modifican los usos constitucionales. El tropezón más sonado, apenas llevaba tres años de funcionamiento efectivo, fue la expropiación del Grupo Rumasa por el primer Gobierno socialista, ratificada en la STC 111/1983 de 2 de diciembre producto de un empate –6 a 6– roto por el voto de calidad del presidente Manuel García Pelayo, un hombre admirable a quien "el voto de calidad que le exigió la política económica del Gobierno socialista en el contencioso de Rumasa, ... le envió al exilio y después a la muerte", en palabras de Carlos Luis Álvarez, gran periodista y excelente escritor, de la misma escudería ideológica[(85)]. Años después vendría la excarcelación de la Mesa de Herri Batasuna, conseguida a través de un debate zigzagueante por 7 votos socialistas más uno desorientado, en la STC 136/1999 de 20 de julio, aunque su gravedad sobrepasará a la del anterior. Aquel golpeaba duramente la seguridad jurídica y la credibilidad del Estado de Derecho, este otro dejaba inerme al propio Estado y desautorizaba al Tribunal Supremo, cuya correcta Sentencia se dejaba sin efecto arbitrariamente. Ahora, la STC 31/2010 de 27 de junio, dictada bajo una presión nunca vista y a la vista de todos sobre el nuevo Estatuto para Cataluña, abre vías de agua muy peligrosas en un ambiente de crispación creado artificialmente y artificialmente autoalimentado.

El mal de la España actual radica en la deslealtad de algunos a la Constitución, a imagen y semejanza de lo que tantos republicanos de boquilla hicieron con la suya, la que ellos mismos habían impuesto en 1931. La estabilidad a trancas y barrancas del sistema ha sido conseguida por la escrupulosa lealtad y sin fisuras del Rey, así como el ansia de patria de la gran mayoría de los españoles que, sorprendentemente, ha hecho aflorar el deporte. El patriotismo, sentimiento hasta hace poco sólo respetable para quienes desean separarse del proyecto histórico común, euskaldunes y catalonios, minoritarios sin remisión, o reprochable cuando pretendían monopolizarlo ciertos involucionistas residuales y nostálgicos, ha despertado de repente en las generaciones más jóvenes, no contaminadas, y se ha hecho estruendoso, espontáneo y desafiante, pero en ningún momento agresivo. Se ha exteriorizado en el flamear de banderolas rojo y gualda prendidas a las antenas de los automóviles, en las colgaduras espontáneas de los balcones y como capa o ropón de ellas y de ellos o "pinturas de guerra", una guerra incruenta en la que los disparos sólo producen goles. Gentes de ideologías dispares han gritado su orgullo de ser españoles sin significado excluyente y han ondeado su bandera con talante positivo, nunca contra nadie ni monopolizándola, sino como expresión de lo mucho que nos une, símbolo de nuestra tierra y de nuestro pueblo, con una celebración lúdica, alegre y confiada. En cambio las reacciones institucionales plantando cara al Tribunal Constitucional por la STC 31/2010, con un acompañamiento popular dirigido, resultan preocupantes, aun cuando no hayan alcanzado nunca el nivel de tensión que produjo la anulación de la Ley de Cultivos por el Tribunal de Garantías Constitucionales de la República en 1934, con los dirigentes catalanes tocando a rebato para la guerra, como en el primer capítulo quedó expuesto. Es cierto que la Historia se repite pero la segunda vez en clave de farsa, como percibió Carlos Marx.

No es el camino recto ni correcto el fraude constitucional que se anuncia constantemente, sin rubor alguno, por hombres y mujeres que alardean de convicciones democráticas. Las reacciones de quienes ocupan puestos de responsabilidad han sido desorbitadas, impropias de gentes civilizadas, maduras, que perpetúan la mentalidad de los republicanos de hace tres cuartos de siglo. Se han olvidado no tanto los grandes servicios prestados por el Tribunal Constitucional a la estabilidad del sistema, con todas sus lacras e imperfecciones que he puesto al descubierto cuando ha sido oportuno, sino la necesidad ineludible de contar con una institución así. Desconocer caprichosamente, y negar, las reglas del juego que se impusieron los españoles en la Constitución, refrendada por la inmensa mayoría, y, sobre todo, romper la baraja con el uso obsceno del "bloque de la constitucionalidad", que invierte la perspectiva debilitando la primacía de la ley de leyes, unido al artilugio de la interpretación conforme, uso alternativo del Derecho, con la guarnición de una garrulería retórica, lleva ineludible y directamente al desastre. La sociedad española no confía en su clase dirigente desde hace dos siglos. El conflicto institucional que ha dado ocasión a esta Sentencia ha puesto de relieve una vez más la distancia entre el pueblo llano, titular de la soberanía, y las clases dirigentes. Detecté y denuncié esa distonía hace muchos años, hacia 1967(86), con ocasión de historiar el siglo XIX. En 1808 se produjo por primera vez esa escisión social. Mientras el pueblo de Madrid se alzaba espontáneamente contra los invasores, el Consejo de Castilla, aún ensangrentadas las calles, las recorría por orden del Mariscal Murat para interponer su influencia y apaciguar los ánimos. Dos mil sirvientes de Palacio declaran la primera huelga de nuestra historia y no acuden a sus puestos cuando llega el Rey intruso, José Bonaparte.

Hoy los ciudadanos tienen la conciencia de que el recurso al Tribunal Constitucional significa lisa y llanamente el fracaso de la Política, así con mayúscula, más que un instrumento legítimo y normal, no patológico, para resolver cuestiones controvertidas con arreglo a Derecho y a la luz de la Constitución. No se trata de sustituir la Política por el Derecho sino de utilizar éste como complemento de aquella, cumpliendo así su función intrínseca, sublimar la lucha a garrotazos por medio de un debate en un estrado, donde la espada ceda ante la palabra, superando la barbarie para entrar en la civilización. No parece aconsejable fomentar el escepticismo de los ciudadanos, defraudando su fe en el sistema democrático en el que todos pusimos tanta esperanza. El primer efecto será el absentismo electoral y, tras el alejamiento de las urnas, y el ensimismamiento, el sueño de un salvador mesiánico, blandiendo el sable sobre un caballo o con la hoz y el martillo en la torreta del tanque. La democracia, hija del liberalismo, producto delicado y frágil, en equilibrio inestable, exige amor y dedicación, fidelidad y vigilancia en quien la desea y más que una forma de gobierno es un conjunto de valores, como nos enseñó el presidente Woodrow Wilson hace más de un siglo [(87)]. Hemos pagado históricamente un precio muy alto para recuperar los cascotes de pasados experimentos y construir de nueva planta el primer sistema democrático auténtico, completo y estable, bajo la Corona, de que ha disfrutado España. La voluntad unánime de los españoles hace ya un tercio de siglo, coincidentes en lo mucho que nos une, hizo el milagro. No echemos a perder lo conseguido por la tendencia cainita latente en taifas y banderías, con el complejo tan celtibérico de estropear lo que va bien precisamente por eso, por ir bien.

POST SCRIPTUM
LA SENTENCIA 31/2010 de 28 de junio, DEL TRIBUNAL CONSTITUCIONAL SOBRE EL ESTATUTO DE CATALUÑA

1. Desde la altura

Al atardecer del 28 de junio, primer día hábil de esa semana, desde el "platillo volante" donde tiene su sede el Tribunal Constitucional se elevó a los cielos una tenue humareda, la *fumata bianca*, anuncio de que *habemus sententiam* tras cuatro años de cónclave. Los diez magistrados remanentes después de la recusación de uno y el fallecimiento de otro, habían llegado por fin a un acuerdo sobre el fallo, sólo él, sin razonamientos o "considerandos", que ponía fin al enjuiciamiento del nuevo Estatuto de Cataluña a la luz de la Constitución. Era el séptimo proyecto, cinco de los cuales habían sido ponencias de Elisa Pérez Vera, otro de Guillermo Jiménez Sánchez y éste, el definitivo, de Emilia Casas Baamonde, la presidenta. La votación se hizo por bloques en función de la respuesta jurisdiccional a la impugnación de los numerosos preceptos estatutarios en tela de juicio, nada menos que 128 de los 223 que componen el total del texto. El resultado del escrutinio fue, a mi entender, muy significativo. De los tres bloques en que se troceó, el preámbulo y el grupo de artículos en tela de juicio que se declaran plenamente acordes con la Constitución y aquellos otros cuyo texto se rechaza en principio pero *iuxta modum*, a reserva de una interpretación conforme, nada menos que 27, coincidieron en obtener el mínimo respaldo, con el larguero vibrando. Seis partidarios, los de siempre, contra cuatro en contra, también los de siempre. En cambio, y aquí viene lo sorprendente, los catorce artículos cuya inconstitucionalidad total o parcial se declara, recibieron el apoyo de ocho, los seis socialistas más dos de los conservadores, votando en contra los dos restantes. El balance real da la suma de 41 preceptos malos *per se* o que deben ser depurados, todos ellos con el denominador común de que su texto no respeta la Constitución, más el preámbulo, no se olvide(1).

En este punto debió haber concluído la función sin más alharacas ni consideraciones, pero los magistrados de tan alto Tribunal desconocían o no recordaban el consejo a los jueces de W. Murray, conde de Mansfield: "dictad vuestras decisiones pero nunca las expliquéis; vuestras decisiones quizá sean justas, vuestras razones estarán equivocadas"(2). El caso es que unos días después, el 9 de julio, ofrecieron al público indiferente y a la curiosidad de los periodistas la Sentencia completa con sus "antecedentes" y sus "fundamentos de Derecho", que lleva el número 31 del año. En total un tocho de ochocientas ochenta páginas, dato cuantitativo que hacía temer lo peor, anticipando la degradación cualitativa del texto, aunque quizá con el benéfico propósito de que nadie reuniera el valor suficiente para leerlo. Los "antecedentes" ocupan 449, los "fundamentos jurídicos" 232 (de la página 450 a la 681) y los cinco votos particulares el resto, 209. Sin embargo, de esa frondosa jungla sobresale, y más que ello, se coloca como frontis el meollo, el corazón del Estatuto, la proclamación de Cataluña como Nación. En ella se condensa y aflora el golpe de Estado contra la Constitución de 1978 para imponer un sistema confederal reflejado en el binomio Cataluña-España, no Cataluña dentro de España, pero de esto habrá ocasión de tratar en otro momento.

El tiempo, irreversible cauce de la vida, pero dimensión de lo intrascendente, es un ingrediente principal de todos los guisos jurídicos. En el Derecho está presente siempre. Desde tal perspectiva, esta Sentencia del Tribunal Constitucional se ha demorado excesivamente. Dada la importancia del caso para vertebrar el Estado de las Autonomías hubiera debido tener preferencia absoluta sobre cualquier otro asunto y haber recibido respuesta antes de transcurrir un año desde la presentación de la demanda, evitando así por lo pronto el desarrollo legislativo por parte de la Generalidad, que se ha traducido en 19 traspasos de competencias y 41 leyes, cuyo apresuramiento por ponerlo en marcha reclamaba una rápida reacción para impedirlo o frenarlo por razón de Estado. Pero eso es pedir demasiado hoy en día. La tardanza a lo largo de cuatro años, las filtraciones de las siete sucesivas ponencias, mal endémico de la institución, el amago una vez y otra de que ya están aquí los galgos o los podencos, fueron generando tensiones innecesarias con el tono desorbitado, desabrido y desafiante hasta el límite de lo chulesco, propio de los nacionalismos, hasta pudrir la situación. Hubiera evitado también la Ley Orgánica 6/2007, de 24 de mayo, prorrogando contra la letra del art. 160 CE el mandato de la presidenta y del vicepresidente del Tribunal y sobre todo su decepcionante ratificación en la STC 49/2008, de 9 de abril, con una celeridad que no se aplicó al asunto principal. En fin, esta Sentencia 31/2010 ha resultado no sólo extemporánea sino inoportuna por incidir de hecho en los pródromos de una convocatoria electoral precisamente en Cataluña, que ya había sido fijada para el 28 de noviembre. Dictada en su momento, hubiera cumplido su misión dignamente y, sin ser la mejor solución, a mi entender, hubiera podido ser simplemente buena, con reparos. El 28 de junio de 2010 sólo pudo calificarse como la menos mala de las imaginables. Aún así, maravillosa, pésima o simplemente mediocre y alicorta, ofrece un subido interés.

Dos advertencias hay que anticipar al respecto en el umbral de mi comentario. La primera, que ésta es una Sentencia socialista de cabo a rabo o de la cruz a la fecha, obra del grupo mayoritario perteneciente a esa escudería. Conviene llamar a las cosas por su nombre y huir de la hipocresía de lo políticamente correcto. El Tribunal Constitucional desde su puesta en marcha ha estado dominado por los magistrados de signo y obediencia socialista. En 1980 una conspiración interna desmontó al candidato pactado por UCD y el PSOE, Aurelio Menéndez, para poner en su lugar a Manuel García Pelayo, un hombre admirable con un bagaje intelectual fuera de serie pero sin experiencia ni carácter. Desde éste todos los presidentes han tenido el mismo cariz ideológico –Tomás y Valiente, Rodríguez Piñero, Rodríguez Bereijo, Cruz Villalón y Casas Baamonde– salvo uno, Manuel Jiménez de Parga (2001-2004). A partir de 1982 se incrementó gradualmente el grupo dominante a costa de los conservadores, hasta el punto de que cuando yo entré –1992– la proporción era de 10 a 2 (otro y yo, y ambos en las antípodas), que luego fluctuó pero siempre manteniendo el predominio. Las Sentencias sobre la expropiación de Rumasa o la excarcelación de la Mesa de Herri Batasuna[3] a las que me he referido más de una vez, conseguida una gracias al voto presidencial de calidad y adoptada la otra por 7 contra 4, son ejemplos significativos de lo que digo como casos límite. Precisamente por esta característica de quien la ha dictado, la STC 31/2010 ofrece ya una cualidad positiva digna de ser resaltada. En ella, por la mano de aquellos magistrados que se sienten ideológicamente afines de quienes en el plano político fueron los propulsores del Estatuto, se deslinda el perímetro máximo tolerable por una versión muy flexible de la Constitución para el diseño del Estado de las Autonomías. Ese grupo ha repuesto la divisa "non plus ultra".

La importancia de esta Sentencia radica también en una circunstancia paradójica, ser el resultado de la colaboración, bien que involuntaria y rechinando los dientes, de los dos grandes partidos nacionales. Efectivamente, no hubiera podido llegar a existir de no haber formulado el Partido Popular la demanda planteando la eventual inconstitucionalidad de 128 preceptos del nuevo Estatuto de Cataluña, buena parte de los cuales –41– han sido declarados contrarios a la Constitución por el grupo de los magistrados socialistas del Tribunal Constitucional. No sólo se hace oposición en el Congreso o el Senado, las Cámaras colegisladoras, sede habitual pero no única de la polémica política. También sirven para ella otros medios y otras instituciones, las judiciales muchas veces y muy en especial el Tribunal Constitucional. La oposición lo es precisamente por estar en minoría numérica dentro del hemiciclo y si allí su *fatum* inevitable le lleva a perder las votaciones frente al Gobierno, "aún hay jueces en Berlín" que dijo el molinero prusiano. Por fortuna también los tenemos en Madrid, aunque algo averiados. El hecho en sí, esta circunstancia de que gracias al juego de las instituciones haya podido pulirse el Estatuto, no debe provocar alegría sino preocupación y algo de melancolía si se obtienen sus consecuencias lógicas. El cáncer político nacionalista y su hijuela el terrorismo hubieran podido tener pronto y buen remedio si ambos partidos hubieran creído en España con la misma intensidad, no retórica sino entrañable y hubieran pensado no en lo que podían sacarle al pueblo español –poder y dinero a través de los votos– sino en lo que podían darle –estabilidad, seguridad, paz–. Con tal espíritu estaban obligados moralmente a reunirse en torno a una mesa, la Comisión Constitucional del Congreso, renunciando por una vez, sólo ésta, a la demagogia y a la guillotina de las mayorías aritméticas, coyunturales por definición. Menos parafrasear como un tópico las palabras memorables de John F. Kennedy y más patriotismo sin castañuelas ni panderetas, ni sardanas, ni zortzicos, muñeiras, jotas o sevillanas, danzas maravillosas para celebraciones no para funerales.

No sería imposible exponer aquí, someramente por supuesto, un resumen de las cuestiones tocadas por la Sentencia pero sólo tendría la utilidad de un índice y por ello no es tal mi propósito. Quede el análisis pormenorizado para el libro o para aquellas colaboraciones que en las revistas especializadas aborden aspectos concretos. En el trance actual y a guisa de obertura me parece preferible ofrecer al lector los puntos cardinales que han servido para orientar la decisión del Tribunal Constitucional con el fin de comprender su razón de ser, por qué ha sido ésta la decisión y no ha podido ser otra, así como el cauce dialéctico para alcanzar los objetivos fijados de antemano[4]. Pues bien, el rumbo marcado desde el principio de los debates internos con la primera ponencia tiene como factores comunes que se han utilizado dos categorías conceptuales de carácter instrumental inexistentes en el texto de la Constitución, creaciones ambas de la jurisprudencia. Una es el "bloque de la constitucionalidad" que se sacó de la manga de la toga la Ley Orgánica 2/1979 del Tribunal Constitucional, donde se nombra pero no se define, describe o concreta, categoría jurídica por cierto nunca utilizada en las ponencias a mi cargo durante los nueve años que estuve allí. La otra, "el limbo nebuloso de la técnica de la "interpretación conforme", en frase afortunada de Tomás Ramón Fernández, "que al cabo de cierto tiempo nadie es capaz de recordar y, desde luego, nadie respeta"[5], tampoco manejada por mí a lo largo de mi mandato. Quizá la primera sentencia interpretativa fuera la STC 105/1988, de 8 de junio, sobre la presunción delictiva de la tenencia de útiles o instrumentos para el robo (art. 509 del Código Penal de 1994) que practicó una interpretación conforme mutilando el texto y "escribiendo así una norma distinta de la existente y enjuiciada"[6].

2. El bloque de la constitucionalidad

La justicia constitucional, un gran paso para hacer realidad la plenitud del Estado de Derecho, descansa en el principio de la primacía de la Constitución, como ley de leyes, sobre el resto del ordenamiento jurídico, de la Constitución y sólo de ella, sin aditivos, vértice superior de la pirámide normativa de Kelsen. Por su propia naturaleza intrínseca rechaza la compañía, prefiriendo la soledad en las alturas y, en consecuencia, el "bloque de la constitucionalidad" introducido en mala hora como parámetro o canon por quienes redactaron el anteproyecto que se convertiría en la Ley Orgánica 2/1979, de 3 de octubre. De origen francés, acuñado en la década de los setenta, este concepto que no aparece por ninguna parte en el texto constitucional, lleva dentro una carga destructiva que su desarrollo jurisprudencial pondría de relieve, a pesar de los aspavientos farisaicos de muchas Sentencias (*ad exemplum* STC 20/1988). No se puede mantener sin sonrojarse que, a pesar de tal carga de profundidad, "la Constitución ("como es evidente", se dice antes) conserva intacta su fuerza normativa dominante como *lex superior* de todo el ordenamiento". En tal sentido no le falta razón al profesor Francisco Rubio Llorente, mente perspicaz donde las haya, que ese conglomerado difuso y confuso es "el núcleo esencial de la Constitución del Estado español como Estado". En realidad, es una "argucia del maestro armero" como decíamos en la milicia, un truco, *Deus ex machina,* que permite al legislador de turno hacer juegos malabares, dada la indefinición del concepto por la sencilla razón de que es indefinible en su condición de oximoron.

El manejo, palabra tan cercana semánticamente a manipulación, del "bloque de la constitucionalidad" como canon, produce el resultado subversivo de que la Constitución pueda interpretarse a la luz de las leyes hechas bajo su amparo, cuando la perspectiva correcta sin duda alguna, sería la contraria. Los Estatutos tienen la condición de "normas institucionales básicas de las Comunidades Autónomas" (art. 147.1 CE) pero formal y sustantivamente son leyes estatales de rango orgánico en el ejercicio de la soberanía de la Nación española, con un singular proceso de elaboración en el cual se oye la voz de los ciudadanos radicados en el territorio correspondiente, una fracción del pueblo español. Constitucionalmente hablando no existen el pueblo andaluz, el gallego, el castellano, el vasco o el catalán. Sólo el español, síntesis o crisol, no suma, de todos. En ningún caso los Estatutos, sin excepción a pesar de la "geometría asimétrica", tienen rango constitucional ni paraconstitucional. Su legitimación les viene de arriba, la Constitución Española, de la cual emanan, en la cual encuentran su legitimidad y a la cual quedan subordinados por principio. Parece natural, pues, que los Estatutos de Autonomía sean susceptibles de inconstitucionalidad y estén sujetos con plenitud a la jurisdicción del Tribunal Constitucional como reconoce explícitamente su Ley Orgánica [art. 27, 2, a]. Nada más inexacto y más peligroso para el sistema que la anómala tendencia a reducir la interpretación de tales normas a su propio texto (SSTC 18/1982, 58/1982, 69/1982, 85/1984 y 227/1988). La vara de medir para ellos y para el resto de las leyes, orgánicas o no, ha de ser siempre la Constitución.

3. Las sentencias interpretativas

Las sentencias interpretativas, que no son desconocidas en la jurisprudencia norteamericana, pero con otro significado, abundan como fruto sazonado en la europea, sobre todo en Italia y en Francia[(7)]. Dicho sin tapujos, son un ejemplo más de lo que vengo llamando "hipocresía jurídica", aquí mejor judicial. Para comprenderlo resulta más que suficiente la mera descripción. Se llama interpretativa aquella sentencia cuyo punto de partida o premisa mayor es la comprobación de que un precepto legal contradice literalmente y sin duda alguna la Constitución, pero que al final permite sin embargo la subsistencia siempre que se lea de una cierta manera. Descubre, sin percatarse, la "coma de la justicia" que el gran dramaturgo Jacinto Benavente, Premio Nobel, puso ya de manifiesto en "Los intereses creados"[(8)]. Si al texto se le añade mentalmente algo o algo se le escamotea, si se le coloca en un contexto distinto, si se hace caso omiso de la intención evidente del legislador, si.... En suma, si se reescribe tras los bastidores el texto, vale. Desde la perspectiva del ciudadano, ese individuo que piensa y vota, no de la ciudadanía gregaria, ansiosa de ser pastoreada, sería preferible la anulación y que fueran las Cortes quienes reescribieran el texto según las indicaciones del Tribunal.

El miedo al "gobierno de los jueces" que, como un espectro vaga por Europa aunque proceda de Francia, ha encontrado su espantapájaros actual en la modalidad hermenéutica de la "interpretación conforme". La interpretación jurídica es una operación intelectual ineludible, por más claras que puedan parecer las palabras de la ley. Lo dijo Kelsen, "si un órgano judicial ha de aplicar el Derecho, es necesario que establezca el sentido de las normas cuya aplicación se le encomienda. La interpretación es el presupuesto necesario de la aplicación". Ahora bien, la disyuntiva del juez constitucional se mueve –según la lógica del sistema– entre el rechazo o la desestimación de la demanda de impugnación y la anulación del precepto impugnado por ella. En tal sentido no deja de ser sorprendente la bipolaridad de la jurisdicción constitucional que no sólo ha de interpretar la norma a cuya luz se hace el enjuiciamiento –la Constitución–, sino que ha de extenderla a la ley impugnada, objeto del proceso. Sin embargo, tan primario y elemental esquema, único contemplado en la configuración del sistema, ha sido roto por obra de una jurisprudencia "pretoriana" *extra legem*, fuera de la ley, abriendo la puerta a un *tertium genus*, una visita que no llamó al timbre, para una solución de compromiso, híbrida, consistente en que la sentencia rechace la anulación del precepto impugnado por inconstitucional pero acepte las razones en que se funde tal pretensión, o al revés.

En suma, el juzgador, Tribunal, Corte o Consejo, enciende la luz verde constitucional para la norma subordinada en tela de juicio siempre que se utilice en su aplicación una cierta interpretación que por definición difiere del evidente propósito del legislador expresado en sus palabras. Cierto es, y notorio, que el precepto mantenido vivo de tal guisa, gracias a la respiración asistida, habrá de subsistir con una tacha de ilegitimidad originaria porque el texto en sí mismo es ilegítimo desde el momento en que ha de ser reescrito mentalmente para sobrevivir. Una técnica así, no contemplada por la Constitución ni prevista por la Ley Orgánica del Tribunal Constitucional, construcción jurisprudencial para salir del paso o para "salvar los muebles"(9), es contraria a la lógica del sistema de control de constitucionalidad. Mediante ella se arroga el Tribunal un poder constituyente y, a la vez, se erige en una tercera cámara legislativa. No deja de ser paradójico que como su fundamento se alegue la seguridad jurídica servida por el principio de conservación de los actos formulado ya en el Digesto y recogido luego por el *common law* y los códigos civiles para surtir efectos en el Derecho privado. Por el contrario, en el público, "todo acto contrario a la Constitución es nulo", como dijo James Otis(10) en el siglo XVIII y, por ello, la misión de la jurisdicción constitucional consiste precisamente en la defensa de la ley suprema, eliminando las normas contrarias a ella y expulsándolas del ordenamiento jurídico.

La técnica de la "interpretación conforme" permite al juez constitucional "purgar" de alguna manera la ley defectuosa o excesiva, deforme en suma, reduciendo su capacidad normativa o extendiendo su ámbito a supuestos no previstos. En todo caso no cabe la menor duda de que actuando así se destruye el contenido auténtico del precepto en cuestión y se le convierte en una cáscara vacía: aplicable en apariencia, resulta ineficaz en la realidad sin sufrir la extirpación, vale decir, la anulación. Las sentencias de conformidad bajo reserva de una cierta interpretación, eliminan las consecuencias nocivas de algunos preceptos, como una goma de borrar, negándoles el significado que parece derivarse de sus palabras o bien vaciándolos de efectividad jurídica. La conservación a costa de la desvitalización, conocida técnica odontológica, que todos hemos padecido alguna vez. A estas alturas o bajuras me importa resaltar que, las sentencias interpretativas producen, en definitiva, los mismos efectos que los pronunciamientos de anulación pura y simple: aunque el texto resulte intocado la sustancia es vaciada, y por tanto desprovista de eficacia normativa. En ambas modalidades, la ley no es aplicable, si bien la técnica de la 'interpretación conforme' no desautorice públicamente al legislador ocasional y le permita salvar la cara. Guarda cierta semejanza con la técnica judicial norteamericana. El Tribunal Supremo de Estados Unidos nunca anula los preceptos que considera inconstitucionales, simplemente los descarta o ningunea, pero es tal su *auctoritas* que se convierten en *dead law*, letra muerta, fuera de la circulación para siempre y para todos, como observó con asombro Tocqueville ya mediado el siglo XIX(11).

4. España, principio y fin

4.1. Los preámbulos de las leyes

En el principio fue la Nación(12). El preámbulo del nuevo Estatuto de Autonomía juega con esa palabra y con ese concepto como eje o más bien corazón de cuanto se plasma luego en el texto articulado.

No se trata de una expresión retórica, vacía de contenido como explican los defensores de su permanencia con la pretensión de anestesiar a los impugnadores. La consideración de Cataluña como Nación tiene un alto valor político y produce inevitablemente, automáticamente una constelación de efectos jurídicos, los numerosos preceptos posteriores donde se refleja y que en conjunto dan al Estatuto una soterrada vocación de "constitución puente" o de transición para una secesión alentada paradójicamente desde la presidencia del Gobierno de España. Es el de Nación "un concepto discutido y discutible", nos dice su titular jugando irresponsablemente con las palabras según la técnica orwelliana de darles acepciones nuevas, distintas y cambiantes para desnaturalizarlas. Sin embargo, las palabras son importantes, demasiado, y desde nuestra perspectiva, en frase de Ihering, "la carne y la sangre de la jurisprudencia". El Derecho no es "sino el nombre dado a la confianza que los hombres ponen en el poder de las palabras" que no sólo sirven como medio de expresión sino que conforman el objeto de su actividad. No se menosprecie el sentido mágico y a veces místico del lenguaje, *logos*, imprescindible incluso para expresar lo inefable, lo que no se puede hablar[(13)].

Es evidente que los preámbulos o exposiciones de motivos de las leyes, muy útiles siempre y en alguna ocasión obras maestras de la literatura jurídica, como es el caso de la Ley de Enjuiciamiento Criminal de 1882, forman parte del texto, no son algo ajeno o añadido, un estrambote en suma, aun cuando carezcan de "valor normativo" o capacidad de obligar como ocurre también con las "rúbricas a títulos" de las disposiciones respectivas (SSTC 36/1981 y 173/1998). De ello se deduce en primer lugar, que no pueden ser impugnados independientemente (STC 150/1990), y, por otra parte, que no resulta posible declarar su inconstitucionalidad total o parcial porque el objeto de estos procesos son exclusivamente normas con fuerza o rango de ley, léase preceptos, cualidad que no concurre en los preámbulos, sin embargo de lo cual se les ha reconocido una cierta función hermenéutica (STS 36/1981) por revelar la *voluntas legislatoris*, habiéndola manejado el Tribunal en más de una ocasión para interpretarlas (STC 212/1995 y 222/2006) con un límite, "lo establecido en ellos no puede prevalecer sobre el articulado de la ley (STC 173/1998), que les priva de eficacia para dar un sentido diferente a disposiciones legales inequívocas o para alterar su contenido. Como colofón se ha dicho que si un determinado precepto fuera declarado inconstitucional o interpretado conforme a la Constitución de manera contraria a lo explicado en el preámbulo, la sentencia manifestará expresamente que las referencias de éste a aquellos carecerán de valor interpretativo alguno. "En la medida que el preámbulo no tiene valor normativo no resulta necesario, ni incluso resultaría correcto hacer una declaración de inconstitucionalidad expresa en el fallo de la Sentencia" (STC 36/1981)(14). En consecuencia, la STC 31/2010 decide en el fallo, como su premisa mayor, que "carecen de eficacia jurídica interpretativa las referencias del Preámbulo del Estatuto... a Cataluña como nación" y "a la realidad nacional de Cataluña", pronunciamiento coherente con la doctrina más arriba expuesta. Sin embargo, según advierte Fernando Sequeros, "el contenido de éste, una vez incorporado al texto legal, se funde y confunde con él, integrándose en el mismo de manera consustancial, para terminar formando un todo inseparable"(15). Por lo demás debe ser considerado como un paso adelante, que lo es, fruto al parecer, según la prensa, de la firme actitud del magistrado Manuel Aragón.

El problema que planteaba en este aspecto el nuevo Estatuto para Cataluña guarda una evidente semejanza con el suscitado en Francia hace veinte años por el Estatuto de Córcega, en cuyo artículo primero se hablaba de la "comunidad histórica y cultural que constituye el pueblo corso, componente del pueblo francés", enunciado más suave y contemporizador que el catalán, si se repara además que en el último inciso se proclama explícitamente "el respeto a la unidad nacional en el cuadro de la Constitución" de la V República. Pues bien, la respuesta del *Conseil Constitutionnel* a diferencia de nuestro pusilánime Tribunal, fue clara y contundente. No se valió de la interpretación conforme, negándose a considerar esta fórmula como desprovista de consecuencias en el plano jurídico por estar vacía de todo contenido normativo. Al contrario, partiendo de una sólida premisa, que "el concepto jurídico de 'pueblo francés' "tiene valor constitucional", eliminó la referencia al "pueblo corso" en su decisión de 9 de mayo de 1991. Sustitúyase "pueblo" por "nación" y se verá mejor la diferencia entre la claridad y la ambigüedad, entre la firmeza y la debilidad. Años atrás, en 1983 y también en Francia, se había dado otro caso con algunos rasgos de superficial parecido, pero con características diferenciales profundas. No es lo mismo la cuna de Napoleón, a pocos kilómetros del continente, con una población europea, aunque mezclada, italiana y francesa, que Nueva Caledonia, en el océano Pacífico a miles de kilómetros de la metrópoli, étnicamente aborigen y con un *status* colonial. En una ley tributaria se utilizaba la doble expresión de "territorio francés" y "territorio de la Nueva Caledonia" y, en esta ocasión, el *Conseil* permitió la distinción, por lo demás incorrecta constitucionalmente, como "una convención del lenguaje de pura comodidad", carente de "cualquier otro alcance jurídico". Esta licencia semántica parece lejana de la contraposición "Cataluña-España", no el resto de España, si se parte de la deslealtad constitucional crónica –Azaña *dixit*– de Esquerra Republicana, fiel a sí misma, secundada en esta ocasión por el partido socialista de Cataluña.

4.2. La Nación

Las comunidades humanas fundadas objetivamente en caracteres comunes, tales como la raza, en su versión más reducida la tribu, que a su vez habla un mismo idioma, son tan antiguas como el alcance de la Historia y aún más. Ahora bien, la Nación –según escribió hace un siglo Jellinek–[(16)] no es algo objetivo, no tiene una existencia exterior. Pertenece más bien a ese tipo de fenómenos sociales que no pueden evaluarse con una medida externa por ser algo subjetivo, un determinado contenido de la conciencia y en definitiva, un sentimiento. Aun cuando una Nación –en hipótesis– poseyera una sangre nunca mezclada, no sería esta característica sino la comunidad en el destino de la Historia y determinados elementos culturales los que le darían su fuerza de cohesión. Por otra parte, la identificación de Nación y Estado es una consecuencia artificial del principio de las nacionalidades que alcanzó su mayor auge en el posromanticismo con Manzini[(17)] y recibiría el espaldarazo en los "catorce puntos" del presidente Woodrow Wilson al terminar la "guerra europea" o "gran guerra". Hoy en este mundo globalizado es un concepto obsoleto, inservible para nada constructivo y más bien perturbador. En su lugar, con mayor proyección, hay que dar protagonismo al pueblo, ese conjunto de seres humanos que trabajan, aman, sueñan y de vez en cuando se pelean, conviviendo establemente en un determinado espacio. La nacionalidad, en singular, equivale a ciudadanía y en plural tiene mucho de *onus camelorum.*

Pues bien, nadie sabe a ciencia cierta qué sea la Nación como concepto. No se busque una definición porque no la hay, sólo metáforas. Vayan unos cuantos ejemplos. Ernesto Renan en pleno siglo XIX la concebía como un "plebiscito cotidiano" y en el XX un pensador español, José Ortega y Gasset, dijo de ella que era un "proyecto sugestivo de vida en común", de donde luego salió la "unidad de destino en lo universal" predicada por José Antonio Primo de Rivera, que se convertiría en dogma para las Leyes Fundamentales del Régimen nacido de la guerra civil. Enric Prat de la Riba había puesto el acento de la nacionalidad catalana en el idioma[(18)], Sabino Arana lo pondría en la raza, como también el Ku-Klux-Klan, el nacionalsocialismo y el "apartheid" sudafricano y algunos lo pusieron en la religión: Irlanda, Polonia, Israel, el mundo islámico y por supuesto España. Todos estos factores se revelaron inservibles en su día para construir o fijar tan volátil concepto y lo son notoriamente ahora en la fase histórica de la globalización cuando el revoltijo étnico, filológico y cultural es un fenómeno detectable en todos los países.

No se busque pues qué sea la Nación en construcciones teóricas. No se encontrará en los claustros universitarios ni en los libros, salvo uno, la Constitución Española de 1978 que, según la fórmula para su promulgación, fue aprobada por las Cortes y el pueblo español ratificó. La primera línea del bien escrito preámbulo, pergeñado por la pluma de Enrique Tierno Galván, el "viejo profesor", comienza invocando la "Nación española", pero será el art. 2º el que despeje toda duda al respecto. Allí se habla por una parte de la "indisoluble unidad de la nación española, patria común e indivisible de todos los españoles" y por la otra se mencionan como partes de ese todo a las "nacionalidades y regiones que la integran", reconociendo su derecho a la autonomía y, en ningún caso, el sedicente de "autodeterminación", inexistente en el Derecho internacional. Cierto que la inclusión del impertinente sustantivo, cuerpo extraño, fue un error mayúsculo de quienes se plegaron a su admisión, cuya peligrosidad potencial como artefacto explosivo de relojería pusieron entonces de manifiesto algunos más lúcidos y sin telarañas en los ojos, conscientes de las consecuencias siempre negativas que llevaba dentro, porque las palabras nunca se pronuncian en vano ni son neutras, indiferentes o intercambiables salvo para los charlatanes de feria y los trileros de la política. Jugar con ellas es un síntoma de frivolidad o de inmadurez y puede provocar consecuencias indeseadas e indeseables. Algunas llevan en su seno simientes de guerra, avisaba Salvador de Madariaga[19]. No se olvide que la Segunda República murió víctima de su propia palabrería irresponsable.

En definitiva, Nación tiene aquí y ahora el significado que ha recibido inalterablemente a lo largo de nuestro tormentoso desarrollo constitucional desde 1812 hasta 1978. En la Constitución de Cádiz, la única proclamada para dos mundos, europeo y americano, la Nación es "la reunión de los españoles de ambos hemisferios", sin consideraciones étnicas ni linguísticas[20]. En ultramar se hablaba el español como lengua común y oficial pero subsistían los idiomas indígenas y muchos de éstos no habían aprendido el "castilla". Hoy mismo en Méjico y otros países hispánicos son millones los aborígenes que no lo manejan con soltura e incluso que lo desconocen. Por otra parte, junto a los europeos, los "indios" y los mestizos convivían los negros traídos de África siguiendo las caritativas indicaciones de Bartolomé de las Casas, y los mulatos. Apellidos criollos, indígenas o peninsulares, españoles de aquí, constelan la lista de los 184, diputados que la firman. Nación, pues, designa al pueblo y soberanía nacional, ya, desde ese momento, equivale a soberanía popular. Ni entonces ni ahora, nunca en estos dos siglos, nadie se atrevió a configurar nuestro país como "nación de naciones", expresión tan ampulosa como vacía.

4.3. *Laudes Hispaniae*

La península ibérica entre los montes Pirineos, que la separan del resto del continente, el océano Atlántico al oeste, el mar Mediterráneo al este y a nueve kilómetros de África, ha sido el soporte físico inigualable para la convivencia de un conjunto de gentes con una gran afinidad étnica y cultural. Ningún país ofrece un ejemplo mejor de las "fronteras naturales"[21], hogar de una pluralidad de pueblos que desde lo más lejano del túnel del tiempo lucharon entre sí para luego mezclarse en una sola sangre compartiendo no sólo el espacio geográfico sino un proyecto de vida en común. En épocas muy remotas, cuando el norte del continente estaba invadido aún por los hielos, algunas tribus africanas atravesaron el Estrecho y se extendieron hacia arriba, quedando algunas en la península y atravesándola otras para llegar a asentarse tras la cordillera pirenaica. Eran los iberos, que no conocían los metales, morenos, de pelo crespo, amantes de la libertad hasta el extremo de no aceptar jefes sino a lo sumo en caso de guerra y por corto tiempo. Habían llegado también tirsenos, ligures, ilirios, griegos, fenicios y cartagineses. En un cierto momento penetraron en el interior de la meseta donde se fundieron con los celtas llegados después. Entre tanto, alrededor del 1.100 a. de J.C. había surgido Tartessos, la más antigua ciudad comercial y el primer centro cultural de occidente, ciudad-estado fundada por los etruscos y organizada como reino. Aunque hacia el 4.000 a. de J.C. existieran ya relaciones entre Egipto y la península ibérica, fueron quizá los cretenses quienes explotaron las minas de cobre en el sur, cuya aleación con el estaño –descubierta allí y entonces– produjo el bronce, materia prima de armas, haciendo nacer la más antigua industria metalúrgica de occidente, a la cual seguiría la textil y la alfarería. Estas gentes no eran las únicas sobre la piel de toro(22). Más adelante llegaría la *longa manu* de Roma, que encontró una oposición feroz en gallegos, astures, cántabros y vascones. La conquista duró dos siglos, pero una vez sometida Hispania, se convirtió en "el segundo país entre todos los del mundo" según Polibio, la más importante provincia del imperio, un país latino del cual salieron legionarios y generales, poetas, filósofos, jurisconsultos y hasta emperadores, para el mayor esplendor de una civilización asumida con vehemencia, hasta el punto de abandonar la propia, revelando ya el carácter pendular de los celtíberos(23).

Con la precipitada ruina del imperio de occidente el año 406 varió del todo el semblante político de Europa. Hispania y otros países vecinos se hicieron reinos independientes. Los godos, "cuya memoria será eterna en los fastos de nuestra Historia"(24), pusieron la primera piedra de una asamblea representativa, los concilios y legaron un código ejemplar, el Fuero Juzgo, hasta que tres siglos después se desmoronó la monarquía hispano-visigótica por la invasión musulmana el año 711, que puso a prueba el existir y el ser de ese pueblo indómito arrinconado ahora contra el Cantábrico. La epopeya de la reconquista como reacción a "la pérdida de España" hizo de ésta el único país que, con plena conciencia de ser quien era, combatiendo infatigablemente siete siglos para mantener su propia identidad, lo consiguiera el 1° de enero de 1492(25). Sin embargo, tan grandiosa empresa común tuvo una vertiente negativa, la fragmentación política favorecida por la orografía en una serie de reinos cristianos, con la réplica de las "taifas" en Al-Andalus cuyos pobladores llevaban ya sangre del país. La guerra permanente reforzará sin embargo el vigor de los Municipios que a su vez dará ocasión al nacimiento de las Cortes, dejándonos como herencia las Siete Partidas, en vigor hasta el siglo XIX dentro y fuera de Castilla. Ahora bien, desde el mismo instante en que se recompone la unidad territorial, servida por la unificación política con la anexión de reino nazarí y de Navarra, España se convierte en el primer Estado nacional *avant la lettre* de Europa y emprende la más colosal aventura en la Historia de la Humanidad, la conquista de ese nuevo mundo que había descubierto[(26)], abriendo las puertas a lo que hoy hemos dado en llamar "globalización" con la primera circunvalación del planeta comenzada por Magallanes y terminada por Elcano. No es casualidad que las Capitulaciones con Cristóbal Colón, a quien se nombra Almirante de la Mar Océana, se firmaran en el campamento de la Reina Isabel de Castilla durante el sitio de Granada mientras por el Mediterráneo los peces navegaban con las armas de la Corona de Aragón en sus lomos. Así se voleaba la semilla de las Españas.

Lo demás, consecuencia de ese dramático pasado, debería ser algo sabido por todos dada su mayor proximidad a nosotros, pero está claro que no lo es. Hoy en día los conquistadores se han desvanecido convirtiéndose en "expedicionarios" gracias a la miopía histórica de una extrema izquierda que nunca asumió nuestro pasado y nadie osa hablar del imperio español que, bajo el cetro de Felipe II, fue el mayor conocido y se extendió desde el Mar de la China a los Países Bajos, el Milanesado y las dos Sicilias, frenando el poderío turco en Lepanto, "la más alta ocasión que vieron los siglos y verán los venideros" como antes lo había hecho ante las puertas de Viena Carlos V el Emperador. En la colonización de ese "bravo, nuevo mundo" cuyas culturas indígenas muy brillantes en algunos casos no conocían los metales ni la rueda o la escritura fonética, se dieron cita gallegos y asturianos, guipuzcoanos y canarios, castellanos viejos, andaluces, extremeños, mallorquines y tantos otros. Las Leyes de Indias intentaron proteger al indio frente a los abusos del "encomendero" y en las tierras guaraníes florecieron las mínimas y grandiosas misiones jesuíticas. España, único país que ha puesto en tela de juicio la legitimidad de su presencia en las Indias y su actuación colonizadora, sería víctima de una "leyenda negra" forjada por sus enemigos en la lucha por la hegemonía pero también jaleada por algunos de sus hijos. Una consecuencia natural de ese poder imperial será el asombroso florecimiento cultural del "siglo de oro" porque "la lengua fue siempre compañera del imperio" como avisó Nebrija a Isabel I. El de "las luces" que vendría a seguido, con una guerra semicivil, la de sucesión, entronizaría con la dinastía Borbón (descendientes de los Trastamara) el "despotismo ilustrado" que cobró un brillo especial en los Virreinatos ultramarinos cuyo nivel cultural en Lima o en Méjico asombró a von Humboldt(27).

Pues bien, la época que hoy vivimos tiene su raíz inmediata en el siglo XIX, cuya historia, tan lamentable como ejemplar, es en definitiva y entrañablemente la nuestra porque sus problemas siguen siendo todavía en gran parte actuales. La traición de Carlos IV y Fernando VII, títeres de Napoleón, deja al pueblo español desvalido y a la intemperie pero esa misma orfandad le fuerza a superar la circunstancia por sí mismo en todo el territorio peninsular y en los ultramarinos, produciendo a la vez una escisión con las clases dirigentes(28). Recupera la soberanía, conforme a las leyes de Partida, cobra conciencia de su personalidad como Nación y se inmola en el altar del patriotismo con "la vehemencia de ánimo" que anotó Plinio. En el alzamiento espontáneo de los madrileños luchan hombres y mujeres, numerosas y heroicas, niños también, venidos de todas las tierras de la península y pertenecientes a los más dispares oficios y profesiones(29), levantamiento que luego fructificará en gestas como Bailén, Badajoz, Zaragoza, Gerona, El Bruch o Cádiz. Se confirma así que el gran valor de Hispania ha sido siempre su gente, personificada ahora en el guerrillero, flor de heroísmo y semilla de posteriores violencias fratricidas. La Constitución de 1812, promulgada bajo el fuego de la artillería francesa, pone por escrito el despertar de una Nación, la Nación española. Producto de tres revoluciones y pensada para dos continentes, lanza un mensaje al mundo que tendrá una repercusión extraordinaria. El constitucionalismo liberal europeo y americano, se ha dicho, comienza en Cádiz. Aquí se acuñarán las palabras "liberal" y "liberalismo", como antes "guerrilla". Esa fuerza, tanta vitalidad se desbordará luego, a falta de alguien que la encauce, durante el siglo del Romanticismo, en el cual actuarán fuerzas casi primitivas con cincuenta años de guerras civiles que moverán en un nuevo "retablo de maese Pedro" dos dinastías, cinco reyes y dos regencias, una república federal y una insensata proliferación de grupos fundados en personas y no en convicciones, en palabras y no en obras. Los españoles se matan unos a otros en busca de una Constitución perfecta, dirá Pérez Galdós.

Y así llegamos al siglo de la discordia. A lo largo de estos dos milenios el pueblo español, producto del cruce de cien razas y crisol de una docena de culturas, había demostrado su unidad esencial y su grandeza en el triunfo pero aún más en el infortunio. Los romanos contemplaron con asombro y admiración la *devotio ibérica* o la *fidelitas celtiberica*, la lealtad hasta la muerte, o el heroísmo colectivo de Numancia y de Sagunto, pero también detectaron el cainismo como una de las características de los hispanos. La soberbia, producto de un sentimiento igualitario –*uno a uno como vos, juntos más que vos*– lleva directamente a la envidia, dolor del bien ajeno cuando se trata del vecino, el "próximo" y se refleja en la arrogancia que nos achacaran ya en el siglo XV el Aretino y luego Kant en el XVIII[30]. *Ésta es Castiella que face los omes e los gasta* diría el Condestable don Álvaro de Luna, repitiendo la queja de don Alonso Fernández Coronel al pie del cadalso. A pesar de sus defectos, ese pueblo se convertirá en protagonista de la Historia universal y pondrá una y otra vez de manifiesto que su grandeza está en su propio seno, dentro de sí como colectivo en las ocasiones más dramáticas. Ha sido el mejor de los vasallos cuando tuvo un buen señor como ocurre desde 1975, pero cuando le ha faltado o le ha fallado supo siempre convertirse en señor de su propio destino. Lástima que también lleve dentro el germen de la disgregación y el resentimiento, los celos y el odio, "los viejos demonios familiares", alimento de un cainismo suicida, con una tendencia iconoclasta que pretende empezar la Historia todos los días. Al español que nunca fue racista y ha mezclado su sangre con las ajenas por todo el mundo, le resulta a veces imposible soportar a su vecino y no pocas soportarse a sí mismo. A pesar de todo, me siento orgulloso de haber nacido y haberme criado en esta tierra bravía y entre estas gentes ariscas que pueden ser crueles a veces pero que tantas otras han rozado el filo de lo sublime.

La utilización de conceptos académicos, indispensables para una construcción intelectualmente rigurosa, hacen olvidar o menospreciar sin embargo los hechos desnudos. La circunstancia de que "Estado" y "Nación" nacieran como tales categorías políticas entre los siglos XVII al XIX, no puede ni debe ocultar que muchos de los españoles de hoy llevamos a buen seguro el mensaje genético de quienes habitaron la península ibérica desde el principio de los tiempos, con aportaciones y mezclas constantes por la violencia o la coyunda. Investigaciones recientes con la herramienta biológica del ADN han demostrado que muchos vecinos actuales de la zona de Stonehenge son descendientes de quienes construyeron allí los monumentos megalíticos milenios atrás. Pues bien, esos pobladores peninsulares, gradualmente más afines entre sí, tuvieron siempre conciencia de su singularidad, de su personalidad propia. Los *hispanos* sabían que lo eran como luego, siglos más tarde, en el XII, el gran "Maimónides", Moisés ben Maimún, llevaría hasta El Cairo en su destierro, añadido a su nombre, el calificativo de el *sefardí*, el español y su amigo Muhammad ibn Rushd, "Averroes", proclamará la superioridad de Córdoba sobre Damasco explicando el florecimiento en aquella de las ciencias por ser obra de los *andalusíes*, españoles, hijos de los treinta y cinco mil invasores de Tariq más los árabes y beréberes llegados con los almorávides y los almohades en los vientres de las mujeres indígenas que así hacían la reconquista a su manera[(31)]. Un catalán, Jaime I, a finales del siglo XIII en el Concilio de Lyón reivindicaba ante el Papa Gregorio X "el honor de España". Más adelante, Bernal Díaz del Castillo, cronista-soldado, autor de un libro que habla como un hombre, según le gustaban a Unamuno, ya desde la primera página llama españoles a sus compañeros de armas, todos castellanos de origen y Pedro Cieza de León, "príncipe de los cronistas de Indias" se jacta de que solamente los españoles fueron capaces de las gestas y hazañas de la conquista y, por ello, "su nación debe ser contada como la más excelente del mundo"[(32)]. Otro soldado, "viejo, hidalgo y pobre". Miguel de Cervantes, nombra con ternura entrañable "nuestra España", por quien lloramos "doquiera que estamos" como clama el morisco Ricote, denunciando la injusticia de su cruel expatriación y anticipa su plural, "las Españas"[(33)].

4.4. *Execratio*

De esta identificación positiva se pasará pronto a la negativa y de un complejo de superioridad a otro de inferioridad. La cima del poderío hispánico y por tanto el principio de su decadencia se alcanza en el reinado de Felipe IV con el Conde Duque de Olivares como Valido cuando se producen los primeros movimientos disgregadores en la periferia, pero se intensifica en el siglo XIX con la emancipación de los países de ultramar, que convierte los virreinatos en repúblicas. Un epigrama de Bartrina, muy conocido, condensa el diagnóstico cainita, *"Oyendo hablar a un hombre, fácil es/ saber donde vio la luz del sol./ Si alaba a Inglaterra, será inglés./ Si os habla mal de Prusia, es un francés/ y si habla mal de España es español"*, pesimismo que había anticipado Larra –*"aquí yace media España, murió de la otra media"*– y reproducirá Machado un siglo después, *"una de las dos Españas/ ha de helarte el corazón"*. Sin embargo, la reacción optimista vendrá de la mano del gran coloso de la novela decimonónica, Benito Pérez Galdós, cuyos "Episodios Nacionales", título de por sí revelador, son un fiel relato de la dramática historia del siglo pero también un nuevo "cantar de gesta", una profesión de fe en el entero pueblo español y en la grandeza de su ánimo precisamente cuando encara la derrota en Trafalgar, Zaragoza o Gerona(34). La pérdida de los últimos jirones del imperio por la incomprensión de unos y otros, liberales y conservadores –"en Cuba hasta el último hombre y la última peseta" decían todos fiados en una fuerza que no tenían y alérgicos a cualquier salida pacífica, tampoco deseada por los norteamericanos–, condujo derechamente al "Desastre" y produjo un intenso impacto en esa "generación" llamada por ello "del 98"(35).

España se convierte en *problema* e incluso luego en *enigma*. Busca entonces la solución en Europa dando la espalda al continente de la utopía que ella había encontrado con una reacción tan pueril como inútil porque sin su dimensión americana "la península" no puede ser entendida. En trance tan amargo fueron los hispanoamericanos quienes ocuparon las trincheras que nosotros dejábamos abandonadas. "*Hay cien cachorros sueltos del león español*", advertía el nicaragüense Rubén Darío, padre del modernismo poético, al cazador de leones Teodoro Rooselvet, presidente de los Estados Unidos. España es vista como *madrastra* en el verso de otro gran poeta modernista, Joan Maragall, pero no sólo de Cataluña, también de otras regiones. *"Castilla hizo a España y España deshizo a Castilla"* se queja Sánchez Albornoz. Así se llegará al pesimismo absoluto de Cánovas: "*español es quien no puede ser otra cosa*".

El final de este periplo hacia la nada será el descenso de Orfeo a los infiernos, el enfrentamiento armado de dos de las Españas, que puso freno a la imprudencia y los desmanes, la ceguera y el sectarismo de la segunda República, imaginada y configurada por y para sus partidarios de la izquierda, socialistas y anarquistas, con exclusión de los demás, incluso republicanos también, si derivaban hacia la derecha. Un régimen sin vocación democrática auténtica, a pesar de su nombre, al que puso fin el asesinato del diputado José Calvo Sotelo, jefe de la oposición monárquica, por una patrulla de Guardias de Asalto salida con otras muchas en la madrugada del 13 de julio de 1936 del Ministerio de la Gobernación, asesinato perpetrado deliberadamente para provocar la sublevación de unos cuantos militarotes que sería desarbolada por una huelga general revolucionaria. La realidad no estuvo de acuerdo con tan demencial planteamiento y el pronunciamiento militar se transformó en guerra a campo abierto, una "guerra de exterminio" en frase de "La Pasionaria", Dolores Ibárruri, utilizada también por Indalecio Prieto. A lo largo de ella, que hizo saltar en pedazos la nación española, no se ahorró ninguna infamia. En 1938, cuando ya estaba muy claro, cuál había de ser el bando vencedor, el lehendakari *in partibus infidelium* José Antonio Aguirre, "juan-sin tierra", pues llevaba un año exiliado en Barcelona, ofreció el País Vasco al Reino Unido como "protectorado", maniobra que dirigiéndose a Francia secundó para Cataluña Lluis Companys, presidente de la Generalidad. Por su parte, el de la República, Manuel Azaña, se mostró dispuesto a ceder a la Flota británica la base naval de Cartagena, convirtiéndola en otro Gibraltar. La situación en Europa, al borde del abismo de una segunda guerra, que se parcheó malamente con la conferencia de Munich, aconsejó a las beneficiarias de tan generosas donaciones de cosa ajena que se abstuvieran. En 1939 una de las Españas, la vencedora, bajo un régimen dictatorial, declaró a la otra fuera de la ley y contó las cosas a su modo, versión maniquea en la cual los malos de la película eran los "rojos", quienes a su vez la invertían en el exilio donde los "malos" resultaban ser los "azules".

4.5. España se encuentra consigo misma

En 1975, después de la jura ante las Cortes, Juan Carlos I expresó su propósito de "ser el rey de todos los españoles", abriendo con este nuevo lenguaje las puertas a un futuro de esperanza. En el período constituyente que ha recibido el nombre de "la Transición", así, mayúscula la capitular, se produjo con tanta decisión como prudencia una mutación constitucional desde un régimen autocrático periclitado con la muerte de su Caudillo, a un sistema democrático. El equilibrio de fuerzas entre quienes pretendían el "continuísmo" o exigieron la "ruptura", en los extremos de las dos Españas, fue superado por la tercera, partidaria de la "reforma", sin aventuras ni mesianismos, sin rencores ni represalias, con los ojos bien abiertos, vivo el recuerdo de lo pasado y el corazón embridado. Media España había descubierto a la otra media y se veía en ella reflejada como en un espejo. Así se conseguirá en 1978 la única Constitución que en vez de ser la imposición de un sector sobre otro, una "trágala", resultó hija del consenso. La Transición fue también transacción, actitud civilizada que algunos celtíberos, cada vez menos, rechazan visceralmente, casi con repugnancia. Son los que cuando no tienen enemigo fuera lo buscan dentro. Pero también fue obra de la generosidad y el buen sentido del pueblo español. Con la amnistía general propuesta por la izquierda del hemiciclo y un insólito texto constitucional, las tres Españas se fundieron en una para siempre. Daban así cima a uno de sus mayores logros históricos que serviría de modelo a otros países en situaciones semejantes, como había ocurrido en 1812. Por primera vez se instauraba un sistema auténticamente democrático que ha cubierto ya un tercio de siglo.

Sin embargo, no supo aprovecharse del todo la oportunidad. Hoy, como consecuencia del defectuoso Título VIII de la Constitución, reflejo de nuestros vicios históricos más profundos, el Estado español se ha convertido en prisionero de las Comunidades Autónomas, sus *euménides*, atado de manos y pies por ellas, algunas de las cuales cultivan con esmero la deslealtad constitucional, el victimismo, la extorsión y la insolidaridad, por no encontrar nunca una respuesta firme y contundente pero sobre todo única, en los dos grandes partidos nacionales. El socialista ha pasado de ser internacionalista en los tiempos heroicos a ser aldeanista, perdiendo la "E" que le diera dignidad histórica, a cambio de una sopa de letras que le lleva a la nada. PSA, PSC, PSE, PSG y así sucesivamente, incluso PSM en un Madrid que tuvo el acierto de llamarse simplemente Comunidad, eliminando el calificativo de "Autónoma". En la Constitución se implantaron una serie de mecanismos de cohesión que posteriormente se han ido resquebrajando deliberadamente. Las fuerzas centrífugas, más persistentes, han doblegado a las centrípetas. La última agresión, por el momento, fue la tentativa de crear un Consejo Judicial en Cataluña en el nuevo Estatuto, para debilitar aún más el Poder Judicial, ya erosionado por la atrofia del Tribunal Supremo y la hipertrofia de los Tribunales Superiores, que vengo denunciando desde hace doce años[36]. A tal disgregación ha contribuído animosamente el Tribunal Constitucional, con el uso de las dos corruptelas de su jurisdicción, el "bloque de la constitucionalidad" y la "interpretación conforme" que han minado la primacía de la Constitución sin la cual el Estado queda inerme, así que ahora lo que resta de él se le debe a la Corona y a la Guardia Civil.

De tal guisa, España se ha convertido en un país incomprensible desde fuera e ingobernable, incapaz de poner orden y concierto en su propia casa precisamente en una etapa de crisis profunda y no sólo económica. Por otra parte, la "memoria histórica", versión oficial de una cierta etapa de la historia de España y de las conexiones con la universal establecida coactivamente, no por la *auctoritas* de la ciencia sino por el *imperium* o la *potestas* del Estado con carácter preceptivo y vinculante[37], ha actuado como una cuña separadora de las dos Españas, resucitadas con fines electoralistas por Rodríguez Zapatero. Cuando parecía conseguida la cicatrización se ha pretendido reabrir las heridas con escaso éxito, pero crispando el ambiente. Con tal fin se han sacado a la superficie viejos resentimientos al socaire de una revancha, desquite verbal pero revancha en definitiva, para dar la vuelta al resultado real de la guerra civil hace 75 años y ganarla sobre el papel, eso sí, con pingües beneficios económicos para los "nietos". La Historia ha sido utilizada no como vínculo entre generaciones sino como una carga de profundidad para hacer saltar por los aires la unidad de España en todos sus aspectos

4.6. Acorde final

Hizo falta una catástrofe ya lejana para que algunos cayeran en la cuenta de que era posible la convivencia pacífica entre ellos. Sin hacer uso de la "memoria histórica", esa siniestra falacia, simplemente con la lectura de documentos –actas de las sesiones del Congreso de los Diputados, diarios personales– y de los libros donde la Historia se escribe como testimonio de comprensión, podemos ahora comprobar que españoles de muy distintas tendencias, a veces opuestas y, por lo que sucedió, irreconciliables, estaban sin embargo de acuerdo paradójicamente en su concepción de España. "*Prefiero una España roja a una España rota*" dijo en el hemiciclo de la Carrera de San Jerónimo, en la "primavera trágica" de 1936, José Calvo Sotelo, desde los bancos de la oposición. Algún tiempo después, en plena guerra civil, el 31 de mayo de 1937, el presidente de la República, Manuel Azaña, anotaba en su diario con tristeza e indignación: "*los nacionalistas no se baten por la causa de la República, ni por la causa de España, a la que aborrecen, sino por su autonomía*" con "*insolencia de separatistas y sin lealtad*". El mismo Azaña dejó escrito que el día 29 de julio de 1937 irrumpió en su despacho de Pedralbes Juan Negrín, a la sazón Presidente del Gobierno, y le espetó: "Aguirre no puede resistir que se hable de España. En Barcelona afectan no pronunciar siquiera su nombre. Yo no he sido nunca –explicó– lo que llaman españolista ni patriotero. Pero ante estas cosas, me indigno. *Y si esas gentes van a descuartizar a España, prefiero a Franco....* Esos hombres son inaguantables. Acabarían por dar la razón a Franco"(38). Otro insigne socialista, Indalecio Prieto, hombre vehemente a veces pero siempre sincero, reflexionaba desde la distancia en Méjico. "*Mis dos grandes amores son el partido socialista y España, pero si alguna vez hubiera contradicción entre ellos, que no deseo se produzca nunca, elegiría los intereses de España*".

Desde aquellos días aciagos nuestro país ha evolucionado y no se dan ahora las circunstancias que propiciaron el enfrentamiento fratricida. Esta España de hoy es otra. En la década de los sesenta del pasado siglo cambió su estructura económica y social, pasando de ser un país agrario a convertirse en la novena potencia industrial del mundo con una extensa clase media inexistente hasta entonces, erradicado el analfabetismo y con la población infantil totalmente escolarizada. Tal metamorfosis, obra del trabajo de los españoles y del buen gobierno, haría posible la democracia que luego advino, traída por Juan Carlos I cuya duración insólita –un tercio de siglo– no debe adormecer nuestras defensas frente a las tendencias negativas, hijas de las lacras ancestrales que empiezan a levantar cabeza ante la inconsciencia y la pasividad de algunos. Como español, puesto ya el pie en el estribo, pensando en las generaciones venideras y en su España, "me abrasa el alma –como a Sánchez Albornoz– su inquietante destino"(39). Por eso, he rebuscado afanoso en la Historia, la nuestra, gloriosa pero con sombras como todas, para abrir una ventana a la esperanza, porque la Historia es legado pero también proyecto, conocimiento del pasado para caminar con paso firme hacia un futuro mejor.

NOTAS AL TEXTO

Capítulo primero

(1) Frank L. DEWEY, *Thomas Jefferson Lawyer.* University Press of Virginia. CharlottESVILLE, 1986. SAUL K. PADOVER, *Jefferson, a great american's life and ideas.* Penguin Books Inc., New York 1994. R. Kent NEWYER, *John Marsahll and the heroic Age of the Supreme Court*, Louisiana State University Press, 2001. Lawrence GOLDSTONE, *The Activist John Marshall, Marbury v. Madison and the Myth of Judicial Review*, Walter Publishing Company Inc., New York, 2008. Max LERNER, *Nine scorpions in a bottle.* Edited by Richard Cummnings. Arcade Publishing. New York, 1994. Bernard SCHWARTZ, *Los diez mejores jueces de la Historia norteamericana.* Ed. Civitas. Madrid 1980.

(2) Felix FRANKFURTER, "Mr. Justice Brandeis and Constitution" en *Mr. Justice Brandeis* (1932), pg. 125.

(3) Kermit L. HALL, ed. *The Oxford Companion to the Supreme Court of the United States*, Oxford University Press, New York-Oxford 1992, voces Marbury v. Madison, Madison y Marshall, pgs. 517-18 (Robert A. Rutland), 521-23 (Herbert A. Johnson) y 523-26 (R. Kent Newmyer). Nicolás PÉREZ SERRANO, *La noble obra política de un Gran Juez (Juan Marshall)*, Discurso leído en la Junta Pública del martes 25 de octubre de 1955 para inaugurar el curso académico 1955-56, Real Academia de Ciencias Morales y Políticas, Madrid 1955. También Carlos RUIZ DEL CASTILLO, *Derecho Político*, Instituto Editorial Reus, Madrid 1939, pgs. 698 y ss.

(4) Edouard LAMBERT, *Le gouvernement des juges et la lutte contre la législation social aux Étatats Unis. L'experience américaine du contrôle judiciaire de la constitionnalité des lois.* Barreaud et Cíe, 1921.

(5) Sobre el segundo elemento de ese binomio, la revisión judicial de los actos del del Gobierno, que no es tema aquí y ahora, Eduardo GARCÍA DE ENTERRÍA: *Democracia, Jueces y control de la Administración*, Editorial Civitas, Madrid 1995, así como Julio V. GONZÁLEZ GARCÍA, *El alcance del control judicial de las Administraciones Públicas en los Estados Unidos de América*, McGraw-Hill, Madrid 1996. Montserrat CUCHILLO FOIX, *Jueces y Administración en el federalismo norteamericano (El control jurisdiccional de la actuación administrativa)*, Escola d´Administració Pública de Catalunya, Ed. Civitas, Madrid 1996.

(6) Lawrence M. FRIEDMAN, *A History of American Law*, 20 ed. Touchstone Book, Simon & Schuster, New York, 1985.

(7) James BRYCE, *Constituciones flexibles y Constituciones rígidas*, Instituto de Estudios Políticos, 20 ed. Madrid 1963, pgs. 98-99.

(8) Georg JELLINEK, *Teoría General del Estado*, traducción de la 20 edición alemana y prólogo por Fernando de los Rios, Editorial Albatros, Buenos Aires 1978, pg. 385.

(9) JELLINEK, ibid. pg. 389 y Maurice HAURIOU *Principios de Derecho Público y Constitucional,* Instituto Editorial Reus, Madrid 1927, pgs. 306-7.

(10) Manuel ARAGÓN, "Sobre las nociones de supremacía y superlegalidad constitucional" en *Homenaje a Carlos Ruiz del Castillo,* Instituto de Estudios de Administración Local, Madrid 1985, pg. 9.

(11) LERNER, ob. cit. pg. 66, como epígrafe del cap. 5.

(12) *Argument against the Writs of Assistance,* 17.

(13) Alexander HAMILTON, James MADISON y John JAY, *The Federalist Papers,* editados y con una Introducción de Clinton Rossiter, A Mentor Book, Penguin Group, New York, 1961, pgs. 466-67, párrafo nº 78 escrito por Hamilton.

(14) Su grandeza venía de la circunstancia accidental de que él llegó primero, dijo O.W. Holmes, según Lerner, ob. cit. pg. 89.

(15) Louis B. BOUDIN, *Government by Judiciary,* vol. 2 1932, pgs. 230-31. Corwin, Court over Constitution.

(16) "Marbury v. Madison" estableció la revisión judicial de las leyes federales. Siete años después, el 16 de marzo de 1910, Marshall publicó la decisión "Fletcher v. Peck" que extendió la revisión judicial a la legislación de los Estados bajo la "cláusula de supremacía" de la Constitución. Mark CURRIDEN y Leroy PHILLIPS, JR. *Contempt of Court.* "The turn-of-the-century lynching that launched a hundred years of federalism". Faber and Faber, Inc. New York, 1ª ed., 5ª impresión, 2000.

(17) Valentín DE FORONDA, *Los sueños de la razón,* Edición de M. Benavides y C. Rollan. Biblioteca de Visionarios, Heterodoxos y Marginados, Editora Nacional. Madrid 1984, pgs. 432-37, 440, 575-85.

(18) "It is a very dangerous doctrine to consider the judges as the ultimate arbiters of all constitutional questions. It is one which would place us under the despotism of an oligarchy" (Carta a W.C. Jarvis, 28 septiembre 1820).

(19) Como presidente, Jefferson se enfrentó con jueces "federalistas" del Supremo y tribunales inferiores que disfrutaban de la investidura durando su buena conducta. No apoyaba a los radicales de su propio partido que pretendían enmendar la Constitución para eliminar la justicia federal y que favorecían una construcción amplia de la cláusula de acusación (*impeachment*) de los artículos I, II y III para remover jueces por otro motivos o razones políticas. Pero resistió los intentos "federalistas" para ensanchar los poderes de los tribunales nacionales y politizarlos. Promovió el rechazo de la Ley Judicial de 1801 que había incrementado el número de las judicaturas federales y expandido la jurisdicción de los tribunales de circuito. Es cierto que Marshall reclamó para el Tribunal la competencia de interpretar la Constitución, él no reclamó explícitamente que su competencia para hacerlo fuera exclusiva o definitiva. Aunque Jefferson ayudó a iniciar los procedimientos de acusación en 1803 contra John Pickering, un alcohólico y loco magistrado de un tribunal de distrito y trabajó detrás de los bastidores para su condena, pero no apoyó la acusación contra Chase ... En el juicio por traición de Aaron Burr (1806) Jefferson rehusó obedecer la citación de Marshall para testificar aunque aceptó la absolución.

Después de su retiro, Jefferson criticó a Marshall y al Tribunal Supremo más directamente. Se opuso a sentencias nacionalistas como Martin v. Hunter's Lessee (1816), Mc Culloch v. Maryland (1819) y Cohens v. Virginia (1821) y animó a Spencer Roane y

John Taylor para criticar al Tribunal públicamente. En correspondencia privada, Jefferson suscitó un número de cuestiones importantes acerca de la jurisdicción del Tribunal Supremo. ¿Podía pretender el Tribunal ser el árbitro final en los conflictos entre los estados y el gobierno federal, ya que esta competencia no estaba habilitada por la Constitución? ¿Podía arrogarse el Tribunal este poder por sí mismo? ¿Cual es la relación del Tribunal y la voluntad popular, especialmente ya que sus miembros son nombrados de por vida? ¿Deberá el Tribunal mantener sus debates en secreto y ocultar la discordia interna notificando decisiones unánimes? ¿Podía el Tribunal ser árbitro imparcial en disputas entre el gobierno federal y los estados, ya que eran parte de aquél y por aquél eran pagados sus sueldos?

Esas preguntas no conducen en sí mismas a fáciles respuestas incluso hoy, cuando está generalizada la aceptación de la supremacía judicial en cuestiones constitucionales. Como consecuencia de ello, el espíritu crítico de Jefferson ha resonado a traves de la historia de América y ha formado la base teórica de las posiciones tomadas por presidentes como Andrew Jackson y Franklin Roossevelt así como otros críticos de un Tribunal activista que han intentado restringir la fuerza de sus decisiones (Richard Ellis, *The Jeffersonian Crisis: Courts and Politics in the Young Republic* (1971), así como *Jefferson, Thomas,* en *The Oxford Companion to the Supreme Court of the United States,* editado por Kermit L. HALL, Oxford University Press, New York 1992, pgs. 447-48).

(20) Lawrence H. TRIBE y Ralph S. TYLER, *American Constitutional Law,* Mineola New York, The Foundation Press Inc., 2ª ed., 1988, pgs. 25 y 26.

(21) G. GUNTHER, *Constitutional Law,* 11ª ed., pgs. 11-12.

(22) William H. REHNQUIST, *Grand Inquests,* "The Historic Impeachments of Justice Samuel Chase and President Andrew Johnson", Quill, William Morrow, New York, 1999, pgs. 114, 118, 126 y 130.

(23) Paul OURLIAC, "La puissance de juger: Le poids de l`Histoire", en *Droit, revista francesa de teoría jurídica,* nº 9, abril 1989, sobre el tema "La fonction de juger", pg. 29.

(24) Rafael de MENDIZÁBAL ALLENDE, "La Contaduría Mayor de Cuentas", *Revista de Derecho Judicial,* y separata, nº 25, enero-marzo 1966, pgs. 11-35.

(25) Manuel GALLEGO MORELL, *El Derecho Procesal en el Teatro del Siglo de Oro /El Alcalde de Zalamea,* Universidad de Educación a Distancia, Centro Regional de Extremadura, Mérida 1987, pg. 7. Niceto ALCALÁ-ZAMORA Y TORRES, "El Derecho y sus colindancias en el Teatro de don Juan Ruiz de Alarcón", *Revista de la Escuela nacional de Jurisprudencia,* julio-septiembre 1949, Imprenta Universitaria, México 1949. José Mª IZQUIERDO Y MARTÍNEZ, *El derecho en el Teatro Español,* edición facsímil. Ateneo y Colegio de Abogados de Sevilla, 2009.

(26) Diego de COVARRUBIAS Y LEYVA. *Textos Jurídico-Políticos.* Selección y prólogo de Manuel Fraga Iribarne. Traducción de Atilano Rico Seco. Colección Civitas, Instituto de Estudios Políticos, Madrid 1957, pgs. 297-339, que es el Cap. IV de las "Cuestiones Prácticas", "Practicarum Quaestionum Liber", "Omnium Ofernan", Vol. I, Salamanca 1577.

(27) Catherine DRINKER BOWEN, "The Lion and the Throne", *The Life and Times of Sir Edward Coke, 1552-1634,* Hamish Hamilton, London 1957.

(28) En mi *Códice con un juez sedente*, discurso de ingreso en la Real Academia de Jurisprudencia, y Legislación, ofrezco una versión dramatizada del magnífico relato de Catherine Drinker Bowen, pgs. 291-296.

(29) *Discurso a la Cámara de Comercio de Elmira*, Nueva York, 3 de mayo de 1907.

(30) Francisco BECEÑA. *Magistratura y Justicia*, Librería General de Victoriano Suárez. Madrid 1928, pgs. 109-111

(31) Alexis de TOCQUEVILLE, *La Démocratie en Amérique*, Gallinard, Paris 1951.

(32) André BLONDEL, *Le contrôle jurisdictionel de la constitutionnalité des lois* (Etude critique comparative: États Unis-France), Sirey, París. 1926, pg. 8.

(33) Hans KELSEN, "La garantie jurisdictionelle de la Constitution: Justice Constitutionelle". *Revue de Droit Public*, abril-junio 1928, pgs. 233 y ss.

(34) Rafael de MENDIZÁBAL ALLENDE, *El Tribunal de Cuentas y el nacimiento de la Administración contemporánea*, Instituto de Estudios Fiscales, Madrid, 2001, pags. 125 y ss. Con este mismo título se publicó el que ahora es capítulo III del libro en la Revista de Administración Pública nº 49, enero-abril 1966, pgs. 101-141.

(35) Rafael de MENDIZÁBAL ALLENDE, "El principio de unidad jurisdiccional y lo contencioso-administrativo", *Revista de Administración Pública* nº64, pgs. 337-387. "El marco histórico de la Ley Orgánica del Poder Judicial" *RDE y A*,. También, "Pasado, presente y futuro de la jurisdicción contencioso-administrativa" en *El proceso contencioso-administrativo*, Escola Galega de Administración Pública, Santiago de Compostela 1994, pgs. 39-70.

(36) La metáfora es del propio Hans KELSEN, *La Teoría Pura del Derecho. (Método y conceptos fundamentales)*, traducción y prólogo de Luis Legaz y Lacambra, Ed. Revista de Derecho Privado, Madrid 1933, pgs 52 y ss.

(37) En el fondo de esta filosofía de la violencia se encuentra el culto al héroe, hijo del pensamiento romántico desde Carlyle a Wagner, con Schopenhauer y Nietzsche (Más allá del bien y del mal). Henri BERGSON, autor de *La evolución creadora*, defiende un misticismo vitalista fundado en la fuerza vital, de la que la inteligencia es sólo una sierva; su obra hidráulica, hasta 1932 (*Les deux sources de la morale et de la religion*). Una aplicación directa de la doctrina de Bergson fue intentada por Georges SOREL en sus *Reflexions sur la violence* (1908).

(38) Rafael de MENDIZÁBAL ALLENDE, "El Tribunal Supremo de la Hacienda Pública", *RAP* n 56, mayo-agosto 1968, págs. 123-184.

(39) José Manuel M. CARDOSO DA COSTA, *A Jurisdiçâo Constitucional em Portugal*, 20 ed., Coimbra 1992, y *A Evoluçâo Constitucional No Quadro Da Constituçâo da República de 1976*, Coimbra 1994.

(40) Louis FAVOREU, *Les Cours constitutionelles, Que sais-je*. Presses Universitaires de France, Paris, 1986. Pedro CRUZ VILLALÓN, *La formación del sistema europeo de control de constitucionalidad (1918-1939)*. Centro de Estudios Constitucionales. Madrid, 1987.

(41) Según me informó el ex Presidente de la República don Jaime Paz Zamora, en la Universidad de Alcalá de Henares, con ocasión del II Encuentro Interreligioso, el mismo día de la aprobación por el Congreso.

(42) Informe al H. Congreso Nacional 1994-1995. Cfr. Raul MOSCOSO ÁLVAREZ, *Apología del Tribunal de Garantías Constitucionales*. Fundación Ecuatoriana de Estudios Sociales, Quito 1993.

(43) *El Golpe de Estado del 25 de mayo de 1993 y retorno a la institucionalidad,* Documentos, Guatemala, Centro América mayo de 1995.

(44) Sobre todo ello, *Anuario Iberoamericano de Justicia Constitucional 1997*, editado por el Centro de Estudios Constitucionales de España.

(45) Sobre el Consejo Constitucional Francés, François LUCHAIRE y François GOGUEL, en *Tribunales Constitucionales Europeos y Derechos Fundamentales*, Centro de Estudios Constitucionales, Madrid 1984, pgs. 55-132 y 293-318, respectivamente.

(46) Que no encaja en el esquema kelseniano lo avisó lúcidamente Francisco RUBIO LLORENTE, en "Síntesis sobre la jurisdicción constitucional en Europa", *REDE* nº 35 y en *La forma del Poder, Estudios sobre la Constitución.* Centro de Estudios Constitucionales, Madrid 1993, pg. 591.

(47) Sobre el Tribunal Constitucional Federal Alemán, Klaus SCHLAICH y Hans G. RUPP, en *Tribunales Constitucionales Europeos y Derechos Fundamentales*, Centro de Estudios Constitucionales, Madrid 1984, pgs. 133-232 y 319-412, respectivamente. José Luis MANZANARES SAMANIEGO, "El Tribunal Constitucional Federal Alemán" en la obra colectiva *El Tribunal Constitucional, Dirección General de lo Contencioso del Estado,* Instituto de Estudios Fiscales, Madrid, 19 vol. pgs. 1551-1570.

(48) LERNER, ob. cit, pg. 78.

(49) El espejo de la literatura nos devuelve la misma imagen. En la primera mitad del siglo XIV el ARCIPRESTE DE HITA escenifica un juicio que empieza como civil y se decanta en criminal con un notable realismo y una gran vivacidad, manejando la palabra y el verso como si de una cámara cinematográfica se tratara. El caso empieza por una demanda "apta e bien formada", con los demás requisitos legales, que el lobo presenta contra la raposa ante el alcalde, juez, o adelantado, un simio, el animal más alto en la escala zoológica por su parecido al hombre. El buen varón es "sotil e sabio", sabidor "grande", "letrado e de buena ciencia", cuya potestad le viene "del rey en su comisión/especial para todo esto e complida jurisdicción". Sedente en el estrado, "assentado en la su abdiençia, "emplazada por fuero" la raposa, comparece el lobo con su demanda, "apta e bien formada, clara" y con todos los requisitos legales, pues tenía buen abogado, el galgo, demanda que expone verbalmente y, leída que fue la acusación, la raposa pide como primera providencia "dadme un abogado, que fable por mi vida", a cuya petición accede el juez dándole veinte días para buscarlo. En fin, vistas las distintas alegaciones, de ambas partes y practicadas las pruebas, el juzgador leyó la sentencia, escrita por él mismo, sentencia razonada, donde se analizan los argumentos jurídicos y se ponderan las pruebas testifical y la confesión, que desecha por prestada por miedo. "Non apellaron las partes", aunque "los abogados dixieron contra el juez / que había mucho errado" por haber aplicado la ley según su arbitrio, a lo cual el simio les redarguyó que podía decir lo que es derecho y ley por haber "poder del rey en su comisión / especial para todo esto e conplida jurisdicción".

(50) José Antonio LEIZAOLA, *Contribución de los vascos a la formación y a la Ciencia del Derecho,* 1935.

(51) Fernando SÁINZ DE BUJANDA, "Organización política y Derecho Financiero" *Hacienda y Derecho,* I, Instituto de Estudios Políticos, Madrid 1955, pgs. 230-264. Véase al respecto la Sentencia de la Sala Tercera de 19 de septiembre de 1988 de la que fui ponente (*Actualidad Administrativa,* núm. 598/1988), donde se alude una vez

más a esa trayectoria histórica, que aparece quizá por primera vez en otra de 1 de diciembre de 1986 ("Doctrina legal monográfica. Tasas y exacciones parafiscales", *Gaceta Fiscal*, núm. 45, junio, 1987). La misma Sala ha contemplado, desde tal perspectiva histórica, la vertiente del gasto público. Así, la Sentencia de 30 de junio de 1986, también ponencia mía, dictada precisamente en un conflicto presupuestario entre la Comunidad Autónoma de Canarias y los Cabildos, empezaba diciendo que "la aprobación de los presupuestos está en la raíz histórica de nuestras Cortes, como lo está el control del gasto público" (*Actualidad Administrativa*, núm. 34, 15-21, septiembre, 660/1986, págs. 1965-1966). Sobre esta resolución puede consultarse el magnífico comentario de César ALBIÑANA GARCÍA-QUINTANA, bajo el título "Nulidad radical o absoluta de disposición distinta de la Ley (territorial) que apruebe los presupuestos de una Comunidad Autónoma", publicado en *Presupuesto y Gasto Público*, núm. 26, 1985, págs. 135-140.

(52) Vicente SANTAMARÍA DE PAREDES, *Curso de Derecho Político*, Valencia 1983, pg. 337, menciona a los autores del Federalista con ocasión de la independencia judicial. Que yo sepa, es la primera cita de este libro en España.

(53) En la época de la Guerra de Secesión, 1861-1865, "Los militares europeos menospreciaban a sus colegas norteamericanos, considerándolos unos aficionados... Aquella contienda fue fructífera en experiencias militares de todo tipo sin que ningún Estado Mayor europeo se hiciera eco". Gabriel CARDONA y Juan Carlos LOSADA, *Weyler, Nuestro hombre en la Habana*. Planeta, Barcelona 1997, pg. 35.

(54) C.A.M. HENNESSY, *La República Federal en España, Pi y Margall y el Movimiento Republicano Federal*, Aguilar, Madrid 1966.

(55) Rafael de MENDIZÁBAL ALLENDE, *El Tribunal de Cuentas y el nacimiento de la Administración contemporánea*, Instituto de Estudios Fiscales, Madrid 2001, pgs 165 y ss., cuyo capítulo IV "La Revolución de 1868 y el Tribunal de Cuentas", se había publicado en la *RDF y HP*, nº 74, marzo-abril 1968, pgs. 301-376.

(56) Mª Teresa GONZÁLEZ CALBET, *La Dictadura de Primo de Rivera. el Directorio Militar*, Ediciones El Arquero Madrid 1987. M. GARCÍA CANALES, *El problema constitucional en la Dictadura de Primo de Rivera*, C.E.C., Madrid, 1980.

(57) Rafael de MENDIZÁBAL ALLENDE, "Pasado, presente y futuro de la justicia constitucional" en *Anales* de la Real Academia de Jurisprudencia y Legislación nº 31, Madrid 2001, págs. 153-209.

(58) El Proyecto de Constitución Federal de la República española de 17 de julio de 1873 creaba un Tribunal Supremo Federal, integrado por tres magistrados por cada Estado de la Federación (art. 73), al que corresponde «en el caso de que el Poder legislativo de alguna ley contraria a la Constitución", "la facultad de suspender los efectos de esta ley» (art. 77). Al Senado correspondía la misión de "examinar si las leyes del Congreso desconocen los derechos de la personalidad humana o de los poderes de los organismos políticos, o de las facultades de la Federación o del Código fundamental" y en el caso de que así lo entendiera se suspendiera la promulgación de la ley por espacio de tres años y concluido este plazo la ley «se promulgará en el acto por el Presidente y será ley en toda la Federación. Sin embargo, al Poder judicial, representado por el Tribunal Supremo de la Federación", le queda la facultad de declarar en su aplicación si la ley es o no constitucional» (art.70). Se le atribuye

jurisdicción penal "en las causas formadas al Presidente, a los Ministros en el ejercicio de sus cargos, en los asuntos en los que la Nación sea parte". Isabel CASANOVA AGUILAR, *Las Constituciones no promulgadas de 1856 y 1873,* Iustel, Madrid 2008, págs. 285-286 y 305-306, donde se indica que este sistema de control de constitucionalidad de las leyes se inspiraba en el sistema americano pero con diferencias sustanciales.

(59) PÉREZ SERRANO (N), ob. cit., pág. 324. GARCÍA ESCUDERO, *Historia política de las dos Españas,* Editora Nacional, vol. 2, Madrid 1976, pag. 1088.

(60) Adolfo POSADA, *La nouvelle Constitution espagnole,* París 1932, pág 217. RUIZ DEL CASTILLO, ob. cit., pág. 713.

(61) Art. 81 de la Constitución Española de 1978

(62) Niceto ALCALÁ ZAMORA, ob. cit., págs 279-280

(63) El dictamen lo recoge BASSOLS, ob. cit. más abajo, págs 455 y ss.

(64) Wenceslao FERNÁNDEZ FLÓREZ, "Acotaciones de un oyente", (Segunda serie) en *Obras Completas,* Vol. V, 5ª ed. Aguilar Madrid 1960, págs. 947-949 (12 de noviembre de 1931)

(65) Andalucía, Aragón, Asturias, Baleares, Canarias, las dos Castillas Nueva y Vieja, Extremadura, Galicia, León, Murcia, Navarra y Vascongadas y Valencia.

(66) Rafael de MENDIZÁBAL ALLENDE, "El Tribunal de Cuentas en el paréntesis democrático de la Segunda República", *Actualidad Administrativa* 1/2002, Suplemento en separata, pág. 33

(67) Martín BASSOLS COMA, *La Jurisprudencia del Tribunal de Garantías Constitucionales de la II República Española,* Centro de Estudios Constitucionales, Madrid 1980

(68) *Diario de Sesiones de las Cortes Constituyentes,* 1931-1933, págs 2709, 2672-2674 y 2709.

(69) ALCALÁ ZAMORA, ob. cit., pág 281

(70) Al presidente se le asignó un sueldo de 100.000 pesetas anuales (600 €) más 25.000 (125 €) por gastos de representación. Un auxiliar ganaba 4.000 pesetas al año (240 €), 333,33 al mes (20 €).

(71) Joaquín ARRARÁS, *Historia de la Segunda República Española,* Editora Nacional, Madrid 1964, t.II, págs. 198-199 y 222-223.

(72) Rafael de MENDIZÁBAL ALLENDE, *Códice con un Juez sedente,* Real Academia de Jurisprudencia y Legislación, La Ley, Madrid 1999, págs. 100-101. También "La razón histórica de la Constitución Española de 1978, en *Anales* de la Real Academia de Jurisprudencia y Legislación, nº 39, Madrid 2009, págs. 542-549. Además "Cuando la Justicia Constitucional llegó a España", *Actualidad Administrativa,* nº 19/2008. Ha sido incluido en *Cartas 25 años de Actualidad Administrativa,* La Ley, Madrid 2010, págs. 179-186.

(73) Carlos RUIZ DEL CASTILLO Y CATALÁN DE OCÓN, *Manual de Derecho Político,* Instituto Editorial Reus, Madrid 1936-1939, pág. 707-15.

(74) Hubo también varias excepciones de inconstitucionalidad formuladas ante los Jueces de Primera Instancia de Granollers y de Vich y la Audiencia Territorial de Barcelona en los procedimientos de ejecuciones de "sentencias de desahucio respecto de la Ley del Parlamento Catalán de 27 de junio de 1933 "para la solución de los conflictos derivados de los contratos de cultivos". El Tribunal de Garantías Constitucionales dictó tres Sentencias con una misma fecha, el 27 de noviembre de

1934 y una cuarta el 17 de enero del siguiente año, declarando "la inconstitucionalidad material de la ley" impugnada "en el caso concreto objeto de este recurso, cuyas costas se sufragarán de oficio". Un voto particular la acompañaba, suscrito por cinco vocales y otro, parcial, llevaba la firma de don Salvador Munguijón. El presidente era don Fernando Gasset Lacasaña, actuando como ponentes de una don Francisco Alcón Robles, de otra don Carlos Martín Álvarez, de una tercera ambos y de la última don Gonzalo Merás Navia.

(75) Josep PLA, "La Segunda República Española", *Una crónica 1931-1936*. Ediciones Destino, Barcelona 2006, pág 1130

(76) Que yo recuerde sólo hubo un recurso de tal índole, contra el reglamento disciplinario de los funcionarios públicos. Jorge de ESTEBAN, Santiago VARELA DÍAZ, Luis LÓPEZ GUERRA, José Luis GARCÍA RUIZ y Francisco Javier GARCÍA FERNÁNDEZ, *Desarrollo político y Constitución española*, con prólogo de Manuel Jiménez de Parga: Ediciones Ariel. Barcelona 1973. Rodrigo FERNÁNDEZ CARVAJAL. *La Constitución Española*, Editora Nacional, Madrid 1969. Dentro del mismo contexto pero muy anterior, Jaime GUASP, "La Justicia Constitucional en España", *Revista de la Facultad de Derecho de México*, tomo X, enero-diciembre 1960, núms. 37 al 40, pgs. 203-219, recogido en *Estudios Jurídicos*, edición al cuidado de Pedro Aragoneses Alonso, Editorial Cívitas, Madrid 1996, pgs. 241-55.

(77) Adolfo de MIGUEL GARCI-LÓPEZ, *Jaque a la Justicia. Duelos y quebrantos judiciales*. Ed. Planeta, Madrid, 1980. Pg. 134.

(78) En *ABC*, se publicó el 11 de mayo de 1997 un indignado artículo anónimo con el título Por el prestigio del Tribunal Supremo, cuyo autor era un destacado miembro de la carrera judicial.

(79) Adolfo POSADA, *El régimen constitucional*. Madrid, 1930 y *La reforma constitucional*, Madrid, 1931. *La nouvelle Constitution espagnole*, Sirey, París, 1932 (cap. XVI) y su Tratado I, II, pgs 536 y ss.

(80) En ella, firmada el 16 de abril, propuse la supresión de un proyectado "Tribunal de Garantías" en función del principio de unidad jurisdiccional, Diario de Sesiones, 1976.

(81) Arnold TOYNBEE, *A Study of History*, compendio de Somervell. El gran acierto de Toynbee ha sido la implantación de la categoría reto-respuestas "Challenge-response" en el campo histórico, inspirada en el desafío de Mefistófeles a Dios. Prólogo de L. RODRÍGUEZ ARANDA, a *El Mundo y el Occidente de Arnold Toynbee*, Aguilar de Ediciones, Madrid 1953, pgs. XIV y XV.

(82) Eduardo GARCÍA DE ENTERRÍA, "La posición jurídica del Tribunal Constitucional en el sistema español: posibilidades y perspectivas", *Revista Española de Derecho Constitucional* nº 1, 1981, pg. 36.

(83) La evolución viva del Tribunal Supremo de los Estados Unidos a lo largo del siglo XX puede contemplarse en cuatro obras ya citadas por mí: *Honorable Justice la biografía de O.W. Holmes* escrita por NORVICH para las tres primeras décadas; *Nine Scorpions in a bottle* de LERNER, para el tramo siguiente hasta la presidencia Warren, Burger y Rehnquist; The Brethren de Woodward para 1969-1975 y Turning Right de Savage, 1986-1992, la presidencia Rehnquist. También, Jeffrey TOOBIN, *The Nine, inside the secret world of the Supreme Court*, Anchor Books, Random House Inc., New York

2008. En conjunto, Bernard SCHWARTZ *History of the Supreme Court of the United States*, Oxford University Press, Nueva York, 1993.

(84) Lawrence M. FRIEDMAN, *A History of American Law*, 20 ed., "A Touchstone Book", Simon & Schuster, Nueva York 1985, pgs. 122, 133 y 345.

(85) SSTC 23/1988 y 105/1988.

(86) ATC 296/1992 y STC 90/1994, así como el Voto particular a la STC 73/1996 obra del magistrado Pedro Cruz Villalón.

(87) Manuel MEDINA GUERRERO y Joaquín HUELÍN MARTÍNEZ DE VELASCO, *Jurisprudencia del Tribunal Constitucional en procesos de control de constitucionalidad de normas con valor de ley* (septiembre de 1995-julio de 1996), ASOCIACIÓN DE LETRADOS, *La Sentencia sobre la constitucionalidad de la Ley, T.C.*, Centro de Estudios Constitucionales, Madrid 1997, pgs. 309-40.

(88) Rafael de MENDIZÁBAL ALLENDE, *Códice con un juez sedente*, Madrid 1999, pg. 113.

(89) *Actualidad Administrativa* nº 14/95, pgs. 751-761, "El Tribunal Supremo y el Tribunal Constitucional".

(90) Rafael de MENDIZÁBAL ALLENDE, "*El sistema judicial en la Constitución y en la doctrina del Tribunal Constitucional*", *Anales* de la Real Academia de Jurisprudencia y Legislación nº 30, Madrid 2000, pgs. 339 - 395.

(91) Francis TERQUERM, *Le coup d'Etat judiciaire*, Éditions Rasay, París 1998.

(92) La evolución que llevó a la solución actual en "Pasado, presente y futuro de la jurisdicción contencioso-administrativa", *Actualidad Administrativa*, nums. 18 y 19/1994, 2 al 8 y 9 al 15 de mayo, pgs. 263-78 y 279-90 y se expone también en el capítulo V de este libro.

(93) Por ejemplo, el Tribunal Constitucional venía accediendo a los desistimientos de plano, con una cláusula o válvula de seguridad, sin exigir el cumplimiento de los requisitos formales exigidos por la LEC, poder especial al efecto o ratificación del interesado, hasta 1992 en que conseguí convencer a los colegas de este proceder con ocasión de la STC 362/1993, de 13 de diciembre (caso Museo del Prado).

(94) "Un Tribunal Constitucional a la "americana". Sorpresa ha causado entre algunos jueces el Presidente del Tribunal Constitucional, Álvaro Rodríguez Bereijo, utilizando un mazo en las vistas públicas que celebra el Alto Tribunal. Lo ha hecho, por segunda vez, el 10 de diciembre: levantó la sesión "a la americana", es decir, con un golpe de mazo. Los puristas remarcan que los tribunales españoles lo que usan es la campanilla, y que recurrir al mazo resulta ajeno a la tradición y simplemente imitar a los telefilmes. Rodríguez Bereijo no es magistrado, sino profesor". *Revista Época*, 30 de diciembre de 1996. En la audiencia celebrada el 11 de julio de 1994 el entonces presidente don Miguel Rodríguez-Piñero, había incitado a los magistrados para que hicieran alguna observación o pregunta a los letrados. Nadie hizo uso de la palabra. El Tribunal ha celebrado muy pocas vistas públicas, ocho en total. La última el 27 de enero de 1997, por la Sala Segunda para un recurso de amparo.

(95) "Los retos contemporáneos de la justicia constitucional", *Actualidad Administrativa* nº 34/2000: "A continuación tomó la palabra don Fernando Garrido Falla, Magistrado del Tribunal Constitucional, que se refirió a la gran cantidad de asuntos,

especialmente recursos de amparo, que se acumulan en el Tribunal Constitucional en espera de solución desde hace varios años, haciendo hincapié en dos de los factores con los que se ha pretendido a veces explicar el retraso. En primer lugar, ha sido imputado a la predominante composición académica (ocho Magistrados procedentes de la Cátedra universitaria y sólo 4 de la Carrera judicial), acusando a aquellos de preparar ponencias con vocación de tesis doctoral, frente al mayor pragmatismo de los Jueces profesionales acostumbrados a enfrentarse con la justicia del caso concreto, acusación infundada (aún admitiendo la diferencia entre Profesores que hayan ejercido o no la abogacía) por entender que la referida tendencia teórica constituye hoy una característica común a todos los componentes del Tribunal, con independencia de su origen. En segundo lugar, expuso su opinión de que la aparente falta de productividad del Tribunal Constitucional (unas doscientas cincuenta sentencias al año y otros tantos autos) se debe a que el "principio de colegialidad" se ha extendido a límites inaceptables. En las reuniones de las Salas y, especialmente, del Pleno la deliberación no se limita al sentido del Fallo, ni siquiera a los argumentos que deben conducir a la solución del caso planteado, sino incluso a la redacción gramatical de la sentencia, con lo que, a diferencia de lo que ocurre en el Tribunal Supremo, termina por desaparecer el estilo literario propio del Ponente. Con independencia de las explicaciones que se ofrezcan, lo cierto es que el gran problema del Tribunal Constitucional estriba en la desproporción entre el tremendo número de asuntos que ingresan (más de seis mil al año) y el de los que se resuelven, aunque deba subrayarse que, de los presentados, alrededor del 97% son inadmitidos por simple providencia adoptada en Sección (tres Magistrados) del Tribunal".

(96) *Naturaleza de la justicia constitucional*, en el libro o memoria que recoge el IV Seminario Internacional sobre "Justicia Constitucional" editado por el propio Tribunal Constitucional de Bolivia, Sucre, marzo 2001, pgs. 48-74.

(97) El *Writ de certiorari* fue establecido por la *Judge's Bill* en 1925 frente al sistema de "appeal". El nombre le viene de la expresión "certiorari volumus"

(98) Antonio ESTELLA DE NORIEGA. "A Dissident Voice: The Spanish Constitutional Case Law on European Integration". *European public Law*, vol. 5, junio 1999, pgs 269-299.

(99) José Luis REQUERO, "Constitucional ¿europeo?", *ABC* 25 junio 2000. "El TC (español) parece erigirse en su instancia superior".

(100) Lorenzo MARTÍN RETORTILLO, *Materiales para una Constitución*, Akal, Madrid 1994, fue partidario, en su momento, de excluir el recurso de amparo de las competencias del Tribunal Constitucional.

(101) José C. ROJO ALONSO DE CASO, "Justicia Constitucional y ordinaria: ideas para la necesaria reforma legal", *Actualidad y Derecho* nº 14, 4 al 10 de abril de 1994, pgs. 1-5. José FOLGUERA CRESPO, "Justicia constitucional y Poder Judicial: el alcance práctico de una nueva relación", *Actualidad Jurídica* Aranzadi año V, nº 208, 27 de julio de 1995, pgs. 1-4.

(102) Rafael de MENDIZÁBAL ALLENDE, "Pasado, presente y futuro de la jurisdicción contencioso-administrativa I y II", *Actualidad Administrativa* núms. 18 y 19/1994, 2 al 8 y 9 al 15 de mayo, págs. 263-78 y 279-90. También en el libro *El proceso contencioso-administrativo* págs. 39-69, editado por la Escola Galega de Administración Pública

de la Xunta de Galicia, donde se recogen las Jornadas que tuvieron lugar en La Coruña los días 2 y 3 de diciembre, bajo la coordinación de Juan Jesús RAPOSO ARCEO y José María GÓMEZ Y DÍAZ-CASTROVERDE. Santiago de Compostela, 1944.

Capítulo segundo

(1) Francisco FERNÁNDEZ SEGADO, *El sistema constitucional español,* Dykinson, Madrid, 1997. También, *The Spanish Constitution in the European constitutional context (La Constitución española en el contexto constitucional europeo),* Dykinson, Madrid, 2003. Jorge RODRÍGUEZ ZAPATA, *Teoría y práctica del Derecho Constitucional,* Tecnos, Madrid, 1996.

(2) Wolfgang HEYDE, "La Jurisdicción", y Helmunt SIMON, "La jurisdicción Constitucional" en BENDA, MAIHOFER, VOGEL, HESSE, HEYDE, *Manual de Derecho Constitucional,* 2ª ed., Marcial Pons, Madrid, 2000, págs. 769 y 828-83, respectivamente.

(3) Thierry DI MANNO. *Le juge constitutionnal et la tecnhnique des décisions «interprétatives» en France et en Italie,* Presse Universitaires d'Aix-Marseille, Ed. Económica 1997.

(4) Santi ROMANO, *L'ordinamento giurídico.*

(5) Federico de CASTRO, *Derecho Civil de España. Parte general,* I, 3ª ed., Instituto de Estudipos Políticos, Madrid, 1955, pág. 522.

(6) Rafael de MENDIZÁBAL ALLENDE, "La primacía del Derecho Comunitario", en *La articulación entre el Derecho Comunitario y los Derechos nacionales: algunas zonas de fricción,* Consejo General del Poder Judicial, 2007, págs. 39-57.

(7) Rafael de MENDIZÁBAL ALLENDE, "El tiempo en el Derecho", *Actualidad Administrativa nº 14/2009,* 2ª quincena de julio, págs. 1615-1616. Publicado también en *Diario La Ley,* nº 17/2009, miércoles 16 de septiembre. Ha sido incluido en *Cartas. 25 años de Actualidad Administrativa,* La Ley, Madrid, 2010.

(8) Ramón PUNSET BLANCO, "La competencia del Tribunal Constitucional (art. 2º LOTC)" en *Comentarios a la Ley Orgánica del Tribunal Constitucional,* TC y BOE, Madrid, 2008, pág. 92.

(9) El "caso Matesa" en 1969, donde aparecían implicados Ministros del Gobierno, cuyo juzgador habría de ser el Pleno del Tribunal Supremo constituído en Sala de Justicia puso de manifiesto su inoperancia. La Ley de Bases, obra del entonces Ministro de Justicia don Francisco Ruiz-Jarabo, creó un panel o "pleno restringido" para estas funciones y un reflejo de este mismo criterio es la Sala Especial que implantó el art. 61 de la vigente Ley Orgánica del Poder Judicial, 6/1985, de 1 de julio.

(10) Lewis CARROL, *Alice Adventures in Wonderland,* The Complete Works. Braken Books. Londres 1994, pág.117

(11) Rafael de MENDIZÁBAL ALLENDE, en *La reforma de la Justicia constitucional,* pág. 106.

(12) *Actualidad Administrativa*, nº 12/1989, epígrafe 183, STC 45/1989, de 20 de febrero, págs. 681-690.

(13) Miguel CARBONELL, Óscar CRUZ BARNEY y Karla PÉREZ PORTILLA, *Constituciones históricas de México*, 2ª ed., Universidad Autónoma de México y Editorial Porrúa, México, 2004. Óscar CRUZ BARNEY, *Historia del derecho de México*, Oxford University Press, México, 2009.

(14) Rafael de MENDIZÁBAL ALLENDE *Códice con un Juez sedente*, Real Academia de Jurisprudencia y Legislación - La Ley, Madrid 1999, págs. 122 y ss.

(15) Laurence TRIBE, *American Constitutional Law*, 2ª ed., The Foundation Press Inc., New York, 1988, pág. 44. H. W. Jr PERRY "Writ of certiorari", The *Oxford companion of The Supreme Court of The United State*, ed. Kermit L. Hall, Oxford University Press. New York 1992, págs 131-133.

(16) Miguel Ángel MONTAÑÉS PARDO, "La especial trascendencia constitucional como presupuesto del recurso de amparo". *Otrosí*, núm 1, enero 2010, págs 30-37.

(17) Rafael de MENDIZÁBAL ALLENDE "La especial trascendencia constitucional como fundamento del recurso de amparo", *Actualidad Administrativa*, núm. 7/2010, págs. 783-786. Mario HERNÁNDEZ RAMOS, "La especial trascendencia constitucional de recurso de amparo en la jurisprudencia del Tribunal Constitucional. Luces y sombras de cuatro años de actividad". *Revista Aranzadi Doctrinal*. nº 3/2011, pgs. 2-9.

(18) "Las medidas cautelares en los procesos constitucionales", *Actualidad Administrativa*, nº 26/1996, 24-30 de junio, págs. 1529-1540.

(19) Rafael de MENDIZÁBAL ALLENDE "Fiscalización económica del sector público y jusrisdicción contable en la doctrina del Tribunal Constitucional", en *Anales* de la Real Academia de Jurisprudencia y Legislación nº 34, Madrid 2004, págs. 69-161

(20) Rafael de MENDIZÁBAL ALLENDE "El artículo 161 de la Constitución Española", en *Comentarios a la Constitución Española*, Tribunal Constitucional y Fundación Wolters Kluwer España, Madrid 2009, págs. 2672-2691.

Capítulo tercero

(1) *Códice con un juez sedente*, Discurso de ingreso en la Real Academia de Jurisprudencia y Legislación, La Ley, Madrid 1999, pgs. 51-52.

(2) Cfr. mi Voto particular a la STC 2/1995. *Códice* ..., pg. 11, nota al texto 9. También, "El uso de la toga", *Actualidad Administrativa* pgs. 485-92.

(3) Discurso a la Cámara de Comercio de Elmira Nuevo Decreto, 3 de mayo de 1907. La frase completa dice así: « We are under a Constitution, but the Constitution is what the judges say it is, and the judiciary is the safeguard of our liberty and of our property under the Contitution»

(4) «It is a very dangerous doctrine to consider the judges as the ultimate arbiters of all constitutional questions. It is one which would place us under the despotism of an oligachy».

(5) Manuel Jiménez De Parga y Cabrera, *La ilusión política, ¿Hay que reinventar la democracia en España?* Alianza Editorial, Madrid 1993, pgs. 140 y ss.

(6) Jesús González Pérez, "Los atentados al modelo de justicia de la Constitución de 1978", *Anales de la Real Academia de Ciencias Morales y Políticas*, 2008, pgs. 654 y 657.

(7) "Estado y Comunidades Autónomas ante la ordenación del crédito", *Actualidad Administrativa* nº 42/1992, pgs. 2363-2375. Cfr. mi Voto particular a la STC 158/1992, "Justicia, moneda, fonsadera...", *Actualidad Administrativa* 46/1992, pgs. 2652-55, así como al comentario de Manuel Jiménez de Parga, bajo el seudónimo de "Secondat", *Diario 16*, 6 de noviembre de 1992, pág. 2, *Una sentencia premonitoria*: "El magistrado Rafael de Mendizábal Allende ha formulado un valioso voto particular... este conocido jurista ha querido distanciarse del pelotón" ... "Donde hay genio, brilla".

(8) Así lo propuse por primera vez, ante la Comisión de Presupuestos como enmienda que se convirtió en Moción (Boletín Oficial de las Cortes Españolas del día 12 de abril de 1976). También, *Las facultades financieras del Consejo General del Poder Judicial*, en el libro colectivo que recogió las "Jornadas de Estudio sobre el Consejo General del Poder Judicial", Madrid 1983, pgs. 347-70. *Códice* ..., pgs. 182-86.

(9) STC 31/2010, de 28 de junio, sobre el Estatuto de Cataluña.

(10) Cortes Españolas, "Diario de Sesiones" nº 336, 4 de julio de 1974, pg. 29.

(11) *Códice...*, pgs. 179-81.

(12) La configuración de la potestad como instrumento normal se utiliza en la STS de 26 de marzo de 1986 Sala Tercera, *Actualidad Administrativa* 456//1986, núm. 23 págs. 1328-1332. «El razonamiento se apoya en una firmación de entrada

que juzgo del máximo interés y de una gran fecundidad doctrinal», dice José Luis MEILÁN GIL *Sobre el acto administrativo y los privilegios de la Administración*, prólogo al libro "La suspensión del acto administrativo", de Jaime Rodríguez-Arana Muñoz, pág. 30. También mi aportación al libro en homenaje al profesor Eduardo García de Enterría, "Estudios sobre la Constitución española", *Las potestades constitucionales de la Hacienda Pública y su configuración jurisprudencial*, Civitas. Madrid 1991, vol. V, págs. 3981-4027.

(13) Manuel JIMÉNEZ DE PARGA, *Los regímenes políticos contemporáneos*, Barcelona, 19XX. Eduardo GARCÍA DE ENTERRÍA, *Legislación delegada, potestad reglamentaria y poder judicial*, Madrid, 1970. José María BAÑO LEÓN, *Los límites constitucionales de la potestad reglamentaria*, Civitas, Madrid, 1991.

(14) "Estado y Comunidades Autónomas ante la ordenación del crédito", *Actualidad Administrativa* núm. 42/1992, pgs. 2363-75.

(15) *La Ley del Mercado de Valores y la STC 133/1997*, "Actualidad Administrativa" núm. 34 bis/1997.

(16) Alexander HAMILTON, James MADISON y John JAY, *The Federalist Papers*, Penguin Books, New York 1961, pág. 465 (parágrafo nº 78).

(17) Cfr. mi Voto particular a la STC 105/2000, al que prestó su adhesión don Manuel Jiménez de Parga y Cabrera.

(18) SSTC 41/1997, 218/1997 y 138/1999

(19) Como dijo con humor un presidente del Tribunal Supremo de los Estados Unidos Warren E. Burger "nos ha costado casi dos siglos descubrir que la Constitución contempla el derecho del detenido a disponer de abogado desde el primer momento" (Voto particular "Coleman v. Alabama", 22 de junio de 1970). *Códice* ..., pág. 108.

(20) "La libertad de elección del Abogado y el secreto de su comunicación con el defendido", *Actualidad Administrativa* núm. 30/1996, págs. 1720-21

(21) Lucas A. POWE, Jr. *The Warren Court and American Politics*. The Belknap Press of Harvard University Press. Cambridge, Massachusetts, and London, England, 2000 pgs 379 a 386, donde cuenta el caso "Gideon V. Wainwrigh", en el cual se basó un famoso libro de Anthony LEWIS, *Gideon's Trumpet* y un telefilm protagonizado por Henry Fonda. En realidad esta sentencia lo que hizo fue extender el derecho a la asistencia letrada, existente en la justicia federal, a los procesos ante tribunales de los Estados, o en otras palabras, incorporar la Sexta Enmienda a la Decimocuarta. Un poco antes se habían resuelto los casos "Carnley" y "Douglas"(1962). El abogado de Gideon ante el Tribunal Supremo fue Abe Fortas, que luego sería magistrado del Tribunal Supremo, a quien defenestraría el Presidente Nixon en una maniobra ignominiosa. Como ayudante para preparar la demanda tuvo a John HART ELY, *On Constitutional Ground*, Princeton University Press, Priceton, New Jersey, 1996, pgs. 198-211.

(22) Greg FALLIS, *A Murder*, "From the Chalk Outline to the Execution Chamber", M.Evans and Company, Inc., New York 1999, pág. 138

(23) ATC 160/1996 de 12 de junio. *La libertad* ... "ut supra", págs. 1722-23

(24) STC 123/1992. *El ingrediente social del Estado de Derecho*, en el libro colectivo "El proceso laboral en la jurisprudencia del Tribunal Constitucional", Consejo General del Poder Judicial, Madrid 1996, págs. 243-64. También, *Lo social como criterio de in-*

terpretación judicial, "Revista de Derecho Judicial" nº 3, julio-septiembre 1960, págs. 90-102.

(25) *Actualidad Administrativa* núm. 23/1994, págs 1328-1238. También, ATC 372/1993, "Dimensión constitucional de la asistencia judicial gratuita", *Actualidad Administrativa* núm 8/1994, págs. 469-71

(26) ATC 65/1996

(27) SSTC 47/1987, 216/1998, 188/1991, 208/1992 y 276/1993

(28) STC 162/1993. *La libertad ... ut supra*, págs. 1722-23

(29) ATC 158/1996 de 12 de junio. *Idem*, págs. 1720-21

(30) Ellen ALDERMAN y Caroline KENNEDY, *In Our Defense*, "The Bill of Rights in Action", Avon Book, New York 1991, págs. 263-72, donde se expone el caso "United States v. Cronic". En *A Murder* ... supra, págs. 136-38, se invocan los casos Patrasso y Dale Tippins (el caso del "abogado durmiente"). Los tres en la década de los 80.

(31) Rafael de MENDIZÁBAL ALLENDE, "El derecho fundamental a una defensa en juicio eficaz", *Actualidad Administrativa*, nº 17/2009, pp. 2015-2019. Figura también en *Cartas. 25 años de Actualidad Administrativa*, La Ley, Madrid, 2010, págs. 167-172.

(32) *La libertad ... ut supra*, ATC 158/1996 pág. 1721 "in fine"

(33) Jorge TRÍAS SAGNIER, Defensa efectiva, "Punto Jurídico", *ABC*, lunes 8 noviembre 1999, pág. 30, comentando la STC 105/1999, de 14 de junio.

(34) Jorge TRÍAS SAGNIER, Rodeo Judicial, "Punto Jurídico", *ABC*, lunes 20 marzo 2000, glosa elogiosamente mi voto particular a la STC 38/2000 a cuya conclusión muestra su adhesión.

(35) Rafael de MENDIZÁBAL ALLENDE, "El caso del abogado durmiente", *Actualidad Administrativa*, nº 18/2009, 2ª quincena, págs. 2259-2263. Se incluye también en *Cartas. 25 años de Actualidad Administrativa*, La Ley, Madrid, 2010, págs. 173-177.

(36) Jorge TRÍAS SAGNIER, *Sistema acusatorio*, "Punto jurídico", ABC lunes 15 mayo 2000, pág. 30, califica como "memorables" los votos particulares a las SSTC 59, 75 y 76/2000, "que más parecen una lección testamentaria de quien sabe le quedan pocos meses de vida curial. Una lección magistral, sin duda, de doble dimensión: la del Derecho Penal y la de pieza literaria, pues además de votos particulares engastados en unas sentencias, constituyen un verdadero gozo literario, lo que resulta bastante insólito cuando se leen decisiones judiciales"

(37) El preámbulo del primero de mis votos particulares (STC 59/2000) empieza así: "La prudencia, hecha de juicio y de experiencia, que consiste –como dijo un jurista romano– en distinguir lo que debe desearse y lo que debe rechazarse, virtud consorte del buen sentido, ha sido siempre un ingrediente principal del producto segregado por los jueces. Si estos hacen Derecho –ius–, lo hacen con sentido de la realidad y eso es lo que en los tres milenios últimos se viene llamando "jurisprudencia", con cuyo nombre se cubre a veces la entera ciencia de lo justo y de lo injusto, el Derecho. Pues bien, en tan noble acepción, digna de ser esculpida en mármol, creo que la Sentencia del Pleno a la cual se dirige este voto particular ha sido prudente al quedarse, por el momento, en un punto medio, la exigencia constitucional de motivar las decisiones judiciales, equidistante de la tesis subyacente en la Sentencia del Tribunal Supremo objeto de impugnación, que se anula con reenvío del caso, y las pretensiones

de los impugnadores, seis en total, cuyo soporte común era el sedicente quebrantamiento del principio acusatorio, columna vertebral de nuestro proceso penal."

"Por lo dicho parece preferible formular este voto como opinión, más concurrente que discrepante, aun cuando sobren los adjetivos, opinión surgida como posible alternativa y fruto de las reflexiones y la esgrima polémica al hilo de los extensos e intensos debates sobre el tema, como timbre de alarma o luz roja que llame la atención sobre una pieza importante del sistema judicial español. Se pretende así que cuantos estén comprometidos en la larga lucha por la justicia piensen juntos sobre algo que a todos, ciudadanos, juristas y, en especial jueces, nos importa. Hay un tiempo para todo y tiempo habrá para que el Tribunal Supremo, en el terreno que le es propio, la construcción de la jurisprudencia penal, o el Constitucional, si llegare el caso, valedor de las garantías como pide el art. 123 de la Constitución, se pronuncien definitivamente sobre el perímetro del sistema acusatorio y lo deslinden por todos sus aires. En consecuencia me gustaría que se leyera este voto como una invitación al diálogo sobre un tema digno de la mayor atención y merecedor de la mayor delicadeza en su manejo, para llegar en su día con sosiego a la mejor de las conclusiones. Hoy ofrezco aquí una propuesta como documento de trabajo, abierta a cualquiera otra opinión porque al Derecho, como dije en un voto particular a la STC 102/1995, le es inherente el principio de incertidumbre, predicado para la Física por Heisenberg o la relatividad einsteniana, en función de dos dimensiones equivalentes, el tiempo y el espacio. Nada le es más ajeno que el dogma y nada tan contrario a lo dogmático como una cabeza auténticamente judicial. A mis compañeros de siempre, los magistrados de ese gran Tribunal que es el Supremo y a mis colegas de éste, pero no sólo a ellos, van dirigidas pues mis palabras."

(38) *Códice...* págs. 77-78

(39) ATC 3/1993.

(40) SSTC 15/1987, 116/1988 y 40/1990, entre otras

(41) La Sentencia del Tribunal Supremo que el Constitucional anula, por no haber explicado si utilizó y cómo el art. 902 LECrim. desde la perspectiva del principio acusatorio, impuso una pena superior a la pedida por el Fiscal a consecuencia de las subidas acumulativas provocadas por la nueva calificación jurídica de la participación (autoría, no complicidad) en un hecho revestido de "extrema gravedad", más allá de la "notoria importancia". Con esa nueva valoración, la pena prevista en el Código iba desde los 14 años, 8 meses y 1 día a los 23 años y 4 meses, dentro de cuya extensión la Sala tenía vedado, por de pronto, imponerla en el grado máximo y, por ello, la cuantificó en 20 años, grado medio, mientras que la acusación pública se había quedado a caballo de éste y el mínimo, 18 años. Pues bien, los razonamientos que contiene la Sentencia de casación para justificar la concurrencia de la circunstancia de agravación configuradora del tipo delictivo están en la sintonía de una pena superior, pero no es menos cierto que, a pesar de ser posible inducirla, no hay en la segunda Sentencia ninguna argumentación para justificar el incremento ex officio de la pena a la luz del art. 902 LECrim., cuyo tenor parece impedirlo a primera vista, respetando así el principio acusatorio.

"Bastaría lo dicho, y ha bastado, para echar abajo el pronunciamiento judicial y reenviar el caso al Tribunal Supremo, si ello no significara amputar la parte principal de este proceso tal y como se nos ha planteado, para cuyo soporte principal no se invoca en un primer plano la falta de motivación (aludida marginalmente) sino haber transgredido la frontera punitiva que traza el principio acusatorio. No soy partidario de soslayar los temas trascendentales que importan y preocupan a la gente así como a los juristas y que no han recibido hasta el momento una solución clara e inequívoca en el sistema judicial, propiciando consiguientemente la inseguridad y, por lo mismo, la litigiosidad con riesgo cierto de perjuicio para los ciudadanos encausados por la justicia, ni tampoco entiendo oportuno volver la cara a los enigmas. Creo, por el contrario, que, no sólo constitucional, sino éticamente, ha de mirarse a los ojos de la esfinge. Por ello, incluso en esta coyuntura, siendo plausible la inexistencia de la motivación y habiendo de ser otorgado el amparo por tal motivo, ello no hubiera debido cortar el paso al enjuiciamiento de la otra cuestión en litigio, cuya trascendencia constitucional es más que notoria. No se da incompatibilidad alguna de los dos temas, formal y sustantivo, intrínseco y extrínseco, ni la aceptación del uno precluye necesariamente el tratamiento del otro. En ningún lugar está escrito que no se pueda amparar por más de una razón simultáneamente, si hubiera lugar a ello, deshaciendo los varios entuertos causados al reclamante, sobre todo cuando nuestra Sentencia, una vez que el amparo llegó a buen puerto por uno de los dos, ha de tener un efecto meramente devolutivo, como ocurre en el caso que nos ocupa. Por tanto se hace necesario proseguir el camino de las reflexiones en torno a la cuestión principal".

(42) STC 105/1999 *Actualidad Penal* núm. 35/1999, págs. 1425-27. En el "contenido real y operativo" de la asistencia letrada insiste, como *obiter dictum*, la STC 137/1999, *Actualidad Civil* núm. 45/1999, págs. 2785-87.

(43) SSTC11/1992 fundamento jurídico 3; 95/1995, fundamento jurídico 2; 36/1996, fundamento jurídico 4.

(44) SSTC 205/1989, fundamento jurídico 2; 161/1994 y 95/1995, fundamento jurídico 2.

(45) "En estos votos particulares se utilizan sobre todo los materiales sobre el tema proporcionados por la Sala Segunda –de lo Penal– y seleccionados de su copiosa producción jurisprudencial, acrecida en estos últimos años por obra y desgracia de la avalancha de asuntos (recursos y causas) a los cuales ha tenido que hacer frente, donde la cantidad no desmerece la calidad de la doctrina para ir construyendo golpe a golpe el Derecho penal, sobre el cual le corresponde decir la última palabra. En definitiva, se manejan en el voto las dos tendencias seguidas por el Tribunal Supremo en un doble plano, la legalidad y la constitucionalidad (véase al respecto el final de la STC 7 de junio de 1993, cuyo texto se transcribe) y entre ellas se opta por una, la que parece preferible desde la única perspectiva permitida a este Tribunal donde escribo, las garantías constitucionales, de las cuales es el guardián no único sino último, sin inmissio alguna en la función de interpretar la Ley, privativa de la potestad de juzgar.

(46) STS 7 junio 1993.

(47) La incógnita a despejar en el caso que dio lugar a la STC 59/2000 no comprometía el ámbito entero del principio acusatorio y estaba circunscrita a una situación muy concreta. Efectivamente, la Sentencia impugnada se pronunció en un recurso de casación, a instancia del Fiscal y habiéndose aquietado la condenada, para cuya ocasión el precepto idóneo era el 902 LECrim, en cuya virtud la llamada segunda Sentencia, que una vez casada la de instancia ha de dictar el Tribunal Supremo

por un puro principio de economía procesal, evitando así el reenvío, no tendrá "más limitación que la de no imponer pena superior a la señalada en la Sentencia casada o a la que correspondería conforme a las peticiones del recurrente, en el caso de que se solicitase pena mayor".

(48) STC 319/1994

(49) STS 83/1992

(50) STS 14 de mayo de 1999

(51) *Códice...* págs. 209-217

(52) SSTC 54/1985, fundamento jurídico 6 y 225/1988, fundamento jurídico 1°

(53) STC 134/1986, fundamento jurídico 1°

(54) STS de 10 de febrero de 1972, entre otras

(55) Mis Votos particulares a las SSTC 59, 75, 76,92 y 122/2000 terminan así: "Lo dicho hasta aquí pone de manifiesto que la Sentencia impugnada, cuya parte dispositiva aumentó en (n) años sin previo aviso ni razonamiento alguno la pedida por el Fiscal a lo largo del proceso en sus dos grados, no obstante coincidir en los hechos, en su calificación como delito inclusa la circunstancia agravatoria específica y en la participación de la condenada, ha rebasado el límite intrínseco del principio acusatorio por haber tocado varias de sus piezas".

Capítulo cuarto

(1) Rafael de MENDIZÁBAL ALLENDE "Función y esencia del Tribunal de Cuentas", *Revista de Administración Pública* núm. 46, enero-abril 1965. pags. 13-68, allí llegué a la conclusión de que aquél era un órgano judicial, mientras que –con el mismo razonamiento– califiqué como órgano administrativo "El Tribunal de Defensa de la Competencia" *Revista de Derecho Judicial,* núm.22. abril-junio 1965, págs. 47-114.

(2) Los Tribunales Económicos-Administrativos fueron calificados como órganos de la Hacienda Pública, negándoles naturaleza jurisdiccional, por la Sala Tercera del Tribunal Supremo en las sentencias de 3 de octubre y 20 de noviembre de 1986, *Actualidad Administrativa,* núms. 1 y 7/87, págs. 27-30 y 372-74. Jurisprudencia recogida en "Doctrina Legal Monográfica. "Impuesto sobre la renta de las personas físicas". *Gaceta Fiscal* núm.41, pág.85 Cfr. Manuel BALLBÉ "Naturaleza administrativa o jurisdiccional de la función que ejercen los Tribunales de lo económico-administrativo". *Revista general de Legislación y Jurisprudencia,* t. 179 (1946), págs 472-475: Fernando GARRIDO FALLA, *Régimen de impugnación de los actos administrativos,* Madrid, 1956, págs 364-365, Jesús GONZÁLEZ PÉREZ. *Los recursos administrativos.* IEP, Madrid, 1960, págs 198-201 Leonardo PRIETO CASTRO. *Cuestiones de Derecho Procesal,* Madrid, 1947. págs. 312 y 320.

(3) Art. 11 de la Ley de Régimen Local, texto refundido de 24 de junio de 1955 y 2º del Reglamento de Población y Demarcación Territorial de las Entidades locales: "se entiende por término municipal el territorial al que extiende su Jurisdicción un Ayuntamiento". En la actualidad la palabra Jurisdicción ha sido sustituida por "competencia", más adecuada.

(4) "Pese a la reiterada machacona alusión a lo jurisdiccional que se hace a lo largo del Reglamento vigente ....., alusiones que no figuraban en el texto redactado por la Comisión integrada por representantes de la Presidencia del Gobierno y del Ministerio de Hacienda, según decía Jesús GONZÁLEZ PÉREZ, en *Los recursos administrativos.* IEP, Madrid, 1960, pág. 201 y nota múm. 6.

(5) En consecuencia, ha de prescindirse aquí de la ecuación jurisdicción-proceso, que además resultaría escasamente útil en este momento porque conduciría el problema a determinar que sea lo procesal. Santi ROMANO, *Principii di Diritto Costituzionale Generale,* 2ª Ed., Milano, 1947, pág. 306 y ss. no acepta tampoco esta identificación: el proceso no es sino la forma en la que, normalmente pero no siempre, se ejercita la jurisdicción, mientras que existen muchos casos en los cuales una potestad jurisdiccional no implica un proceso y, por otra parte, aun en los supuesto en que se confunden, debe distinguirse la jurisdicción como potestad sustancial el com-

plejo de poderes que son necesarios para actuarla. Francesco CARNELUTTI. *Sistema del Derecho Procesal Civil* (traducción de Niceto Alcalá-Zamora y Castillo y Santiago Sentís Melendo). Buenos Aires, 1944, tomo 1, pág. 155, se muestra también contrario a tal confusión y estima que la función jurisdiccional es el género de la específica función procesal. Por otra parte, la jurisdicción tampoco se limita a la resolución de conflictos jurídicos, opinión que no solo identifica jurisdicción y proceso, sino que, además, de este último sólo tiene presente el aspecto mas habitual y culminante: la potestad de solucionar una controversia no es sino la consecuencia y, si se quiere, el caso mas importante de la potestad de tutela del Derecho objetivo, según pone de manifiesto Santi ROMANO en el lugar antes citado. En el mismo sentido CARNELUTTI (págs. 44, 49,155 y 156), al centrar el concepto de litigio en el de conflicto (pretensión-resistencia) y el de proceso como operación mediante la que se consigue la composición del litigio, dentro del género campo de la Jurisdicción, que puede ofrecer forma procesal o no.

(6) P. ANSELEK, *Méthode Phenoménologique et Theorie du Droit.* 1964.

(7) Por vía de ejemplo y sin la menor intención de agotar el tema pueden ofrecerse algunas definiciones para mostrar su radical disparidad: José CHIOVENDA, en *Principios del Derecho Procesal Civil* (traducción de José Casais y Santalo), Madrid, 1922, t. I, págs. 365-66, estima que la jurisdicción consiste en la sustitución de una actividad pública ajena frente al actuar por cuenta propia de la Administración; en caso de las Jurisdicciones administrativas, unos órganos del Estado sustituyen a otros órganos estatales (pág. 369). La posición de CARNELUTTI ha quedado ya señalada. Jaime GUASP, en *Derecho procesal civil,* 2.ª ed., Madrid 1962, ofrece una noción vulgar o genérica de la jurisdicción (función que realiza cualquier órgano o conjunto de órganos, preferentemente del Estado, al intervenir dentro de la esfera de atribuciones que le es propia) y otra técnica, según la cual es la función específica estatal por la que el Poder público satisface pretensiones (págs. 105-106). Leonardo PRIETO CASTRO, en *Derecho Procesal Civil,* Zaragoza, 1948, t. I, pág. 71, concibe la jurisdicción como la "actividad del Estado para la realización del orden Jurídico, por medio de la aplicación del Derecho objetivo, que se traduce en tutela y seguridad de los derechos de los particulares".

(8) Como señala Jesús GONZÁLEZ PÉREZ, *Derecho Procesal Administrativo,* t. II, Madrid, 1957. pág. 36. "no es posible de hablar de función jurisdiccional sin la existencia de un órgano del Estado imparcial e independiente; la independencia no es un atributo accidental o secundario del órgano jurisdiccional, sino consustancial al mismo". En el mismo sentido se pronuncian con práctica unanimidad tanto los procesalistas como los administrativistas, lo que hace innecesaria una cita más prolija.

(9) Arts. 4.1.a), 12 al 14 y 52.2 de la Ley 30/1992, del Régimen Jurídico y del Procedimiento Administrativo Común.

(10) Joaquín GARRIGUES, *La defensa de la competencia,* Madrid, 1964, pág. 114-115.

(11) Otto BACHOF, *Jueces y Constitución,* Instituto de Estudios Políticos, Madrid 1953, pág. 13.

(12) Cfr.: José PUIG BRUTAU, *La Jurisprudencia como fuente del Derecho* (Barcelona, sin fecha); Josef ESSER, *Principio y norma en la elaboración Jurisprudencial del Derecho Pri-*

vado (Barcelona, 1961); Eduardo GARCÍA DE ENTERRIA, "Reflexiones sobre la Ley y los principios generales del Derecho en el Derecho Administrativo", *Revista de Administración Pública,* núm. 40, pags. 189-222; José María CASTÁN VÁZQUEZ, "Las teorías realistas del Derecho", *Revista del Derecho Judicial,* págs. 61-75.

En este sentido conviene recordar que el Derecho es, en un sentido primario pero pleno y sustantivo, la realidad jurídica vivida, como afirma José ORTEGA Y GASSET, en "Otra interpretación de la Historia Universal". *Obras completas,* t. IX, pág. 159. Recuérdese, además, cómo ha surgido el Derecho administrativo en Francia, por obra de sus Jurisdicción especial, hasta el extremo de que Gastón JEZE definió el Derecho como las soluciones que en un determinado país y en un cierto momento los Tribunales reconocen como reglas de conducta social: *Principios Generales de Derecho Administrativo,* Buenos Aires, 1948, t. I. par. LIV.

(13) Eduardo GARCÍA DE ENTERRÍA, "La interdicción de a arbitrariedad en la potestad reglamentaria y la lucha contra las inmunidades del Poder en el Derecho Administrativo". *Revista de Administración Pública,* núms.. 30 y 38, págs. 152-153 y 204-205, respectivamente.

(14) SSTC 325/1994, *Actualidad Administrativa núm. 5,* págs. 262-67, "El error judicial".

(15) Lo dicho lleva a la conclusión de que es intangible en sede constitucional la denegación razonada de cualquier medio de prueba por su impertinencia.

(16) "Common sense often makes good law" dijo William O. DOUGLAS, magistrado del Tribunal Supremo de los Estados Unidos, hallándose celebrando audiencia pública el 25 de marzo de 1957. Paul VINOGRADOFF, *Il senso comune nel diritto,* Giuffrè Editore, Milano, 1965.

(17) Miguel MORENO MOCHOLI, *Valoración del sentido unitario de la Justicia* (*En torno al fundamento doctrinal de la llamada unidad jurisdiccional),* Estudio jurídico expuesto en el acto de apertura del año judicial celebrado el 15 de septiembre de 1976 en la Audiencia Territorial de Pamplona por su Presidente.

(18) Francisco LASO GAITE, "El proceso histórico de la unificación de jurisdicciones en España", Separata de la *Miscelánea en honor de Juan Becerril y Anton Miralles,* Madrid, 1974.

(19) Rafael de MENDIZÁBAL ALLENDE, "El principio de unidad jurisdiccional y lo contencioso-administrativo en 1870", *Revista de Administración Pública,* núm. 64, págs. 337-8, "Implantación de la Jurisdicción contencioso-administrativa en España", *Información Jurídica,* nº 307, octubre-diciembre 1970, págs. 47-69. También "Administración de Justicia y justicia administrativa en la Constitución de 1869", *Revista de Derecho Político,* Universidad Nacional de Educación a Distancia, núms.. 55-56, Madrid 2002.

(20) Manuel COLMEIRO, *Derecho administrativo español.* 2.ª ed., Madrid, 1858, pág. 111, "Al (ministerio) de Gobernación del Reino pertenecen: 1.º Las reclamaciones con el Consejo Real, Consejos provinciales ...". Los Decretos a que se alude no aparecen firmados por el jefe o presidente del Poder ejecutivo, sino tan solo por el ministro correspondiente, con la fórmula: "en uso de las facultades que me competen, como individuo del Gobierno provisional ... de acuerdo con el Consejo de Ministros". El de la Gobernación era entonces do Práxedes Mateo Sagasta y de él proce-

de el Decreto de 13 de octubre, mientras que los dictados el 16 de ese mismo mes y el 26 de noviembre emanan de don Antonio Romero Ortiz, Ministro de Gracia y Justicia.

(21) Francisco SOSA WAGNER, *Jurisdicciones administrativas especiales,* Instituto García Oviedo, Universidad de Sevilla, 1977. En ellas incluye el Tribunal de Cuentas y las Comisiones de cuentas, el Tribunal de Defensa de la Competencia, el Tribunal Arbitral de Seguros, el Jurado Central de Publicidad, las Juntas de Tasas, los Tribunales de Honor, el Jurado de Ética Profesional Periodística, el Tribunal Marítimo Central y los Jurados de Riesgos.

(22) Rafael de MENDIZÁBAL ALLENDE "La Audiencia Nacional y la unidad de jurisdicción", en *El Poder Judicial*, vol. III., Instituto de Estudios Fiscales, Madrid, 1983, págs 1983-2031.

(23) Fue dictado para propiciar la legalización del Partido Comunista

(24) Francisco GONZÁLEZ NAVARRO. *La Nueva Ley Fundamental para la Reforma Política,* Colección Informe, Presidencia del Gobierno, Secretaría General Técnica, Servicio Central de Publicaciones, Madrid, 1977.

(25) Rafael de MENDIZÁBAL ALLENDE, "La infracción tributaria y el delito fiscal", *Actualidad Administrativa* nº. 1/96, págs I-37.

(26) La Ley Orgánica 9/1980, de 6 de noviembre, había encomendado a la Sala de lo Penal del Tribunal Supremo el conocimiento de los recursos de casación contra las sentencias dictadas en primera instancia por el Consejo Supremo de Justicia Militar que se interpusieran por los condenados a penas de privación de libertad superiores a tres años, en una de ellas o en la suma de varias y por el Ministerio Fiscal en todo caso (art. 14). Solución más correcta, a mi parecer, que la actual.

(27) A esta Sentencia de la Sala Tercera le siguió otra de la Quinta de 15 de febrero de 1973 "cuya cita (de la precedente) no puede evitar un tono de sorpresa administrativa", según Juan Alfonso SANTAMARÍA PASTOR, "¿Crisis definitiva de la reformatio in peius?", *Revista de Administración Pública* nº 72, septiembre-diciembre 1973, págs. 144-45.

(28) El enjuiciamiento de las infracciones de contrabando de mínima cuantía se encomendaba a los Jueces de Distrito, con apelación al de Partido. Estos conocerían de las infracciones de menor cuantía e instruían los sumarios que originaran las de mayor cuantía. Las Audiencias Provinciales juzgarían unas y otras en apelación o en única instancia, respectivamente, con posibilidad de la casación, en el último supuesto, ante la Sala Segunda del Tribunal Supremo (Base I, 32, 40, 42, 45 y 48).

(29) Rafael de MENDIZÁBAL ALLENDE, "El Tribunal de Defensa de la Competencia", *Revista de Derecho Judicial,* nº 22, abril-junio 1965, pag. 47-114.

(30) Rafael de MENDIZÁBAL ALLENDE, "Calidad de vida y sistema judicial", *Actualidad Administrativa,* nº 18/1993. 3 al 9 de mayo, pags. 233-245

(31) DIAZ MAROTO Y VILLAREJO, Bernardo FEIJOO SÁNCHEZ y Laura POZUELO PÉREZ, *Comentarios a la Ley reguladora de la responsabilidad penal de los menores,* Thomson-Civitas, Pamplona 2008.

(32) En los términos previstos en los arts. 64 siguientes y en la disposición adicional 15ª de la Ley 30/1995, el 8 de noviembre, de Ordenación y Supervisión de los Seguros Privados.

(33) En los términos referidos en la disposición derogatoria de la Ley Orgánica 11/1985, de 2 de agosto de Libertad Sindical, impugnación de sus Estatutos y su modificación.

(34) Ley del Contrato Autónomo 20/2007, de 11 de julio.

(35) El anteproyecto fue obra de un grupo de trabajo que inició sus tareas en la primavera de 1979 en el Instituto de Estudios Fiscales. Estaba constituido por el Director de este centro, César Albiñana García-Quintana; el Director general de lo Contencioso del Estado, José Luis Gómez Dégano y Ceballos-Zúñiga; el Interventor general de la Administración del Estado, Augusto Gutiérrez Robles, y el Presidente de la Audiencia Nacional, Rafael de Mendizábal Allende, que actuó como ponente. El anteproyecto se entregó a principios de noviembre al ministro de Hacienda, Jaime García Añoveros, que con algunas leves modificaciones lo sometió ese mismo mes al Consejo de Ministros. Adoptado como proyecto de ley y tras sufrir importantes alteraciones en la Secretaría de Estado para el Desarrollo Constitucional, se envió al Congreso de los Diputados, en cuyo *Boletín Oficial* se publicó el 21 de febrero de 1980 (Serie A, número 120-I)- El dictamen de la Comisión Constitucional, que regresaba en algunos aspectos al texto original mutilado, apareció en el *Boletín Oficial de las Cortes Generales* del 3 de febrero de 1982 (Serie A, núm. 120-H), casi dos años después de su entrada. Este dictamen fue aprobado por el Pleno de la Cámara en sesión celebrada el 25 de febrero. Tras su paso por el Senado, se convirtió en Ley, publicada en el *Boletín Oficial del Estado,* núm. 121, de mayo de 1982.

(36) El Auto de 15 de diciembre de 1986 anticipó la admisibilidad de los recursos de casación por haber rebasado el legislador con creces el plazo otorgado.

(37) Rafael de MENDIZÁBAL ALLENDE, "La función jurisdiccional del Tribunal de Cuentas", *Revista de Administración Pública* núms. 100-102 (vol. II) enero-diciembre 1983, pags. 1307-1373. "El Tribunal de Cuentas y su jurisdicción propia" *Actualidad Administrativa núms.* 7 y 8/1986, págs. 424-48.

(38) Rafael de MENDIZÁBAL ALLENDE, "Tribunal de Cuentas y Tribunal Supremo, un problema de coordinación institucional", *Actualidad Administrativa núms.* 1 y 2/97, págs. 1-17 y 65-74.

(39) El Tribunal Constitucional en pleno ha planteado por primera vz en sus treinta años de existencia tres "cuestiones prejudiciales" al Tribunal de Justicia de las Comunidades Europeas en junio de 2011 para dilucidar si es compatible con la Carta de Derechos de la Unión Europea la entrega obligatoria por la Audiencia Nacional de los condenados en rebeldía en Italia mediante las "euroórdenes". Hubo un voto en contra, del magistrado Pablo Pérez Tremps.

(40) Son jueces ordinarios quienes ejercen "ordenadamente" su oficio por razón del lugar, mientras que los "delegados" son aquellos puestos para juzgar "algunos pleitos señalados" según lo manden los Reyes, los adelantados o los otros jueces ordinarios. Lib. II, Tít. II, Ley XV, pág. 43. También en Las Partidas.

(41) En lo civil existía también la posibilidad de nombramiento de "Juez especial" (Decreto-Ley de 17 de Julio de 1947, art. 1.º) cuya inconstitucionalidad fue declarada en STC 101/1984.

(42) SSTC 31/1993 y 101/1984.

(43) Sentencias de 21 de febrero de 1975, caso *Golder*; 28 de julio de 1981, caso de *Le Compte* y 24 de septiembre de 1982, caso *Sporrong*.

(44) STC 105/1994.

(45) STC 65/1994, *Actualidad Administrativa*, nº. 16/94, páginas 901-904, y ATC 305/1994, *Actualidad Penal* n.º 5/95, págs. 187 y ss.

(46) STC 4/1990 y 444/1991.

(47) ATC 42/1996: En el caso aquí contemplado "no se pone en tela de juicio su competencia, sino su composición abstracta en función del tipo de acto administrativo impugnado y, a tal efecto, se hecha mano de una regla de la Ley reguladora de la jurisdicción, que exige la concurrencia del Presidente de la Sección y de cuatro Magistrados para la liberación, o vista, en su caso, y fallo, cuando el acto impugnado proceda del Consejo de Ministros, de las Comisiones Delegadas o de un Ministro o cuando se hubiere emitido informe del Consejo de Estado (art. 16.3 LRCA). Basta con leer el precepto entero para caer en la cuenta de que su ámbito de eficacia se limita al Tribunal Supremo, cuyas Salas de lo Contencioso-administrativo se configuran en Secciones (Capítulo II. Título 1). La Sección anterior, dedicada a su versión originada a las Salas de las Audiencias Territoriales, hoy de los Tribunales Superiores de Justicia, no contiene una previsión análoga, aún cuando ya les hubieran sido transferidas en 1973 ciertas competencias respecto de resoluciones ministeriales. Por su parte, la Audiencia Nacional, que irrumpe en este esquema el año 1977 y a quien se le encomiendan esos actos en su totalidad, carece de tal regla y, en realidad, parte del principio contrario desde el momento que en su Sala de lo Contencioso-administrativo se establecen Secciones orgánicas, no funcionales, compuestas de los Magistrados (hoy cinco) y un Presidente, sin distinción de casos o de asuntos por razón de su autor o de su procedencia".

(48) 6 de octubre y 20 de noviembre de 1986: 11 de febrero, 24 de marzo, 14 y 28 de mayo, 4 de julio, 22 de octubre y 30 de noviembre de 1987, así como la de 20 de febrero de 1988.

(49) Tribunal Supremo, Sentencia Sala Tercera de 15 de octubre de 1990 y muchas más idénticas, hasta 110 la última, que lleva fecha 21 de enero de 1991 se publicó en *Actualidad Administrativa*, nº 10/91, *Valor probatorio del método estadístico*, págs. 494 y ss. en la misma revista aparece una análisis de esta Sentencia por Andrés TORRE SERRANO "La estadística como medio de prueba en la jurisprudencia reciente del Tribunal Supremo", págs. 145-58.

(50) Rafael de MENDIZÁBAL ALLENDE, "Pasado, presente y futuro de la Audiencia Nacional", *Deliberación*, nº 14, 4º trimestre de 1995, págs. 94-95.

(51) Rafael de MENDIZÁBAL ALLENDE, "La Audiencia Nacional y la unidad de jurisdicción", en *El Poder Judicial*, vol. III, Instituto de Estudios Fiscales, Madrid 1983, págs. 1983-2031.

(52) Marta VILADOT SANTALÓ, *La Audiencia Nacional (1977-1997)*, Ediciones de la Tempestad, Barcelona, 1998.

(53) Elisa BENI, *La soledad del juzgador (Gómez Bermúdez y el 11-M)*, Ediciones Temas de Hoy, Madrid 2007.

(54) Santiago MUÑOZ MACHADO, *Riofrío. La justicia del señor Juez*, Edhasa, Barcelona, 2010.

(55) Antonio Picón, "Muerte del Partido Judicial y otras reformas", *ABC*, sábado 3 de julio de 2010, "tercera" nos informa que el Ministerio de Justicia ha elaborado un informe –o programa tal vez– obra de una sedicente "Comisión sobre Demarcación y Planta" donde en 19 folios se proponen una serie de modificaciones muy importantes del sistema judicial, entre ellas "la supresión de la Audiencia Nacional con la creación de dos Tribunales Centrales, uno de lo penal y otro de lo contencioso-administrativo". El autor de este valiente artículo, Vocal del Consejo General del Poder Judicial, comenta al respecto: *"La Audiencia Nacional en los últimos treinta años ha prestado un servicio extraordinario al Estado y a los españoles. En expresión de uno de sus presidentes, ha sido el portaaviones de la Justicia española, azote de terroristas y grandes delincuentes y supervisora de la legalidad de las más relevantes decisiones de la Administración General del Estado y de su órganos reguladores. No hay ninguna razón para su supresión. Un Estado fuerte necesita instituciones fuertes y consolidadas, y la Audiencia Nacional hoy lo es, aunque a nadie se le escape que existe en la opinión pública la impresión de que alguno de sus servidores la haya utilizado para su propio servicio y beneficio. Quizá lo que no gusta de la Audiencia Nacional es que se trate precisamente de un tribunal nacional en sus competencias y en su denominación, cuando la Nación española es una noción discutida y discutible para aquellos que nos gobiernan. No solo la Audiencia Nacional debe permanecer, sino que incluso algunas de sus competencias deben potenciarse. Me refiero especialmente a las de su Sala de lo Contencioso-Administrativo, servida por excelentes magistrados, que debe convertirse, en unión de los Juzgados Centrales, en el gran órgano revisor de toda la actuación de la Administración General del Estado, en todos sus niveles y escalones".* Parece evidente también, y esto lo digo yo, que molesta a algunos el calificativo "Nacional", a los de siempre. En su etapa de Ministro, Íñigo Cavero Lataillade, siendo yo Presidente de la Audiencia, me consultó acerca de sustituirlo por "General", a lo cual me opuse.

(56) Tan excelente es su salud que la Ley Orgánica 6/2010, de 27 de julio, complementaria de la Ley 30/2010, de 27 de julio, sobre simplificación del intercambio de información e inteligencia entre los servicios de seguridad de los Estados miembros de la Unión Europea, encomienda a los Juzgados Centrales de Instrucción el conocimiento de "las solicitudes de información entre los Servicios de seguridad de los Estados miembros de la Unión Europea cuando requieran autorización judicial", a cuyo efecto modifica el art. 88 de la Ley Orgánica del Poder Juidicial.

(57) Rafael de Mendizábal Allende, "El portaaviones de la Justicia", *Actualidad Administrativa*, nº 4/2009, 2ª quincena de febrero, págs. 3-4. Publicado también en *Diario La Ley*, nº 2419/2009, de 24 de febrero, págs. 3-4. Incluído además en *Cartas. 25 años de Actualidad Administrativa*, La Ley, Madrid 2010, págs. 95-104.

Capítulo quinto

(1) Rafael de MENDIZÁBAL ALLENDE, "La crisis del "antiguo régimen" y la jurisdicción contable", *Revista de Legislación y Jurisprudencia*, enero 1967, tomo LIV de la segunda época, núm. 1, pgs. 12-74. Existe edición separada, Reus, S.A., Madrid, 1967, Cf. pgs. 11-12 (especialmente nota 10), 14 y 34-40. Incluído en el libro *El Tribunal de Cuentas y el nacimiento de la Administración contemporánea*, Instituto de Estudios Fiscales, Madrid 2008, págs. 31 a la 34.

(2) Julio BRAVO, *Comentarios a la Ley de 13 de septiembre de 1888*, Madrid, 1888, pg. 17; José GALLOSTRA Y FRAU, *Lo contencioso-administrativo*, Madrid, 1881, pg. 79.

(3) La Comisión estaba formada por los señores don Francisco Javier Istúriz, duque de Fías, don Francisco Agustín Silvela, el Obispo de Zamora, don Manuel Joaquín Tarancón, el Teniente General don Antonio Remón Zarco del Valle, don Francisco Javier de Burgos, don José Posada Herrera, don Alejandro Mon, el jefe de escuadra don Francisco Baltasano, don Alejandro Oliván y el General don Joaquín Ezpeleta. Esta comisión elaboró los anteproyectos con base en el proyecto de Ley que había presentado Silvela en las Cortes de 1838.

(4) Entre ellos, Silvela, Oliván, Posada Herrera, Gil de Zarate y, posteriormente, Arella; también Pacheco, con ciertas matizaciones respecto de los contratos administrativos. Cf. NIETO, ob. cit. más abajo, pgs. 35-37.

(5) Santos ALFARO Y LAFUENTE, *Tratado completo de lo contencioso-administrativo*, Madrid, 1875, pg. 31, afirma que este Tribunal no ejercía jurisdicción propia, y Gallostra, pg. 81, coinciden en estimar que con tal sistema continuaba la jurisdicción retenida. Vicente SANTAMARÍA DE PAREDES, *Curso de Derecho administrativo*, 3ª ed., Madrid 1891 pg. 841, se pronuncia en el mismo sentido, "No afectó a la esencia sino a la forma", dice de esta reorganización CABALLERO, I, pg. 27.

(6) Además de las obras de Alfaro, Bravo, Caballero, Colmeiro, Gallostra y Tejada de Valdosera, ya citadas, o que se mencionarán más adelante, en todas las cuales puede seguirse el desarrollo histórico de lo contencioso-administrativo, deben consultarse también, ya desde una perspectiva actual, las siguientes: José María CORDERO TORRES, "El Consejo de Estado", IEP, Madrid 1944, pgs. 85-102; Eduardo GARCÍA DE ENTERRÍA, "La doctrina de los actos propios y el sistema de la lesividad", núm. 20 de *Revista de Administración Pública*, páginas 69-97; Jesús GONZÁLEZ PÉREZ, ob. cit. pg. 543; Laureano LÓPEZ RODÓ, "Evolución y estado actual del recurso contencioso-administrativo", *Revista del Instituto de Derecho Comparado*, núm. 4, enero-junio 1965, pgs. 62 y ss.; Sebastián MARTÍN-RETORTILLO, "La desviación de poder en el Derecho español", *Revista de Administración Pública*, núm. 22, pgs.129-175; Alejandro NIETO GARCÍA,

"Los orígenes de lo contencioso-administrativo en España", *Revista de Administración Pública,* núm. 50, mayo-agosto 1966, pgs. 13-16; Luis JORDANA DE POZAS, "Le Conseil d'Etat espagnol et les influences françaises au cours de son evolution", *Livre jubilaire... du Conseil de'Etat,* París, 1952.

(7) Eduardo GARCÍA DE ENTERRÍA, "La configuración del recurso de lesividad", número 15 de la *Revista de Administración Pública,* pág. 111, final, nota 1. sobre el significado originario de la jurisdicción contencioso-administrativa es fundamental la polémica de alto bordo intelectual mantenida por dos distinguidos juristas; J. R. PARADA, "Privilegio de decisión ejecutoria y proceso administrativo", núm. 55 de la *Revista de Administración pública,* págs. 9-33; PARADA, "Réplica a Nieto sobre el privilegio de decisión ejecutoria y el sistema contencioso-administrativo", núm. 59 de la misma, págs. 41-70.

(8) Manuel COLMEIRO, Derecho administrativo español, 2ª ed. I, Madrid 1858, pg. 111. "Al (Ministerio) de Gobernación del Reino pertenecen: 1º Las relaciones con el Consejo Real, Consejos provinciales...".

(9) Los decretos a que se alude en el texto no aparecen firmados por el jefe o presidente del Poder ejecutivo, sino tan sólo por el ministro correspondiente, con la fórmula "en uso de las facultades que me competen, como individuo del gobierno provisional... de acuerdo con el Consejo de Ministros". el de la Gobernación era entonces don Práxedes Mateo Sagasta y de él procede el Decreto de 13 de octubre, mientras que los dictados el 16 de ese mismo mes y el 26 de noviembre emanan de don Antonio Romero Ortíz, Ministro de Gracia y Justicia.

(10) La Ley creando los Consejos de Provincias no había sido extensiva a nuestras posesiones de ultramar, así en que en éstas las Audiencias decidían en primera instancia los pleitos contencioso-administrativos, constituidos en Acuerdos. Para poner fin a esta confusión de atribuciones entra la Administración y la Justicia se dictaron tres Reales decretos con fecha 4 de julio de 1861: por el primero se privaba a las Audiencias de sus facultades administrativas, mandando que no pudiesen constituirse en Acuerdo para consultar ni fallar en los asuntos de la Administración, y limitando sus funciones a la Administración de justicia; por el segundo se creaba para cada una de las provincias ultramarinas un Consejo de Administración, dividido en tres secciones de la que una, llamada de lo Contencioso, estaba encargada de conocer en los litigios administrativos, y por el tercero se determinaba el reglamento para el modo de proceder en estos asuntos. Posteriormente, en Ultramar se hicieron sentir los mismos cambios que en la Península. Dos Decretos, uno de 7 de febrero y otro de 2 de junio de 1869, habían confiado a las Audiencias territoriales de aquellas provincias la jurisdicción contencioso-administrativa que antes ejercían las secciones de los Contencioso de los Consejos de Administración, quedando éstos suprimidos. Como era natural, al verificarse en la Península la restauración de los Tribunales administrativos, no podía dejar de hacerse otro tanto respecto a Ultramar, y así se publicó un Decreto en 19 de marzo de 1875, dejando sin efecto los dos que anteriormente hemos citado, volviendo a declarar en vigor las disposiciones que existían en la materia antes de la revolución del 68. Cf. GALLOSTRA, ob. cit., pgs. 82, 87 y 88.

(11) Santos ALFARO Y LAFUENTE, *Tratado completo de lo contencioso-administrativo,* Madrid, 1857, pg. 36. También GALLOSTRA, ob. ct., pg. 81.

(12) Cf. ALFARO, ob. cit., pg. 38.

(13) Las dotaciones eran: 2.800 escudos anuales los abogados fiscales y los secretarios relatores (más 600 estos últimos para gastos de escritorio), y 1100 escudos cada ujier.

(14) Lo contencioso-administrativo, como una de las facetas de la potestad judicial, aparecerá en el proyecto constitucional de 1929 (art. 93.2) con vigencia por primera vez en la Ley Orgánica del Estado de 1967 (art. 31).

(15) Así lo afirma ALFARO, pg. 42.

(16) "Resulta inexplicable", afirma ALFARO, pg. 42 "¡Cosa extraña y completamente inexplicable!" dice GALLOSTRA, pg. 54. "Estraño caso", comenta BRAVO, pg. 35. CABALLERO, I, pg. 36, anota el hecho sin más.

(17) BRAVO, ob. cit. pg. 35.

(18) ALFARO, ob. cit., pg. 42.

(19) NIETO, ob. cit., pg. 15.

(20) Así lo reconocen ALFARO, GALLOSTRA, pg. 83, y BRAVO, pgs. 33-34. TEJADA DE VALDOSERA, pgs. 61-62, afirma explícitamente que en 1868 no se extinguió "de hecho la jurisdicción contencioso-administrativa"; "perdió aquélla alguna de las condiciones con que la venían ejerciendo el Consejo de Estado y los Consejos Provinciales", por la irrevocabilidad de las sentencias y la decisión acerca de la admisibilidad de las demandas. "Sin embargo –añade– conservó en gran parte la condición esencial de toda jurisdicción especial", la "particularidad del juez o jueces que la constituyen", sin que se confundieran "los asuntos contencioso-administrativos y contencioso-ordinarios" ni se unificara el procedimiento.

(21) Las normas reguladoras eran, según el mismo art. 7º del Decreto de 26 de noviembre, la Ley Orgánica del mismo cuerpo, dada en 17 de enero de 1860, el Reglamento del modo de proceder el Consejo Real en los negocios contenciosos de la Administración, d e 30 de diciembre de 1846, el R.D. de 19 de octubre de 1860, y las demás Leyes y disposiciones que han venido rigiendo hasta aquí en los nejgocios contencioso-administrativos, con las modificaciones que quedan ya establecidas y las que establecen los artículos siguientes. En el mismo sentido, el art. 20 señala que las Audiencias, en los pleitos contencioso-administrativos, se arreglarán en sus procedimientos, incluso los de prueba, al Reglamento de 1º de octubre de 1845 sobre el modo de proceder los Consejos Provinciales y a las demás disposiciones que la completan, sin más excepciones que las que se establecen en esta Ley.

(22) Es curiosa la contradicción, en este aspecto, del preámbulo y el texto articulado. En aquél se alude a ciertos casos en que puede no ser parte el Ministerio Fiscal, mientras en el último -con más precisión técnica- su intervención es obligatoria en el incidente previo, aunque no la tenga en el pleito principal. Existe otro lapsus en el art. 23, que indica equivocadamente el art. 7º como regulador del procedimiento incidental sobre la admisibilidad, contenido en el art. 8º.

(23) ALFARO, ob. cit. pg. 40.

(24) TEJADA DE VALDOSERA, ob. cit. pg. 74.

(25) Con carácter transitorio se establece que, no obstante lo dispuesto en el sentido anterior, el Gobierno resolverá sobre la procedencia de la vía contenciosa en los casos en que el Consejo hubiere elevado su informe antes del día 13 de octubre de este año (art. 9º). También el Gobierno decidirá, según las leyes anteriores, sobre

los proyectos de sentencias acordadas por la Sala de lo Contencioso del Consejo de Estado, o por este Cuerpo en pleno, antes del 13 de octubre de este año (art. 10).

(26) TEJADA DE VALDOSERA, pg. 73.

(27) GALLOSTRA, pg. 87; Bravo, pg. 35.

(28) SANTAMARÍA DE PAREDES, pg. 842.

(29) GALLOSTRA, pgs. 19,21 y 22.

(30) SANTAMARÍA DE PAREDES, El discurso íntegro figura como apéndice, al final de la obra, pgs. 881-911. Cf. *Sobre el sistema judicial*, pg. 896.

(31) Stanley G. PAYNE, *El colapso de la República Los orígenes de la Guerra Civil(1933-1936),* La Esfera de los Libros, Madrid 2005, págs. 384 y 601, nota 7.

(32) Rafael de MENDIZÁBAL ALLENDE, "La razón histórica de la Constitución Española de 1978", *Anales* de la Real Academia de Jurisprudencia y Legislación, nº 39, Madrid 2009, pág. 526.

(33) Rafael de MENDIZÁBAL ALLENDE, "El Tribunal de Cuentas en el eclipse de la democracia", *Anales* de la Real Academia de Jurisprudencia y Legislación nº 35, pág. 172.

(34) Segismundo ROYO-VILLANOVA, "Lo contencioso-administrativo en el Estado totalitario", *RCLJ*, 1941; Carlos GARCÍA OVIEDO, "Consideraciones acerca del recurso contencioso-administrativo en el Estado totalitario", *RFL*, 1942, pág. 72.

(35) La Orden de 13 de junio de 1944 reguló la tramitación del recurso de agravios. El dictamen del Consejo adoptaría la forma de proyecto de orden resolutoria con resultandos y considerandos. Ventura ALVARADO ALVARADO, *El recurso de agravios,* Madrid 1950; José Antonio ZARZALEJOS ALTARES, "El recurso de agravios", Madrid 1949. Cfr. Recensión Jesús G. PÉREZ *Revista de Administración Pública* 1, págs. 338-40.

(36) Jesús GONZÁLEZ PÉREZ, *Derecho Procesal Administrativo,* Instituto de Estudios Políticos, Madrid 1955, 1, págs. 464-65 y III, págs. 182-83.

(37) Como se señalaba en el propio preámbulo, "en observancia escrupulosa del mandato de la ley, el texto se limita a refundir, sin rectificar su esencia, pero sí equívocos y antinomias, las variadas y numerosas disposiciones legislativas vigentes en la materia y que, por su propia dispersión exigían un delicado esfuerzo coordinador, dentro de la posible unidad y del debido sistema. No quiere esto decir que, en ocasiones, no se hayan sentido deseos de alterar sustancialmente preceptos legales, arcaicos o inadecuados, pero se han frenado en acatamiento a la estricta misión conferida y sin perjuicio de que seguidamente se aborde la reforma de la legislación que se unifica, como consecuencia de la mayor extensión de la actividad administrativa, de la imperfección técnica de nuestro régimen contencioso-administrativo actual, de la necesidad de discriminar su esfera de acción y de simplificar el procedimiento, dándole, en definitiva, mayor eficacia".

(38) Rafael de MENDIZÁBAL ALLENDE, "El Tribunal de Cuentas en el eclipse de la democracia "y" La vida efímera del Tribunal de Cuentas del Reino", *Anales* de la Real Academia de Jurisprudencia y Legislación, núms. 35 y 38, Madrid 2005 y 2008, pgs 196-199 y 319-325, 355-357, respectivamente.

(39) En ellas se produce por primera vez el fenómeno de dar valor cuasi-constitucional a principios generales mediante Ley ordinaria: por ejemplo los de legalidad penal y tributaria en los arts. 29 de la Ley de Régimen Jurídico de 1957 y de la Ley General Tributaria de 1963.

(40) La estructura jurídica del Régimen aparece recogida en su plenitud sin dejar ni una pieza suelta y ordenada sistemáticamente, con su evolución durante este periodo, en las cuatro sucesivas ediciones del *Código de las Leyes Administrativas* obra de Eduardo GARCÍA DE ENTERRÍA con la colaboración de José A. ESCALANTE, Editorial Cívitas, Madrid entre 1966 y 1977 que sin pretenderlo trasciende su inicial propósito de recopilación legislativa para convenirse en testimonio histórico.

(41) Fernando GARRIDO FALLA y José María FERNANDEZ PASTRANA, *Régimen Jurídico y procedimiento de las Administraciones Públicas ("Un estudio de las leyes 30/1 992 y 4/ 1999)*, 3° ed., Civitas, Madrid, pags. 30 y ss. Eduardo GARCÍA DE ENTERRÍA habla de "un Estado de Derecho Administrativo", *Democracia, Jueces y Control de la Administración*, Cívitas, Madrid 1995. Santos JULIÁ, *Un siglo de España. Política y Sociedad*, Marcial Pons, Madrid 1999, pgs. 178-179.

(42) Rafael de MENDIZÁBAL ALLENDE, "Significado actual del principio *solve et repete*", *Revista de Administración Pública*, núm. 43, enero-abril 1964, pgs 107-160.

(43) El anteproyecto de ley fue elaborado por una Comisión Mixta Tribunal Supremo-Ministerio de Justicia, presidida por don Valentín Silva Melero, a iniciativa del Secretario General Técnico, don Marcelino Cabanas, en la cual actué de ponente. Tomás Ramón FERNÁNDEZ RODRÍGUEZ, y Juan SANTAMARIA PASTOR, "Comentario de urgencia a la reforma parcial de la jurisdicción contencioso-administrativa", *Revista de Administración Pública*, núm. 70, enero-abril 1973, pgs. 349-364.

(44) Eduardo GARCÍA DE ENTERRÍA, "Prólogo" al libro de Luis MOSQUERA SÁNCHEZ y Adolfo CARRETERO PÉREZ, *Comentarios a la reforma de lo Contencioso-administrativo (Ley de 17 de marzo de 1973)*, Ediciones Cívitas, Madrid 1974, pgs. 19-23.

(45) José Luis GONZÁLEZ BERENGUER, recensión de los *Comentarios a la Ley de lo Contencioso-administrativo*, ed. Santillana, Madrid 1965, cuyos autores eran Juan Antonio BOLEA, FORADADA, QUINTANA REDONDO y José TRUJILLO PEÑA. *Revista de Administración Pública* n° 47, agosto 1965, pg. 529.

(46) J. L. DAROCA TORRES, "La indemnización a los arrendatarios de fincas incluidas en el Registro Municipal de Solares", *Revista de Administración Pública* n° 70, enero-abril 1973, pgs. 197 y ss.

(47) Antonio MARTÍNEZ LAFUENTE, "Una interpretación constitucional de las sanciones tributarias", *Expansión* 15 de marzo de 1988.

(48) Antonio LÓPEZ PINA. "La dogmática alemana, punto de partida de una Teoría del Derecho Público". Prologómena a la edición española del *Manual de Derecho Constitucional* de BENDA, MAIHOFER, VOGEL, HESSE, HEYDE, citado en el cap. II, nota 1.

(49) Federico Carlos SÁINZ DE ROBLES RODRÍGUEZ, "La incidencia de la Constitución en el proceso contencioso-administrativo", *Actualidad Administrativa* nº 43/ 1986, 12-23 noviembre, págs. 2413-2434, 807.

(50) Eduardo GARCÍA DE ENTERRÍA, *Legislación delegada, potestad reglamentaria y control judicial*, Ed. Tecnos, Madrid 1970.

(51) José María RODRÍGUEZ OLIVER, "Proyección doctrinal de la Sentencia de 1 de abril de 1977 sobre Asociaciones Políticas", Civitas, *Revista Española de Derecho Administrativo*, nº 12, enero-marzo 1977, págs. 59-74. La fórmula jurídica para deshacer tal entuerto el "Sábado Santo Rojo" de 1977, fue obra exclusiva mía en mi calidad de Subsecretario de Justicia a la sazón, *Códice*, pg. 103.

(52) La Ley 13/2009, de 3 de noviembre, para la implantación de la Nueva Oficina Judicial (NOJ) ha introducido en su art. 14 una serie de modificaciones concretas de la Ley reguladora de la jurisdicción contencioso-administrativa, consistentes en transferir al Secretario Judicial competencias que hasta ahora correspondían a la Sala o al Juez en la ordenación del proceso –tramitación-, a quien se reserva sin embargo la última palabra mediante el recurso de reposición. Santiago A. BELLO PAREDES, "La reciente reforma procesal en el ámbito de la Ley de la Jurisdicción Contencioso-administrativa", *Actualidad Administrativa* nº 13/2010, 1ª quincena de julio, págs. 1554-1562.

(53) Rafael de MENDIZÁBAL ALLENDE, "Ejecución y cumplimiento de las resoluciones judiciales en lo contencioso-administrativo", *Actualidad Administrativa* nº 27/1987, págs. 1561-1584.

(54) No se entienda la palabra "juez" en un sentido estamental, producto de un aberrante "espíritu de cuerpo". Nada más lejos de mi pensamiento. El juez es, en sustancia, una persona colocada en un determinado *status* y que ejerce una función específica, lo cual llega a conformar o a tomar psicológicamente en una mentalidad peculiar. La formación intelectual, la experiencia profesional y el sistema de reclutamiento son factores secundarios desde esta perspectiva, pero muy importantes en la realidad.

(55) Este anteproyecto fue obra de un grupo de trabajo creado en enero de 1980 por el entonces Ministro de Justicia, don Iñigo Cavero Lataillade. Sus componentes fueron los catedráticos de Derecho Administrativo don José Luis Villar Palasí, presidente de la Sección Tercera de la Comisión General de Codificación, don Eduardo García de Enterría, don Fernando Garrido Falla y don Jesús González Pérez, así como don Rafael de Mendizábal Allende, Presidente de la Audiencia Nacional. Asistió a alguna de las sesiones de la Comisión, especialmente invitado por el grupo de trabajo a propuesta mía, don Federico Carlos Sainz de Robles Rodríguez, en aquel momento presidente de la Sala de lo Contencioso-administrativo de la misma Audiencia y colaboraron igualmente los también magistrados de lo Contencioso-administrativo don Angel Rodríguez García y don Fernando Lorente Hurtado. El anteproyecto fue concluido antes del verano de 1980. el Ministerio de Justicia llegó a incluirlo en el orden del día del Consejo de Ministros y a tal efecto se distribuyó el texto a los distintos Departamentos ministeriales, que formularon diversas observaciones. A partir de ese instante, desapareció de la circulación.

(56) Juan Alfonso SANTAMARÍA PASTOR, "La personalidad jurídica de las Cortes", en *Revista de Derecho Político*, UNED, núm. 9, privavera 1981, pg. 12.

(57) Juan Carlos CALVO CORBELLA, *La Corona y el principio de igualdad*, "Actualidad Administrativa", núms. 26, 27 y 28 de 1990.

(58) Rafael de MENDIZÁBAL ALLENDE, "Tribunal de Cuentas y Tribunal Supremo: un problema de coordinación institucional (I)", donde se analiza "La Sentencia de 18 de octubre de 1986 y la función fiscalizadora del Tribunal de Cuentas". En el **(II)** del mismo título, el tema es "la jurisdicción contable y la contencioso-administrativa" y su objeto el Auto de 15 de diciembre de 1986. *Actualidad Administrativa* núms. 1 y 2/1986, págs. 1-17 y 65-74, 1 y 17, respectivamente.

(59) Se creó una Comisión Interministerial para el Desarrollo de la Ley Sindical que habitualmente presidía Rodolfo Martín Villa, Vicesecretario General del Ministerio de Relaciones Sindicales. El de Justicia me nombró su representante en ella -1971- y por

tal razón fui el ponente del Decreto. Como interlocutor tuve a MELITINO GARCÍA CARRERO, de la Carrera Fiscal, pero a la sazón adscrito a la Asesoría Jurídica Sindical de la cual era director Eugenio Mazón, antagonista a veces muy duro, cuyas diferencias solía resolver Rodolfo en mi favor. Rafael de MENDIZÁBAL ALLENDE, *Lo contencioso-sindical*, discurso pronunciado en la Audiencia Territorial de Burgos con ocasión de la apertura del año judicial 1971-72. Isidoro MONTERO DE COZAR, *Los Tribunales Sindicales de Amparo y la vía contencioso-sindical*, Organización Sindical Española, Servicios Jurídicos, Madrid 1972. También, Juan GARCIA ABELLAN, *Derecho Sindical Español (Estudio sistemático de la Ley Sindical de 1970)*, Servicio de Información y Publicaciones Sindicales, Madrid 1972.

(60) Real Decreto-Ley sobre normas electorales 20/1977, de 18 de marzo (BOE de 23). El anteproyecto los Títulos VII y VIII, que contiene el contencioso-electoral, neologísmo de mi invención y los delitos e infracciones, fue preparado por mí, siendo Subsecretario de Justicia, para don Landelino Lavilla Alsina, Ministro de Justicia en el primer Gobierno de don Adolfo Suárez. Ediciones Umbral publicó el Real Decreto Ley a poco de promulgarse.

(61) Así lo anticipé en "El Tribunal Supremo de la Hacienda Pública", *Revista de Administración Pública*, núm. 56, pgs. 144-46.

(62) El antecedente de esta solución puede encontrarse en los arts. 36 y 38 del Reglamento orgánico del Tribunal Supremo de la Hacienda Pública de 3 de marzo de 1925, normas en las cuales se establecía que el reintegro de los pagos indebidos a particulares será exigido –en su caso– por la Administración pública, en vía gubernativa, mediante el procedimiento establecido en el art. 88 del Reglamento de la Ordenación de Pagos, según lo previsto en el art. 85 de la Ley de Administración y Contabilidad; es un caso de responsabilidad administrativa (genérica), pero no de su específica modalidad contable; por tanto, contra el acto administrativo que la declare procede el recurso contencioso-administrativo directamente, con independencia del ejercicio de las facultades de su jurisdicción para obtener el reintegro (de los funcionarios responsables), y previa audiencia del censor podrá (exclusivamente) "declarar lesiva" la resolución que originó el pago y trasladar esta resolución, con los antecedentes precisos, al Fiscal del Tribunal Supremo de Justicia para la incoación del oportuno recurso contencioso-administrativo. Veáse mi estudio, tantas veces citado, sobre El Tribunal Supremo de la Hacienda Pública, pgs. 144-45.

(63) La misma tesis mantuve en "Directrices para una reforma del Tribunal de Cuentas", *Documentación Administrativa* núm. 131, septiembre-octubre 1969, pgs. 63-64.

(64) "Función y esencia del Tribunal de Cuentas", *Revista de Administración Pública*, núm. 46, enero-abril 1965m pgs. 47-48.

(65) El anteproyecto fue obra de un grupo de trabajo que inició sus tareas en la primavera de 1979 en el Instituto de Estudios Fiscales. Estaba constituido por el Director de este centro, César Albiñana García-Quintana, el Director general de lo Contencioso del Estado, José Luis Gómez Dégano y Ceballos-Zuñiga, el Interventor general de la Administración del Estado, Augusto Gutiérrez Robles y el Presidente de la Audiencia Nacional, Rafael de Mendizábal Allende, que actuó como ponente. El anteproyecto se entregó a principios de noviembre al Ministro de Hacienda, Jaime García Añoveros, que con algunas modificaciones los sometió ese mismo mes al Consejo de Ministros. Adoptado como proyecto de ley y tras sufrir importantes alte-

raciones en la Secretaría de Estado para el Desarrollo Constitucional, se envió al Congreso de los Diputados, en cuyo "Boletín Oficial" se publicó el 21 de febrero de 1960 (Serie A, número 120-I). El dictamen de la Comisión Constitucional, que regresaba en algunos aspectos al texto original mutilado, apareció en el "Boletín Oficial de las Cortes Generales" el 3 de febrero de 1982 (Serie A, número 120-H), casi dos años después de su entrada. Este dictamen fue aprobado por el Pleno de la Cámara en sesión celebrada el 25 de febrero. Tras su paso por el Senado, se convirtió en ley, publicada en el "Boletín Oficial del Estado", número 121, de mayo de 1982.

(66) "La función jurisdiccional del Tribunal de Cuentas", *Revista de Administración Pública,* núm. 100-102, vol. II, enero-diciembre 1983, pgs. 1367 y ss. "El Tribunal de Cuentas y su jurisdicción propia", *Actualidad Administrativa,* núms. 7 y 8 de 1986, pgs. 361-69 y 434-448.

(67) El art. 45 del proyecto de ley decía que "las resoluciones del Tribunal de Cuentas, en los casos y en la forma que determina su Ley de Funcionamiento, serán susceptibles de recurso de casación y revisión ante la Sala de lo Contencioso-administrativo del Tribunal Supremo a la que esté encomendado el conocimiento de las cuestiones financieras y tributarias". Sobre el tema, mi ponencia "Organización del Tribunal de Cuentas", *Crónica* 1981, 1° vol., Madrid 1982, pgs. 299-301.

(68) Art. 153 c)

(69) STC 325/1994, *Actualidad Administrativa* 5/95, págs. 262-67, "El error judicial".

(70) Art. 106

(71) Arts. 62 y 63 LOTC.

(72) STC 235/1991, que asume el criterio de la 11/1984; también la 1/1986

(73) AATC 886/1988 y 280/1990.

(74) STC 88/1989.

(75) AATC 142/1989, 322/1989 y 357/1990 y SSTC 156/1990 y 37/1992

(76) SSTC 67/1992, 74/1992 y 243/1993.

(77) ATC 886/1988.

(78) STC 88/1989.

(79) Voto particular a la STC 172/96.

(80) Al respecto, Mauro CAPPELLETTI, *The judicial process in comparative perpective,* Clarenden Press, Oxford 1989.

(81) "Calidad de vida y sistema judicial", en *Actualidad Administrativa*También en *Calidad de vida,* número 18, 3-9 mayo 1993, pgs. 236-237.

Capítulo sexto

(1) Luis MORENO PASTOS, *Los orígenes del Tribunal Supremo,* Ministerio de Justicia, Secretaría General Técnica, Centro de Publicaciones, Madrid, 1989. VV.AA. *El Tribunal Supremo del Reino de España,* T.S. y B.O.E., Madrid 2008.

(2) Antonio BRUGUERA MANTÉ, *Criterios de competencia objetiva para el conocimiento de recursos de casación (en lo civil)* y Roberto VERGES I GADANET, "El Tribunal Superior de Justicia de Cataluña como última instancia contencioso-administrativa", en *Autonomía y Justicia en Cataluña,* Seminario organizado por el Consejo Consultivo de la Generalidad de Cataluña y su Tribunal Superior de Justicia, CGPJ, Madrid, 1991, págs. 49-64 y 105-112.

(3) La STC 318/1994 es en este trozo trascripción literal de mis Votos particulares a sendos Autos de la Sala Tercera en Pleno del Tribunal Supremo con fecha respectivamente de 20 y 22 de marzo de 1990, de los cuales fueron ponentes don Javier Delgado Barrio y don Ángel Rodríguez García. A mi opinión discrepante se adhirieron los magistrados don Antonio Agúndez Fernández, don José Ignacio Jiménez Hernández, don José Luis Martín Herrero, don Juan Ventura Fuentes Lojo, don Antonio Bruguera Manté, don Emilio Pujalte Clariana, don Salvador Ortolá Navarro, don Carmelo Madrigal García, don Ángel Llorente Calama, don Benito Santiago Martínez Sanjuán y don Vicente Conde Martín de Hijas. El tema que nos dividía entonces y allí era la inadmisibilidad de dos recursos de casación interpuestos contra otras tantas Sentencias de la Sala de lo Contencioso-administrativo de la Audiencia por no estar todavía regulado legalmente ese medio de impugnación en tal orden judicial, que la mayoría rechazó. En mi opinión debían haber sido admitidos por imperativo del art. 24 CE y de la Ley Orgánica del Poder Judicial, utilizando la de Enjuiciamiento Civil por su carácter supletorio, como se había hecho por la vieja Sala en Auto de 15 de diciembre de 1986 para el Tribunal de Cuentas. Rafael de MENDIZÁBAL ALLENDE, "Un problema de coordinación institucional (II)", *Actualidad Administrativa,* nº 2/1987, págs. 71-74. También, "La función del Tribunal Supremo según la Constitución" y "Casación vs. Apelación", *Actualidad Administrativa,* núms. 21 y 22/ 1990, págs. 1218-1228 y 1297.

(4) Sentencia del Tribunal Supremo (Sala Tercera) de 1 de diciembre de 1986. *Actualidad Administrativa* nº 9/1987, págs. 495-500.

(5) Como circunstancia anecdótica, el Abogado que llevó el caso desde su despacho en la calle de Alcalá frente al Retiro, fue don Laureano López Rodó, catedrático de Derecho Administrativo, que había desempeñado los puestos de Secretario General Técnico en la Presidencia del Gobierno siendo Vicepresidente don Luis Ca-

rrero Blanco, y luego, también allí, Comisario del Plan de Desarrollo, Ministro sin cartera y finalmente de Asuntos Exteriores con Carrero como Presidente.

(6) La inactividad legislativa puede dar lugar a la llamada "responsabilidad del Estado legislador", pero ése es tema distinto. Rafael de MENDIZÁBAL ALLENDE, "El espacio judicial europeo. La recepción del Derecho Comunitario en la jurisprudencia española", en *La Europa del euro,* Grupo de Opinión "*Salvador de Madariaga*", Salamanca 2003, págs 91-100.

(7) José Luis VILLAR PALASÍ, Contestación al discurso de ingreso en la Real Academia de Jurisprudencia y Legislación, *Códice con un Juez sedente* de Rafael de MENDIZÁBAL ALLENDE, RAJL y La Ley, Madrid 1999, pág. 338.

(8) Antonio LIQUIDAIN HERGUETA, "Las infracciones tributarias y la intencionalidad (Sentencia de la Sala Tercera del Tribunal Supremo de 21 de septiembre de 1987", *Boletín de Información del Ministerio de Justicia,* 1478/79, págs. 130-139.

(9) "El Supremo para los pies al Gobierno" anunciaba en primera plana con grandes titulares el diario "YA" del martes 23 de noviembre de 1986 como cabecera de un reportaje de Julio MARTÍNEZ LÁZARO. *ABC* transcribía algunos párrafos del Auto el 24, con la firma de "Ovidio". El 25 le dedicaba otra vez el *YA* un editorial elogioso, "Doctrina del Supremo".

(10) El art. 13 de la Ley Orgánica del Tribunal Constitucional dice textualmente que "cuando una Sala considera necesario apartarse en cualquier punto de la doctrina constitucional precedente sentada por el Tribunal, la cuestión se someterá a la decisión del Pleno". Esto es lo ocurrido en este caso, ya que la Sala Primera había dictado la Sentencia 212/1994, de 13 de julio, y por lo tanto se trata de un "overruling", con el propósito deliberado de fijar con precisión las fronteras de las jurisdicciones constitucional y ordinaria a su máximo nivel. Es, por tanto, una decisión trascendental en el estricto sentido de la expresión, que va más allá y traspasa el ámbito del caso concreto, culminando una evolución doctrinal intensificada a partir de 1993, en una actitud de "self restraint".

(11) Ponente de ambas resoluciones, Rafael de Mendizábal Allende. La STC 37/1995 tuvo dos votos particulares discrepantes formulados por don Fernando García-Mon y don Carlos de la Vega Benayas. *Actualidad Administrativa,* "El Tribunal Supremo y el Tribunal Constitucional" nº 14/1995, pág. 751-761 y nº 17/1995, "El acceso a la Justicia", págs 933-37.

(12) El Auto 78/1995, de 23 de febrero (ponente, MENDIZÁBAL ALLENDE), resume en algunos aspectos y adapta en otros al caso concreto, reproduciendo en lo demás el texto de la STC 37/1995, ratificada por el Pleno en una segunda, la STC 58/1995, habiéndose aplicado el mismo criterio por la Sala Primera en otra intermedia, STC 46/1995 "El acceso a la justicia", *Actualidad Administrativa,* nº 17/1995, págs. 933-938, 316.

(13) STC 54/1997, *Actualidad Administrativa* nº 33/97, págs. 2173-2180.

(14) STC 102/1995, *Actualidad Administrativa* nº 31/95, págs 1671-1711.

(15) Warren E. BURGER, Voto particular a la Sentencia sobre el caso "Coleman v. Alabama", 22 de junio de 1970.

(16) Rafael de MENDIZÁBAL ALLENDE, *Códice ...*, págs 107-112.

(17) La Declaración del Tribunal Constitucional 1/2004, de 13 de diciembre, antikelseniana, no ve contradicción alguna entre esa primacía y la primacía de la Constitución.

(18) Antonio ESTELLA DE NORIEGA. "A Dissident Voice: The Spanish Constitutional Case Law on European Integration". *European public Law*, vol. 5, junio 1999, pgs 269-299.

(19) José Luis REQUERO, "Constitucional ¿europeo?", *ABC* 25 junio 2000. "El TC (español) parece erigirse en su instancia superior".

(20) El 4 de febrero de 1994 las primeras páginas de los periódicos se dedicaron al encontronazo entre las dos instituciones. La portada de *ABC* titulaba la noticia así: "El Tribunal Supremo acude al arbitraje del Rey, ante su conflicto con el Tribunal Constitucional". "El Tribunal Supremo se rebela contra el Constitucional y apela al Rey", rezaba *El País*. A su vez, Diario 16 anunciaba que "El Supremo recurre al rey porque el Constitucional invade sus competencias". Lo mismo venían a decir *El Mundo* y *La Vanguardia*: "El Supremo acusa de invasión de competencias al Constitucional". Se publicaron editoriales y proliferaron las viñetas humorísticas de Gallego y Rey, Isidro y Martínmorales. La opinión general fue bien expresada en algún titular: "Juristas y políticos descalifican al Supremo por involucrar al Rey en el conflicto judicial". Luis MARTÍNEZ-CALCERRADA, "A propósito de las pruebas biológicas" (*ABC* 4 febrero). Manuel JIMÉNEZ DE PARGA publicó un jugoso y ponderado comentario: "Investigación de paternidad, cuestión disputada" y también el 6 de febrero, como "Secondat" unos "Brevetes", "El arbitraje del Rey" y "Discrepancias premonitorias";

(21) Javier PÉREZ ROYO, "Ni en la forma ni en el fondo" (*El País* 5..); Jorge DE ESTEBAN, "La guerra de las togas" (*El Mundo,* 5 de febrero); CÁNDIDO, "El Rey" (*El Mundo* 5 de febrero); Francisco TOMÁS Y VALIENTE, "Juzgar, arbitrar y legislar" (*El País,* 11 de febrero). José Manuel ARIAS RODRÍGUEZ y Susana CORROCHANO JEREZ, "Reflexiones en torno a la Sentencia del Tribunal Constitucional 7/1994, de 17 de enero". *Actualidad y Derecho* nº 6/1995, 6-12 febrero, págs 1-9. Francisco RIVERO HERNÁNDEZ, "Una nueva doctrina sobre la obligación de sometimiento a la prueba biológica en los procesos de filiación". *Revista de Derecho Judicial* nº 33, marzo 1994, págs 349-86. Francisco LLEDÓ YAGÜE. "La paternidad forzada: a propósito de la reciente Sentencia del Tribunal Constitucional de 19 de enero de 1994", *Revista de Derecho y Genoma Humano,* 1/1994, págs 203-212. Xavier O'CALLAGHAN MUÑOZ, "Negativa a la prueba biológica de la acción de investigación de la paternidad. (Sentencia del Tribunal Constitucional 7/1994, 17 de enero)", *Actualidad y Derecho* nº 17, 25 abril-1 mayo 1994, págs. 1-13. José Enrique BUSTOS PUECHE, "Planteamiento técnico del conflicto entre Tribunal Supremo y Tribunal Constitucional", *Diario La Ley,* año XV, nº 3601, 6 septiembre 1994, págs 1-5. Antonio OCAÑA RODRÍGUEZ, "La Sentencia del Tribunal Constitucional de 17.1.94 sobre filiación, desde una perspectiva procesal". *Poder Judicial 2ª época,* nº 36, diciembre 1994, pgs. 107-151.

(22) Varios autores, "La jurisdicción constitucional en España. Ley Orgánica del Tribunal Constitucional 1979-1994" (Coloquio Internacional, Madrid 13 y 14 de octubre de 1994). Tribunal Constitucional, Centro de Estudios Constitucionales, Madrid, 1995.

(23) Rafael DE MENDIZÁBAL ALLENDE "Justicia Constitucional y Poder Judicial", en la obra colectiva *Tercer Curso sobre Régimen de las Universidades Públicas* (6 al 10 de marzo de 1995), Universidad Politécnica de Madrid, 1996, págs 38-70. *Xustiza Constitucional e Poder Xudicial,* Lección inaugural del Curso 1996 en la Escuela Gallega de Administración Pública, separata donde se recoge el acto de apertura, Santiago de Compostela 25 de enero de 1996 págs 23-345. También "Justicia Constitucional y Poder Judicial, Lección magistral para la clausura del Curso en la Escuela de Práctica Jurídica", Miramar, *Revista del Colegio de Abogados de Málaga* nº 100, julio 1996, págs 19-24.

(24) "En el pleno previo a la votación de la propuesta de Jiménez de Parga, Carles Viver no pronuncia palabra. Minutos antes de la consulta, celebrada el 27 de mayo del 99, Rafael de Mendizábal, uno de los que más tarde respaldarán con su voto al catedrático granadino, se ofrece a regalar una caja de Cohibas a quien exponga un solo argumento jurídico contra la ponencia en cuestión. Y nadie acepta el desafío. Finalmente se procede a la votación y el resultado es de siete (Pedro Cruz, Carles Viver, Tomás Vives, María Emilia Casas, Julio González Campos, Pablo Cachón y Pablo García Manzano) a cinco (Manuel Jiménez de Parga, Rafael de Mendizábal, Vicente Conde, Fernando Garrido Falla y Guillermo Jiménez) en contra de la propuesta..." Isabel SAN SEBASTIÁN y Carmen GURRUCHAGA, *El árbol y las nueces,* "La relación secreta entre ETA y PNV", Ediciones Temas de Hoy, Madrid 2000, págs. 269-270. Zigzagueante también fue la actitud de ciertos magistrados –Garrido Falla, Jiménez Fernández y García Manzano– por motivaciones muy distintas que no son del caso ahora.

(25) Rafael de MENDIZÁBAL ALLENDE, "Epílogo para españoles", *Actualidad Administrativa,* Suplemento especial al nº 38/1999. El voto particular mío fue publicado en solitario por *Nueva Revista de Política, Cultura y Arte* nº 6, pags 51-60.

(26) Federico Carlos SÁINZ DE ROBLES, "La puerta inadvertidamente entornada", *Tapia* nº 106, pags. 4-7. José YOLDI, "El Constitucional invadió atribuciones del legislador en la Sentencia de HB, según los jueces discrepantes". *El País,* 28 de julio de 1999. Jorge TRÍAS SAGNIER, "Un voto particular", *ABC* 2 de agosto de 1999. Manuel TRIGO CHACÓN, "La mesa de HB en el Tribunal Constitucional", *La Razón* 31 de julio de 1999, donde cuenta alguna otra anécdota. Joaquín HUELIN MARTÍNEZ DE VELASCO, "Comentarios", en "Epílogo..." citado a continuación, pág. 2716. Alejandro NIETO, *El arbitrio judicial,* Ed. Ariel, Barcelona 2000, pág. 425.

(27) Al que se adhirieron Julio González Campos, Tomás Vives Antón y María Emilia Casas Baamonde, núcleo duro de la posición socialista (como Conde y yo lo éramos de la contraria).

(28) La Sentencia fue calificada como "política" por Juan María BILBAO UBILLOS, "La excarcelación tenía un precio: el Tribunal enmienda la plana al legislador. (Comentario de la STC 136/1999 en el caso de la Mesa nacional de HB)", *Revista Española de Derecho Constitucional* nº 58, enero-abril 2000. En sentido opuesto Emilio LAMO DE ESPINOSA, "La parte buena de la parte mala" y Gabriel CISNEROS, "Una sentencia equivocada con mayoría irreal", ambos en *Nueva Revista de Política, Cultura y Arte,* nº 65, octubre-noviembre 1999, págs 60-62 y 63-73, respectivamente.

(29) La versión de SAN SEBASTIÁN y GURRUCHAGA, (ob. cit. pág. 276), excelentes periodistas a quienes no conozco personalmente, contiene más de una inexactitud, quizá porque quien la transmitió no fue testigo presencial: 1) no ocurrió el 15 sino el 13; 2) es uso constitucional que después de cada renovación del Tribunal sean todos sus componentes invitados a un almuerzo en el comedor de diario del Palacio Real con los reyes y en aquellos años con el Príncipe de Asturias, así que Juan Carlos y Carles habían compartido mesa y mantel en tres ocasiones; 3) el Rey no cogió del brazo al vicepresidente del Tribunal ni se lo llevó aparte, y por tanto no se movió de su sitio más de doscientas personas se alineaban en una larga fila para cumplimentarle; 4) tampoco le llamó confianzudamente por su nombre, simplemente, dijo lo que dijo.

(30) Luis Fernando Crespo Álvarez, "Crónica de una sentencia inesperada", *Actualidad Administrativa* núm. 16/2001, 16-22 abril, págs 629-650.

(31) El acuerdo de la Sala Segunda obtuvo el apoyo de tres Asociaciones judiciales: la Profesional de la Magistratura, Jueces para la Democracia y Francisco de Vitoria, mientras que el Consejo General del Poder Judicial mostraba su respeto por el acuerdo sin pronunciarse sobre su contenido.

(32) "... con la esperanza de que el Tribunal Constitucional medite sobre ... llevar a sus últimas consecuencias lo que entendemos como conducta negligente que, con su repetición, sugeriría la concurrencia al menos de "culpa con representación" o "dolo eventual". Alejandro Nieto, *El malestar de los jueces y el modelo judicial*, Ed. Trotta, Madrid 2010, págs. 94-95.

(33) La Sentencia se dicta por la Sala en pleno o "Sala general jurisdiccional" bajo la presidencia de don Ignacio Sierra Gil de la Cuesta, también ponente, don Alfonso Villagómez Rodil, don Pedro González Poveda, don Román García Varela, don Luis Martínez-Calcerrada y Gómez, don Xavier O'Callaghan Muñoz, don Jesús Corbal Fernández y don Francisco Marín Castán.

(34) *La Razón*, lunes 18 diciembre 2000. Columna "Canela fina", "TS versus TC. Las reflexiones que sirven de antecedente a esta conclusión merecen ser transcritas literalmente: "Hace unos años, gracias a la mano izquierda, también a la derecha, de Pascual Sala, se evitó la colisión pública entre el Tribunal Supremo y el Tribunal Constitucional, el Ópalos y Tasía de las sutilezas de Nieva. La Sala Segunda del Supremo estuvo en un tris de querellarse contra el TC y solicitar por añadidura el arbitraje del Rey, previsto en la Constitución cuando hay confrontación entre instituciones".

"Ésa es la gran asignatura pendiente de la Justicia española. El Tribunal Constitucional, nemine contradicente, nació para resolver los conflictos que se podían producir entre decisiones del Congreso de los Diputados y los Parlamentos de las Autonomías. Después, atizado por los bufetes de abogados que veían suculentas minutas en los recursos, el TC se adulteró para convertirse en el Tribunal de Casación del Supremo. Fracturando una tradición de siglos que hacía finalizar la administración de la Justicia en el TS. Magistrados, muchas veces nombrados a dedo entre juristas sin experiencia en la judicatura, se regocijaban enmendándole la plana al Supremo en cuestiones fuera de su competencia. El cachete que, con cierta rechifla, propinó el

TC al TS, al poner en libertad a la mesa de HB, todavía sangra en la opinión pública española, consciente de lo que aquello significó a favor de ETA...".

(35) "El valor del superfluo", *ABC*, 18 agosto de 1998. "... El PSOE, por razones obvias, y el PP, por otras que sólo Aznar conoce, no consensúan la nómina del relevo y, en virtud del disenso, la casa sigue sin barrer cuando entran en ella los recursos del "caso Marey".

(36) "Los dos Tribunales de la Constitución Española", *ABC* viernes 16 febrero 2001, tercera página.

(37) "La palabra y la máscara", *ABC* miércoles 7 marzo 2000, tercera página.

(38) Los nuevos presidentes del Tribunal Supremo y del Tribunal Constitucional, Francisco José Hernando Santiago y Manuel Jiménez de Parga, respectivamente, acordaron el 20 de noviembre de 1991 durante un almuerzo de trabajo crear un grupo de estudio, formado por magistrados de ambos Tribunales, para buscar soluciones a los conflictos que surgieran en el futuro entre ambas instituciones.

(39) Curiosamente, el ponente de la Sentencia formaba parte de la Comisión Mixta que el Supremo y el Constitucional crearon para limar asperezas a raíz de la Sentencia de Isabel Preysler. La misma señora que les desunió les ha unido ahora. Qué lindo.

(40) El Teniente Fiscal del Tribunal Supremo, José María LUZÓN, en un escrito presentado el 9 de febrero, mostraba su perplejidad por la actuación de los magistrados de la Sala de lo Civil, pues éstas hubieran debido denunciar por prevaricación a los del Constitucional, ya que la sentencia que les condena al pago de 500 euros utiliza "expresiones casi predeterminadas de un delit ode prevaricación culposa". Al día siguiente, los magistrados de la Sala de lo Civil no ocultaban, a su vez, un profundo malestar por ese escrito.

(41) José María ESPINAR VICENTE, "Supremo versus Constitucional", *Diario La Ley* de 16 febrero 2004.

(42) Miguel Ángel RODRÍGUEZ, "Líos entre jueces", *La Razón*, 24 enero; César ALONSO DE LOS RÍOS, "Los jueces frente al común", *ABC*, 25 enero; Jaime CAMPMANY, "Alguaciles alguacilados", *ABC*, 25 enero; Manuel MARTÍN FERRAND "Un Tribunal innecesario", *ABC*, 25 enero; Ana Mª PÉREZ DEL CAMPO, "Sentencia indocta" *ABC*, 25 enero; Luis María ANSÓN, *La Razón*, 26 enero; Jaime CAMPMANY, "Escaramuza entre jueces" *ABC*, 26 enero; Jorge TRÍAS SAGNIER, "Paradoja suprema", *ABC*, 26 enero; Javier GÓMEZ DE LIAÑO, "El espíritu de algunos jueces", *El Mundo*, 28 enero; Enrique ARNALDO, "Justo reconocimiento", *ABC*, 29 enero; Encarnación VALENZUELA, "Jueces contra Jueces", *El Periódico de Cataluña*, 29 enero; José Luis MANZANARES, "La sorpresa del Tribunal Supremo", *La Estrella Digital*, 4 febrero; Manuel M. GÓMEZ DEL CASTILLO "La Sentencia del vendaval", *El País* 5 febrero; L.L. HIERRO, E. PEÑARANDA y J.A. LASCURAIN "¿La última palabra?, *El País*, 13 febrero; M. RODRÍGUEZ PIÑERO, A. RODRÍGUEZ BEREIJO y P. CRUZ VILLALÓN, "Una crisis constitucional", *El País* 26 febrero.

(43) Jorge TRÍAS SAGNIER, "Prevaricación", *ABC*, 16 de febrero de 2004, pág. 6.

(44) En opinión del profesor Javier PÉREZ ROYO, de inequívoca filiación socialista, "La única respuesta que jurídicamente se le podría dar a este lamentable incidente tendría que ser la interposición de una querella por prevaricación por parte de los magistrados del Tribunal Constitucional contra los magistrados de la Sala de

lo Civil del Tribunal Supremo. La Sentencia de esta Sala sí que es un caso de libro de ignorancia inexcusable" (*El País,* 7 de febrero de 2004). Por su parte, el viernes 13, 49 profesores de varias universidades publicaron otro demoledor artículo en el mismo diario, donde afirmaban que la Sentencia de la Sala Primera del Supremo cuestionaba, también, que "*el diseño constitucional del amparo de los derechos fundamentales*". En contra, Alejandro NIETO, *El malestar de los jueces...,* pág. 94: aunque en una primera impresión la STS le pareció "descabellada" ahora rectifica.

(45) La controvertida sentencia del Constitucional fue dictada por el vicepresidente, Guillermo Jiménez, y los magistrados Eugenio Gay (ponente), Elisa Pérez vera, Pascual Sala, Vicente Conde y Ramón Rodríguez Arribas, si bien estos dos últimos formularon votos particulares discrepantes en los que advertían de que el Tribunal Constitucional estaba invadiendo las funciones propias del Supremo. Cuatro de ellos (Jiménez, Conde, Pérez Vera y Gay) son parte de los 11 magistrados que fueron condenados por la Sala Civil del Tribunal Supremo en enero de 2004 por una "negligencia profesional grave", al haber inadmitido un recurso de amparo sin examinarlo.

(46) Juan L. QUERALT "Celos judiciales", *El Periódico de Cataluña,* 19 mayo; Alfonso SERRANO GÓMEZ, "El Supremo, el Constitucional y la doctrina sobre las prescripción", *La Gaceta de los Negocios,* 9 junio; y Carlos REY, "Sobre la polémica Supremo-Constitucional", *Cinco Días,* 26 octubre 2005. Estos dos últimos son profesores de Derecho Penal.

(47) El mismo día que la prensa publicaba esta Sentencia, 1 de junio, el *Diario La Ley* ofrecía un artículo de Enrique BACIGALUPO ZAPATER: "Problemas constitucionales de la prescripción de la acción penal (Notas sobre la STC 63/2005)" nº 6265, miércoles 1 de junio de 2005, págs. 1-6. En esos días también se presentó denuncia donde se acusaba a "la Sala Segunda del Tribunal Supremo de haber cometido un delito de prevaricación". La ponencia del asunto recayó en el magistrado Enrique Bacigalupo, presidente en funciones de la Sala. La denuncia fue rechazada.

(48) "El Constitucional se equivoca", *El Mundo,* editorial, 12 de octubre de 2005.

(49) Manuel OLLÉ SESÉ y Carmen LAMARCA PÉREZ, "La reforma del principio de justicia universal", *La Ley Penal,* nº 83, junio 2011.

(50) Los participantes en el debate fueron: Ignacio Borrajo Iniesta (Letrado del Tribunal Constitucional y Catedrático de Derecho Administrativo), José Luis Cascajo Castro (Catedrático de Derecho Constitucional), Álvaro Cuesta Martínez (Presidente de la Comisión de Justicia del Congreso de los Diputados), Pablo García Manzano (Magistrado emérito del Tribunal Constitucional y Ex Vocal del CGPJ), Jesús García Torres (Abogado del Estado ante el Tribunal Constitucional), Jordi Jané i Guasch (Portavoz del Grupo Catalán en la Comisión de Justicia del Congreso de los Diputados), Diego López Garrido (Catedrático de Derecho Constitucional, Letrado de las Cortes Generales y Secretario General del Grupo Parlamentario Socialista del Congreso de los Diputados), José Almagro Nosete (Magistrado del Tribunal Supremo y Catedrático de Derecho Procesal), Rafael de Mendizábal Allende (Magistrado Emérito del Tribunal Constitucional, Ex Presidente de la Sala 3ª del Tribunal Supremo y de la Audiencia Nacional), Juan Cesáreo Ortiz Úrculo (Fiscal Jefe de la Fiscalía

ante el Tribunal Constitucional y Ex Fiscal General del Estado), Manuel Terol Becerra (Catedrático de Derecho Constitucional), Ramón Trillo Torres (Presidente de la Sala 3ª del Tribunal Supremo), Carles Viver Pi-Sunyer (Director del Institut d'Estudis Autonómics, Ex Vicepresidente del Tribunal Constitucional y Catedrático de Derecho Constitucional), Tomás Salvador Vives Antón (Catedrático de Derecho Penal, Ex Vicepresidente del Tribunal Constitucional y Ex Vocal del CGPJ), así como Luis López Guerra (Secretario de Estado de Justicia, Catedrático de Derecho Constitucional, Vicepresidente Emérito del Tribunal Constitucional y Ex Vocal del CGPJ), moderador del debate.

(51) Rafael de Mendizábal Allende, "La guerra de los jueces; Tribunal Supremo vs. Tribunal Constitucional", *Revista de Derecho Procesal*, 2005.

(52) La encuesta previa y los debates fueron publicados en el libro *La reforma de la Justicia Constitucional*, Centro de Estudios Jurídicos del Ministerio de Justicia, Thomsom-Aranzadi, Pamplona, 2006.

(53) La Sala estaba presidida por Ramón Trillo Torres con treinta y un magistrados, la totalidad de la plantilla, excluídos los eméritos. Son los siguientes: Mariano de Oro-Pulido y López; Ricardo Enríquez Sancho; Pedro José Yagüe Gil; Jesús Ernesto Peces Morate; José Manuel Sieira Míguez; Rafael Fernández Montalvo; Manuel Vicente Garzón Herrero; Segundo Menéndez Pérez; Juan José González Rivas; Enrique Lecumberri Martí; Manuel Campos Sánchez-Bordona; Nicolás Maurandi Guillén; Pablo Lucas Murillo de la Cueva; Santiago Martínez-Vares García; Eduardo Espín Templado; Juan Gonzalo Martínez Micó; José Manuel Bandrés Sánchez-Cruzat; Rafael Fernández Valverde; Celsa Pico Lorenzo; Octavio Juan Herrera Pina; Emilio Frías Ponce; José Díaz Delgado; Eduardo Calvo Rojas; Manuel Martín Timón; Luis María Díez-Picazo Jiménez; Ángel Aguallo Avilés; Joaquín Huelin Martínez de Velasco; María del Pilar Teso Gamella; Juan Carlos Trillo Alonso; José Antonio Montero Fernández y María Isabel Perelló Doménech. En total, 32.

(54) Rafael de Mendizábal Allende, "Las dilaciones indebidas del Tribunal Constitucional vistas desde el Supremo". *Actualidad Administrativa* nº 8/2010, 2ª quincena de abril, págs. 911-914. Se incluye en *Cartas. 25 años de Actualidad Administrativa*, La Ley, Madrid 2010, págs. 249-254. Alejandro Nieto, *El malestar...*, págs. 95-96.

(55) La Sección juzgadora estaba formada para la ocasión por Julián Sánchez Melgar, que la presidió, Perfecto Andrés Ibáñez, José Manuel Maza Martín (ponente), Francisco Monterde Ferrer y Enrique Bacigalupo Zapater.

(56) Rafael de Mendizábal Allende, "Ni se acata ni se cumple", *Actualidad Administrativa* nº 9/2010, 1ª quincena de mayo, págs. 1039-1041. Se incluye también en *Cartas. 25 Años de Actualidad Administrativa*, La Ley, Madrid 2010, págs. 255-259. Francisco Antonio Calderón Maldonado, "La prescripción penal tras la reforma operada por la Ley Orgánica 5/2010", *Diario La Ley* 7654, 17 de junio de 2011, pp. 9-13.

(57) La Sala Segunda del Tribunal Constitucional estaba formada a la sazón por Guillermo Jiménez Sánchez, que la presidía, Vicente Conde Martín de Hijas (ponente), Elisa Pérez Vera, Eugeni Gay Montalvo y Pascual Sala Sánchez. El caso no guardaba relación alguna con el terrorismo y no se formuló ningún voto discrepante respecto de la decisión.

(58) Juan Ortiz Úrculo, Eventualidad del abono del tiempo de prisión provisional en una liquidación de condena, aun cuando aquel período fuera coetáneo del cumplimiento de una pena impuesta en otra causa, *"Diario La Ley"* nº 6982, de 4 de julio de 2008, págs. 1-2 y republicado en el nº 7642 del miércoles 1 de junio de 2011.

(59) En este caso, la Sección se componía así mismo de cinco magistrados, el presidente de la Sala y también ponente don Juan Saavedra Ruiz, don Andrés Martínez Arrieta, don José Ramón Soriano, don Miguel Colmenero Menéndez-Luarca y don Alberto Jorge Barreiro.

(60) Rafael de Mendizábal Allende, "Se cumple pero no se acata", *Actualidad Administrativa* nº 10/2010, 2ª quincena de mayo, págs. 1171-1174. Se incluye en *Cartas. 25 Años de Actualidad Administrativa,* La Ley, Madrid 2010, págs. 261-266. Alejandro Nieto, *El malestar...*, págs. 95-96.

(61) La Sala estaba compuesta por los magistrados siguientes: Juan Saavedra Ruiz, presidente. Enrique Bacigalupo Zapater, Joaquín Delgado García, Siro Francisco García Pérez, José Antonio Martín Pallín, Carlos Granados Pérez, Joaquín Giménez García, Andrés Martínez Arrieta, Julián Sánchez Melgar, Perfecto Andrés Ibáñez, José Ramón Soriano Soriano, José Manuel Maza Martín, Miguel Colmenero Menéndez de Luarca, Francisco Monterde Ferrer y Juan Ramón Berdugo Gómez de la Torre. Los discrepantes fueron Martín Pallín, Giménez García y Andrés Ibáñez.

(62) Julián Sánchez Melgar, La vigencia de la "doctrina Parot", entrelazada con el caso "Troitiño". Algunos aspectos de actualidad en el cumplimiento sucesivo de las penas, "*Diario La Ley*" nº 7642, miércoles 1 de junio de 2011, págs. 1-4.

(63) Mario Conde, Troitiño, Parot y el Constitucional, "*La Gaceta*" 16 de abril de 2011.

(64) Javier Pradera, El juego de las tres esquinas, "*El País*", miércoles 18 de mayo de 2011 "La filtración de los debates del Tribunal Constitucional sobre el recurso de amparo interpuesto por el ex presidente del Parlamento vasco Juan María Atutxa...."

(65) María Peral, No es función del TC interpretar cuál es el modo de cumplir la pena, "*El Mundo*", miércoles 18 de mayo de 2011.

(66) La Sala quedó integrada para la ocasión por los magistrados siguientes: Carlos Granados Pérez, Julián Sánchez Melgar, Miguel Colmenero Menéndez de Luarca, (ponente) Alberto Jorge Barreiro y Siro Francisco García Pérez.

(67) Mario Conde, Error jurídico y sinrazón, "*La Gaceta*" 24 de abril de 2011, pág. 2: "es un error la tesis del Supremo extrapolando la técnica Parot a la prisión preventiva". José Luis Manzanares Samaniego, Reflexiones sobre el "caso Troitiño": la "doctrina Parot" y los vaivenes jurisprudenciales en materia de terrorismo, *Diario La Ley* nº 7654, viernes 17 de junio de 2011, págs. 1-8. En su opinión "la: 'doctrina Parot', aparte de ser incorrecta en sí misma, peca de inoportuna por cuanto perjudica al reo –como si se tratara de una nueva ley– frente a la consolidada y razonable jurisprudencia anterior.

(68) Francisco Lasso Gaite, La Ley de 28 de noviembre de 1974 de Bases para la Orgánica de la Justicia, "*Boletín de Información del Ministerio de Justicia*", Madrid 1975, pág. 26. "El Tribunal Supremo en Pleno de Justicia quedará constituído por su

presidente, los presidentes de Sala o quienes les sustituyan legalmente, los magistrados que constituyan válidamente la Sala a la que corresponda la materia de que se trate, y un magistrado por cada una de las demás Salas, elegido por sus componentes respectivos".

(69) Javier BORREGO BORREGO, La defensa de la democracia en el Tribunal Europeo de Derechos Humanos, "*Revista de Estudios Europeos,* nº 53", julio-diciembre 2009, donde se analizan las tres Sentencias que el TEDH dictó el 30 de junio de 2009 sobre la disolución de Herri Batasuna y Batasuna por aplicación de la Ley Orgánica de Partidos Políticos 6/2002, y sobre la eliminación en las elecciones locales y autonómicas de Etxeberria, y otros, así como de Herritaren Zerrenda en la elecciones para el Parlamento europeo, añadiendo una miscelánea de Sentencias del Tribunal para defensa de la democracia en muy variados aspectos. Lorenzo MARTÍN-RETORTILLO BAQUER, *La doctrina del Tribunal Europeo de Derechos Humanos sobre el entorno de ETA*, Fundación Jiménez Abad de Estudios Parlamentarios y del Estado Autonómico, Zaragoza 2011.

(70) Rafael de MENDIZÁBAL ALLENDE, Epílogo para españoles, *"Actualidad Administrativa"*, Suplemento Especial 1998, págs. 1075-1083;

(71) C. J. A. MITTERMAIER, *Tratado de la prueba en materia criminal o "exposición comparada de los principios en materia criminal, y de sus diversas aplicaciones en Alemania, Francia, Inglaterra, etc, etc"*, traducida por un abogado del ilustre colegio de esta corte con un apéndice sobre la legislación criminal de España, relativa a la prueba. Madrid, 1851. Imprenta de los señores Andrés y Díaz, Plazuela del Duque de Alba, núm. 4, parte séptima, caps. LIII a LXI, págs. 351-400.

(72) SSTS 1088/2009, de 26 de octubre; 480/2009, de 22 de mayo y 569/2010 de 8 de junio.

(73) Antonio NARVÁEZ RODRÍGUEZ, Sentencia del Tribunal Supremo (Sala Especial del artículo 61 LOPJ) de 1 de mayo de 2011: Caso BILDU, *"Diario La Ley"* nº 7650, lunes 13 de junio de 2011" págs. 4-7

(74) Jorge de ESTEBAN, Nueva prueba para el Constitucional, "*El Mundo*" jueves 5 de mayo de 2011, pág. 19 ".... el Gobierno.... es partidario de que el Tribunal Constitucional considere que la coalición Bildu pueda presentarse a las elecciones. Sin embargo, existen tres razones para mantener que el Tribunal Constitucional dejaría de ser el árbitro supremo de nuestro Estado de Derecho si permitiera la legalización de esa coalición: un nuevo choque con el Tribunal Supremo, un error en cuanto al fondo del asunto y, por último, unos defectos de forma que podrían invalidar la decisión que se tome". De éstos, el nombramiento como vicepresidente "de un magistrado, que no podrá estar en su prórroga más que unos meses"... "para un mandato de tres años", es "un fraude de ley cometido por el mismo Tribunal que tiene como misión hacer cumplir la Constitución y las leyes".

(75) Tomás S. VIVES. Sobre el mandato de los jueces del Tribunal Constitucional, "*El Mundo*" 27 de octubre de 2010, pág. 23; Jorge de ESTEBAN, El Tribunal Constitucional ha violado la Constitución, "*El Mundo*", sábado 12 de febrero de 2011. "Una reforma inconstitucional del art. 160 de la Constitución, que señala taxativamente que la duración (improrrogable) del mandato del presidente es de tres años".

(76) Sheldon M. NOVICK, *Honorable Justice. The life of Oliver Wendell Holmes*, Little, Brown and Company, Boston 1987. También, G. Edward WHITE, *Justice Oliver Wendell Holmes. Law and the Inner Self*, Oxford University Press, Oxford 1993. Alfred LIEF *The Dissenting Opinions of Mr. Justice Holmes*, The Vanguard Press, New York 1929. César ARJONA SEBASTIÁ, *Los votos discrepantes del Juez O. W. Holmes*. Iustel, Madrid 2006.

(77) Javier REDONDO, Sobre Bildu y el derecho de participación, "*El Mundo*", 17 de mayo de 2011, pág. 23. José Mª CABALLERO SÁNCHEZ-IZQUIERDO, Sentencia del Tribunal Constitucional sobre "Bildu", o la consumada invasión del ámbito jurisdiccional reservado al Poder Judicial, "*Diario La Ley*" nº 7650, lunes 13 de junio de 2011, págs. 1-3

(78) Rafael de MENDIZÁBAL ALLENDE, Memoria histórica, desmemoria y amnesia, *"Estudios" de la Real Academia de Jurisprudencia y Legislación* 2010, Madrid 2011, págs. 347-454.

(79) José Luis MANZANARES, La sentencia, "*La Gaceta*", 10 de mayo de 2011, pág. 4.

(80) Rafael de MENDIZÁBAL ALLENDE, *Códice ...*, pág. 31. La tajante explicación de Alejandro NIETO, *El malestar...*, pág. 95, me resulta excesivamente simplicadora y subjetiva.

(81) Uno de ellos José Mª Gómez Benítez, íntimo amigo y abogado de Baltasar Garzón, y otro, Margarita Robles, ambos socialistas, a quienes acompañaban Manuel Almenar y Fernando de Rosa, Vicepresidente, de filiación conservadora. La iniciativa provocó la protesta airada del Fiscal General del Estado y del Consejo Fiscal, con el apoyo de las dos Asociaciones corporativas, conservadora y "progresista", a la que contestó la Comisión Permanente del Consejo General del Poder Judicial muy duramente. En fin, como se ve no sólo se pelean el Tribunal Constitucional y el Tribunal Supremo.

(82) Susana NIEVES COLLI, El Tribunal Constitucional pretende neutralizar la acción popular cuando no acuse el fiscal. El borrador de la sentencia que resolverá el "caso Atutxa", pendiente de deliberación en el Pleno, *ABC*, viernes 13 de mayo de 2011, pág. 32.

(83) Andrés de la OLIVA SANTOS, Historia, democracia y "acción popular", *ABC*, miércoles 25 de mayo de 2011, "La tercera".

(84) En el principio del otoño de 2008 el Presidente del Gobierno don José Luis Rodríguez Zapatero se jactó ante los periodistas de haber designado personalmente al nuevo Presidente del Consejo General del Poder Judicial y del Tribunal Supremo, don Carlos Dívar, designación pactada luego con don Mariano Rajoy, líder de la oposición y ratificada finalmente por tan dócil institución, encargada de velar por la independencia judicial. No se me oculta que de la misma forma habían sido "elegidos" los cinco predecesores, pero nunca se había explicado con tanta sinceridad.

(85) CÁNDIDO, *La sangre de la rosa. El poder y la época (1982-1996)*, Planeta, Barcelona 1996, pág. 42. Conviene aclarar, porque el tiempo corre rápido y borra muchos rasgos importantes para la comprensión del pasado, que Carlos Luis Álvarez fue socialista desde el principio al fin y buen amigo de Felipe González, que le invitaba con

frecuencia a la "bodeguilla" de la Moncloa, tertulia a la andaluza de adictos. Ello realza el valor de su testimonio.

(86) Rafael de MENDIZÁBAL ALLENDE, "La crisis del "antiguo régimen" y la jurisdicción contable", *Revista General de Legislación y Jurisprudencia,* tomo LIV de la 2ª época, nº 1, enero de 1967, págs.12-74. Fue recogido, como capítulo primero, en mi libro *El Tribunal de Cuentas y el nacimiento de la Administración contemporánea,* Instituto de Estudios Fiscales, Madrid 2000, pág. 28.

(87) WILSON (Woodrow), *Atlantic Monthly*, marzo de 1901.

Post Scriptum

[1] Una vez resuelto el recurso de inconstitucionalidad interpuesto por el Partido Popular quedaban pendientes de Sentencia otra media docena, cinco formalizados por las Comunidades Autónomas de Aragón, Baleares, La Rioja, Murcia y Valencia, más otro cuyo autor fue el Defensor del Pueblo, oficio que a la sazón desempeñaba don Enrique Múgica Herzog. En las deliberaciones y votaciones para su decisión ha participado el magistrado Pablo Pérez Tremps, recusado en el recurso principal. Helas aquí.

STC 46/2010, de *8 de septiembre*, desestimatoria. Demandante: el *Consejo de Gobierno de la Diputación General de Aragón* en relación con la disposición adicional decimotercera de la Ley Orgánica 6/2006, de 19 de julio, de reforma del Estatuto de Autonomía de Cataluña. Competencias sobre archivos de titularidad estatal: validez de la norma estatutaria que integra en el sistema de archivos de Cataluña los fondos propios de Cataluña situados en el Archivo de la Corona de Aragón y en el Archivo Real de Barcelona (STC 31/2010). Voto particular de Jorge Rodríguez-Zapata Pérez. (BOE 246 de 11 de octubre de 2010).

STC 47/2010, de *8 de septiembre*, desestimatoria. Demandante: el *Consejo de Gobierno de la Comunidad Autónoma de las Illes Balears* en relación con la disposición adicional decimotercera de la Ley Orgánica 6/2006, de 19 de julio, de reforma del Estatuto de Autonomía de Cataluña. Competencias sobre archivos de titularidad estatal: validez de la norma estatutaria que integra en el sistema de archivos de Cataluña los fondos propios de Cataluña situados en el Archivo de la Corona de Aragón y en el Archivo Real de Barcelona (STC 31/2010). Voto particular de Jorge Rodríguez- Zapata Pérez. (BOE 246 de 11 de octubre de 2010).

STC 48/2010, de *9 de septiembre*. Demandante: la *Generalitat de la Comunidad Valenciana* en relación con diversos preceptos de la Ley Orgánica 6/2006, de 19 de julio, de reforma del Estatuto de Autonomía de Cataluña. Competencias en materia de aguas y archivos de titularidad estatal; financiación autonómica: validez de las disposiciones estatutarias que contemplan un informe autonómico previo al trasvase entre cuencas hidrográficas cuando afecte a los recursos hídricos de su ámbito territorial, integran en el sistema de archivos de Cataluña los fondos propios de Cataluña situados en el Archivo de la Corona de Aragón y en el Archivo Real de Barcelona, así como de aquellas que enuncian potestades autonómicas de gestión tributaria; interpretación de preceptos legales (STC 31/2010) 1°) Inadmisión del recurso de inconstitucionalidad en lo que se refiere a los arts. 201.3; 202.2; 203.1, 3, 4 y 6; 205; 218.1, 2, 3 y 5; 219.2; 220; 221 y disposición adicional séptima. 2.° Declaración de la pérdida de objeto de la impugnación del art. 206.3 EAC. 3.º Declaración de que no son inconstitucionales el apartado 5 del art. 206, los apartados 1 y 2, letras a), b) y d) del art. 210 y el apartado 1 de la disposición adicional tercera, en los términos del FJ 6; y 4.º Desestimación en todo lo demás. Votos particulares de Vicente Conde Martín de Hijas, Javier Delgado Barrio, Jorge Rodríguez-Zapata Pérez y Ramón Rodríguez Arribas. (BOE 246 de 11 de octubre de 2010).

STC 49/2010, de 29 de septiembre, desestimatoria. Demandante: el *Consejo de Gobierno de la Comunidad Autónoma de la Región de Murcia* en relación con diversos apartados del artículo 117 de la Ley Orgánica 6/2006, de 19 de julio, de reforma del Estatuto de Autonomía de Cataluña. Competencias en materia de aguas: validez de las disposiciones estatutarias relativas a la competencia exclusiva de la Generalitat de Cataluña para adoptar, en las cuencas intracomunitarias, medidas extraordinarias para garantizar el suministro de agua; competencias ejecutivas de la Generalitat sobre dominio público hidráulico; informe autonómico previo al trasvase entre cuencas hidrográficas cuando afecte a los recursos hídricos de su ámbito territorial; participación de la Generalitat en la planificación hidrológica (STC 31/2010). Votos particulares de Vicente Conde Martín de Hijas, Javier Delgado Barrio, Jorge Rodríguez-Zapata Pérez y Ramón Rodríguez Arribas. (BOE 262 de 29 de octubre de 2010).

STC 137/2010 de *16 de diciembre,* con estimación parcial del recurso. Demandante: el *Defensor del Pueblo* en relación con diversos preceptos de la Ley Orgánica 6/2006, de 19 de julio, de reforma del Estatuto de Autonomía de Cataluña. Fundamento de la autonomía de Cataluña; derechos fundamentales y derechos estatutarios; régimen lingüístico; potestades del Síndic de Greuges en relación con la Administración local y colaboración con el Defensor del Pueblo; Poder Judicial; delimitación del contenido funcional y material de las competencias; relaciones de la Generalitat de Cataluña con el Estado y la Unión Europea: extinción parcial del recurso, eficacia jurídica del preámbulo e interpretación de preceptos legales (STC 31/2010). (BOE nº 16 de 19 de enero de 2011).

STC 138/2010 de *16 de diciembre.* Demandante: el *Consejo de Gobierno de la Rioja* en relación con diversos preceptos de la Ley Orgánica 6/2006, de 19 de julio, de Reforma del Estatuto de Autonomía de Cataluña. Principio de bilateralidad en las relaciones de la Generalitat de Cataluña con el Estado; competencias en materia de aguas, vertidos, transporte marítimo y fluvial y denominaciones e indicaciones geográficas y de calidad; financiación autonómica: extinción parcial del recurso e interpretación de preceptos legales (STC 31/2010). (BOE nº 16 de 19 de enero de 2011) 1.º Declara la pérdida del objeto de la impugnación del inciso «siempre y cuando lleven a cabo un esfuerzo fiscal también similar» del art. 206.3 EAC. 2.º Declara que no son inconstitucionales, en los términos de lo expresado en los correspondientes fundamentos jurídicos que se indican, el apartado 3 del art. 174 (FJ 2); el apartado 1 del artículo 183 (FJ 2); el apartado 1 del artículo 210 (FJ 2); los epígrafes a), b) y d) del apartado 2 del art. 210 (FJ 2); las disposiciones adicionales 8, 9 y 10 (FJ 8); y el apartado 5 del art. 206 (FJ 11); y 3.º Desestima en todo lo demás el presente recurso de inconstitucionalidad.

(2) *Advice to judges.*

(3) Rafael de MENDIZÁBAL ALLENDE, *Epílogo para españoles* "Actualidad Administrativa" nº38/1999, Suplemento especial, págs. 1075-1083, así como el Voto Particular a la STC 136/1999, de 20 de julio, págs. 2649-2653.

(4) Rafael de MENDIZÁBAL ALLENDE, *La sentencia 31/2010, de 28 de junio, del Tribunal Constitucional sobre el Estatuto de Cataluña.* "Diario La Ley" nº 7489, viernes 15 de octubre de 2010, págs. 1-4. José Mª CABALLERO SÁNCHEZ-IZQUIERDO, Autogobierno, derechos históricos, ciudadanía (págs. 5-7) y La sentencia y su censura en los votos particulares (págs. 21-24); Eduardo TORRES DULCE LIFANTE, Constitución y Estatuto, Estado y Generalitat (págs 7-9); José Antonio SÁNCHEZ GARRIDO, El contenido posible de los Estatutos de Autonomía (págs. 9-11); Anselmo SÁNCHEZ-TEMBLEQUE PINEDA, El Derecho Civil en el estatuto de Autonomía de Cataluña (págs. 11-12) y La Justicia en la STC 31/2010; Jesús José TIRADO ESTRADA, El catalán como "lengua propia" y oficial en Cataluña (págs. 14-17) y Derechos y deberes linguísticos (págs 17-21). Todos los autores son Fiscales ante el Tribunal Constitucional.

(5) Tomás Ramón FERNÁNDEZ RODRÍGUEZ, *La sentencia que el TC no se atrevió a dictar*, "El Mundo" viernes 9 de julio de 2010, pág.10.

(6) Rafael de MENDIZÁBAL ALLENDE, *Las potestades constitucionales de la Hacienda Pública y su configuración jurisprudencial,* "Estudios sobre la Constitución Española" en homenaje al Profesor Eduardo García de Enterría. Editorial Cívitas. Madrid 1991, págs. 4014-4015.

(7) Thierry DI MANNO, *Le juge constitutionnel et la technique des décissions « interprétatives » en France et en Italie,* Presses Universitaries de Aix-Marseille, 1997.

(8) Jacinto BENAVENTE, *Los intereses creados.* M. Aguilar Editor. Madrid 1944.

(9) José María BRUNET, *Una sentencia para salvar los muebles.* "El TC ha necesitado cuatro años para un fallo que tenía esbozado desde el principio", *La Vanguardia* 29 de junio de 2010. PREGO (Victoria), *Castración química para el "Estatut", El Mundo,* 19 de abril de 2009, pág. 11.

(10) *Argument against the Writs of Assistance,* 1761.

(11) Alexis de TOCQUEVILLE, La democracia en América, edición crítica y traducción de Eduardo Nolla, Editorial Trotta-Liberty Fund, Madrid 2010, pág. 258.

(12) Casimiro GARCÍA ABADILLO. La nación, ése es el problema. "*El Mundo*", lunes 19 de julio de 2010, pág. 10

(13) Rafael de MENDIZÁBAL ALLENDE, *El lenguaje jurídico,* Instituto de España, Sesión conmemorativa de la Fiesta del Libro celebrada el 25 de abril, Madrid 2007, pág. 24.

(14) Luis Mª DÍEZ PICAZO, Los preámbulos de las leyes (En torno a la motivación y causa de las disposiciones normativas, *Anuario de Derecho Civil, XLV, abril-junio 1992.*

(15) Fernando SEQUEROS SAZATORNIL. La Sentencia del "Estatut". Una faena de aliño, "*El Mundo*", jueves 1 de julio de 2010, pág. 25.

(16) Georg JELLINEK, *Teoría General del Estado,* traducción y prólogo de la segunda edición por Fernando de los Ríos Urruti, Editorial Comares, Granada 2000.

(17) Pasquale Stanislao MANZINI, *Della nacionalitá come fondamento del diritto delli genti,* G. Giapaicheli, Torino 1994.

(18) Enric PRAT DE LA RIBA, *La nacionalitat catalana,* "La Cataluña", Barcelona 1910

(19) Salvador de MADARIAGA, *¡Ojo, vencedores!,* Editorial Sudamericana, Buenos Aires 1945, págs. 58 y 65

(20) Rafael ESTRADA MICHEL, *Monarquía y Nación entre Cádiz y Nueva España,* Editorial Porrúa, México 2006, pág. 202 y ss.

(21) Francisco PI y MARGALL, *Las nacionalidades,* Hacer, Barcelona 1981. Editorial Bergua hizo en 1936 una tirada facsímil de la primera edición.

(22) Adolfo SCHULTEN, *Tartessos,* 2ª ed., Espasa-Calpe, Madrid 1945

(23) Ramón MENÉNDEZ PIDAL, *Historia de España, II,* "España romana", 2ª ed. Espasa-Calpe, Madrid 1955. "Introducción. El Imperio romano y sus provincias págs. VII-X

(24) Francisco MARTÍNEZ MARINA, *Ensayo histórico-crítico sobre la legislación y principales cuerpos legales de los Reinos de León y Castilla, especialmente sobre el Código de las Siete Partidas de D. Alfonso el Sabio,* 2ª ed., Imprenta de D. E. Aguado, Madrid 1834, pág.18

(25) Stanley G. PAYNE, *España. Una historia única,* Temas de Hoy. Madrid 2008.

(26) Salvador de MADARIAGA, *El auge y el ocaso del imperio español en América,* Espasa-Calpe, Madrid 1986.

(27) Alexander von HUMBOLDT, Relato sobre su viaje en América del Sur y Mesoamérica (Newcastle 1804), en *Vida, pensamiento y obra.* Planeta De Agostini. Madrid 2008, págs. 356-365

(28) Rafael de MENDIZÁBAL ALLENDE, *El Tribunal de Cuentas y el nacimiento de la Administración contemporánea,* Instituto de Estudios Fiscales, Madrid 2000, pág. 27

(29) Juan PÉREZ DE GUZMÁN, *Catálogo alfabético-biográfico de los muertos y heridos el dos de mayo de 1808 en Madrid,* Imprenta del Cuerpo de Artillería, 1893.

(30) Pietro ARETINO, *Los Ragionamenti.* Librería Bergua, Madrid 1933. Immanuel KANT, Lo bello y lo sublime, *Vida, pensamiento y obra,* Planeta De Agostini 2007, págs. 184-195. Sin embargo, su concepto del español, al examinar los "caracteres nacionales" no se limita a esta característica. "Los españoles sobresalen en el sentimiento de los "sublime". "El español es serio, callado y veraz. Pocos comerciantes hay en el mundo más honrados que los españoles. Tiene un alma orgullosa y siente más los actos grandes que los bellos. Como su espíritu no encierra benevolencia, resulta a menudo duro y aún cruel". Sin utilizar la palabra "jactancia" se le achaca también. En el amor el español es "fantástico" o fantasioso. En materia de religión no nos califica pero implícitamente nos absuelve del "fanatismo" que imputa a ingleses y alemanes.

(31) Los Omeyas tenían los ojos azules por su cruce con las cautivas gallegas que incorporaban a sus harenes. Como dato curioso, pero significativo, añadiré que el actual Obispo de Barbastro lleva duplicado el apellido Omeya. Rafael de MENDIZÁBAL ALLENDE, *Averroes, un andaluz para Europa,* Instituto de Estudios Africanos (CSTC), Madrid 1970, pág. 28.

(32) Bernal DÍAZ DEL CASTILLO, *Historia verdadera de la conquista de la Nueva España,* edición de Carmelo Sáez de Santamaría. Alianza Editorial, Madrid 1989. Pedro CIEZA DE LEÓN, *Crónica del Perú,* Cuarta Parte, Vol. II, Guerra de Chiapas, edición de Gabriela Benavides de Rivero, Pontificia Universidad Católica del Perú y Academia

Nacional de la Historia, Lima 1994, págs. 24 y 67. "Los romanos en tiempo que su imperio florecía y mandaban el mundo yo creyera que si intentaran la conquista de estas partes, no fueran poderosos para hacer lo que los poquitos españoles ha hecho" y "por eso son dignos de ser contada su nación como la más excelente del mundo y la que en todo él es para más". Pero no oculta los desmanes y desafueros, que reprueba, págs. 349-351.

(33) *El Quijote*, edición del IV Centenario hecha por la Real Academia Española y la Asociación de Academias de la Lengua Española, Madrid 2004, partes primera pág. 400 y segunda, págs 963 y 986. Rafael de MENDIZÁBAL ALLENDE, La justicia y los justicias en la vida y en la obra de Cervantes, *Anales* de la Real Academia de Jurisprudencia y Legislación, nº 36, Madrid 2007, pags. 133 y 140.

(34) Benito PÉREZ GALDÓS, *Episodios Nacionales*, Primera Serie I, edición de Yolanda Areu, con un notable prólogo de Eligio Hernández. Cabildo de Gran Canaria, Las Palmas, 2005.

(35) Pedro LAÍN ENTRALGO, *La generación del 98*, Espasa-Calpe, colección "Austral", Madrid 1997 El ejemplar que me regaló lleva una dedicatoria autógrafa conmovedora: "Para Rafael Mendizábal, en quien la ley se hace sabiduría y humanidad", P. Laín, junio de 1997

(36) Rafael de MENDIZÁBAL ALLENDE, *Códice* ..., págs 55-56

(37) Rafael de MENDIZÁBAL ALLENDE, Memoria histórica, desmemoria y amnesia. *Estudios.* Real Academia de Jurisprudencia y Legislación, 2010, pág. 433

(38) Manuel AZAÑA, *Memorias Políticas y de Guerra, "Obras Completas", IV* págs 575, 608 y 701. "Cuaderno de la Pobleta", Pág. 70. Las anotaciones corresponden a los días 20, 31 de mayo y 29 de julio de 1937.

(39) Claudio SÁNCHEZ ALBORNOZ, *España, un enigma histórico,* Edhasa, Barcelona 2005, I, págs. 19 y 99. II, cap. XVI, "España como unidad histórica", págs. 1062-1200.

ÍNDICE ONOMÁSTICO

— A —

— B —

— C —

— D —

— E —

— F —

— G —

— **H** —

— I —

— J —

— K —

— L —

— M —

— N —

— O —

— P —

— Q —

— R —

— S —

— T —

— V —

— W —

— Y —

— Z —

Made in the USA
Coppell, TX
23 January 2026

69967366R00254